国民政府前期胶东农民生存困境问题研究

张广杰 ╱ 著

齊魯書社

本书稿写作与出版中获得青岛市规划办项目（QDSKL1701157）、山东省高等学校科研计划项目（J14WE52）、青岛农业大学高层次人才启动项目（6632003）的资助，特此鸣谢。

序

张广杰于2009年考入南京大学历史系就读，我是他的博士学位论文指导老师。他入学之初就确定了博士论文选题，并始终保持踏实的求学态度，在三年时间里，非常勤奋地完成了论文写作，经同行专家的评审与答辩，获得了历史学博士学位。这部专著是他在博士学位论文的基础上，吸取答辩专家意见后修改而成的。现在，该著作即将由齐鲁书社出版，这是对他多年求学的一种肯定，是一件值得祝贺的事情。作者电请我为书稿作序，本人与有荣焉。

作者在收集大量资料和借鉴已有成果的基础上，探索了以往研究中未能涉及的深层次问题，总结了胶东地区社会政治生态的发展轨迹、特点及其与农民生存的互动关系，弥补了区域农村社会史研究的不足。

具体说来，该书有以下特点：

第一，选题新颖，视角独到。

近代以来，农村面临着或衰败或复兴的严峻挑战。在“农村危机”语境下，20世纪20年代，在与革命前途相关的中国农村社会性质大讨论中，知识分子开始了对农民生活的考察研究。中华人民共和国成立后，围绕着革命史视角，农村社会的研究主要集中在农民战争和土地问题上。同时，严中平、李文治、章有义、彭泽益等先生对民国时期有关农村经济的史料进行了编辑、整理，为研究农民生活提供了宝贵资料。改革开放以来，中国农村社会开启新一轮的秩序重构，农民离村及由此引发的农村社会研究再度引起知识界的重视，并不断有相关论著出版。目前国内外史学界对华北地域的研究仍多着重于农村经济方面。本书则着重考察了胶东地区一般农民的社会生活，特别注重研究影响农村社会最本质的因素——各种权力的影响。因此，从权力角度来研究一个地区的农民生存，选题具有相当的历史价值与现实意义。

将自然条件相对较好、有胶济线贯通、得风气之先的胶东地区作为考察对象，不只是与其他研究腹地乡村学者的研究取向、成果有所区别，更是作者具有鲜明问题意识的体现。作者的这一问题意识主要体现在其独到的考察视角上，各方面条件都相对优越的胶东地区，近代以来何以不进反退。对此，作者转换研究视角，着重从"权力"维度作新的考察与剖析，这不仅开拓了新的研究视域，更体现了作者的创新意识与学术勇气，作者在深入考察后得出"社会进步不仅是一种简简单单的社会经济转型过程，也是各种权力相互影响的复杂过程"，立论颇具新意。

第二，方法多元，资料翔实。

作者搜集了非常丰富的历史资料，除了原始档案等第一手资料，还查抄大量的政府公报、志书与地方史志资料，更是运用人类学的田野调查方法，收集了大量的口述史资料，具有非常扎实的史料基础，在掌握大量档案资料和社会调查的基础上，分析、鉴别相关史料。同时，坚持社会学的研究视角，关注底层社会的历史。农民生活内容的丰富性，决定了基本方法上的多样性。由于民国时期"城里人"与"乡下人"的分野比较明显，农民生活困境的分析结果因"参照群体"的不同而不同。书中所涉内容广泛，资料丰富,可看出作者在史料收集和运用上是下了功夫的,反映出作者严谨的治学态度。

第三,观察精深,见解独到。

针对以往研究中所存在的某些论争,做出商榷与修正,并提出自己的新见解。如对以往不少学者曾认为“经济作物种植会产生‘经济殖民化’”问题、“农业卷入商品经济会造成绝大多数农民生活贫困”等,作者根据自己的考察,肯定了铁路交通设施建设、经济作物种植给胶东农村社会带来的积极作用,证明农民生存贫困与此无绝对关联。

作者从公共政策及再分配的角度探讨有利于缓解生活困境的问题,以及农村内部不同群体(地主、农民、官绅等)在遭受公共政策“合法化伤害”中的异同。关于农村贫困凋敝,既看到外部因素的影响,更看到农村内部优质资源的流失。在土地分配方面,作者从制度经济学方面阐明农村社会失衡的原因,指出土地分配背后存在深层次的权力依附。作者认为,在近代化进程中,农民生活的困境不能简单归因于资本主义的入侵、传统文化的断裂。社会的动荡与横暴权力的扩张,以及国民政府对乡村管理的缺位和低效,才是造成胶东地区农民生存困境的主因。

第四,层次清晰,结论合理。

作者坚持唯物主义观点,由表及里地分析胶东农村社会的种种面相,所得的结论符合历史实际,公允可信。正如作者所言:“弃农为匪虽在道德之外,这种异化的农民群体容易吸纳现行权力结构的反对者。无序的政治私欲与非法的暴力冲突给合法农民的社会选择制造了双重压力。农民群体内部的社会距离就变成不可逾越的鸿沟。”当“社会共融利益被权势群体所独享,农民的生存空间被消磨殆尽之际,也削弱了南京国民政府在百姓心中的权威”。最终,“被边缘化的农民群体在民主革命浪潮中逐步成为推翻南京国民政府的重要力量”。

受研究经验与研究能力所限,张广杰的这部专著仍有待完善的地方。除了语言不够精练,更未进一步构建胶东农村社会的权力生成机制。若能在研究中将定量分析与定性分析有机结合起来,本书内容会更加全面和深入,也更有说服力。

总之,“理无专在”,而学无止境。这部专著是张广杰在学术求索道路中一个很好的开端,我希望他在学术道路上百尺竿头,不断成就自我。

马俊亚

2018 年 7 月

目 录

序 …… 1

前 言 …… 1

绪 论 …… 1

第一章 胶东农村的社会环境 …… 36

第一节 胶济铁路与农村经济 …… 37

第二节 军事践踏:兵连祸结 …… 44

第三节 土匪猖獗:民不聊生 …… 64

第四节 民间帮会兴盛 …… 101

小 结 …… 121

第二章 胶东农村的土地与劳动力 …… 127

第一节 土地分配问题中的权力因素 …… 128

第二节 劳动力流动与胶东农村社会 …… 146

小 结 …… 163

第三章 胶东盐业中集团利益与暴力冲突 …… 167

第一节 盐业中的政治博弈 …… 168

第二节 官商的利益同盟 …… 205

第三节 集团同盟的利益狭隘化 …… 223

小 结 …… 245

第四章　经济作物与胶东农村经济结构 …………………… 249
第一节　典型经济作物的种植 …………………………… 250
第二节　烟叶收购与农村社会 …………………………… 265
第三节　棉纺织业与农村经济结构 ……………………… 283
小　结 ……………………………………………………… 317
第五章　税赋征收与胶东农家生活 ……………………… 321
第一节　税赋征收及其弊端 ……………………………… 321
第二节　胶东农家经济剖析 ……………………………… 340
第三节　农家日常生活 …………………………………… 359
小　结 ……………………………………………………… 372
余　论 ……………………………………………………… 376
参考文献 …………………………………………………… 389
后　记 ……………………………………………………… 415

前 言

1935年坦斯利提出生态系统的概念，将生命有机体与他们的环境所构成的系统称为生态系统。此后，自然生态系统的基本原理被应用到社会科学领域，社会生态概念得以凸显。社会生态关注的是人与社会环境的关系。人和社会是相互联系又相互影响的整体。本书中的“权力”指行为主体对社会资源的控制力，并对其他团体或个人产生一定排斥力的历史现象。权力主体对客体施加权力意志的过程，也是影响客体利益的过程。本书以南京国民政府前期胶东农村为研究对象，循着权力因素在社会经济中的影响，分析社会共融利益狭隘化与农民生存困境之间的互相影响。具体内容如下：

第一部分，考察胶东农村的社会环境。自然环境的差异制约农村经济的发展，社会环境同样如此。胶济铁路的发展催生农村新的就业市场，加快人口流动，也加快了口岸经济圈的经济发展。然而掌握政治权力的国民政府新军阀，视野狭隘，私欲过重，导致中央、地方的关系十分微妙，围绕胶东管辖权的权力斗争一直存在。在解决冲突的过程中，横暴权力成为解决社会问题最“有效”、最“可靠”的手段，进而导致社会规范严重扭曲，盗匪横行。为了抵抗暴力对生活资源的掠夺，村民开始组织起来进行反抗。许多为防匪而组织起来的组织如枪会等，在暴力反抗过程中，匪化现象比较严重,又给乡村社会带来许多不安定因素。势富地主凭借经济财力,或与土匪相勾结,或直接豢养土匪,借机自肥,这给农村社会带来极恶劣的连锁反应。

第二部分,考察农村社会的土地与劳动力。土地是农民赖以生存的重要生产资料。国民政府前期,胶东地区农村土地分配存在不公正现象,许多接近权力体系的势富地主极易获得土地。农村中的土地买卖,实际上是以权力为后盾的超经济剥削。南京国民政府名义上统一中国后,为获得农村地主的支持,主政者易"扶助农工"为"收回土地归还原主",导致乡居地主与行政官僚进一步相结合。乡居地主与行政官僚联合对农民施以政治淫威,给农村生活造成巨大毒害。难以为生的贫苦农民或受雇于他人以挣取生活资料,或被迫走上移民东北的道路。虽然移民群体给胶东乃至山东农村带来一定的资金回馈,但这不是农村经济进步的根本动力所在。要想活跃农村社会,最需要做的是缩小权力主体间的势能差距,为农村社会创造一种重要的"喘息"空间。

第三部分,考察胶东盐区的集团利益与暴力冲突。食盐是人们日常生活必不可少的调味品。南京国民政府时期,胶东 18 县虽是"自由运销"区域,但是,农民用盐并不自由。在盐业生产的利润链中,盐商的经济财力与政府的倾向性盐务政策互为表里,极易结成利益同盟,占据盐业生态链的最顶端。他们作为盐业体制中的抽税群体,与广大村民之间存在着严格的等级秩序。当越来越多的走私群体出现时,整个纳税群体就会集聚起一种潜在的对抗政府盐利体制的力量。政府加强了缉私力量,也就等于不断削弱贩私团体的非法利益诉求。这种影响与普通民众对于盐税不断攀升的不满情绪相汇合,容易诱发暴力冲突。遗憾的是,暴力反抗并未提高社会的公平程度,而只是在对盐业职员的生命构成威胁的同时，滋扰了那些守法农民的生活，加重了社会治安的经济成本。这表明盐业冲突是盐业体系结构不合理背景下发生的制度性悲剧。

第四部分，考察经济作物种植与农村经济结构。农村经济的困顿使传统农作物收入仅能维持农民的最低生活水平。商业贸易给农村社会带来的市场需要，为大范围种植典型性商品作物提供了动力。为了争夺货源，烟草收购商们展开激烈的市场博弈。在寡头市场背景下，烟农的利益得不到根本保障。与江南相比，胶东的商人利用权势掠夺更多的不当利益，忽视了教化职责的权力建设。他们没有像江南商业资本家那样在集聚财富后转施农村，如办义学、开工厂，没有起到维护社会稳定的作用。但可喜的是，在机器工业生产的影响下，传统经济出现结构性调整，如在抗战全面爆发前潍县土布业方兴未艾，榨油业、发网业等其他农村副业得到短暂勃兴。

第五部分，考察税赋征收中权力因素对农家生活的影响。土地、副业生产与劳动力多寡等影响农家收支。由于土地是农业生产的主要资料，政府的赋税多以田亩作为敛征对象。在税赋征解过程中，许多掌握权力的征税官将职责当作谋私的工具。在胶东地区，副业生产成为影响农家收入的重要因素，政府若加以提倡并给予政策性保护，将有助于提高农民的生活水平。但是，随着社会环境的恶化，不合理的权力结构导致胶东农村社会常面临更高层次的权力挤压。因缺乏保护机制，普通小农劳动成果极易遭到剥夺。由于赋税繁重，许多村民入不敷出，能够维持温饱生活已属不易，根本没有余财用于扩大化再生产，所以农民的发展程度相对较低。

总之，近代中国社会的转型与进步不仅是一个简单的社会经济转型过程，而且是各种行为主体相互影响的过程。在上面政治无序、下面土匪骚扰的环境中，农民的生存空间受到了多重挤压。失控的暴力冲突加剧了社会不稳定。由于缺乏对各种权力的约束制衡，在资源配置中，农民生活得不到应有的社会保障。社会共融利益被权势群体所独享。在农民的生存空间被消磨殆尽之际，南京国民政府在百姓心中的权威也削弱了。倘若社会环境良好，国家职能建设有序，顺应时代潮流发展起来的农家副业定会给胶东农村社会带来繁荣富庶景象。然而，事与愿违。

绪　论

一、选题缘起

罗威廉认为“区域”并不是指具有统一性的地带，而是指内部具有相互依赖的交换关系的系统，并且其内部的异质性要超过同质性。① 也有学者指出，“基本经济区”就是在缺乏机械工业、现代运输与通信设备和先进经济组织的条件下，那些农业发展对于统治者顺利地实现中国的统一与中央集权起着决定性作用的地区。② 华北地区在帝制时代就是这样一个经济区。但是，中国幅员辽阔，受河流、山脉等地形影响，在同一个基本经济区内部，各个地区间的社会环境也有千差万别。近几年来，区域社会经济史的研究方兴未艾。学者多从某个区域切入，进行个案研究。如从翰香等对华北的冀、鲁、豫三省农村进行研究，黄宗智对华北农村进行研究，段本洛、曹幸穗、马俊亚等对江南农村进行研究，秦晖对关中地区进行研究，唐致卿、张佩国等对山东农村经济进行了

---

① ［美］林达·约翰逊主编，成一农译《帝国晚期的江南城市》，上海：上海人民出版社，2005 年，第 11 页。

② 冀朝鼎著，朱诗鳌译《中国历史上的基本经济区与水利事业的发展》，北京：中国社会科学出版社，1981 年，第 10 页。

深入的分析研究，等等。他们所研究的某一区域就是“自然生态环境、经济环境、人文环境、政治环境条件大体相同或相近的地理空间有机结合”[①]。

近代以来，乡村生活的质朴与市井的繁杂往往形成鲜明对比。无论是东方还是西方，在人类的早期文明中，都有一种对农民品质的崇尚和追求，这是“农业神话”形成的重要语境。在西方，“从柏拉图到维吉尔，欣赏的都是农民的独立与自尊，鄙视那些眼睛总盯着别人口袋的城市商人”[②]。在中国，传统社会的士绅脱去职责特权的光环后，总要告老还乡，更意味着对农村生活的一种肯定。因此，费孝通如是说：“要认识中国、认识中国人，不认识农民生活、不认识农村经济是不行的。”[③]从山东全省范围考察，鲁西平原在近代因受水患影响，属于地瘠民贫之区。

> 农民完全靠天吃饭，靠老天在合宜的时间送来适量的夏雨。老天一般并不友善：降雨太多会淹没土地，太少又会带来干旱，导致土地坚硬、龟裂，土地表面经常覆盖上一层白色盐碱。[④]

而东部沿海地区，自山东经济重心转移至此后，突显出较强

① 叶显恩主编《清代区域社会经济研究》上册，北京：中华书局，1992年，第33页。

② 原祖杰《在工业化的阴影里：19世纪后期美国农民的困境与抗议》，北京大学历史学系编《北大史学》第15辑，北京：北京大学出版社，2010年，第307页。

③ 潘乃谷、马戎主编《社区研究与社会发展——纪念费孝通教授学术活动60周年文集》（上），天津：天津人民出版社，1996年，第287页。

④ ［美］周锡瑞著，张俊义、王栋译《义和团运动的起源》，南京：江苏人民出版社，1998年，第2页。

的经济发展潜势[1],在胶州湾与莱州湾之间的胶莱地带日渐成为富庶的农业区域[2],加之开埠通商较早,在外来资本势力的影响下,经济影响力明显高于西部内陆地区。但是与江南相比,胶东一带的整体经济影响力尚显单薄,迄20世纪30年代,胶东的工业建设仍显薄弱,以经济效益最佳的蚕丝业论,莱阳"每厂不过数十人"[3],江南却形成了以荣氏为代表的商业开拓力量,他们所建立的工厂带动了整个江南区域的社会进步。

考虑及此,在马俊亚先生的指导下,笔者查阅相关资料,将国民政府前期胶东地区的农民生存困境作为研究对象。正如有学者写道:"一个乡村就是一个微型的城市。"[4]从某种意义上说,解读国民政府前期胶东地区农村社会的各个侧面既有助于深入理解农民的生存困境,更是全面把握南京国民政府时期社会状况的一把钥匙。

胶东地区在行政功能上虽然不是一个整合的区域,但这并不影响我们从以下几个方面来理解胶东地区的社会经济发展:

(一)胶东地区的自然地理属于一个整体。论及传统时代中

---

① 参见 Yip, Hon-ming, Merchant Capital, the Small Peasant Economy, and Foreign Capitalism: The Case of Weixian, 1900s - 1937, PH. D. University of California, Los Angeles, 1988, pp. 57 ~ 59. 叶汉明《青岛开港对山东腹地的影响:以20世纪初的潍县为例子》,复旦大学历史地理研究中心主编《港口—腹地和中国现代化进程》,济南:齐鲁书社,2005年,第257 ~ 259页。

② 张玉法《中国现代化的区域研究——山东省(1860—1916)》,台北:"中研院"近代史研究所,1982年,第23页。

③ 王丕煦等纂,梁秉锟等修《莱阳县志》卷二之六《政治志 · 实业 · 工业》。

④ [美]明恩溥著,午晴、唐军译《中国乡村生活》,北京:时事出版社,1998年,第13页。

国各地的社会发展，施坚雅认为在农业中国的情况下，把江河流域当作地区的基本决定因素是特别合适的。与中国的各个流域相对应，乡村中国由九个自然地理大区组成。① 施坚雅的理论对理解传统时代中国各地的经济模式和社会构成，具有十分重要的意义。据此理解，在西方势力未进入中国之前，胶东区域属于华北平原经济带的边缘。从气候条件观察，胶东地区有着相同的外部自然环境。据调查，山东境内以潍县为界，西为内陆区，东为半岛区，内陆区为大陆性气候，半岛区带有海洋性气候特点，南岸与北岸稍有不同。②

（二）胶东地区各县经济形成一个统一的社会经济体，具有一定的类性和农业发展方向上的共同性。况且与山东西部地区特别是运河地区相比，又有异性。山东省农业区划在 20 世纪 80 年代仍然据此分类，将全省分为八个一级生产区。③ 而胶东区的范围，笔者认为，主要指胶河以东的地域，即西起胶河、东至胶州湾、北至渤海湾的广大地区，主要包括今天的青岛、烟台、威海与潍坊四市区及莒县、日照的部分地区。

1. 经济环境：传统时代，胶东地区的水文地理条件就很相似。境内东部主要是丘陵地带，西部是地势低洼的胶莱平原区。这一地区是全省的重要粮食生产区，以高密、平度为中心的胶莱棉区更是山东重要的商品棉生产基地之一，尽管这个地区的北部因为

① ［美］施坚雅主编，叶光庭等译《中华帝国晚期的城市》，北京：中华书局，2000 年，第 335、245 页。这九个大区是：华北地区、西北地区、长江下游地区、长江中游地区、长江上游地区、东南沿海、岭南、云贵地区和东北地区。

② 刘增冕《山东气候概论》，《气象杂志》1937 年第 5 期。

③ 山东省农业区划委员会办公室编《山东省综合农业区划》，济南：山东科学技术出版社，1982 年，第 122 页。

山脉的分割难以与山东内陆其他地区进行大规模的产品贸易。实际上,胶东区贸易边界是由社会或政治因素所决定的。以地处北部沿海的区域金融中心——黄县(龙口)的移出资金利率表来看,与之有资金往来的最远的新城,离黄县 153 英里,但新城离山东中部重要的贸易中心——周村仅有极为平坦的 10 英里,离省会济南有 75 英里的坦途。① 可见胶东地区的经济圈之广。

2. 人文环境:民国时期的著述通常以文化落后来区分鲁南地区。② 与此分析思路相似但相对的另一面是,民国时期的著述常常将胶东地区的经济发达归因于文化发达。胶东一带的半岛地区和济南至昌邑一带的平原区不仅是经济上的发达地区,也是政治上的要地。至 1900 年胶东半岛考取举人功名的人数已达全省的 31.8% 。③ 潍县人文环境优化促使潍县迅速上升为济南至昌邑区的贸易中心。“在 18 世纪后半期,潍县只出过 15 个举人,但到了 19 世纪前半期则猛增至 107 个”④。

3. 政治环境:正如国家的经济发展存在内地与沿海的对立那样,清末民初时山东境内也存在着一条明显的齐—鲁分界线,而东西两部分的经济发展状况与其在山东省内的政治地位成正比。况且东西两部对待新事物的态度也大不相同。有学者这样讲,比起潍县以东地区的领导人来,从山东西部地区出来的人通常以儒

① [美]彭慕兰著,马俊亚译《腹地的构建:华北内地的国家、社会和经济(1853—1937)》,北京:社会科学文献出版社,2005 年,第 15 页。

② 参见孙廉泉《山东菏泽实验县工作报告》,《山东民众教育月刊》1934 年第 4 期。

③ [美]周锡瑞著,张俊义、王栋译《义和团运动的起源》,南京:江苏人民出版社,1998 年,第 35 页。

④ [美]周锡瑞著,张俊义、王栋译《义和团运动的起源》,南京:江苏人民出版社,1998 年,第 34 页。

家的原则行事，他们较少接受新事物，也很少有拥护民族主义的立场。[①] 所以说，民国时期山东的政治集团具有显著的区域性特征。由于山东西部地区的政治失意往往被认为是经济相对落后的直接后果，于是，有学者就指出，20 世纪 20 年代，“西南地区的人控制了政府职位和议会的领导席位，并负责把省经费投入到在黄运南部的项目上。袁世凯死后，更多的鲁东人掌握了权力”[②]。张宗昌在奉系力量支持下进入山东境内后，最终促成了由胶东地区的武人从政治上控制全省的局面。同时，山东各地根深蒂固的区域信贷市场由于山东政府更加有力的控制而趋于融合。“1928 年以后，随着山东政府变得强大（并与东北的政治联系越来越少），某些北部沿海地区的西部边缘重新被吸入到中心地区”[③]。

总之，本书将遵循以下思路展开论述：乡土中国到城乡的分野→传统农民生活失去自我平衡的旧机制→“不抑兼并”政策使农民失去最基本的生产资料→近代化主流给传统家庭结构带来冲击→“离农”与“守农”的困惑→经济不幸中农民生活的自我调适→困境转型中的政治失意→农民的生活困境与出路选择。

二、相关说明

权力强弱与社会距离。许倬云指出：“权力的惟一来源是政

---

① ［美］鲍德威著，张汉等译《中国的城市变迁：1890—1949 年山东济南的政治与发展》，北京：北京大学出版社，2010 年，第 23 页。

② ［美］彭慕兰著，马俊亚译《腹地的构建：华北内地的国家、社会和经济（1853—1937）》，北京：社会科学文献出版社，2005 年，第 191 页。

③ ［美］彭慕兰著，马俊亚译《腹地的构建：华北内地的国家、社会和经济（1853—1937）》，北京：社会科学文献出版社，2005 年，第 19 页。

治……一切其他途径都只是政治势力的旁支而已。”①刘泽华也认为“政治权力虽然并不能直接满足人的生物需求,但它却可以保障或拒绝提供有限产品来满足社会成员的需求;它虽然自身不创造任何物质财富,但它却可以决定所有现有的有限物质财富最终流向何处”②。只有通过博弈,不同的社会主体才能凭借掌控的资源保障切身利益。社会团体处于不对等时,人们就会萌生对权力所代表的职业的尊敬。关于这一点,学者如是评述:

> 所谓力,有道德力,也有金力,权力,武力。其中为社会上最主要的作用的是权力和武力。社会对于某职业的尊敬,又生出职业底贵贱。尊敬底念头,多在发现对手是有力,自己是无力的时候。③

权力的大小还影响社会个体的活动范围。费孝通指出,中国传统社会结构在差序格局中具有很强的伸缩能力。在乡村,家庭的活动范围可大可小。普通农家的交际圈可以很小,而有钱、有权的地主和官僚阶层,生活圈子异常广大。这种富于伸缩的社会圈子源于中心势力的强弱。④ 通过权力纽带,社会关系得以延伸,中心势力的强弱影响了民众之间的社会距离。由此观之,处于转型中的社会经济、社会规范很少是静止的,权力并非看不清、摸不着的圣物。通过具体的社会活动,权力呈现出不同的形式,即横

---

① 许倬云《西汉政权与社会势力的交互作用》,许倬云《献曝集:许倬云自选集》,上海:上海人民出版社,2013 年,第 97 页。

② 刘泽华等《专制权力与中国社会》,长春:吉林文史出版社,1988 年,第 126 页。

③ [日]长野朗著,朱家清译《中国社会组织》,上海:光明书局,1931 年,第 406 页。

④ 费孝通《乡土中国》,北京:生活·读书·新知三联书店,2013 年,第 29 页。

暴权力、同意权力、教化权力、时势权力。[①] 综上所述，权力主要指行为主体能够对社会资源保持控制力，同时对其他团体或个人产生一定影响力的历史现象。

权力竞争与社会转型。社会的有序发展，依靠合法、合规权力的有效运行。胶东地区的社会生态特征源于中央、地方各团体在利益诉求方面的竞争。南京国民政府时期，在资源分配过程中，军权至大，不同社会群体的经济诉求因缺乏与政府进行有效沟通的渠道，加之政府处理纠纷的机制又缺乏弹性，各种权力在对抗中相互杂糅、交织，结果，不合理的纠纷解决办法导致整个社会环境恶化。许多掌握生存资源的时势人物着力建构手中的时势权力，从而引起地方政治生态的恶化。在解决纷争过程中，横暴权力被无形地延伸扩大，社会秩序慢慢溃败，在这种情况下，传统的"长老政治"根本不能维持社会稳定。许多基层士绅开始将教化权力私有化，导致社会秩序溃败，毫无规范可言。那些处在各种权力敲剥下的普通民众，在失去生存空间后，转而采取非正常手段表达利益诉求，由于缺乏合理的社会政治环境，导致社会

---

① 横暴权力，即权力是冲突过程的持续，是一种休战状态中的临时平衡；同意权力，即权力的基础是社会契约，是社会分工的产物。在农业性的乡土社会中，最易产生横暴权力。然而这两种权力都不能解释乡土中国的权力结构，虽然横暴权力在事实上会受到某些限制，这并不是说乡土社会的权力结构就是民主的，社会秩序就很稳定。在传统无为政治中，同意权力并不很强，基层所表现出的却并不完全是许多权利上相等的公民共同参预的政治。所以用民主或不民主来衡量乡村社会是不确当的，只有教化权力才能概括乡村社会的全貌，才能展现政治的民主与社会的民主。当社会转型时期，乡土社会处于不安定状态时，旧的权力格局不能应付新环境，就易产生时势权力。（参见费孝通《乡土中国》，北京：生活·读书·新知三联书店，2013 年，第 73 ~ 76、79 ~ 85、95 ~ 98 页。）

日渐暴力化。

权力膨胀与经济资源的掌控。经济发展的核心是利益，同时隐喻着对资源禀赋的占有。有人讲：区别于用荣誉和高薪来延揽同意权力，横暴权力和经济利益的关系更加密切，如果没有经济利益可得，横暴权力也没有多大的意义。所以说，如果握在手上的权力并不能得到利益，或是利益可以不必握有权力也能得到的话，权力引诱就不会太强烈。[1] 实际上，同意权力在现实生活中出现的异化现象，也会慢慢消蚀公共资源。基层官员的权威源于国家转让的同意权力。在经济发展过程中，同意权力本应是公共利益的代表，实现公共利益的最大化，保障社会公平、合理配置资源是政府的基本职能。然而在其职能的实施过程中，存在着异化现象。

> 长期的官僚政治，给予了做官的人、准备做官的人，乃至从官场退出的人，以种种社会经济的实利，或种种虽无明文确定但却十分实在的特权。那些实利或特权，从消极意义上说，是保护财产，而从积极意义上说，则是增大财产。[2]

从这一点讲，不能有效掌控经济资源的权力，不是真正意义上的权力。社会个体的经济行为不仅是一种对财富的追求，也是一种对于权力的积累。各经济主体之间权力的不对称容易导致社会公共资源被强势集团同盟所独享。

三、研究视角与意义

根据切入的角度不同，中国乡村社会研究中大致区分为四种

---

① 费孝通《乡土中国》，北京：生活·读书·新知三联书店，2013 年，第 75～76 页。

② 王亚南《中国官僚政治研究》，北京：商务印书馆，2017 年，第 111 页。

不同的研究视角，有人将其归纳为四种范式，即从市场维度研究的施坚雅范式、从文化与权力维度研究的杜赞奇范式、从宗族维度研究的弗里德曼范式、从经济维度研究的黄宗智范式。[①] 这些理论范式曾一度主导对中国农村社会经济的研究，对农村史研究产生过巨大的影响。这几种研究中国农村社会的方法在胶东农村社会研究中是否具有普适意义，有待进一步的探讨。仅从宗族方面来看，胶东地区的宗族观念就比较淡薄，曾在山东游历的传教士指出，即将成熟的庄稼往往成为偷盗的对象，有时许多世俗地主豢养土匪以欺凌农民，可见宗族观念是十分淡薄的。即便到了20世纪八九十年代，在笔者生活的胶东某村庄内部，某些已经掌握村庄行政权的"暴富户"小农仍然有欺压、偷盗同宗亲属劳动果实的行为。

学界对于乡村研究的论著颇为丰富，笔者也从中获益良多。本书写作视角另有拓展。正如霍布斯鲍姆所指出的，"过去是现在和未来的模型"[②]。本书以权力在社会转型中的影响为视角，在中外学界同仁研究的基础上，从权力空间的视角观察南京国民政府前期胶东农村社会生活的几个方面，探寻各行为主体在乡村资源方面的争夺，缕析农民的生存困境，既有理论意义，也有现实意义。

1.农村问题是影响中国近代转型的关键。国民政府统治前期，由于政权危机的频频出现，社会分化持续加深，农村正常生活陷入困局。将胶东农村经济与农民生活作为一项实证研究，具体

---

① 邓大才《超越村庄的四种范式：方法论视角——以施坚雅、弗里德曼、黄宗智、杜赞奇为例》，《社会科学研究》2010年第2期。

② ［英］霍布斯鲍姆著，马俊亚、郭英剑译《史学家：历史神话的终结者》，上海：上海人民出版社，2002年，第29页。

展示农民困境成因的复杂性,有助于拓展区域经济史研究的广度和深度。

2. 制度设计直接关系着社会转型的成败。从农民生活研究入手,容易获得符合中国实际的历史认知。通过剖析胶东农民生活的困境与社会稳定的关系,有助于深化对中国近代化转型问题的理解,一定程度上也为解决当代农村转型中出现的问题提供思考与借鉴,如面对生活困难农民如何自我调适、知识精英走出农村社会后如何"为农""助农"等。

四、研究现状与趋势

自晚清开始近代化进程以后,农村面临着或衰败或复兴的严峻挑战。在"农村危机"语境下,20 世纪 20 年代,在与革命前途相关的中国农村社会性质大讨论中,知识分子开始了对农民生活的考察研究。因为学识背景不同,知识界分为乡村革命派(以陈翰笙、薛暮桥等为代表)、乡村合作派(以薛仙舟等为代表)、乡村技术派(以卜凯为代表)与乡村建设派(以梁漱溟、晏阳初等为代表)。为现实斗争服务的需要,一定程度上限制了知识界关于农民生活的深入研究。中华人民共和国成立后围绕着革命史视角,关于农村社会的研究主要集中在农民战争和土地问题上。同时,李文治、章有义、彭泽益、严中平等先生对民国时期有关农民生活的史料进行了编辑、整理,为研究农民生活提供了宝贵资料,但是没有将史料整理与理论分析结合起来。改革开放以来,中国农村社会开启新一轮的秩序重构,农民离村及由此引发的农村社会研究再度引起知识界的重视,并不断有相关论著出版。

关于胶东农村社会的研究多夹杂于学者对山东农村或华北地域的研究中,因而欲考量胶东农村社会的研究概况,须先从以下几个方面予以厘清。

(一)土地分配与劳动力问题

土地问题是农村经济史研究的老课题,成果颇丰。

罗仑、景甦认为清代山东经营地主的发展,是我国封建社会晚期农业中产生资本主义生产关系萌芽的重要经济现象之一。两位先生所著《清代山东经营地主经济研究》也着重就经营地主的土地利润率等问题做了探索性研究。经营地主的发展,表明在清代山东农业中已经产生了资本主义生产关系的萌芽。①

郭德宏对农村的基本状况如土地占有状况、租佃关系、雇佣关系、借贷关系、田赋与捐税、帝国主义的剥削与掠夺、灾荒、农业生产的停滞和农民生活的恶化一一进行论述;指出土地占有趋于分散,如果只看地主和富农占有的土地,分散趋势会更明显。②

金德群深刻阐述了土地问题的重要性,剖析了民国时期土地占有与使用的矛盾,客观审视了国、共两党迥然不同的土地政策,系统地再现了民国时期农村土地问题的概貌。③

唐致卿依据馆藏档案,分析了近代山东农村的土地制度、农业经营、赋役制度、租佃制度、雇佣制度、息借制度,也涉及了村政。他认为近代山东农村土地占有呈现两头小、中间大的形态,影响农村地权集中与转移的主要原因是天灾、社会动荡和分家析产。④

---

① 罗仑、景甦《清代山东经营地主经济研究》,济南:齐鲁书社,1985 年。

② 郭德宏《中国近现代农民土地问题研究》,青岛:青岛出版社,1993 年。

③ 金德群《民国时期农村土地问题》,北京:红旗出版社,1994 年。

④ 唐致卿《近代山东农村社会经济研究》,北京:人民出版社,2004 年。

张佩国考察了1900—1945年间的山东农村，认为土地占有的分散化趋势自清末至民国初年愈益明显，这一进程在抗战期间加快了。在村落社区内，社会流动问题和村落家族文化对地权分配有极大的制约。国家权力对乡村的社会控制，是在征税体制中建立的。[①]

徐畅认为，南京国民政府建立后，长江中下游地区真正出身于地主的国民政府官员较少，他们与工商业的联系更加紧密，对土地的兴趣也小一些，因为投资土地利润较之工商业和股票投机小得多，因而身为军政官吏而买田置地成为大地主者减少了。[②]

赵冈认为传统农村的地权分配以北宋为分界点，北宋以前，地权集中程度较高；北宋以后，地权渐趋分散。地主的身份是由土地市场买卖而定位的。租税是土地集中的主因。[③] 对此，刘泽华提出了相左的看法，他认为封建国家才是真正意义上最具实力的地主，它不只是单纯的上层建筑和政治机构，也是一种经济实体。由于至高无上的权威性，国家行政权可以不受任何经济规律的制约，直接干预经济中的所有权，所以封建国家地主的形成和发展主要凭借的就是政治权力，和地租地产化、土地买卖绝少关系。一个地主单靠在经济上剥削佃农，单靠地租地产化而不依赖于任何政治权力，是很难发展和维持下去的。[④] 由此可知，力农起

---

① 张佩国《地权分配·农家经济·村落社区：1900—1945年的山东农村》，济南：齐鲁书社，2000年，第70页。

② 徐畅《二十世纪二三十年代华中地区农村金融研究》，济南：齐鲁书社，2005年，第557页。

③ 赵冈《中国传统农村的地权分配》，北京：新星出版社，2006年，第12、27～29页。

④ 刘泽华等《专制权力与中国社会》，长春：吉林文史出版社，1988年，第109、113页。

家的地主,主要还是那些非身份性的庶民小地主。

长野郎将中国的土地制度分为氏族部落时期、封建时期和官僚政治时期三段。土地分配不合理的现象,主要原因是由官僚政治所发生的病端。未垦的官有地,可看作该地有权力的官吏的私有物。课税成为官僚阶级经营私利的工具。①

关于劳动力市场问题,早在 20 世纪 20 年代,金陵大学农学院的卜凯(John L. Buck)通过对 7 省 2866 个农场的调查,指出中国农村是一个自耕农为主的社会。② 章有义则认为,华北地区所谓的雇工经营并不是真正意义上的经营农场,而是半封建的雇役劳动。③

在华北农村经济研究中,“过密化”理论的提出引起了争鸣。黄宗智将近代农业生产概括为“没有发展的增长”,由于存在人口压力,人力投资不断增加导致粮食总产量增长,但边际效益递减,劳动生产率下降,农业生产并未赶上人口的增长。④ 张佩国对这一理论表示赞同,指出近代山东农业技术基本处于停滞状态。在家庭式农场与经营式农场中均表现为一种“绝对过密化”。⑤ 有的学者也指出过密化理论并不适合于华北的农业生产。⑥ 庄维民对

---

① [日]长野郎著,强我译《中国土地制度的研究》,上海:神州国光社,1932 年。

② [美]卜凯著,张履鸾译《中国农家经济》,上海:商务印书馆,1937 年,第 195 页。

③ 章有义《中国农业资本主义萌芽史料问题琐议》,《中国经济史研究》1987 年第 4 期。

④ [美]黄宗智《华北的小农经济与社会变迁》,北京:中华书局,1986 年。

⑤ 张佩国《近代山东农业技术体系的社会生态学考察》,《中国农史》1999 年第 4 期。

⑥ 王建革《近代华北的农业生态与社会变迁——兼论黄宗智“过密化”理论的不成立》,《中国农史》1999 年第 1 期。

山东地区进行深入研究，指出，清末新政以来政府对农业改进和推广具有一定成效，由于发生在有限的地域，农业发展水平远未能发生整体性的变革。[①]

也有学者指出，地主制的经营方式与所在地区的经济发展程度有紧密关系。在愈“落后”的地区，地主所有制（租佃制）的封建性质就愈突出；在商业高度发展的地区，盛行的地主所有制就较为单纯地表现为经营关系。鲁南地区的地主属于一种非常粗鲁和无文化类型，因此该地区发达的地主所有制并没有产生相对应的士绅人数。[②] 总之，这些研究极为出彩，但显得过于静态和大而化之，未从动态上展现胶东土地分配的过程不公与结果不公。

（二）家庭手工业与农产商品化

家庭手工业是近代中国经济关系的一个重要指标。以往学界多是从民族感情出发，强调资本主义商品经济对中国乡村手工业的破坏，机器大工业的建立是以传统农村经济的破产为前提的。近年来学者开始重新审视农村手工业解体的多元性。马俊亚先生对江南农村手工业做了充分研究并指出：农村商品经济的发展并不以农家经济破产为前提，而是以农家经济结构的改变为前提。就江南地区而言，在机器纺纱大规模兴起前，与农业结合在一起的既有手织业，也有手纺业。机器纺纱业兴起后，促使农村手工业者从低效率的手纺业中解放出来，投入效率和收益相对

---

① 庄维民《近代山东市场经济的变迁》，北京：中华书局，2000 年。

② ［美］周锡瑞著，张俊义、王栋译《义和团运动的起源》，南京：江苏人民出版社，1998 年，第 13 页。

较高的手织业中。有时机器工业在挤垮一批效率低、收益少的手工行业的同时,还能为农家"创造"新的手工业。[①]

彭南生认为耕织结合作为农家经济的一种经营模式,并不是农业与手工业相结合的全部,其性质取决于农家与市场联系的程度及其经济方式的变化。农村商人是联结农村地区的手工业者与市场的桥梁,城乡互动的金融机制为半工业化提供了资金融通的渠道。论及潍县土布业发展,客商的作用不容忽视。[②]

通过研究潍县地区的纺织业,叶汉明指出,尽管潍县地区开展了农业的增长性商业化,手工纺织业生产在20世纪退出市场,但这种改变并未导入一种深入的、动态的资本主义化农业发展和纺织产品的机器化生产。外国资本的渗透与小农生产共同影响了本地区的商业化进程。这表明潍县的社会经济变革没有成功产生一种新式的、能够提供长期发展的组织改革。[③]

关于农产品商品化的研究,黄宗智认为,华北经营式农场是伴随着农业商品化和农村社会分化兴起的。商品化在某种程度上与社会分化有关,经济作物的种植使少数自耕农晋升为富农甚至是较大的农场主和地主,同样会使自耕农沦为佃农或雇农,不在村地主比在村地主更具竞争力。[④] 农场愈小,种植粮食作物比

① 马俊亚《混合与发展——江南地区传统社会经济的现代演变(1900—1950)》,北京:社会科学文献出版社,2003年,第279~280页。

② 彭南生《半工业化——近代中国乡村手工业的发展与社会变迁》,北京:中华书局,2007年。

③ Yip,Hon-ming,Merchant Capital,the Small Peasant Economy,and Foreign Capitalism: The Case of Weixian,1900s - 1937,PH. D. University of California,Los Angeles,1988,pp. 486 ~ 487.

④ [美]黄宗智《华北的小农经济与社会变迁》,北京:中华书局,1986年,第62页。

种植棉花需要更多投入,贫苦农民踊跃种植棉花,不是为了"糊口"而是为了追求更大的经济效益。因此那种认为"贫农在一茬特定作物上投入极多的劳力……只获得急剧下降的边际报酬"[①]的观点是缺乏历史依据的。

陈翰笙根据对潍县的调查,论述美种烟草种植对中国农民的影响。只有一个独立民主的中国,工业化才能够带来它所被期望的社会福利,提高农民的生活水平。[②]

王玉茹指出,商品形态的普遍化是近代经济的主要特征。中国的近代化是从19世纪70年代真正开始起步。中国传统社会的季节差价——农业收获季节,商人压低市场价格是市场经济不发达的表现。到民国时期,中国农村的劳动力市场主要是短工市场。中国劳动力市场在20世纪初以后特别是到30年代才开始在一些工业化比较发达的地区形成。雇工是一种增加家庭副业收入的现象。[③]

许檀对山东商业城镇和农村集市的发展进行了深入研究,指出全国性市场在清代已经形成,标志是城乡市场网络体系的形成。[④]

曹幸穗指出,民国时期农民的现金收入主要来自出卖农产品和各项副业收入,这两部分现金的比重很接近,说明两者在农家

① [美]黄宗智《华北的小农经济与社会变迁》,北京:中华书局,1986年,第172页。

② 陈翰笙著,陈绛译《帝国主义工业资本与中国农民》,上海:复旦大学出版社,1984年。

③ 王玉茹《近代中国价格结构研究》,西安:陕西人民出版社,1997年。

④ 许檀《明清时期山东商品经济的发展》,北京:中国社会科学出版社,1998年。

经济中占有同样重要的地位。这是支撑起一个人口稠密的农业社会的两根拐杖。这也说明,农产商品化的发展,使农村副业产品商品化和劳动力商品化的程度也随之提高。①

庄维民以市场化为导向,论述了市场结构嬗变与商人资本兴替、产业改进与工业化进程以及农业改进与农业经济变迁三部分内容。口岸贸易是山东经济由传统到现代变迁的诱因与动力。大宗买卖都需经行栈之手,最有势力的商人是各种行栈。②

张利民指出近代山东形成以青岛为中心、济南为辅的经济区域,腹地有山东省和河北省的南部、河南和江苏省的部分地区,山东地区随人口的增加,耕地面积逐年减少。③

日籍学者内山雅生以“农村共同体”为主轴对华北农村的变动进行考察,探明“共同体”在农村社会中是如何变迁的,南京国民政府依然重视村正等田赋征收人的作用,实际是国家权力在推进农村社会近代化过程中被改编后的产物。经营规模越小的农家,越易出现经营赤字。种植经济作物是一种理性行为,仅依靠自己的耕地极难维持生活,所以越是贫农越热心于商品作物。④

斯科特提出了“生存理论”说。在“安全第一”的生存伦理

---

① 曹幸穗等编《民国时期的农业》,《江苏文史资料》第51辑,1993年,第228页。

② 详见庄维民《近代山东市场经济的变迁》,北京:中华书局,2000年;庄维民《近代山东行栈资本的发展及其影响》,《近代史研究》2000年第5期。

③ 张利民等《近代环渤海地区经济与社会研究》,天津:天津社会科学院出版社,2003年。

④ [日]内山雅生著,李恩民、邢丽荃译《二十世纪华北农村社会经济研究》,北京:中国社会科学出版社,2001年。

下，农民所追求的是较低风险与较高的生存保障。贫困不是导致农民揭竿而起的关键因素，农业商品化和官僚国家的发展所催生的租佃和税收制度，侵犯了农民生存的伦理道德和社会公正感，才是主要原因。在与世界经济接轨的情况下，农村经济的不稳定性增长，危机波及各个阶层，每一个受害者都要尽可能地把损失转移给比自己软弱的团体或个人，最终导致了农村社会中以往以分层地租为基础的“保护人—被保护人”的社会关系转变成一种去感情化、以现金交易、固定地租为基础的契约关系。“地主—佃户”之间的敌意不断增加，社会关系持续恶化。[①]

也有学者指出，早在清代山东经营地主就是向资本主义制过渡的经济体了。经营地主的生产主要是为了追求数额较大的商品作物。就其刺激农民分化的社会作用而言，经营地主不是驱使破产农民变为佃农，而是使其具有无产者或半无产者的身份。[②]然而，这些研究未能解释近代社会转型中胶东农村形成潍县土布业生产中心的社会内涵。

（三）关于山东盐业研究

长期以来关于山东盐业的资料梳理与研究成果兼重的作品仅有一部，即《山东省盐业志》[③]，该书通篇简要记述了山东省盐业的发展历史，附录相关盐政法规及专业词语解析。此外，其他相关经济史论著中不乏涉及山东盐业问题的。纪丽真从历史文献

---

① ［美］斯科特著，程立显等译《农民的道义经济学：东南亚的反叛与生存》，南京：译林出版社，2001 年。

② 罗仑、景甦《清代山东经营地主经济研究》，济南：齐鲁书社，1985 年，第 217 页。

③ 山东省盐务局编著《山东省盐业志》，济南：齐鲁书社，1992 年。

的解读出发，分析了明清时期山东盐业的发展历程。[1] 许檀指出清代山东食盐在基层的销售网借用了各州县集市网在空间上的布局，百姓没有自由选择市集的权利。[2] 田秋野、周维亮从科技史角度，对溯自上古、止于近代的盐业历史予以概述，也间及盐政与财政关系[3]，山东盐业的历史散见于各章节中。庄维民从市场转型角度梳理了山东盐业生产中的技术改进，分析了市场结构嬗替中盐业特许商人的兴衰。[4] 刘大可也对民国时期的山东盐业市场进行了系列研究。[5] 宋志东对山东盐务行政管理机构进行了梳理。[6] 可以看出，学界对于山东盐业的研究多聚集于对山东盐业市场及盐务管理方面。

实际上，早在民国时期外国学者就对中国盐业管理历程进行了梳理，盐业拥有半官方的垄断专权，在中国的商业、政治生活中扮演了重要地位，它为中央、地方各级政府提供了稳定的税收。有学者写道：迄至民国，盐业控制仍沿袭好几个世纪以前的管理方法。提高盐税的诱惑，最终给农民带来更繁重的负担。民国时期，中国盐业管理最大的特点就是需要外国专家的协助。[7]

---

① 纪丽真《明清山东盐业研究》，济南：齐鲁书社，2009 年。

② 许檀《清代山东的食盐运销》，彭泽益、王仁远主编《中国盐业史国际学术讨论会论文集》，成都：四川人民出版社，1991 年，第 269 页。

③ 田秋野、周维亮编著《中华盐业史》，台北：商务印书馆，1979 年。

④ 庄维民《近代山东市场经济的变迁》，北京：中华书局，2000 年，第 226 ~ 231 页。

⑤ 刘大可《民国时期的山东盐税》，《盐业史研究》1989 年第 3 期；《民国时期山东盐业生产概况》，《盐业史研究》1990 年第 3 期；《民国时期山东盐业运销概述》，《盐业史研究》1991 年第 2 期。

⑥ 宋志东《近代山东盐务行政管理机构的演变》，《盐业史研究》2006 年第 3 期。

⑦ Esson M. Gale，" Public Administration of Salt in China：A Historical Survey"，*The Annals of the American Academy of Political and Social Science*，No. 1，1930.

倪玉平通过博弈论“激励的悖论”模型，对清代盐业缉私进行了经济学解读，对相关研究具有启发意义。他指出虽然清政府对私盐活动的打击不遗余力，私盐现象仍极为严重，加大对走私盐贩的惩罚力度，短期有效，长期效果必须依靠加强对相关执法部门的监督以及对失职行为的查处来保证。政府的举措失当是私盐泛滥的重要原因。①

刘宝吉从秘密社会史的研究角度，考察了秘密会社、革命与盐的关系：秘密会社有关盐的斗争是其权力扩张的一个突破口，也是革命由空洞的理论落实到具体实践的表现，由此秘密会社、革命者以盐为媒介同国家实现了对话。②

李建昌认为南京国民政府以四大家族为首的官僚资本，在政权建立初期，为了取得引岸商人在财政上的支持，不得不在事实上和法律上承认旧盐商的垄断特权。经过了官运和专卖两个阶段后，官僚资本逐渐排挤了旧盐商，最终完成盐业运销的官僚资本化。③

关于商人的征税特权，有人写道：最高统治者的征税权力很少受到质疑。对滥征与不公的税制的抱怨通常直接指向政府的行政官员。通常是县级机构因歪曲了最高规则而受到责备。当事情出现差错，不是皇帝，却是地方官员和他们的手下，被指控为歪曲或阻碍了君主的意志而试图追逐个人私利。④ 可见，学界主

① 倪玉平《“激励的悖论”——试论清代的盐业缉私》，《盐业史研究》2006 年第 4 期。

② 刘宝吉《盐之魅：秘密会社、革命与国家——以山东为考察区域(1920—1940)》，《中国社会历史评论》2010 年第 11 卷。

③ 李建昌《官僚资本与盐业》，北京：生活 · 读书 · 新知三联书店，1963 年，第 53 页。

④ Susan Mann, *Local Merchants and the Chinese Bureaucracy*, 1750 – 1950, Stanford: Stanford University Press, 1987, p. 13.

要侧重于山东盐业整体性研究，较少涉及盐业政策与商人团体之间的关系，更没有论述盐业政策对胶东民运区域农村社会的影响，对盐业中的暴力冲突也未予以政策分析。

（四）关于农村社会环境的研究

1. 官绅与民众的政治活动

早在民国时期，古楳就指出地主阶级与官僚政治是破坏乡村秩序的主要力量，在这种情形下，最大的善政是不扰，换句话说就是最好不动。[①] 梁漱溟认为，任何社会构造都免不了内部矛盾冲突，这仅仅是一种阶级剥削。由于彼此间互相依存，断不能说谁破坏谁。[②]

叶汉明以山东潍县为个案，考察了社会近代化进程中绅商合流的情形。潍县开埠通商后，商业化进程加快，在纱布商、买办主、烟草中间商等商业精英崛起的同时，传统士绅也发生了蜕变。传统士绅善用固有的社会基础和文化资源，试图跻身议会、商会等领导层，更新其政治与社会力量，建立新的操控地方社会的权威，并充分利用现代化的话语资源和手段来重塑自己的社会权威和合法地位。[③]

---

① 古楳《乡村建设与乡村教育之改造》，《东方杂志》第 30 卷第 22 号，1933 年。

② 梁漱溟《乡村建设理论》，《乡村建设半月刊》第 5 卷第 1 期，1935 年。

③ 参见叶汉明《20 世纪初山东地方绅商层的形成：潍县的例子》，叶显恩、卞恩才主编《中国传统社会经济与现代化——从不同的角度探索中国传统社会的底蕴及其与现代化的关系》，广州：广东人民出版社，2001 年，第 236 ~ 251 页；叶汉明《论二十世纪初潍县地方绅商层的形成》，《潍城文史资料》第 19 辑，2003 年，第 69 ~ 86 页；Yip, Hon-ming, Merchant Capital, the Small Peasant Economy, and Foreign Capitalism: The Case of Weixian, 1900s - 1937, PH. D. University of California, Los Angeles, 1988.

江沛从农村人口大量迁徙、宗族形态日渐弱化、家庭范式趋向小型、农村阶层剧烈变动、农民结社广泛兴起五个方面论证民国时期华北农村社会结构发生整体性的变迁,说明这一时期中国政治与经济体制的无力与僵死。[①]

王毓铨认为传统中国是一个封建家长制的专制国家。自战国秦汉而后,大体上它是一种建立在传统基础上的保守的凝固不变的政治体制。不是政治,倒是商业和商品生产逐渐摧开了封闭的、凝固的自然经济结构,破除了贱商的政策和习俗,打破了传统的等级限制,提高了商人的社会地位。[②]

关于传统士绅的政治参与角色解读,有两种截然不同的观点。新儒家学说如余英时认为知识分子不但代表"道",而且相信"道"比"势"更重要。根据"道"的标准来批评政治、社会是中国知识分子的分内之事。[③] 葛荃则认为士人的历史定位表现为政治上尊王、学术上循道。在道与王的对立统一关系中求生存,权力主宰理性。[④]

费孝通指出,在一个差序格局的社会里,存在着由无数私人关系搭成的网络,所有的价值标准不能超脱于差序的人伦而存在。[⑤] 传统时代的皇权与绅权是对立的,一般的乡绅热衷于科举,是要用自己的官位去逃避皇权的攻击,利用在行政机构中的位置

---

① 江沛《民国时期华北农村社会结构的变迁》,《南开学报》1998 年第 4 期。

② 王毓铨《莱芜集》,北京:中华书局,1983 年,第 374 ~ 375 页。

③ 余英时《士与中国文化》,上海:上海人民出版社,1987 年,第 107 页。

④ 葛荃《权力宰制理性:士人、传统政治文化与中国社会》,天津:南开大学出版社,2003 年,第 16 页。

⑤ 费孝通《乡土中国》,北京:生活 · 读书 · 新知三联书店,2013 年。

作为掩护,为自己和亲朋开一个方便之门。① 这表明,人们保护自己切身利益的范围与自身所居的官位高低成正比。

杨懋春以山东台头村为研究个案,指出:

> 许多人认为中国是民主国家,但这种民主是消极的。的确,村民在缴完税或完成其他偶然的义务后,几乎完全独立于政府,可以说达到了自治的程度。但仔细观察村庄的公共生活,就可发现这并不是民主。当地事务总是由乡绅、族长和官方领导控制,单个村民或家庭从未在倡议、讨论或制订计划方面发挥过积极作用。总的来说,人民在公共事务方面一直是愚昧、驯顺和胆怯的。②

萧公权也指出,在帝制时代,"村民很少识字,由于长久以来处于威权统治,所以呈现出消极、从命的心态。他们从不提倡公益活动,惟恐招惹麻烦"③。

王先明对农村士绅的权力变化进行了研究,指出新的乡村权力代表者与商人关系密切,许多上层权贵是商人利益代表者,定县盐商就是依靠走上层路线快速崛起的;地方社会秩序的稳定和利益的调整,通常是依仗士绅阶层来开展。④

2. 无序干扰

王印焕对华北地区的农民离村问题做了深入探讨,指出造成

---

① 费孝通《皇权与绅权》,《费孝通文集》第5卷,北京:群言出版社,1999年,第470页。

② 杨懋春著,张雄等译《一个中国村庄:山东台头》,南京:江苏人民出版社,2001年,第234~235页。

③ Hsiao Kung-chuan, *Rural China: Imperial Control in the Nineteenth Century*, Seattle: University of Washington Press, 1960, pp. 263~264.

④ 王先明《变动时代的乡绅——乡绅与乡村社会结构变迁(1901—1945)》,北京:人民出版社,2009年。

一向安土重迁的农民离村的原因，主要是严重的人地矛盾、超负荷的经济压榨、频仍的天灾人祸以及日益兴起的城镇工商业对农民的吸引等。农民大批涌入城镇，加之当时政府的管理失控，引发了许多社会问题。①

余凯思指出山东半岛有高度发达的商业中心，并不是施坚雅所说的边缘地区。儒学取向的精英离开这个地区后，传统社会的一种重要秩序和稳定因素就变得匮乏。权力真空被个别乡村首领或富农大户、民团头目、秘密会社、非正统宗教教派领袖以及到处流窜的强盗和土匪等填补。尽管山东东西部地区存在差异，但东北部及胶州湾周围地区的结构富有生气，运转良好，足以保证广大民众达到一种不断提高的生活水平。②

杜赞奇以权力的文化网络与国家政权的内卷化为视角研究20世纪上半叶的华北农村。他指出，在国家政权建设中，国家权力渗入农村而改变了传统乡村的政治、经济与文化关系，国家政权内卷化导致了村庄领袖由保护型经纪向赢利型经纪过渡；国家权力的扩大，极大侵蚀了地方权威的基础；许多毁坏文化网络的行为最终导致国家权力深入乡村社会的失败。③

李怀印从农村赋税的征解过程的角度对国家政权建设进行解读。田赋征收的各个环节：从税款征收、契税稽查到粮银推收和黑地清查，清代及民国早期的国家政权，皆委托给非正式的基

---

① 王印焕《1911—1937年冀鲁豫农民离村问题研究》，北京：中国社会出版社，2004年。

② [德]余凯思著，孙立新译《在“模范殖民地”胶州湾的统治与抵抗：1897—1914年中国与德国的相互作用》，济南：山东大学出版社，2005年。

③ [美]杜赞奇著，王福明译《文化、权力与国家：1900—1942年的华北农村》，南京：江苏人民出版社，2010年。

层职能人员,而不是由衙门官员控制。[①] 这说明地方秩序的维系是一种非官僚化的治理机制。之所以产生绩效,主要是地方精英与上层官吏有着相同的治理目标。假使如此,20 世纪上半叶所谓的国家政权内卷化就是地方秩序失衡的结果,而不是国家机构没有成功渗入农村社会所造成的。

关于匪患的治理,民国时期有学者就指出:“社会对之,仅有惩罚而绝无保障。所以不至灭绝者,以其特有一部分猎取社会与抵抗社会之手段以争存耳。否则,必难乎其为土匪矣。”[②]山东大学与山东师范大学的几篇学位论文较有代表性。宋大鹏、张金保、张振智的论文均对山东的土匪成因做了深入分析。[③] 谢贵平指出了民众自卫武装在防范土匪的同时,也不自觉地走向匪化。他认为 1930 年中原大战结束加上韩复榘统治山东后,一方面大力剿灭土匪,一方面对民众自卫武装进行整编,所以,1930 年是山东土匪势力消长的一个转折点。[④] 杨焕鹏考察了土匪、政府、农民三方在山东乡村中的博弈,指出在无序的社会中土匪平民化、政府强盗化及平民土匪化的现象日趋严重,社会异化程度不断加剧。[⑤]

---

① 参见[美]李怀印著,岁有生、王士皓译《华北村治——晚清和民国时期的国家与乡村》,北京:中华书局,2008 年。

② 何西亚编《中国盗匪问题之研究》,上海:泰东图书局,1925 年,第 42 页。

③ 宋大鹏《近代山东土匪问题研究》,山东师范大学硕士学位论文,2005 年;张金保《民国时期山东土匪问题论析——以社会调控论为视角的探讨》,山东大学硕士学位论文,2007 年;张振智《山东历史上的土匪成因与治理——以民国时期为中心》,山东大学硕士学位论文,2008 年。

④ 谢贵平《民国时期的山东匪患与民众自卫 1911—1930》,山东大学硕士学位论文,2005 年。

⑤ 杨焕鹏《试论近代山东土匪、政府与农民之生存博弈》,《中国农史》2010 年第 2 期。

关于灾荒问题,夏明方通过分析研究,认为灾即灾害,是在一定历史条件下不可抗的自然力对人类生存环境、物质财富乃至生命活动的直接破坏和戕害。荒即饥荒,是天灾人祸之后因物质生活资料特别是粮食短缺所造成的疾疫流行、人口死亡逃亡、生产停滞衰退、社会动荡不宁等社会现象。灾是形成荒的直接原因,但不是唯一原因,荒是灾情发展的结果,但不是必然结果。由灾而荒是通过灾害学中所说的"社会脆弱性"这个中介完成的。[①] 李庆华对鲁西的灾荒做了深入研究,对国家、士绅精英、民众的各方举措做了精心的梳理,创造性地提出了地方动乱是国家社会控制成本低廉化的产物。他在关于鲁西乡村建设实验县"菏泽模式"的考察中,对近代乡村社会变迁中的国家、精英、民众关系变化做了深入透视。社会控制的无力(行政不作为),资金投入的严重不足,是鲁西发展迟缓的深层次原因。[②]

3. 农村社会的权贵

关于官僚的社会地位,有学者指出:

> 中国底官僚,已经长久地成为人民底榨取机关……人民是房客;官僚是房屋管理人。房屋管理人向来就不料理房子底修缮,像水沟,水道等,只是打算尽量榨取房租,他们不仅剥削房客,而且也巧妙地欺骗了家主。[③]

曼素恩也指出,官员作为通过势力和智慧来谋求钱财的阶

---

① 夏明方《民国时期自然灾害与乡村社会》,北京:中华书局,2000 年,第 25 页。

② 李庆华《鲁西地区的灾荒、变乱与地方应对(1855—1937)》,济南:齐鲁书社,2008 年。

③ [日]长野朗著,朱家清译《中国社会组织》,上海:光明书局,1931 年,第 318 页。

层,他们认为酬金和勒索是对他们地位低下的部分补偿。[①] 由此可知,这样的社会中,“做官的人,不是以俸给为目的,是以利用官职敛钱为目的的”[②]。正如歌谣所道:“大官也是官,小官也是官;不论大小官,都是为俩钱!”[③]要想保证士绅地位,除了拥有相当数量的土地与受教育权,更重要的是有广泛的社会关系,尤其是亲属中有人做官,在关键时候有能力与各级政府打交道。这些人能够左右乡村的权力组织结构,那些在执行公务中不能遵循其意愿的村社当权者则常常被罢黜。[④]

关于山东乡村社会结构,唐致卿认为:

> 保甲制始终是乡里社会的核心机构,它的真正精英与灵魂始终是绅士。乡里社会的一切,都打着深刻的宗族烙印。基层职役单位逐渐成为一级政权机构,表明近代以来政权逐渐下移,官方本意是加强对乡村的控制系统,实际上却加强了绅权;办理团练、民团组织,本意是借绅权保卫地方,却使豪绅成为地方合法的武装力量领袖。[⑤]

关于乡村纠纷的解决,张佩国认为,传统中国乡村社会是一种习俗社会,乡村调解都在“差序格局”的特殊逻辑内展开,超出

---

① Susan Mann, *Local Merchants and the Chinese Bureaucracy*, 1750 - 1950, Stanford: Stanford University Press, 1987, p. 14.

② [日]长野朗著,朱家清译《中国社会组织》,上海:光明书局,1931年,第323页。

③ 山东省立民众教育馆编《山东歌谣集》第1集,济南:山东省立民众教育馆,1930年,第124页。

④ 陈吉元、陈家骥、杨勋主编《中国农村社会经济变迁(1949—1989)》,太原:山西经济出版社,1993年,第15页。

⑤ 唐致卿《山东乡里社会述论》,李长莉、左玉河主编《近代中国的城市与乡村》,北京:社会科学文献出版社,2006年,第267页。

这一限度,习俗的约束力也就不存在了。习俗更多的是乡民在日复一日的生活实践基础上所进行的制度创设,而非国家权力进行伦理教化的结果。[①] 实际上这种看法并不全面,许多权贵地主精英常常依靠经济优势自私自利,有时还借防匪之名行土匪勾当,使普通村民并无安全感。许多税收官吏,借机自肥。普通民众对这些人恭敬的背后,隐含着对于权力的惧怕。

(五)农民生活与农业发展

关于十年建设,西方学者做了如是评价。杨格认为:

> 战前十年一般都认为统治中国的是国民党。政府的组织法规定它应从属于国民党。可是依我的观察,在那些年,国民党作为国家事务中的因素而论,重要性远不如政府。而且党的重要性倾向于越来越减轻,以至于成为只是名义上的。官员中的首脑人物并不都是国民党的党员。他们作为一个活动的集团,说它是国民政府,比说它是国民党更为合适。[②]

何廉则对政府关于农业改造的最初尝试如是评论:虽然制定了诸多方案,但是这些改造计划的规模尚不足以满足国内的实际需要。有些设备材料也欠缺,法律行规的执行也没有达到预期效果。[③]

---

① 张佩国《传统中国乡村社会的财产边界》,《东方论坛》2002 年第 1 期。

② [美]阿瑟·恩·杨格著,陈泽宪等译《一九二七至一九三七年中国财政经济情况》,北京:中国社会科学出版社,1981 年,第 475 ~476 页。

③ Paul K. T. Sih, ed. , *The Strenuous Decade*: *China's Nation – Building Efforts*,1927 – 1937,Jamaica,N. Y. :St. John's University Press,1970,p. 234.

易劳逸则解释:“1937年农村的条件在政治上(如果不是在经济上)比国民党开始统治时更脆弱了。……在南京政府时期的末年,农村的客观条件也是处在危机的程度。”①有人还指出:

在1949年以前的年代,看不到经济总增长量趋于持续“起飞”的形势,也没有可能因经济的增长而带来个人福祉利益的提高;充其量来说,绝大多数的中国人仅是勉强维持生存而已。②

曲直生分析了华北各省的粮食种植面积、产量等,指出山东作为华北地区人口最稠密的省份,城市人吃细粮,农村人吃粗粮。③ 马若孟通过分析“满铁”调查资料,认为农村市场是高度竞争的,不存在垄断,凡是卷入市场的农户,其生活水平都有轻微的改善,“家庭的首要目标是通过农业劳动和其他资源,或者通过手工业、商业和其他职业获得尽可能多的收入”④。

董时进分析了农民生活所需的粮食问题与社会经济的关系,“中国之经济,社会,政治,军事诸问题,实以粮食问题为其中心,盖人民苟无衣食不足之虑,必不肯行险徼幸,纵有少数不安分之野心家,欲搅乱社会,亦将无所施其计也”⑤。关于农民经济的贫困化,彭南生认为这在很大程度上决定了近代手工业的

① [美]易劳逸著,陈谦平等译《1927—1937年国民党统治下的中国流产的革命》,北京:中国青年出版社,1992年,第274~275页。

② [美]费正清编,杨品泉等译《剑桥中华民国史 1912—1949》上卷,北京:中国社会科学出版社,1994年,第31页。

③ 曲直生《华北民众食料的一个初步研究》,参谋本部国防设计委员会参考资料第3号,1934年。

④ [美]马若孟著,史建云译《中国农民经济:河北和山东的农民发展,1890—1949》,南京:江苏人民出版社,1999年,第145~146页。

⑤ 董时进《食料与人口》,上海:商务印书馆,1929年,第48页。

长期存在。[①] 查尔斯·罗尔则认为:1934 年农民收入不平等肯定与地权分配不平均、少量的劳动力受雇于农业生产密切相关。相反地,与少量的农户从事副业生产、少量的农村居民从事非农业生产关系不大。这些结论与恰巴耶夫、马若孟等人所考察的农家现象是若合符节的。这些分析同样反映出,省际不平等呈现极明显的相似性,实际则由不同的结构所决定;换言之,任何关于各省特色的分析必须与人口密度、土壤肥沃程度与运输成本紧密相连。因此,在任何商业化市场可能出现的地方总能产生人们所期望的流动性增强,并在一定程度上产生一种形势,即地权分配的影响会相互抵消。[②]

与此同时,国外相关著作也被翻译、介绍到国内。研究成果主要集中在它的"核心地区",即"满铁"调查过的冀东北、山东西北部和西南部(周锡瑞)以及河北、河南、山东交界地区(彭慕兰)。两位学者针对山东西部地区的社会发展均提出了创新性观点。周锡瑞指出,山东的西部地区经常遭受自然灾害,且是一个国家统治力量薄弱、绅士力量弱小的边界地区,极易受到匪帮的劫掠,这一地区和山东的南部在经济发展上与长江下游地区联系密切,大运河使之与长江下游城市群为中心的商业网络联在一起。[③] 彭慕兰虽然指出"黄运地区"作为华北宏观区域是历史上的

① 参见彭南生《中间经济:传统与现代之间的中国近代手工业(1840—1936)》,北京:高等教育出版社,2002 年。

② Charles Robert Roll, Jr. , *The Distribution of Rural Incomes in China: A Comparison of the* 1930*s and the* 1950*s*, New York: Garland Publishing. INC, 1980, pp. 37 ~ 38.

③ [美]周锡瑞著,张俊义、王栋译《义和团运动的起源》,南京:江苏人民出版社,1998 年。

中心区域，但是，他的主要研究旨趣在于：由于运河的衰落和沿海贸易及近代铁路的重要性不断凸现，在山东半岛上造就了新的核心地区，并把黄运地区大部分变成了边缘地区。这是沿海经济增长所造成的所有大区核心的最大转变。[①] 彭慕兰意在说明传统上的核心地区是如何转为事实上的腹地。两位学者均从不同侧面论述了近代农村经济问题，并针对农民生活提出了迥然不同的学术观点。

综上所述，上述研究仍然存在诸多未及之处：

(1)已有成果多是对近代中国农村社会进行宏观论述，对特定地域的农村经济资源配置方面的考察，缺少社会结构变量的分析，欠缺对农民生活所面临的制度困境及其在近代转型中的社会互动研究。

(2)近年来的成果虽遵行了学术关注点转向底层农民的趋势，研究重点多在农村社会控制、农民救济与农村重建等方面，而近代化冲击下农民生存困境成因是学术研究的瓶颈，这方面的研究有待于扩展与深入。

(3)有关乡土文学的作品未得到充分利用。充分利用丰富的乡土文学资源(如诗歌、民谣、小说等)，结合口述资料与实证研究，有助于灵活阐释胶东农民的生存困境。

本书拟从农民生活中的阻力与应变力研究入手，描述胶东地区农民生活的困苦和艰难、离合与悲欢，系统分析近代化进程中群体间社会距离扩大对农民的社会选择带来的困惑，并反思现代化进程中农民的跃动与回应。

---

① ［美］彭慕兰著，马俊亚译《腹地的构建：华北内地的国家、社会和经济(1853—1937)》，北京：社会科学文献出版社，2005 年。

五、资料来源

(一)馆藏档案资料及资料汇编

山东省档案馆与青岛市档案馆留有大量民国时期的农村资料。其中,山东省档案馆藏的盐务档案利用较多。青岛市档的青岛农业年鉴对民国时期民众的日常生活状态进行了细致描述。山东省、青岛市的馆藏档案多为过去研究不曾用到或较少用到的史料,对解读当时胶东地区农民生活具有很强的史料价值,为拓展研究提供新鲜的资料来源。其他档案馆公开出版了许多资料汇编,均为本书相关问题的研究提供了有力支撑。

(二)政府公报、志书与地方史志资料

南京国民政府时期各级机构所颁布的法令法规以及往来函电等文本,记载了农村生活的大量信息;民国时期的志书保留了传统地方志编纂的优良传统,内容翔实严谨,有很好的研读价值。胶东各县的志书所包含的农产、民生、实业、民团等内容极富原生态,这为研究提供了不可或缺的史料。政协各级委员会编辑的文史资料也为一些历史事件提供了补充资料。

(三)报纸、期刊

20 世纪 30 年代,一大批研究农村社会的报刊相继问世,既有全国性的杂志,也有山东省内极具地方特色的书刊,围绕着中国农村经济危机等问题进行了争鸣,留下了那一代中国人的记录和思考。

（四）前人研究著作与相关的地方歌谣集

辅之以部分访谈资料。

六、学术创新

本书以胶东地区农民生存困境为研究对象，以南京国民政府前期实施训政纲领后的时代转型为背景，对这一时期地方政权的重建、发展与蜕变，超经济剥削与底层民众的自我调适等内容做了较全面的考察与研究，有以下创新之处：

（一）系统考察近代社会转型中农民的社会境遇，在研究方法与视角上，坚持以史料为立论依据

在掌握大量档案资料和社会调查的基础上，分析、鉴别相关史料。同时，坚持社会学的研究视角，关注底层社会的历史。农民生活内容的丰富性，决定了基本方法上的多样性。由于民国时期“城里人”与“乡下人”的分野现象比较明显，农民生活困境的分析结果因“参照群体”的不同而不同。

（二）在研究内容上，将制度设计、生活实践与思想观念结合起来探析农民的生活阻力与调适能力

从公共政策及再分配的角度探讨有利于缓解生活困境的问题，以及农村内部不同群体（地主、农民、官绅等）在遭受公共政策“合法化伤害”中的异同。社会距离作为西方社会政策研究领域中兴起的概念，一直被应用于个体决策与社会互动关系的研究。社会距离的概念设定体现了复杂社会关系的形成及其变化，更是分析社会稳定性的简明有力的新视角。关于农村贫困凋敝，既要

看到外部因素的影响,更要看到农村内部优质资源的流失。从制度经济学方面阐明农村社会失衡的原因,进而认为近代化进程中,农民生活的困境不能简单归因于资本主义的入侵、传统文化的断裂。

传统农村社会的发展历史是当代农村发展状况的厚重背景,能否深入分析农村生活的困境,取决于对中国近代农村历史底蕴的把握程度。

第一章　胶东农村的社会环境

有学者指出：

经济条件不是塑造社会和文化发展的唯一因素。同样，自然环境也不是组成经济条件的唯一因素。除了特定的社会历史星座中允许单一类型的反应，生态基础和经济条件的关系以及经济与非经济条件之间的关系都可以被重新描述，这不是必需，而是根据不同程度的一致性。在这种一致性的情况下，诸多非自然因素将会决定经济秩序的发展，一些非经济因素也将决定经济和非经济机构间的关系。[①]

农村社会经济的发展，不仅取决于自然环境因素，社会生态因素的变化对农村社会的发展也会产生重大影响。伴随胶济铁路兴建而形成的口岸经济圈未能有效成为本地区经济发展的提升契机。由于政治不修，主政者既不能通过经济建设来稳定社会秩序，也没有任何可能来改良工农生活，唯一的方法就是依靠武力，特别是军阀的军队。[②] 在国民政府二次北伐后，中央及地方各

① Karl A. Wittfogel, *Agriculture: A Key to the Understanding of Chinese Society, Past and Present*, Canberra: Australian National University Press, 1970, p. 1.

② 《中央通告第五十六号——目前中国士兵状况与我党兵运的策略及工作路线》(1929 年 11 月 7 日)，中央档案馆编《中共中央文件选集》第 5 册，北京：中共中央党校出版社，1990 年，第 507 页。

派势力围绕胶东管辖权展开了激烈斗争，导致生灵涂炭。为了维持巨额军费开支，各派强拉壮丁，加派捐税，许多为非作歹的匪徒更是趁火打劫、抓人逼粮、图财害命。“暴力是每一个孕育新社会的旧社会的助产婆”①。在上有政府苛政、下有土匪骚扰的环境中，守法农民的生存空间受到了多重挤压，生活苦不堪言。

第一节　胶济铁路与农村经济

山东境内的铁路有两大主干，一是横贯东西的胶济铁路，二是贯穿南北从山东西部经过的津浦铁路。胶济铁路的西端与津浦铁路衔接成“丁”字形，是山东省铁路运输的骨干，它与蓝烟、兖石等一些专用短线构成的运输网络，共同组成青岛港对外吞吐的大动脉，在经济建设中发挥重要作用。

一、铁路修建与口岸经济圈

有学者指出，铁路的兴建一方面促进农产品商业化的程度，使民众的收入增加，另一方面，有助于过剩人口转移到东北，减轻华北的人口压力。至于铁路与市场的关系加深和区域间贸易的促进，则有助于国内市场的整合。② 新式铁路运输方式的普及，深深影响着城乡经济关系，铁路沿线的城市经济功能更加强大，逐渐“成为沿线地带产业发展的组织核心和支配经济活动空间与组

---

① ［德］马克思《资本论》，《马克思恩格斯全集》第23卷，北京：人民出版社，1974年，第819页。

② 参见张瑞德《平汉铁路与华北的经济发展（1905—1937）》，台北：“中研院”近代史研究所专刊55，1987年。

合的重心”①。

交通便利的区位优势对于胶东地区的经济发展至关重要。帝制时期,胶州就是山东省的重要商港。史载,经元代开凿的运河,南方贩来的货物运至胶州,经胶州中转,与内陆潍县的商路互通。自运河淤废,商路交通改由海道,从塔埠头卸载货物并转运胶东各地,一时间商贾辐辏,帆樯云集。民谚中有“金胶州、银潍县”②的美誉。潍县也因其优越的地理位置而为鲁东商业重镇,如曾任潍县县令七载的郑板桥有诗曰:“三更灯火不曾收,玉脍金齑满市楼。云外清歌花外笛,潍州原是小苏州。”③近代以来,伴随烟潍公路、胶济铁路的修筑,潍县逐渐成为山东中东部的土货集散中心,附近各县均以潍县为货物聚散的中转站,据胶济铁路局调查,“昌乐、寿光、安邱、昌邑、青州一带商民,凡有需求,佥向斯地购买,一时交易总值甚大,不下五六百万元”④。

自胶济铁路1904年建成通车后,青岛进出口贸易迅速发展。从1901年到1911年10年间,洋货进口额增长了6倍多,土货出口额增长了60多倍。⑤ 青岛的外贸地位很快超过省内开埠通商最早但此时尚无铁路通达的烟台。1911年烟台洋货进口额为818万两,土货出口额为1392万两,而青岛则分别为2089万两及

---

① 熊亚平、任云兰《铁路与沿线地区城乡经济关系的重构——以1888—1937年间的石家庄、郑州、天津为例》,《安徽史学》2009年第3期。

② 叶钟英修,匡超纂《民国增修胶志》卷52《民社志》。

③ 郑燮《潍县竹枝词》(其二),潘同生编著《中国经济诗今释》,北京:中国财政经济出版社,2000年,第246页。

④ 胶济铁路管理局车务处编《胶济铁路经济调查报告 · 潍县》,青岛:文华印刷社,1934年,第15页。

⑤ 胡汶本等编著《帝国主义与青岛港》,济南:山东人民出版社,1983年,第25页。

1985 万两[1],都大大超过了烟台。可见铁路拉动经济增长的作用是非常明显的。青岛自开埠以来,商务繁荣,日盛一日,“其税收之数自民国十七年(1928)来,五年之内,激增四倍有余;即以进出口货物价值观之,自十一年(1922)来,十年之内,增加亦一倍有余”[2]。

即墨县经济情形,与青岛市及胶济铁路的关系最为密切。据胶济铁路局 20 世纪 30 年代调查:

> 输入品除煤炭以外,其他多由青岛输入。年来长途汽车异常发达,自县城至青岛间所经路线;与本路适成平行,取竞争态度,如花生一项,每包自县城装汽车至青岛,先收费一元,后改八角,嗣后又改为六角,现时仅收四角。倘由县城运至城阳再装火车来青,则一切脚力、搬运、装卸费及铁路运费等,每包需洋六角,原不为昂,然以汽车竞争影响,货商遂多裹足。至客运方面,汽车虽较火车稍昂,(自城阳至青岛火车五角四,汽车六角)然以时间不受限制,客座随满随开,且由县城所来客商,更不必惜此小费,故每日来青客座,多舍此就彼,每年客货运费约有九万元之谱。[3]。

胶济铁路沿线及辐射所及的潍县、安邱、昌乐、临朐、益都、临淄等地,都是山东重要的烟草产区。山东外销烟叶皆由青岛输出,除因青岛为鲁省最大之通商口岸,每日有轮船往来,运费既

---

① 胡汶本等编著《帝国主义与青岛港》,济南:山东人民出版社,1983 年,第 26 页。

② 胶济铁路管理局车务处编《胶济铁路经济调查报告 · 青岛市》,青岛:文华印刷社,1934 年,第 27 页。

③ 胶济铁路管理局车务处编《胶济铁路经济调查报告 · 即墨县》,青岛:文华印刷社,1934 年,第 14 页。

廉,时日又省,最主要原因是烟草产地多在胶济铁路沿线,有铁路为之运输。[①] 所以青岛出口烟草数量可以代表全省烟叶的销量。据统计:

> 民国十七年(1928)输出量为十九万八千六百六十六担,十八年(1929)为十九万五千九百九十一担,十九年(1930)为二十四万四千一百三十六担,二十年(1931)为二十一万零五百十八担,二十(二)年(1933)较为低落,仅二万三千八百五十九担,去年(1934)输出额为七万二千七百六十一担,近年来山东烟草出口量大为减少,此非种植面积之缩小,实由于贸易之不振。[②]

当然,借铁路运送烟草,赋税缴纳是少不了的。据载:"熏烤税每百斤四元五角,关税每百磅三角,当地民团与商会捐每车(计十五吨)八元,青岛商会捐每车四角五分,码头捐每百磅二角,水脚(假定自青岛至上海)每八角五分,水火险每值千元取一元七角,杂费(验关上下力)每百磅二分。"[③]由此可见,平均每车税赋就有 316 元,依前文所述,按年输出 20 万担估计,共计约 421333 元。

处于胶济铁路沿线的高密县,交通便利,诸城、莒县及安邱一带货物率多取道于此,由高密县转销他地,高密县城关一带及夏庄、双羊、井沟等处均为本县商业交易中心,农村城镇商业颇为发

---

① 实业部国际贸易局编《中国实业志·山东省》,上海:实业部国际贸易局,1934 年,第 113(戊)页。

② 姚方仁《最近我国烟叶之对外贸易》,《国际贸易导报》第 7 卷第 4 号,1935 年,第 6 页。

③ 姚方仁《最近我国烟叶之对外贸易》,《国际贸易导报》第 7 卷第 4 号,1935 年,第 18 页。

达。普通商业除了均有固定地点铺面，随时经营，平时关厢五日一集，每逢集期各商贩群集于途，所售货物以粮食、布匹、铁器及各种杂货为主。“夏庄在铁路以北二十余里，为土产最旺之处，每年运出最多，外来品在该处销售者以杂货洋布棉纱为最多，计商户三十二家”。“双羊店距城西四十里，该处酒店较多，为高粱酒出产地，惟其品味仍较景芝镇酒稍次，计商户十二家”。①“井沟在城西南三十里，该处榨油者较多，酒店次之，计商户三十家”②。

据前所述，伴随着铁路的兴建，胶东地区形成了以青岛为中心的经济圈。铁路建设在加快商品流通的同时，也带动了沿线农村经济的繁荣，许多城镇借此愈发昌盛。

二、人口流动与就业选择

铁路建设在带动农村经济繁荣的同时，也为农村人口流动提供了有力运输载体。同时，铁路建设带来了新的就业岗位。

据统计，1927 年通过胶济铁路从青岛转赴东北的农民平均每天就有 3000 余人。③ 1928 年，由于胶州、高密等地许多农民徒步前往，络绎不绝，胶济铁路为此特开专用列车，并连接客车于货物列车后，以增加输送能力，仍觉供不应求。仅 2 月份，经铁路输送的人员达 39876 人。因开赴大连的商轮缺乏，竟致大港附近的客栈均被移民充满。④

乡村教师、普通工人的待遇与铁道部门的职员相比，差距悬殊。

---

① 余友林、曹梦九修，王照青纂《高密县志》卷 7《实业志》。

② 余友林、曹梦九修，王照青纂《高密县志》卷 7《实业志》。

③ 集成《各地农民状况调查 · 山东省》，《东方杂志》第 24 卷第 16 号，1927 年，第 134 ~ 135 页。

④ 《鲁难民浮海北航》，《晨报》1928 年 3 月 8 日。

1928年青岛手工业者的工资相差巨大,需一定文化知识的印书排字工日工资仅1~1.45银元,砖窑工日工资更少,仅为0.35~0.55银元。[①] 设在莱阳的山东省立第二乡村师范学校,教师均由校长出面聘请,每学期聘请一次,被聘者资历一般都是大学毕业。教员工资全部由省拨给,“教师的薪金系按时计酬,每小时酬金一元二角,一般教师每月可得一百元左右。校长和职员为固定薪金。一九三〇年(民国十九年),校长兼教务月薪一百四十元。职员则有的三十元,有的四十元(是年各部无主任)。工友薪金最低,每月仅付八至十元”[②]。据统计,20世纪30年代工人的月工资一般在30元左右,而郊区农村农业工人的工资每月平均只有5元(不供食)。[③] 据调查,胶济铁路相关人员的福利待遇居当时各条铁路及海关、邮政等部门之首,“委员月薪为550元,处、课长级200—300元,刚上车的职员(如练习生、站务司事等)月薪25元,工人10.5元”[④]。虽然在系统内部各级工资差距悬殊,但与上述农业等行业收入相比较,不失为收入较高的工种。

随着铁路货运量增加,市场网络不断扩大,农村手工业也获得相应发展。新兴行业开始涌现,一些专门为过往旅客提供服务的工作岗位应运而生。据20世纪30年代胶济铁路局的统计,铁路沿线的转运业,潍县9家,益都6家,昌邑11家,高密12家,即

---

① 彭泽益编《中国近代手工业史资料(1840—1949)》第3卷,北京:中华书局,1962年,第302页。

② 孙好伟《山东省立第二乡村师范学校》,《莱阳文史资料》第1辑,1986年,第27页。

③ 章有义编《中国近代农业史资料(1927—1937)》第3辑,北京:生活·读书·新知三联书店,1957年。

④ 王义明《我所知道的“七·七”事变前的胶济铁路》,《胶州文史资料》第5辑,1990年,第217页。

墨5家。[①]

胶济铁路开通后,下车旅客因离家较远,又有行囊货物负担,常常心焦犯难。后来,在车站出现了以接送过往旅客为主的运输业,既解除了过往旅客的赶路之忧,也成为贫穷农民的一条谋生之路。在蓝村,乡间唯一的交通工具就是木轮推车和小毛驴。随着时代的不断发展,小毛驴、手推车已满足不了人们的需要。于是,出现了"苫子"这一新的交通工具,就是用两匹骡马,前后各一,中间搭一席棚,形似"蒙古包";再用两根长木沿席棚两侧穿过,长木两端放在前后骡马背上,顾客乘坐席棚之中,少者一二人,多则三四人。赶苫者握短鞭,附马旁,徒步而行。"苫子"载客风靡一时,后又被用芦席搭成拱型顶棚的木轱辘"车轿"所取代。[②]

铁路在保障潍县土布畅销的同时,也在慢慢改变着农村剩余劳动力的就业观。民国以前,在潍县从事织布业的农户有数百家。到20世纪20年代,潍县全县织布户数约一万,织布机约四万张,工人有八九万。[③] 机户织布一匹(计百另四尺)可得工资洋一元,普通织户拥有织布机一二架至四五架不等。[④] 过去,农民忙时耕种,闲时织布,自给自足,如今,布匹产量与农民收入挂钩,"虽然大部分是家内工业,可是所产的东西,却并不供给自家所用,而是当作商品,拿到市场去贩卖。……月下不景气时候,织布一匹,

---

① 胶济铁路管理局车务处编《胶济铁路经济调查报告总编下·商业》,青岛:文华印刷社,1934年,第16页。

② 王立德口述,郭绍慈、刘兆晋整理《蓝村交通运输业始末》,《即墨文史资料》第7辑,1991年,第185~187页。

③ 《山东潍县之经济近况》,《中外经济周刊》1926年第187期,第8页。

④ 《山东潍县之织布业》,《工商半月刊》第6卷第1号,1934年,第92~93页。

尚可获利四五角”，受利润驱使，即使在农忙时期，农民也不放松织布，甚至牺牲农业来经营机业，使“机业变为主业，农业反变为副业”。[①] 潍县的亦工亦农现象虽不是铁路沿线的普遍现象，却反映了沿线人们生活的一些变化。

第二节 军事践踏：兵连祸结

有学者指出：“一个社会的成分越复杂，各种集团越是纵横交错，其政治共同体的形成和维持就越依赖于政治体制的功效。”[②] 南京国民政府只是名义上统一中国，地方实力派不断掀起倒蒋浪潮，拥有军事力量意味着拥有强大的政治话语权。有军斯有权，成为地方实力派的共识。山东境内的政治斗争十分复杂，有学者将中央与地方各派势力之间的争夺，描述为“一种相互容忍和有限合作的状态”[③]。

一、逐鹿胶东

张宗昌督鲁时，为了巩固统治，不断拉拢家乡子弟，对于来自家乡祝家村的人颇为照顾，当时流行这样一句话：“会说掖县话，就把洋刀挎。”只要是掖县人找他，基本上得个官位。“祝家村一百四十余户，在张宗昌部队里光连长以上的官，就有六十多。现在能记得的担任少校以上官职的有二十人……难怪当时邻村人

---

① 郭秀峰《山东潍县土布业概况》(三)，《纺织时报》1935 年第 1219 期，第 4275 ~ 4276 页。

② [美]亨廷顿著，王冠华、刘为等译《变化社会中的政治秩序》，北京：生活·读书·新知三联书店，1989 年，第 9 页。

③ 刘大可《民国山东财政史》，北京：中华书局，1998 年，第 25 页。

讥讽说:‘祝家村的官,多起驴(比驴多)!’”[①]然而这种依靠裙带关系维持的统治在南京国民政府第二次北伐面前不堪一击。南京方面为尽快瓦解奉系统治,先期策划了颠覆张宗昌的活动,派得力代表到济南筹划瓦解张宗昌的军队和警察。1928 年 4 月 30 日,北伐军三面包围济南,张宗昌渡过黄河向北逃遁。[②] 张氏集团土崩瓦解后,原张宗昌部属刘珍年趁机在胶东地区收拢旧部,企图掌控全省。

在南京国民政府二次北伐时,日军制造济南惨案并迅速占领胶济铁路,使得山东政局扑朔迷离。蒋介石为了打击政治敌手,将这“烫手的山芋”交冯玉祥西北军辖制。孙良诚、石敬亭等西北军将领先后出任山东省政府主席一职,因东部刘珍年势力抵制,均并未全面控制山东省。1929 年 3 月中日济南协定签订后,在中国做出“全责保障在华日侨生命财产之安全”的保证后,日军答应两个月内从山东撤兵。[③] 为了防止冯玉祥全面管控山东,4 月 12 日蒋介石决定山东的接防由中央进行,随即任命陈调元为接青、济特派员兼山东省主席。7 月 2 日任命吴思豫为青岛代理市长,开启了南京政府对青岛的直接管辖。

此后,山东政局成了国民党中央和地方、蒋介石嫡系与非嫡系激烈斗争的渊薮。

1929 年春节过后,日军谣传张宗昌拟东山再起、重掌山东政

---

① 王玉珂等《张宗昌的家世及其他》,《掖县文史资料》第 1 辑,1986 年,第 60～62 页。

② 参见魏剑白《“五三”惨案前夕国民党在济南的活动和张宗昌的败退》,《文史资料选辑》第 3 辑,济南:山东人民出版社,1982 年,第 83～95 页。

③ 济南市档案馆编《毋忘国耻:济南“五三”惨案档案文献选辑》,济南:济南出版社,2003 年,第 179 页。

权。潍县政府遂将各区的保卫团陆续调进城来,推第九区区长王洪烈为总队长,队部设在县政府西花厅。二三月间,有张宗昌旧部路过潍县企图乘火车奔赴青岛,与当局发生枪战,殃及无辜布商。张宗昌余部躲入"恒裕盛"绸布店后,当局将绸布店焚毁,其邻近店铺"中和成"也遭到同样的命运。①

张宗昌兵分三路围攻驻烟台的刘珍年,一攻正面古镒,一攻福山南约三里之门楼渠,第三路为张宗昌之兵二千名,企图由东面偷袭烟台。刘珍年部侦知后,即派兵一旅攻敌。在毁坏刘部摩托运车五辆,焚毁莱山集,毁房屋多所后,张军败退,委弃死伤兵士六百余名,向牟平逃亡。② 1929 年 4 月,双方在牟平大战,刘珍年展开舆论攻势,向城中商家民户广泛揭露:"张军一旦攻开牟平城,要放假三天,其兵匪可以随意杀害守城军民,可以随意抢掠民财,可以随意奸污妇女。"③牟平居民听闻后,无不对张宗昌切齿痛骂,愿与刘军同仇敌忾,遂全力支持刘珍年,要人出人,要钱出钱,要物出物,一切在所不惜。

最终,刘珍年挫败张宗昌夺回胶东地盘的企图,依次剪灭其他诸军,"遂有胶东之地,中央暂授二十一师师长羁縻之"④。他极力向南京方面示好,电称:"胶东会匪已逐渐肃清,所有剿匪部队,已令暂归原防,本军拥护中央,始终一贯,对破坏大局甘心叛逆之

---

① 韩愉庭遗稿,穆锡罡整理《二十世纪二十年代潍县发生的几件大事》,《潍城文史资料》第 19 辑,2003 年,第 203 ~ 204 页。

② 《张逆宗昌犹图犯烟:被刘珍年军击退》,《兴华》第 26 卷第 12 期,1929 年,第 41 页。

③ 王程远整理《张宗昌与刘珍年牟平城区之战》,《烟台文史资料》第 4 辑,1985 年,第 46 ~ 47 页。

④ 王丕煦等纂,梁秉锟等修《莱阳县志》卷末《附记 · 兵革》。

徒，誓与周旋，中央如有驱策，枕戈以待。”①1929 年春，刘珍年占据胶东十一县及烟台、龙口两海口，把持地方政权，截留关税田赋，并积极购械扩军。② 1930 至 1931 年间，“刘曾以各种名义，加紧收捐要税，其数目比往年增加数倍，甚至预征几年之粮款，民众负担频频加重”③。

青岛港具有天然优势，不仅日本海军长年驻扎此地，东北海军也将其作为主要的军事基地。而中原大战爆发后，山东成了主战场，山东政局也更加复杂。1930 年 4 月，在晋军的进攻下，韩复榘曾一度退守胶东待援。随着东北军入关，北方政局有了转机。

中原大战后，北方政局以张学良掌控的东北军独大，控制着东北与华北。在蒋介石的支持下，张学良开始了对华北地区的大整顿，目的是严控晋军势力鼓胀。除了早已降蒋的韩复榘出任山东省政府主席一职，西北军各部也被分离到各地驻守，石友三驻防河北，孙连仲部则被调往江西。驻守烟台的刘珍年部在中原大战中势力也得到加强。

作为奖励张学良“入关助战”的政治筹码，在蒋的默许下，东北军势力开始接管胶东政务。青岛市政由东北军系的胡若愚把持。山东形成了刘珍年、韩复榘、张学良三派鼎立的局面。1932 年 1 月，东北海军司令沈鸿烈兼任青岛市市长。蒋介石亲自任命沈到职，除了想引诱沈鸿烈能为己所用，趁机接收东北海军和青

---

① 《刘珍年电告肃清会匪》，《兴华》第 26 卷第 48 期，1929 年，第 40 ~ 41 页。

② 余麟祥《无极会在蓬莱活动始末》，《蓬莱文史资料》第 2 辑，1986 年，第 38 页。

③ 谢维春回忆，张允德整理《刘珍年据福山二三事》，《烟台文史资料》第 4 辑，1985 年，第 60 页。

岛港,更如意的算盘是希望驻青岛的东北海军能牵制韩、刘两部,避免山东出现一方独占的局面。随着1933年张学良的下野出洋,沈也完全投靠了南京方面。总之,在胶东地区存在着韩复榘、刘珍年等大小军阀犬牙交错的鼎立局面,此时东北军在青岛一地的海军力量也不容小觑。

二、韩—刘之战

对于韩复榘在抗战初期的表现,历史早已有定论。南京国民政府时期,韩氏政权的发展与巩固仍留有一些微妙感,并不曾随历史车轮的前进而完全退掉。

韩、刘之间的宿怨积于中原大战时期。当时韩复榘为了躲避晋军进攻锋芒,"退集潍县一带,与刘珍年、高桂滋相约,各不侵犯"[①]。但是,刘背信弃义,于7月9日调动军队一部进昌邑,一部抵掖县,在沙河昌邑一带布置重兵,并与晋军第四路军张荫梧部联络,准备向高密进攻,双方夹击韩部。19日刘又抽调精锐部队,"秘密由昌邑沿淄水南下,拟断胶济路东段,抄韩复榘后路,据闻刘军此计划,实足以制韩军之死命"[②]。所幸,韩的援军李韫珩及时赶到,韩复榘部才转危为安。此次惊变后,韩对刘占据胶东一隅的政治野心有了切身感受。

中原大战后,韩复榘主政山东。为了牵制韩,南京方面仍令刘珍年统辖胶东各县。刘的控制领域包括掖县、平度、荣成等十几个县及烟台、龙口、威海三个重要港口,烟台为其政治中心,掖

① 中国第二历史档案馆编《冯玉祥日记》第3册,南京:江苏古籍出版社,1992年,第277页。

② 《刘珍年出兵将协助晋军攻韩》,《大公报》1930年7月20日。

县、莱阳为军事根据地。胶东的地方官员则由刘直接委派，田粮税收也大部归他支配。[①] 刘坐镇胶东以后，更是为所欲为。从表面上，山东全境统一在青天白日旗下，各派势力能够相安一时，其实他们之间存在着激烈的冲突，刘根本不顾韩复榘省政府的法规，“田赋税收一律不缴省府，各县所派县长都是他的私人，全是聚敛的能手。为了扩充实力便于统治，土豪、劣绅、地痞、流氓都成了县长的爪牙。除了地丁钱粮和房地契税之外，其它税收，皆由各县自行办理”[②]。刘珍年将胶东田粮税收除了一部分解送南京，余下大部分均由其自行支配，这对于依据土地田赋收入维持省财政开支的韩复榘政府是最大的问题。1931 年 4 月，刘不顾“中央”不准在烟台设市政机关的明令，以烟台市内外国领署林立为由，屡次请设小范围的市府，专门负责洋人事务。刘欲争权的野心昭然若揭。1932 年 9 月，又盛传“孙等拟迎溥仪入关”“刘珍年已受鲁巡抚”[③]。刘的政治野心，终为韩所不容。由于烟台、青岛的收入占全省的二分之一[④]，韩复榘不愿以山东省主席的空头衔掌控全省。对于全省收入最可观的胶东被他人占据，韩十分不满，时刻想逐之而甘心。

韩入主山东后，急速地通过收编土匪、直鲁军残部和拉夫、招募等方法将自己的部队从 2 万人扩充到 6 万余人，希望自己能在

① 李炳藻《我所知道的“胶东王”刘珍年》，《烟台市文史资料》第 2 辑，1983 年，第 106 页。

② 李仙洲《刘珍年的起家与失败》，《文史资料选辑》第 10 辑，济南：山东人民出版社，1981 年，第 160 页。

③ 中国第二历史档案馆编《冯玉祥日记》第 3 册，南京：江苏古籍出版社，1992 年，第 694 页。

④ 《山东省委工作报告》，《山东革命历史档案资料选编（1932—1936）》第 3 辑，济南：山东人民出版社，1981 年，第 33 页。

华北有更强的影响力。1932年9月,韩以"剿匪"为名,增兵胶东,并向刘提出"每月向省府缴款50万元,拨五六县归省府管理,交还各县统税权"①等要求。同时,通电"中央",列举刘统治胶东的五大罪状,打出为救"民命"的旗号,要求中央撤销刘珍年本兼各职,发动了对刘珍年部的战争。

由于刘珍年据胶东得到"中央"允许,"蒋之计划在彼此牵制,他好从中取利"②。韩对刘的军事进攻自然引起蒋介石的不满,他一面发电韩刘,要求双方立即停止军事行动,一面调动刘峙部由徐州向北进攻,商震由河北向南进攻,援刘攻韩。恰在此时,张学良在北平发出援韩通电,见此,蒋不得不停止军事进攻,改派蒋伯诚赴鲁调停。但蒋的调解,意在维持原防区不变,让刘珍年继续驻扎胶东。

事与愿违,韩为达到驱逐刘的目的,开始了政治与军事双管齐下的策略。

韩寻求政治途径,达到不战而"屈人之兵"的目的。9月20日,韩公布"胶东善后办法,为刘部限期离鲁,及先行交出政权,然刘如不服命令离鲁,余职责所在,不能坐视胶东陷于万劫不复"③。由于南京国民政府对于调离刘珍年一事没有明确发文,韩在10月21日发出辞职通电相要挟,"无如民众痛苦不除,良心终觉未安,不能安内,奚云攘外,既感责任重大,更愧精神不足……惟于沥陈下情,仰恳准辞山东省政府主席本职……果尚有一线可行之

---

① 《鲁东驻军冲突》,《大公报》1932年9月18日。

② 中国第二历史档案馆编《冯玉祥日记》第3册,南京:江苏古籍出版社,1992年,第692页。

③ 《韩复榘谈鲁事善后》,《大公报》1932年10月16日。

路,决不作无端烦渎之辞"[①],舆论哗然。为安内团结计,地方纷纷要求中央撤销原拟将烟台、龙口作为刘的驻地,仅行政权归省政府的提案,"最近问题的再燃,因为刘部没有他调的决定,而中央应该命令刘师调出鲁境"[②]。

同时,韩仍旧在莱州、龙口一带集结重兵。10月下旬,在韩部占据了胶东大部地区后,刘珍年意识到既然已经与韩复榘交恶,虽能暂保平安,但是不可能长安久全。为此,刘珍年通电称:"概自倭寇逞凶,国难严重,稍有人心者,岂能为阋墙之争,惟韩利用时机,暗袭职师,谁为祸首,当有公论。但职以痛心国难,已遵中央命令,停止军事行动,并请于韩撤兵后,确将职师调离鲁境,藉期效命中央。"[③]不久蒋介石就把刘珍年部调往浙江温州驻防,岂料刘部尚未到浙东,"已电责令永嘉诸地方官供给,计面粉二万五千袋,大米六十万斤,煤一百二十万斤,稻草六十万斤,马料二十四万斤,铺草三十万斤,值百万元左右,许以垫款,兵到便还"[④],引起浙东百姓人心惶惶。

在胶东与刘珍年战争中,韩复榘表现出志在必得的架势,军事与政治双管齐下,可谓老谋深算。刘珍年却"毫无深谋,多由冲动、盲动而来,名义不正大,外交无连络,说打便打"[⑤],最终陷入困境。南京国民政府为了"稳定",不得不采取了调离策略,潘公展

---

① 废止内战大同盟会总会编《山东韩刘战详纪》,上海:废止内战大同盟会总会,1932年,第104页。

② 《鲁事解决办法尚未确定》,《大公报》1932年10月25日。

③ 《刘珍年电请离鲁》,《兴华》第29卷第43期,1932年,第41页。

④ 《时事述评:刘珍年部调浙东》,《时代公论》1932年第36号,第2页。

⑤ 中国第二历史档案馆编《冯玉祥日记》第3册,南京:江苏古籍出版社,1992年,第700页。

评论:“处置得宜,不曾酿成大祸。”①

韩、刘之争宣告结束后,刘珍年部的原防地由海军沈鸿烈部所辖海军陆战队第一大队协同警察维持治安,驻烟台市外则有李宣德骑兵旅。② 韩复榘部虽撤至潍西,却获得了梦寐以求的出海口,势力渗入整个胶东地区,其独霸山东的时代真正来临。

三、韩与“中央”的较量

山东农村所呈现的破败景象引起了社会各界的关注。南京国民政府前期整个山东地区基本上处于韩复榘的管辖之下,除了胶东有刘珍年部与之对抗,整个山东的统治政权相对较为平稳。韩复榘在统治初期曾踌躇满志,极尽表现其管理才能,认为“山东只是一只残破的碗,我正尽自己所能去修补它。将把民众的福利置于一切之上。只要一件事情对人民有利,那么我就去做,否则就不做,哪怕我头顶上有飞机炮弹”③。社会各界纷议乡村建设时,韩也认识到农村社会的危机所在,认为整饬农村紊乱,必须先从农村整理入手,为此他全力支持梁漱溟主办的乡村建设运动。韩支持梁在山东开展乡村建设运动,实际上隐藏着个人目的。韩复榘主政山东以来,处处受到来自中央政府、胶东刘珍年部的掣肘,他认为,“必须在政治上拿出点主张来标榜一下,才能站得住脚”④,采取这种隐秘的方

---

① 中国文化建设协会编《抗战前十年之中国》,台北:龙田出版社,1948 年,第 14 页。

② 《沈鸿烈接防烟台》,《兴华》第 29 卷第 43 期,1932 年,第 41 页。

③ [美]鲍德威著,张汉等译《中国的城市变迁:1890—1949 年山东济南的政治与发展》,北京:北京大学出版社,2010 年,第 161 页。

④ 徐树人《我在乡建派的活动与见闻》,《文史资料选辑》第 2 辑,济南:山东人民出版社,1982 年,第 51 页。

式,似乎更能巩固自己在山东的地位。支持梁漱溟在山东开展乡村建设运动,使“韩复榘获得了成功的改革派统治者的美誉”[①]。

韩复榘政府开展小清河的疏浚工作,对于“齐”境许多强大的商业势力来说都很有用,然而,他却反对过快工业化。[②] 韩复榘的乡村复兴改革并非治本之策,它重在对农民进行军事化管理,而并非真心为农民疾苦着想。“韩本质上是一个保守主义者,他畏惧工业化造成的不利的社会影响,并希望中国社会回归旧秩序”[③]。以梁漱溟为代表的乡土主义者强调从下层开始的建设只能慢慢地、不唐突地工作下去,“把外来的新制度,或强制的官僚政治的形式,强加给农村社会将一事无成”,在县以下的行政区域规划应“符合以前存在的‘自然’区域,以自然村和明显的集市区域(乡)为模式”,应尽力废弃“南京政府法定的较大的、更属人为的区和乡”[④]。这种基层管理模式得到了韩的认同。

有学者指出,梁漱溟创办的乡村建设研究院目的是将“在道德灌输和个人自我修养的方式方面,儒家思想的影响非常显著”的出身富农或地主家庭的学员,训练成“对农村的生活方式已有一定的适应能力”的乡村干部。[⑤] 这些乡村干部获得韩复榘的极

---

① [美]鲍德威著,张汉等译《中国的城市变迁:1890—1949 年山东济南的政治与发展》,北京:北京大学出版社,2010 年,第 162 页。

② 《关于这些建设工程的总结》,参见《山东省建设半月刊》1936 年第 14 期,第 159 ~ 164 页。

③ [美]鲍德威著,张汉等译《中国的城市变迁:1890—1949 年山东济南的政治与发展》,北京:北京大学出版社,2010 年,第 163 页。

④ [美]费正清、[美]费维恺编,刘敬坤等译《剑桥中华民国史 1912—1949》下卷,北京:中国社会科学出版社,1994 年,第 404 ~ 405 页。

⑤ [美]费正清、[美]费维恺编,刘敬坤等译《剑桥中华民国史 1912—1949》下卷,北京:中国社会科学出版社,1994 年,第 404 页。

大器重,韩认为这些乡村干部肩负稳定农村社会的大任,所以,出身地主家庭的乡建派成员在梁漱溟主办的乡村建设院受训结束后,纷纷进入了乡村或更上层的政府机构,成为韩复榘政权的重要基础。

韩复榘常常感到保存山东地盘十分不易,既怕南京方面釜底抽薪,拉拢韩的部下从内部瓦解,又怕南京方面布下圈套,自己落入陷阱。为了保持与"中央"半独立的关系,为了防止部属与"中央"发生直接联系,韩复榘仿效"励志社"的组织形式,在山东成立"进德会",并拟定了《山东省进德组织章程》,提交山东省政府委员会通过,规定凡韩复榘所属军政人员,一般都可以参加进德会,借此笼络僚属,增强向心力。[①]

为了抗拒来自"中央"政府的渗透,韩复榘采取一种以分裂求生存的连横策略,与其他地方反蒋势力来往频繁。1932 年西南地方势力李宗仁等对抗南京国民政府,实行"七省联防",韩复榘闻知后,也派代表参加会议,并表示"西南若干,他一定干"[②]。1933 年福建事变后,韩更是主张"即行改组政府"[③]。这种策略表面上看去似乎给韩带来了一些政治空间,然而,当民族危亡之际采用这种方法就有点不合时宜。西安事变后,韩联合宋哲元发表通电,主张"尽量采取沉毅与静耐,以求政治妥善通适之解决"[④]。蒋

① 董绶青《韩复榘与进德会》,《文史资料选辑》第 15 辑,济南:山东人民出版社,1983 年,第 135 页。

② 中国第二历史档案馆编《冯玉祥日记》第 4 册,南京:江苏古籍出版社,1992 年,第 219 页。

③ 中国第二历史档案馆编《冯玉祥日记》第 4 册,南京:江苏古籍出版社,1992 年,第 240 页。

④ 《宋韩联合发出通电》,《大公报》1936 年 12 月 24 日。

介石深知,离开或失去赏罚的运用权力,就等于降低或削除维持威信的手段。[①] 蒋介石视韩如鲠在喉,趁韩失守山东之机,下令将韩枪杀于汉口。

除了在外围与"中央"政府进行着隔靴搔痒般的较量,韩与蒋派势力也展开了多次正面角逐。韩氏对"中央"派往山东的要员保持高度戒心。在鲁主政初期,韩政府的委员、厅长多是其在河南主政的原班人马,由于举荐参谋长张钺为教育厅厅长未得南京国民政府认可,韩遂联合部属多次围攻由"中央"任命的山东省教育厅厅长何思源,使其"局促不安","天天如坐针毡"[②]。蒋伯诚是蒋介石派驻山东的代表,暗中监视韩复榘乃是公开的秘密,韩表面上与之周旋而实甚厌恶。1935 年冬,蒋伯诚从南京来济时,韩复榘到火车站迎接。在欢迎仪式上,日本为拉拢韩,演出了一场日本驻济领事馆武官"醉"骂蒋伯诚的闹剧。日本武官以蛮横的态度声言要蒋伯诚滚回南京,蒋并不相让,双方唇枪舌剑,几乎动手,最后韩见势劝说日本武官是醉酒闹事,请蒋伯诚乘车离去。[③]

同时,韩复榘极力排挤蒋派嫡系人员。韩到鲁后,"既不想讨好二陈(韩不常谈二陈,有时提起来也带轻视之意),也不想借党部以自重。相反的,韩复榘希望和日本妥协,想压制国民党在山东的活动以讨好日本"[④],以求达到用"对日本的模棱态度,来挟持

① 王亚南《中国官僚政治研究》,北京:商务印书馆,2017 年,第 100 页。

② 何思源《我与韩复榘共事八年的经历和见闻》,《文史资料选辑》第 37 辑,北京:中华书局,1963 年,第 197 页。

③ 姜杰民《"七·七"事变前后韩复榘与日寇勾结片断》,《文史资料选辑》第 18 辑,济南:山东人民出版社,1985 年,第 165 ~ 166 页。

④ 何思源《我与韩复榘共事八年的经历和见闻》,《文史资料选辑》第 37 辑,北京:中华书局,1963 年,第 201 页。

蒋介石,使蒋重视他,不敢动摇他,他好在山东为所欲为”的目的。[①] 因省党部的负责人属于CC系,忠实执行蒋介石的政策,并借口“党权高于一切”,插手山东政治,给韩的施政带来一定的牵制,招致韩的厌恶。韩有时在给“中央”的电文中“大骂那些不做事专害人的棍徒”。1931年3月20日,韩在外地巡视时,突遇多人拦车控告沾化县党部委员马丹廷武断乡曲,恶迹斑斑,韩遂命令部下将其秘密处死,并嫁祸给省党部负责人刘涟猗,随后韩将刘逮捕入狱。[②] 虽然经国民党中央党部保释,刘得以释放,但被韩驱出了山东。随后,韩又“取消各县预算中国民党县党部的党费,强迫摘下招牌,勒令停止活动。以后各县虽然恢复党部,但是有名无实,不准干涉政治,不得向外宣传”[③]。

之后,“中央”派驻山东党部的负责人为张苇村。张苇村在国民党一大时,被孙中山指定为山东代表并当选为国民党候补中央执行委员,曾主持过山东党务,已有相当基础,再者张苇村是山东人,十分了解省情,与韩毫无历史渊源,因而深受“中央”器重。“中央”决定由张监视韩的活动。陈果夫曾按照蒋的意图向张面授机宜:“对韩要阳为亲密,暗探其阴谋,随时向中央报告。”张至山东工作后,也常以党军必须团结一致为借口,以党务负责人的身份过问山东的军政大事,尤其是对韩复榘拒不执行中央关于军

---

① 何思源《我与韩复榘共事八年的经历和见闻》,《文史资料选辑》第37辑,北京:中华书局,1963年,第208页。

② 何思源《我与韩复榘共事八年的经历和见闻》,《文史资料选辑》第37辑,北京:中华书局,1963年,第201页。

③ 何思源《我与韩复榘共事八年的经历和见闻》,《文史资料选辑》第37辑,北京:中华书局,1963年,第203页。

队缩编的命令一事,表现得尤为关切。[①]

然而,张苇村因贪财好色很快被韩掌控,他将陈果夫对他的指令全部告诉了韩,在韩刘相争之际,竟发动山东地方各界团体对韩进行声援,还以省党部的名义电请"中央"顺应民意。事后,刘珍年去后所遗山东省政府委员一职由张充任。为了钳制张苇村过于靠近韩,"中央"又指使国民党"中统局"山东省调查室主任谌峻岑作为张苇村的监视人。然而此二人最终还是没有逃出韩的魔掌。首先韩借"进德会"聚宴时,利用女色将张诱出枪杀,"张身中五弹,一由右腮穿过左腮,一由右鬓入左鬓出,两弹中小腹,一弹中左臂"[②],死状甚惨。案发后南京国民政府令韩限期破案,本想借机打击韩在山东的势力,怎料韩借机把"中央"派驻济南的另一大员谌峻岑端掉。韩表面上悬赏缉凶,"有能报告内情破案者,赏两万元,有能报告全盘托出者,赏五万元"[③],一副煞有介事的样子把南京国民政府给迷惑了,暗地里韩借缉拿凶犯搜查枪支为由,将省党部谌峻岑等拘捕,声称谌涉嫌最大,其手枪枪口有新放的烟迹未擦,枪弹规格与刺杀现场拾到的弹壳口径完全相符。[④] 严刑逼供未果,最终韩下令将谌秘密勒死狱中,对外声称张案系谌氏为夺权所为。凭借一石两鸟之计,韩将"中央"派驻山东的监视人员顺利清除。此后,中央党务系统再也不敢插手山东事务,山东俨然韩的独立王国。

---

① 姜维翰《我对张苇村的回忆》,《山东文史资料选辑》第30辑,济南:山东人民出版社,1991年,第239页。

② 《鲁省党委张苇村遇刺》,《大公报》1935年1月4日。

③ 《鲁省党委张苇村遇刺》,《大公报》1935年1月4日。

④ 姜维翰《我对张苇村的回忆》,《山东文史资料选辑》第30辑,济南:山东人民出版社,1991年,第242页。

四、社会影响

对农村剩余劳动剥削的诸形态，最显著的有公债、捐税、兵差以及敲诈行为。我们不仅要看清楚地主的超经济压迫，更应看到田租背后的权力剥削。这些政治力的剥削，跟地主的土地剥削在程度上和手法上虽不同，对于直接生产者——农民大众的剥削本质上却没有什么差别，甚而有时比前者的剥削还要更彻底。连年的军事战争，破坏了正常的农业生产活动，许多民房建筑等固定资财也因战火而毁坏。战争还阻断了正常的农村集市贸易，农村社会不仅失去了生活资料的流通空间，农民也丧失了农产品善价运销的机会，农村经济变得艰难。可以说，这些借权势群体为维护统治而施加到农民身上的欺压完全是一种封建式的政治剥削。

民国前期山东以出产军人而著名。这些依仗暴力走上政治前台的军人武夫未能给山东农村带来福音，反而遗留无穷的灾难。有报道讲：

> 北洋派兴盛时，鲁人之任督军师长者以百；因之一班官僚政客，亦得依草附木，升官发财，此在利禄之徒，未尝不视为乡里荣施，交游光宠；然而二十年来，山东丁壮为军阀私斗而死者数百万，山东财富为军阀私斗而消耗者数万万。①

结果可想而知，暴力战争只造成了少数借军事力量托庇于租界的若干“权贵”，广大农民除了忍受战争带来的横祸，只有失业、选择逃亡的命运。有学者做过如下统计：“近二十年来，国内不断内战，吾人估计每师军械军装的设备，平均在八百万左右，故击溃一

① 袁大中《沦陷前的山东》，《新阵地》1938 年第 7 期，第 11 页。

师,即表示破坏八百万元之国家财产。"①由此可见损耗巨额民脂民膏。

马罗立认为军队是导致饥荒的政治原因之一。军队的纪律不见得比土匪好,他们依赖驻地的给养来生活,所不同的是他们算是隶于政府势力之下的,军队给养也是依照较有规则的程序取得。据统计:

每年大概须耗去二百圆之数,才能养活一个兵士。……就算一家每年的费用是一百五十圆,则以比例而论,每个壮年的人,每年只需四十圆的生活费;然则养活一个在军队里的人,其费用要有在家的五倍般大。吾们假定军人本非生产的人,则他们除了在家时应耗去四十圆钱外,在军队里多耗去一百六十圆。②

为达到壮大势力的目的,各派军阀在各据一方的局势之下,加紧对劳苦群众的剥削。据统计,山东全省有十四万以上的军队,每日军费一项支出就达一百几十万元,若连同政费、党费,每日支出非三百万元以上不可。③ 然而,如此高额的军费支出,用到普通士兵身上的不及三分之一。④

由于社会大环境的恶化,那些失去管控的军队到处搜罗食

① 董中生《我国农民离村之原因》,《农业周报》第2卷第44期,1933年,第691页。

② [美]马罗立著,吴鹏飞译《饥荒的中国》,上海:民智书局,1929年,第99~100页。

③ 《山东省委三个月工作报告》,《山东革命历史档案资料选编(1932—1936)》第3辑,济南:山东人民出版社,1981年,第52页。

④ 《中央通告第五十六号——目前中国士兵状况与我党兵运的策略及工作路线》,中央档案馆编《中共中央文件选集》第5册,北京:中共中央党校出版社,1990年,第508页。

物,给胶东社会带来更严重的问题。据1930年"南铁会社"调查,山东全境内有二十九万名毫无组织管理的准军事人员,他们没有正式的领导,也不属于任何军事组织。他们通过征收田赋附加、发行毫无政治保障却不可兑换的纸币作为薪金、藏匿民众牲畜的方法养活自己。[①] 许多被政治权力抛弃的乡村富农也成为被敲诈的对象。1933年刘珍年统治下的防区,"黄县张姓被绑去大洋二百五十万元,掖县张姓林姓绑去大洋二百万元,他如平度,莱阳,海阳,牟平各富绅,自绑十万至二十万者,不计其数,横征暴敛一至于此,此特就其大者言之。其他纵兵殃民之事,更是难数"[②]。

1928年4月刘黑七以北伐军名义在莒县索要军费,由商会垫支现银八千五百余元,后来这些全部转嫁到农民身上,正所谓"刘黑七,要军款,肥了商会大总管。饱了贼,肥了官,到头百姓把帐摊"。同年11月刘黑七在商会宴请众邑绅,借机向张家庄举人张绪昌索借军饷两万银元,张哭穷告窘,刘一怒之下,以阻挠北伐进军等罪名将其下狱,趁机敲诈。在众邑绅求情后,几经周旋,刘黑七决定由众商号暂凑半数当面垫付,所欠款数由张限十日内倾家缴清。时人谣云:"官勾贼,贼结官,敲了张绪昌,索他买命钱。"[③]

1930年中原大战时,军队对控制区内乡村随意"征借",拉夫抓丁,索要粮草,仅陈调元部与高桂滋部在诸城攻防半年期间,就使该县城乡损失现洋通券约数百万元,麦粮柴草约百万元,死伤、

---

① [美]马若孟著,史建云译《中国农民经济:河北和山东的农业发展,1890—1949》,南京:江苏人民出版社,1999年,第314页。

② 罗克典《中国农村经济概论》,上海:民智书局,1934年,第271页。

③ 仰止《刘桂堂祸莒记闻》,《莒县文史资料》第7辑,1991年,第48~51页。

流离的民众尚不知数。[1] 许多村民因无力应付兵差负担，“饱尝鞭棍滋味；然后带至私处议罚，以满其敲诈之望。敲诈既遂，所缺之数则又加之另一村矣”[2]。

刘珍年控制胶东时，苛捐杂税较张宗昌时代尤甚。刘珍年管辖的烟台共分五区，每区公安局分局要上缴两千元，逼得区分局没办法，只好将这一批钱加在买卖人身上，除了营业税、厘金税，公安局经常以搜查大烟、白面为名，暗地栽赃罚洋五百元至千元不等。[3] 平度军费：

> （民国）十九年（1930）刘师之十七军骑兵团至，复就招待处招待军队，每地丁银一两，加收招待费银圆三圆。九月下忙带征购枪费五角，自治费二角五分，十二月招待费将用罄，复征三圆。二十年（1931）五月征二圆，十一月征四圆。二十一年（1932）二月，蒋司令电鲁采办军麦，价款由田赋项下，每地丁银一两，加征一圆，三月筹措刘师草料加征六圆，十月刘军退却省军过境，每地丁银一两，摊借四圆。二十三年（1934）调训各区联庄会员，垫支火食费九千圆，每地丁银一两，加征一角七分。[4]

潍县平时就有临时军费代办处，用款均由民众担负，开支浩繁远超他县。自 1931 年 10 月 1 日起，至 1932 年 10 月底止，“结

① 《山东省政府委员会政务会议决案汇编》（上编），转引自安作璋主编《山东通史·现代卷》，济南：山东人民出版社，1994 年，第 107 页。

② 陶定国《农村中兵差问题之检讨》，《农村经济》第 2 卷第 7 期，1935 年，第 5 页。

③ 《山东省委工作报告》，《山东革命历史档案资料选编》第 3 辑，济南：山东人民出版社，1981 年，第 33 页。

④ 丁世平等修，尚庆翰等纂《续平度县志》卷 6《政治志·财政》。

算开支,即达十三万二千七百余元之巨,最近半年来军事附捐,已加征三次,每次每两地丁加征一元”。韩、刘大战时,“潍县无形中成为军事区内重心地带,所有赴前方之军队,完全由潍县经过,一切给养运输统由该县负责,此次在潍县共征大车六百辆,一切军事费用,须在三十万元之多”。①

刘珍年部鱼肉百姓的方法更是无奇不有。自1928年刘珍年部队来掖县起,掖城百姓负担特重。军队驻防时有调换,本属正常,然而刘部换防时军官家属亦随部队来去,每逢调防部队所用一切,俱由治安会提供,家属所用的桌椅锅碗瓢盆等,俱向镇、村借用。“镇派村,村派街,街派户,只见借去,不见交还”②。

1932年韩复榘驱逐刘珍年的战争爆发,刘珍年派饷派粮,拉夫勒赎,至于杀人放火,奸淫掳掠,杀声哭声,音传数里。据烟台逃难的农民称:

> 刘部溃兵约百余人,驰往朱家堡劫掠,与该村保卫团发生激战,一时村中大乱,夫妇老幼均纷纷往村外逃避,溃兵即对村民扫射,当时毙命者,不知凡几,伤者更多,溃兵攻入堡中,即行抢劫……附近各地被烧杀者有千金村、千金店子、南北朱家堡、杨家疃,此数地已成一片焦土,人畜死尸遍地杂陈。蟠踞高楼寺之散兵,架有肉票甚多,除由其家族取赎外,悉被乱刀砍死,惨不忍言。③

---

① 马乘风《最近中国农村经济诸实相之暴露》,《中国经济(南京)》第1卷第1期,1933年,第15页。

② 李正言《刘珍年独霸胶东》,《烟台文史资料》第3辑,1984年,第145页。

③ 马乘风《最近中国农村经济诸实相之暴露》,《中国经济(南京)》第1卷第1期,1933年,第15页。

在莱阳县境内，“因遭去岁胶东事变，刘军盘踞城内，肆意摧残，县城商业损失不赀。其他各市镇，亦因农村经济衰落，金融吃紧，致交易停滞”①。

处于双方炮火集中点的掖县境内，百姓受害尤为严重。在军事纷争中，刘珍年下令各部自行筹备给养，结果民间一切金钱、粮食、牲畜、农具、古珍字画等，尽数被军匪搜去。甚至城外四关的旧建筑也被拆毁无余。沿城五里内的农作物均未收获，赤地数百里，除了残瓦破垣，无别物。底层民众的大车牛马，也被“征集”一空，损失净尽。② 等到军事纷争结束后，农民回到家园，既无吃的，也无用的。眼前所见，“只有些棍子柴火在狼籍的横着，凄凉的寒风，悲惨的细雨，从屋顶上的窟窿里袭击过来”③。

总之，在中国封建制度崩溃过程中，一些有“能力”的乡绅日益土豪化，而一些有势力的土豪也逐渐成为乡绅，二者作为军阀制度中统治阶级的一部分，在依靠强权欺压农民方面毫无分别，所以说“官僚是军阀剥削的经理者，而乡绅土豪则是军阀剥削的执行者”。官僚需借助豪绅的合作才能执行其经理的职务，所以征派兵差的命令一到县政府，县长会立刻与各乡区的大小官僚土豪商量，并由后者到乡村去征收兵差。这些土豪劣绅一方面以官僚资格为军阀执行剥削任务，一方面又以土豪乡绅的面孔去压制乡民的反抗。④ 军

---

① 胶济铁路管理局车务处编《胶济铁路经济调查报告·莱阳县》，青岛：文华印刷社，1934 年，第 8 页。

② 马乘风《最近中国农村经济诸实相之暴露》，《中国经济（南京）》第 1 卷第 1 期，1933 年，第 15 页。

③ 章有义编《中国近代农业史资料（1927—1937）》第 3 辑，北京：生活·读书·新知三联书店，1957 年，第 4 页。

④ 陶定国《农村中兵差问题之检讨》，《农村经济》第 2 卷第 7 期，1935 年，第 12～13 页。

阀跋扈,“军队既不尽职,官宪警察又不足靠,则人民自讲保卫底方法,这是很自然的。像中国那样的,国家权力薄弱,尤其是在今日的腐败官僚和军阀,及其军队警察之下,要把生命财产委托于他们,无异是去依赖盗贼”①。当国家丧失有效的控制,行政的权威丧失殆尽时,社会就逐渐失控。军权横行,阻隔政治和平建设步伐。这种以暴力解决纷歧的方法给社会留下无穷的祸患。当社会规范被打破,基层缺乏控制,村民的生活空间被挤压,结果,许多打着“官逼民反”旗号的盗匪开始慢慢侵蚀农村社会的点点滴滴。

第三节　土匪猖獗:民不聊生

清季以后至民国前期,在建立现代民主国家的道路上,各派势力歧途纷争,致使国家没有形成一种有效的政治体制。依前述,胶东地区源于税基而展开管辖权争夺,刘珍年、韩复榘、南京国民政府纷纷登场,相互攻伐,广大农村倍受蹂躏。有学者指出,在中国,军阀统治“把军人推上国家政治舞台的中心,于是一成不变的暴力成为解决问题的基本手段。来自上层的暴力煽动着来自下层的暴力。当军阀以牺牲成千上万的青年农民的生命来维护自己的权力时,越来越多的穷人也作出了反应,他们组织或加入匪帮的防御性的秘密社团”②。殊不知,这些以暴力进行反抗的盗匪在求生道路上,给那些守法的村民带来了极大痛苦。许多原

① [日]长野朗著,朱家清译《中国社会组织》,上海:光明书局,1931年,第68~69页。

② [英]贝思飞著,徐有威等译《民国时期的土匪》,上海:上海人民出版社,1992年,第31页。

本山清水秀的乡村，当“兵匪大动了兵枪，乡村竟作了屠场”[①]。在刘黑七股匪强盛时，他自夸：“官不打，民不问，咱们的日子真好混。地有千顷靠沙河，不跟钢枪压着脖。”仅“吃潮水”（贼语，指跟随土匪趁火打劫的）者就有一万五千余人。[②] 加之其他大小股匪，胶东俨然一个土匪的世界。各派军阀因政争需要，开始招抚盗匪为其效命，有时土匪与军队之间还形成一定的“默契”，在剿匪与反剿匪战争中上演一幕幕闹剧。土匪借此走上升官发财之路，许多农村中的强势人物甚至乡村痞氓们更是抓住社会混乱之机，垂涎于政治权力，当他们手中的暴力得到政府的许可后，犹如投畀豺狼。农村社会毫无秩序规范，反而在失控的边缘越陷越深。

一、成因分析

极度贫困的农村社会环境日益动荡。山东虽号称乡村建设的实验省，然而事与愿违。正如梁漱溟指出的那样，“号称乡村运动而乡村不动”[③]。军阀战争带来的连锁效应给农民生活带来的影响，不能用农家损失几亩田地来形容。愈来愈多的灾民得不到及时救治，铤而走险，为匪者不计其数；在这样的环境中，倘若单纯遵循礼法，只有任人宰割的下场，那些为非作歹的惯匪却成了人们争相崇拜的对象。军中也有许多士兵挟械私逃，落草为寇的

① 《商拙亭在烟台莱阳国民党党部的工作日记》，山东省档案馆馆藏：J1－25－47－1。

② 王秉伦等搜集，唐昌华整理《杀人魔王刘黑七》，《文史资料选辑》第16辑，济南：山东人民出版社，1985年，第151页。

③ 梁漱溟《我们的两大难处》，《梁漱溟全集》第2卷，济南：山东人民出版社，2005年，第573页。

也无法计算。“诚如北京《顺天时报》所说：‘目前山东土匪之多，较之三年前，其增加何止十倍！’”[①]为了对付兵匪，农民不得不组织起来进行自卫，于是红枪会等组织得到大力发展。

(一)战争频仍

在胶东地区，连年的战事使传统农业经济模式濒于崩溃，许多政治机构形同虚设。当农业生产不能维持，生活资料紧缺时，土匪骚乱就开始蔓延。东北移民之路中断后，外出谋生的道路无法维持，加上苛捐杂税的剥削，使这些出卖苦力的劳苦群众生存状况逐渐恶化，许多人沦为土匪。[②]

1928 年 4、5 月间，张宗昌所属的方永昌与刘志陆、顾震等部在平度南乡、胶州北乡、掖县、即墨大沽河两岸等地区互相残杀，各方士兵死伤惨重。村边路旁，田间沟塘，残肢腐尸，横七竖八，到处是阴森恐怖的惨状。周边村庄的百姓难以忍受匪兵的勒索敲诈，纷纷四处逃亡。[③] 胶东灾荒时，许多部队不顾村民生活仍旧就地筹饷，“驻莒、沂、诸、日等县之杨虎城师，因奉命调往湖北，开拔费一时未能领到，乃向当地筹借，大县摊筹二万至三万，小县则在万余上下。驻寿光之孙殿英部亦到处勒索给养，并勒收验枪、户口等捐”[④]。

---

① 朱新繁《中国农村经济关系及其特质》，上海：新生命书局，1930 年，第 305～306 页。

② 《常子健关于胶东最近的工作报告(一九三四年六月九日)》，《山东革命历史文件汇集》甲种本第 7 集，1995 年，第 210 页。

③ 孟广安、吴洪俊《五里堠子村“大刀会”活动纪实》，《胶州文史资料》第 16 辑，2003 年，第 1 页。

④ 《胶东蝗灾与兵灾》，《申报》1929 年 9 月 12 日。

1930 年中原大战时，南京国民政府派军将冯玉祥旧部高桂滋率领的十九师围困莒县，并派飞机不时向莒县投掷炸弹。为躲避枪弹炮火，居民大部“挖窖而居”。由于双方相持达 6 个月之久，居民只能依靠“糠秕维持生计，至此益发十室九空，欲食糠秕而不得，致使有不少病老体弱者活活饿死”①。

刘珍年在胶东独断专行，“假胶东建筑招工之名欺骗贫苦百姓，强制当兵。昌邑农民大批到烟台缫丝房当工人，路过掖县城西大道，刘军强行抓来当兵。市集上卖菜的农民给刘部送菜时，也常被抓去”。为了防止这些“士兵”逃跑，刘珍年常常命令执法军官予以毒打，“逃兵被抓回之后，连长就在夜间集合全连士兵，在队前亲执军棍毒打逃兵大腿至皮开肉绽……逃兵哀声哭嚎，惨状令人目不忍睹”②。为了防止士兵再度逃跑，“夜间睡觉班长要把士兵的军装捆在一起”③。

如前文所述，1932 年 9 月，韩复榘围攻掖县时，刘珍年为加强防御力量，“拨车夫抽民丁，于城内外挖洞、掘壕……强取民家的门、柜、桌、箱等，于城外实土筑垒”。百姓只得扶老携幼，逃往城北十余里外的乡村暂居避难，他们都以竹竿挑着被单，作为逃难旗帜。许多生活器具均没有机会带离，结果“四关民家房屋，均被刘军挖掘破坏；猪羊鸡犬，俱被刘军杀食；日用器具，俱被烧毁”④。

---

① 政协文史组《高桂滋受困莒城》，《莒县文史资料》第 2 辑，1984 年，第 232 ~ 235 页。

② 李正言《刘珍年独霸胶东》，《烟台文史资料》第 3 辑，1984 年，第 143 页。

③ 《山东省委工作报告》，《山东革命历史档案资料选编》第 3 辑，济南：山东人民出版社，1981 年，第 39 页。

④ 李正言《刘珍年独霸胶东》，《烟台文史资料》第 3 辑，1984 年，第 147 页。

有的士兵趁机到村民家中翻箱倒柜，抢劫钱物，如不遂其愿，不由分说便向腿上捅刀子。

总之，军阀之间的战争固化了政治上的分裂，有学者评议道："十余年来，所谓中国之伟人，每一言不合，一事难谐，动以兵戎相见……农民对于兵爷爷之惠临，畏如豺狼，恐其霸占民居，翻箱倒箧，先期掘埋细软，堵塞窗门，数家协商，留一狗窦，以供打听消息，运输饮食。其无门出入者，一切均由墙头通过，失脚落梯而残伤者，颇不乏人。"[①]频繁的军事滋扰打乱了正常的农业生产秩序，许多村民走上以暴制暴之路。

(二)自然灾害

帝制时代的一些城市与乡村没有多大的区别，"许多地区级的城市，县首府，只不过是一些带有围墙和衙门当局的大乡村"[②]。然而，在中心城市，存在着相当规模的权力机构，因而有能力控制社会秩序，所以，城乡对社会动乱的控制有霄壤之别。有学者指出："更容易爆发社会动乱的地方是贫困偏远的乡村。……在乡村，除了富人尚可采取某些自我防卫措施外，没有任何力量能够阻止在灾区制造混乱的饥民群。"[③]"土匪"主要来自那些失去土地没有生活来源的农民，倘若有基本的生活保障，他们是不愿为"匪"的。有学者指出："所谓灾荒者，乃以人与人社会关系之失调

---

① 陶定国《农村中兵差问题之检讨》，《农村经济》第2卷第7期，1935年，第4页。

② [美]明恩溥著，午晴、唐军译《中国乡村生活》，北京：时事出版社，1998年，第3页。

③ [法]魏丕信著，徐建青译《18世纪中国的官僚制度与荒政》，南京：江苏人民出版社，2003年，第48页。

为基调，而引起人对于自然条件控制之失败所招致之物质生活上之损害与破坏也。”[①]农村是农业中国的重心和社会基础，它的稳定是捍卫整个中国社会的保障。灾荒作为一种社会力，足以引发农村社会的激烈动荡。受灾荒影响，为了在有限的社会空间中尽可能多地获取资源来维持生计，村民试图通过暴力手段来谋求更大份额的生活资源。民国时期就有学者指出，山东“东部农民比较的强悍，滨海的尤其利害；西部大半是顺忍的农民”[②]。胶东各地村民日渐悍戾、性情刚烈，形成强悍尚气、刁狡好讼之风。[③]

南京国民政府时期，胶东各地天灾不断。有学者对 20 世纪二三十年代山东灾荒做了系统研究后，指出山东天灾具有以下特点：一是诸灾并起，二是持续时间长，三是受灾面积大，四是灾情严重。[④] 1928 年春天时发生蝗虫灾害，谷物歉收，只有平常的两三成，同年 6 月，安邱大水暴发，家宅、田亩完全被淹没的约有 200 村。[⑤] 同年 7 月 24 日，安邱、临朐一带大雨，“山洪爆发，汶河、弥河水势陡涨，汶水尤大，淹没两县村庄甚多”[⑥]。1929 年春夏间，“亢旱无雨，二麦欠收，迄至立秋以后，农民始得稍种禾豆，不意蓬莱、黄县、即墨、平度、胶县等处，亢旱之余又患蝗灾，所有已种未

---

① 邓云特《中国救荒史·绪言》，上海：上海书店，1984 年，第 3 页。

② 孟真《山东底一部分的农民状况大略记》，《新青年》第 7 卷第 2 号，1920 年，第 150 页。

③ 参见林修竹编《山东各县乡土调查录》第 4 卷，山东省长公署教育科，1920 年，第 10、27、39、52、57、70、82、102、109 页。

④ 王林《山东近代灾荒史》，济南：齐鲁书社，2004 年，第 204 页。

⑤ 陈翰笙等《难民的东北流亡》，冯和法编《中国农村经济论》，上海：黎明书局，1934 年，第 332 页。

⑥ 《民国山东通志》编辑委员会编《民国山东通志》第 4 册，台北：山东文献杂志社，2002 年，第 2409 页。

枯之禾稼，尽为蝗虫所食，当蝗虫飞来之时，遮蔽天日，及落地以后，满坑满谷”[①]。因而，“食料困难之际，村内不肖之民，则沟通土匪，抢杀本村，一村如是，各村亦然”[②]。

1928年，蝗旱为灾，禾稼歉收，战事频仍，民鲜盖藏。山东各县泰半罹灾，在重灾区，“村民多拆屋售材料以购粮与燃料。有多村之房屋仅余四壁……有许多田中全未种物，牲畜渐见稀少”[③]。更有甚者，农民竟沦落到依靠卖妻鬻儿苟求活命的地步。马俊亚先生评论：“在社会资源因灾荒等原因而更加紧缺时，这些不能从社会性的分配中得到应有份额的群体，只能在家庭内部寻找最基本的生存资源。这样一来，人类又回归了低等动物的生存法则，家庭内部的幼弱者成了强壮者的口中食、腹中物。这应是病态社会中的常态，归根结蒂，这种现象不过是社会性的分配规则在家庭中的体现而已。”[④]

学者指出：“生存危机的作用不仅以财产分配结构的不平等为基础，而且（实际上是最重要的）还会导致其日趋迅速的分化，从而加剧这种不平等。”[⑤]在灾荒面前，人人为了维持生计而绞尽脑汁。“人生而有欲，求其欲而不得则争，争之不以其道，则受法律之制裁而为犯罪，法律者禁之，使不得妄争也。然而，人情之所

① 《胶东蝗灾与兵灾》，《申报》1929年9月12日。

② 赵继元《蒙阴县农村自卫之进展》，《乡村建设旬刊》第3卷第3期，1933年，第15页。

③ 《民国山东通志》编辑委员会编《民国山东通志》第4册，台北：山东文献杂志社，2002年，第2409页。

④ 马俊亚《被牺牲的“局部”：淮北社会生态变迁研究（1680—1949）》，北京：北京大学出版社，2011年，第435页。

⑤ ［法］魏丕信著，徐建青译《18世纪中国的官僚制度与荒政》，南京：江苏人民出版社，2003年，第44页。

向，法律往往不足以禁遏之。盖国家既无以泯其争，而人民又不知节其欲，于是罪不胜罚，而法律以穷，况在叔季法纪荡然，强者恃力以蔑法，黠者舞文以弄法，情实益以不平”[①]。当社会秩序的维持缺乏强有力的国家机器保障时，在受到不公正对待、难以生存的情况下，村民只有选择非常规的渠道，借此逃避权力打击。正如有人指出：土匪是“‘我们’中正不断成为‘他们’中一员的人。作为一个强盗，他越是成功，就越是融为富人圈中的一部分”[②]。

有学者指出“贫穷，总是土匪长期存在的潜在背景，而饥饿又是通向不法之途的强大动力”[③]。在山东省内，由于经济发展极不平衡，在胶东农村出现了势富与巨贫的鲜明分野。“贫人既无生计，饥寒亦死，为盗而为官所捕亦死，等是一死，而饥寒重迫必死无疑，为盗虽犯法，然未必为盗者人人尽为官所捕。即捕，亦不过一死，是不为盗则死在目前，且必无幸免之理，而为盗则非特目前不死，且可以侥幸不死。既若此，是亦何乐而不为盗也”[④]。

（三）弱化的政府职能

关于20世纪早期山东经济发展的著述，“几乎全部是重商主义的语调。人们热衷于增长，这是因为它将有助于保护中国的独

---

① 赵琪修，袁荣叟等纂《胶澳志》卷3《民社志·犯罪》。

② ［英］霍布斯鲍姆著，李立玮、谷晓静译《匪徒：秩序化生活的异类》，北京：中国友谊出版公司，2001年，第129～130页。

③ ［英］贝思飞著，徐有威等译《民国时期的土匪》，上海：上海人民出版社，1992年，第20页。

④ （清）徐珂编纂《清稗类钞》第39册《盗贼类》，上海：商务印书馆，1928年，第62页。

立,而不是因为它将促进个人的福利"①。在经济发展过程中,相伴而生的政府职能异化,消耗国家大部分财物。冯玉祥在日记中写道:"执政者半耗于不为民生之建设,半耗于任意享受或赠送,动辄百万,数十万,最少数万。受赠者以为来的太易,则任意挥霍奢侈不已;而理财者反锱铢必较,竭力搜刮。"终致"人民生计日益艰苦,甚至终日劳动犹不得一饱"。② 由此可知,主政者没有按照合理的原则维持社会的公正,手中握有强大且不受约束的行政权力,极易获得最大额的不当利益。

由于旱涝交替,百姓生活无着落,饥民遍地。据统计,"山东最困苦之灾民,总计有千万以上。约占全省人数四分之一。其中三百万已赴外省就食,或在省内寻觅生路。二百万在家忍饿。所余之五百万,则以草根树叶等充饥。预计春季收成,尚有月余,方可成熟。在此四五十日中,青黄不接之时,设无得力之大宗救济,恐饿毙者,不免有二三百万之众"③。南京国民政府却将本应负担的救助工作抛弃,将村民推向自生自灭境地。地方官员参加民间的祭祀祈福活动,正如《新中华》杂志所言:"(它)反映出政府方面不能积极地帮助农民,只能消极地'邀天之佑',希望民众了解灾荒的到来完全出自'天意'。"④

"外国只需利用警察的力量,便能肃清国内的匪盗,而且能

---

① [美]彭慕兰著,马俊亚译《腹地的构建:华北内地的国家、社会和经济(1853—1937)》,北京:社会科学文献出版社,2005年,第25页。

② 中国第二历史档案馆编《冯玉祥日记》第3册,南京:江苏古籍出版社,1992年,第607页。

③ 《鲁省在春收前有三百万人待赈》,《晨报》1928年4月24日。

④ 哲民《目前水深火热的灾荒》,《新中华》第2卷第15期,1934年,第18页。

消除匪盗的根源。中国呢?政治的力量不但不能消除匪盗,而且适以制造匪盗,的确有些匪盗的发生是并不直接全由于政治的不良,但大部分却可说官吏实有以驱使人民流入为匪之途"①。

由于社会环境恶化,许多村民走上打家劫舍的道路。"查人非无良谁甘为恶民之为匪,大都迫于经济,居且不宁"②。有人指出:"现在的土匪,自然不是天生成的恶魔。却却相反,本来他们都是良民——都安分守己的善良的农民。他们之所以铤而走险,为的是生活的压迫。'谁愿意去干这些拿性命去拼的玩意儿?'这决不是已经捕获的土匪卸罪的推辞,实际情形确是如此,执法官只要不蒙蔽他自己的良心,也应该承认土匪的罪恶,是社会应负责任的。"③这一论断是中肯的。当时在胶东歌谣中也唱道:"连年荒,连年歉,老攫(土匪)到处吃饱饭。小杆兵不打,大杆招了安;又发财,又升官,你看眼馋不眼馋?"④非常形象地说明村民走上土匪道路的现实情况。

受此影响,许多村民游走于亦匪亦民的边缘。那些"严受压迫的农夫,为保障他们底单纯的生计起见,偶或也有流为盗匪的","当盗群掳得一个公民,而此人身份底重要,可使他们有向官厅提出条件的权力时,他们并不勒索巨款,却总是要求那时偶握

① 陶镕成《农村经济和土地政策的研究(三)》,《劳工月刊》第1卷第6期,1932年,第68页。

② 《视察博山等十二县报告及意见书》,《山东实业公报》1931年第5期,特载,第16页。

③ 朱逸之《近代中国农村骚乱的研究》,《新生命》第3卷第4号,1930年,第2页。

④ 山东省立民众教育馆编《山东歌谣集》第1集,济南:山东省立民众教育馆,1930年,第10页。

政权的政党，收为麾下”。[①] 这种勒索，足以表示在他们心目中最为迫切的需要，只是可以充分获得食物的保证。由于军阀之间互斗再次使其失去正当的糊口途径，加入盗匪队伍，差不多是他们唯一的补救方策。

再者，主政者忙于私利，法治建设被敷衍，乡村中上等人物借权博取声誉。有学者讲，获取声誉有五种途径，首先是家里有人当官。如果家中有人当了官，村民及其他人就极其尊重这个家庭的成员，家庭声誉随着官位的升高而提高。[②] 在这种情况下，村民自治的许多设施被任意霸占。有人回忆：那些看大坡的人因为腰里带着“家伙（枪）”，可以生活得很好，平时吃着热火烧（杠子头），配着炒花生，间或还有烧肉、老汤。这种环境下，乡人的心目中，看大坡的人就如同警察，他们也代表了法律。[③] 许多村民为了不去招惹那些刁蛮者，往往绕行。然而，这些无赖一旦凭借其残忍的暴力走上村治的前台后，变本加厉地欺压平民。乡村恶霸们把村民的“敬畏”当作“天经地义”的事情，肆无忌惮地利用权力之便掠取更多的利益。实际上，乡村中人们对于某个人的“尊敬”，只是对于此人所从事的某项职业的“尊敬”而已。正如学者指出的，“社会对于某职业的尊敬，又生出职业底贵贱。尊敬底念头，多在发现对手是有力，自己是无力的时候起来的”[④]。

---

① ［美］马罗立著，吴鹏飞译《饥荒的中国》，上海：民智书局，1929 年，第 97～98 页。

② 杨懋春著，张雄等译《一个中国村庄：山东台头》，南京：江苏人民出版社，2001 年，第 52 页。

③ 佟继汉《山东昌邑是我家》，《昌邑文史资料》第 9 辑，1999 年，第 65 页。

④ ［日］长野朗著，朱家清译《中国社会组织》，上海：光明书局，1931 年，第 406 页。

在乡村社会中，权势人物往往借“为集体服务”名义，修筑只便于本族人的“公共工程”，趁机剥削其他群体。潍河横跨昌邑、潍县两地，虽有一河相隔，但亲戚不断，时相往来。夏日伏汛，村民常赤身趟水过河。妇女过河，有些人故意闹笑料，秽言淫语，经常引起谩骂甚至打架行凶。冬季时势富们搭起木桥，“名是方便群众，实是藉机要钱，有时硬性勒索。人们为省几个钱，常常涉水过河，妇女脚小冰滑，常跌得人仰筐子翻，把桥人不是同情，而是幸灾乐祸的嘲笑讽刺”。[①]

社会风气不好，想过个安稳日子也难得。许多乡村中的恶霸借机通过暴力手段构建起在乡村中的权威，在农村中明抢暗夺，肆无忌惮。许多遵纪守法的农民却沦落至社会的最底层，处于被压迫、被剥削的境地。照理说，法律规则在农村深入推广对促进社会进步有重要意义，但是，以地痞为主要成员的危险人物手中握有的暴力权威却没有多少公共色彩，有时竟向司法机关恐吓，“如果他家庭中有一个或几个成员在做官并握有一定实权，那这个地痞就是一个极其危险的分子”[②]。于是，“司法处在乡下人的眼光中成了一个包庇作恶的机构”[③]。这样就难以保证有背景的犯人受到真正的惩罚。结果，毫无权势的平民总是受到不公正的待遇。

有人指出，当时中国社会是“依靠一种强权实现着成员间的

① 李雪村《潍河的风波》，《昌邑文史资料》第9辑，1999年，第111～112页。

② [美]明恩溥著，午晴、唐军译《中国乡村生活》，北京：时事出版社，1998年，第223页。

③ 费孝通《乡土中国》，北京：生活·读书·新知三联书店，2013年，第71页。

协作”[①]。这种强权在农村中的主要代表者——势官豪绅若发现村民绕开他而企图寻求别的解决办法时,会利用职权将这样的村民打倒。于是,当社会出现纠纷时,处于弱势地位的平民不是寻求法治方法解决,而是选择使用暴力手段。如苏北地区的淮河治理那样,潍河地区也有诸多想来让人又惊又痛的事情。本是可以互利互惠的,因文化的变质而衍变成暴力冲突。亲情观念越来越淡薄,更不用说是守法遵纪。潍河在胶东俗称淮河,发源于诸城、五莲、莒县、沂水等地的群山中,上下坡度较大,河床落差悬殊,夏秋季节山洪暴发时,常常冲沙毁堤,下游经常决口泛滥成灾。农田被冲毁的人只能自认倒霉。淤成的地滩,靠谁近就是谁的。既无粮银负担,又无尺丈亩数,种上树,地肥树旺,是天降的摇钱树,你争我夺,成了必然趋势。“李效方、李率表二人,地辟相近,各不相让,起了官司。这种民事案件,凭证不确,又要契约,是非不显明,难作公断。推归乡镇调解,乡村中人情厚薄,又难免有所偏袒,因此官司打了数年,李效方输了不甘心,把妹妹送给韩复榘的教官——于化行(下洼人),作了儿媳。李效方输官司迁怒庄长李凤楼包庇李率表,矛头直接转向凤楼”。在于化行的推介下,李效方以包揽私讼、通匪窝匪的罪名将李凤楼告到鲁东专署张相武(外号张剥皮)处。李凤楼害怕,只好花钱调解,方买得暂时平息。[②]

在如此恶劣的环境中,那些不守法纪、胡作非为、依靠暴力作后盾裹挟政府的人物却能分配社会的许多公利。当时有学者评论:“中国官僚就是对于水的防卫工作,还是一种骗人的勾当,他

① [美]明恩溥著,午晴、唐军译《中国乡村生活》,北京:时事出版社,1998年,第235页。

② 李雪村《潍河的风波》,《昌邑文史资料》第9辑,1999年,第110~111页。

们之所以防水,是因为水的威力可以不分官民人等同样地加以摧害,官僚们为其切身利害计,不能不负起督促人民防卫的任务,这只可算是欺世盗名的手法,绝不是官僚的什么功绩!”[①]

腊树是胶东农村一种常见的灌木科植物,腊树的藤条是编筐、篮、笊篱等日常用品的好材料。在传统时代,耕种丘陵地十分辛苦,大筐、篓子就成了农民农活中最便捷的工具。延至今日,此物品在胶东农村中也很常见。腊树的枝杈也是绳结中必不可少的部分。就是这种农民生产生活的日常用品,那些恶霸地主也想据为己有。许多精心治理的腊杈,常常一夜间被劈成两半,让人痛心不已。然而,有时看护得紧了可能葬送性命。昌邑县西河崖夏正礼家,北河崖李孟花家,“都是看树夜间被人劈死,血肉模糊,死得很惨,见者无不怵目惊心”[②]。由于法治缺失,那些祸首没有得到应有惩罚。遭受了地痞过分欺压的村民,“最初的想法是如何实际组织起一帮精通武术的人去攻打欺压他们的人,让地痞也尝尝被欺压的滋味”[③]。可想而知,许多村内矛盾日积月累,衍生成家族世仇。这一点与江南农村完全不同。在江南农村,邻里纠纷常因村中有威望的士绅出面而得到和解。在无锡七房桥,钱穆的父亲因“秉正仗义,排难解纷,名闻遐迩”,善举倍受尊敬。[④] 茶馆是乡绅处理纠纷的主要场所。“镇上有爿茶馆,是王太爷的办公处。他镇日独据一桌,坐在那里,高谈阔论……他会断家务事,

① 罗克典《中国农村经济概论》,上海:民智书局,1934 年,第 103 页。

② 李雪村《潍河的风波》,《昌邑文史资料》第 9 辑,1999 年,第 112 页。

③ [美]明恩溥著,午晴、唐军译《中国乡村生活》,北京:时事出版社,1998 年,第 217 页。

④ [美]邓尔麟著,蓝桦译《钱穆与七房桥世界》,北京:社会科学文献出版社,1998 年,第 106 页。

钱债事。他的说话比法院里的判决书还有效"①。

另外,因鸦片而触犯法律的群体很庞大。据青岛审判厅统计,"就所犯之罪名言之,以窃盗、强盗为最多,次则鸦片。……受普通教育之被告人半数为吗啡犯及鸦片犯"②。

权力分配格局的局限性,限制了农村社会的和谐发展。正如"许多表面平静的湖水经常被突然来自峡谷的狂风刮起怒涛一样,中国人平静的心情也容易被猛烈的激情所扰乱,于是,一个良好社会秩序中的文静成员立刻转变成了一个典型的现实恶魔"③。

二、萑符遍野

早在帝制时期,"山东土匪肆扰,把持乡镇,钱粮漕米概不输纳,借团仇杀,动以刀剸毙良民……地方团练,原以保卫良民,若似此抗官藐法,为患乡闾,其害何可胜言?"④延至民国,据统计,山东土匪总数"在二十万以上。以前架票,尚选择主户,今则不论其家有十亩八亩,或三百元二百元,均难幸免矣"⑤。有人在考察之后指出,与西部相比,山东东部地区政治清明,毫无匪患⑥,此种论

① 拾玖《王太爷别传》,《申报》1936 年 6 月 2 日。

② 赵琪修,袁荣叟等纂《胶澳志》卷 3《民社志·犯罪》。

③ [美]明恩溥著,午晴、唐军译《中国乡村生活》,北京:时事出版社,1998 年,第 327 页。

④ 山东师范大学历史系中国近代史研究室选编《清实录山东史料选》,济南:齐鲁书社,1984 年,第 1501 页。

⑤ 集成《各地农民状况调查·山东省》,《东方杂志》第 24 卷第 16 号,1927 年,第 136 页。

⑥ 参见张育曾、刘敬之编《山东政俗视察记》下卷,济南:山东印刷局,1934 年。书中对胶东各县都有介绍,如黄县"县境安谧并无盗匪";莱阳县"县境近来并无盗匪案件发生,地方尚称安谧";牟平县"地方安谧并无盗匪"等。

点实在有失公允。在登州一地，由于山多地僻，极易藏奸，"闻有匪徒成群结党，身带铁尺绳鞭尖刀等物，抢劫集场，乡民目之为'起手'，又名为'赶白集'，即白撞手之类。乡民受其害者，或因距城遥远，畏见官长，或恐益以守候之苦，有妨农务，往往隐忍甘受。间有赴官禀报者，而地方官所差捕役即系窝贼之人，平日资其馈送，多方为之包容，以至愈集愈多，肆行无忌"①。由此可知，胶东匪患严重。

（一）暴力横行

民国时期，胶东地区大小土匪常见，烧杀掳掠，犹如一个萑苻泽。在胶东，歌谣中曾有这样的："中华民国十七年，山东大不安……遍地起土匪，昼夜不得安。"②真实反映了当地农村环境。

据调查，20 世纪 30 年代的胶东，匪患严峻，全区有匪窟三处，"一在胶、诸间之草莽山，一在大珠山，附近村庄，小康之家，均已逃匿，未逃匿者，亦皆筑堡自卫。匪徒来攻，即合力与抗，或力有不支，则给以钱米暂与讲和，再不肯退，则缴枪数支以图一日之安。这两处匪窟，与寻常盗匪并无特异。惟百尺河之东（诸城东北乡）有一匪窟，与众不同，其中匪首，皆有权势之土豪，交通勾结，俨然衣冠中人，一切劫掳之事，嗾其部下，而首领则坐地分赃，盗财富有，其部下被军警查出或拘捕时，彼等设法营救。附近居民，偶因供给不周，或因小故干犯，则遣人残其身命，或屠其全家"③。

---

① （清）李祖年修，（清）于霖逢纂《光绪文登县志》卷 1《风俗》。

② 曹仲敏整理《一九二八年前后招远、栖霞反军阀斗争史料》，《烟台文史资料》第 7 辑，1986 年，第 48 页。

③ 《胶东三大匪窟》，《大公报》1928 年 4 月 9 日。

其余的零星土匪更是不可胜计。见下表。

首领	人数	据点
王乡贯	350	潍河沿岸40余村
杨大神	200	诸安交界20余村
曹二虎	120	安邱30余村
高二虎	200	诸城北乡40余村
李田龙	200	高密西北乡20余村
田九	200	高密城子庄一带20余村
于双隆	1000	昌邑峡山
董裤腰	180	高密庙事庄一带
锤斗	150	高密西乡
董九江	120	高密掠台一带
李平头五	150	安邱景芝附近10余村
丘邦顺	1000	安邱、高密、昌邑

资料来源：朱新繁《中国农村经济关系及其特质》，上海：新生命书局，1930年，第303～304页。

土匪猖獗，严重影响了日常的社会秩序。据记载："濒临莱州湾的各县三里一杆，五里一股，几成土匪之世界。许多县的行政权由土匪遥控，不少县长被迫离任。1931年昌邑县的一个姓靳的县长被匪情闹得得了精神病。"①1930年5月，五龙口村被匪徒攻陷，匪魁孙宝善等大肆劫掠，中产之家无一幸免。"沙河地多土匪，夜间站中不敢住人，否则必为匪架去"②。

---

① 苏辽《民国匪祸录》，南京：江苏古籍出版社，1991年，第151～152页。

② 玄默《烟潍路上社会的一瞥》，《社会学杂志》第3卷第11～12期，1931年，第295页。

在安邱县，张宗昌旧部王子明聚众千余人，于 1930 年 9 月 12 日夜半攻陷景芝，“纵火焚杀，一时火光烛天，喊杀号哭之声，可闻数十里。该镇以产白酒著名，富庶十倍于安邱城，有民团二百余人，枪械俱全，是夜仅逃出六十人，其余生死不明”①。随后王部股匪携带男女肉票百余名，由安邱景芝窜至诸城大仁河，再由诸城窜入胶县南乡高成区，占据距城百二十里的南塔桥庄、赵家庄等处，绑架劫掠，大肆猖獗。张营里岔等处联庄会带领民团前往截击，双方激战五小时，民团寡不敌众纷纷败退，由是匪焰益炽。10 月 3 日股匪由塔桥庄窜至法家庄、刘家庄一带，民团出与抵抗，却被匪攻入庄内，“纵火焚庄，法家庄被祸尤惨，杀死村民五十八人，掳去妇女四十余口”②。许多村民为躲避悍匪王子明，扶老携幼全部逃往山中。③

在 20 世纪二三十年代，刘黑七股匪算是最臭名昭著的，蒙山附近各村庄无不受到摧残。汪家沟村共有二十八户，刘黑七向村庄强索三支枪未果，恼羞成怒竟一把火烧了整个村庄，一间屋也没有剩，全村一百五十六人，只有外出的二十人侥幸存活。④

当灾荒出现时，“虽有乐意前往赈济灾民者，亦多因土匪之故，而裹足不前”，导致饥民只食草根。“因大旱之故，柴草皆无，以至房屋失修，且有饥饿过甚者，以器易粮，拆屋为薪”。⑤ 据报

① 《山东安邱土匪焚村惨剧》，《申报》1930 年 9 月 20 日。

② 叶钟英修，匡超纂《民国增修胶志》卷 33《兵防志第三》。

③ 2012 年 1 月 26 日，张广杰对安丘杨瑞仁（时年 87 岁）的访谈。

④ 王秉伦等搜集，唐昌华整理《杀人魔王刘黑七》，《文史资料选辑》第 16 辑，济南：山东人民出版社，1985 年，第 151 页。

⑤ 《山东灾民竟以破毡败棉充饥》，《晨报》1928 年 2 月 22 日。

载，在诸城百尺河，“邮局管理员邵小南，于白昼被匪徒架去勒赎。当时旁观者，以回避不及，竟被匪枪杀二人，伤者不可胜数。事后邵小南家花洋数千元始将肉票赎还。其他被害各户，吞声饮泣，无敢抗告。因其党徒众多，恐抗告之后，重行结怨，将再遭报复”①。

1928年，青岛柳花泊村薛风杨、西南辛村冯启进、港头陈村陈宝库、窝洛子村薛永宝四名匪徒，在日本浪人的指使下，拉起了六十余人的队伍，以东山冯村为巢穴，盘据小珠山，利用各村中不务正业之徒充当暗探，进行绑架，索要赎金。土匪活动日益猖獗，由夜间绑架进而白天绑架。② 更有甚者，政府在围剿土匪时竟滥杀无辜。据载，在诸城、高密、胶州等地匪患严重，官军只好联合地方民团共同围剿。诸城民团长郑冠卿、高密总队长邹凤五、诸城队长王魁武各率团勇警兵四面攻击，匪首秦七、刘星南等被擒，“击毙匪徒无算，最可怜者，一般良民，因藏匿不及，往往全家被难。计共烧毁之村庄有七十余处，全村中有因一二人入会，被官军查知，而一村男女老幼，均被杀戮，无一免者，诚为空前之浩劫也”③。

在暴力横行的世界里，由于缺少调解机制，许多纠纷得不到合理的化解，泯灭人性的事情时有发生，毫无亲情观念。地主士绅所掌握的权势，自然不能惠及普通百姓。毫无权势的民众往往因纠纷而被残杀，有时竟发生同宗灭门惨剧，最基本的生存都没

---

① 《胶东会匪》，《晨报》1928年2月22日。

② 李振歧《刘王大庄抗匪记》，《黄岛文史资料》第1辑，1989年，第61页。

③ 《胶州土匪势蹙归附》，《晨报》1927年10月31日。

有保障。笔者奶奶的家族就是一例。①

有学者写道："茶馆所以成为闲暇生活之热点，在于它基本上稳定地满足了乡镇社会人们独具特色的闲暇生活需要。"②在江南，除了礼仪性的乡村娱乐，茶馆等设施成了调节紧张农活的重要场所。农业劳动有周期性的间歇，人们连续忙了一个星期或10天之后，可以停下来稍事休息。男人们通常利用这段时间在茶馆里消遣，偶尔有少数妇女会随丈夫一起在茶馆里露面。③ 人们在茶馆中享受松弛的生活时，许多带有破坏现实秩序的行为在茶馆这一特定场域中得以实现。"人一多，声音跟着嘈杂异常，面对面说话几乎不能听清晰，非把腔子提高不可，于是空气更加紧张而骚乱。人全像具有一颗来到此地需要尽情开怀、畅所欲言的心，人都是那样劲儿浓，愉快"④。

胶东农村则是另一番景象，村中的小铺子是盗匪经常"光顾"

---

① 听家人讲，笔者奶奶家受雇于同宗族的一地主，此地主为村社长，因不睦发生纠纷。奶奶（1920年生）年幼丧母，做很多劳务活，摊得一手好煎饼。奶奶14岁左右，早起做家务。地主趁其不备往石磨中放毒草。奶奶的两个幼弟因饿，争着要吃新摊出的煎饼，等发现身体不适时，施救已晚。唯奶奶的父亲年长，身体抵抗力略强，后被灌绿豆汤救活。地主为"斩草除根"，施手段将奶奶的父亲拘到牢中。一早起捡牛粪的老农好心将奶奶救出。奶奶后在一远房亲戚帮助下，远嫁他乡。可叹奶奶一生命运多舛，尚有三子未及成家，就于1975年病逝。（张广杰于2012年1月27日在安邱柘山对王庆邦的访谈。王庆邦，1947年生，1969至1975年参军，曾服役于中国人民解放军9705部队。）

② 小田《江南乡镇社会的近代转型》，北京：中国商业出版社，1997年，第262页。

③ 费孝通《江村经济——中国农民的生活》，北京：商务印书馆，2001年，第119页。

④ 家人《茶馆及其主人》，转引自小田《江南乡镇社会的近代转型》，北京：中国商业出版社，1997年，第265页。

的地方。每个村里都有个小的杂货铺,他们到城里采办村民所需的物品,然后卖给村里的消费者。“大宗的买卖是烟、酒、糖三样物品。烟、酒是卖给成年人用的……乐喝酒的人却极多,所以乡村的小铺,真有像江南的茶馆的兴旺”①。受战争影响,“好多少年人失了业,他们活动的心理,是不安于室中生活,所以多半聚集到小铺里吃烟喝酒。……更有借小铺作赌场,呼卢喝雉的。小铺也利于抽头的好处,常是朋比为奸,摆圈套……有时输得利害,盗家产,偷邻友,甚或至于绑票勒赎的都有。他们还有贩卖毒品,以图厚利,借小铺为销售之所”②。乡村中的小铺子往往就是一种活的暴力型小社会。

(二)兵、匪难辨

有评论讲道:“山东匪患,可谓根深蒂固。每乘军兴之际,即出而骚扰,鲁南胶东一带,几无县无匪。……如莱阳、平度、诸城、沂水各县尤为群丑跳梁之区,会匪、刀匪、枪匪多不胜述。至若挂军队之名而行其匪的生涯者,亦属不少。”③虽然军营的生活极危险,却不失为失业农民离开农村的渺茫希望,所以,投军是一般破产失业农民的最好的出路。④ 失去土地的农民加入盗匪行列,表现为一种隐蔽的职业流动。“兵匪盗贼完全是出于具有过剩的劳

① 陶佛《续谈胶东社会中的畸形》,《社会学杂志》第3卷第8期,1931年,第196页。

② 陶佛《续谈胶东社会中的畸形》,《社会学杂志》第3卷第8期,1931年,第196页。

③ 傅荣恩《最近一年之匪患》,《时事年刊》1931年第1期,第134页。

④ 朱新繁《中国农村经济关系及其特质》,上海:新生命书局,1930年,第91页。

力的农民,为饥寒所迫,蜕化而来。兵匪盗贼在形式上虽异,在实质上是完全一样的。他们都是破产了的农民,不论为兵为匪,都是为了维持其本身的生存,去出卖生产事业上所不容的过剩劳力”①。当时,中国的兵和匪也是劳工的一大来源,“中国陆军的数量,超过了世界上任何国家。据一九三一年的估计,比法俄日三国的总数还要多五十万”②。据调查,士兵中有 87.3% 来自农村或没有职业的家庭;在这些来自农村的士兵中,虽然有土地的家庭占 63.7%,但是有 71.1% 的家庭不能单靠种田维持生活。③ 由此可知,许多贫苦农民将当兵作为谋生的一种手段。

军阀混战时,部队时溃时集,集则称兵,散则为匪,时常搔扰百姓。1927 年 4 月,张宗昌部撤出济南,国民革命军在泰安设立临时省政府,“日军遂据济南,并沿胶济路线派兵把守,维时胶济路南北盗贼蜂起,兼宗昌余部散处胶东一带,到处索给养、勒兵饷、拉民夫及牲畜等,百端骚扰往过来续,市井萧然”④。由于手中有不受监督的暴力,军队所从事的土匪勾当给农村社会带来的危害更大,导致驻军附近村落“人民纷纷外迁,菜蔬为之一空,炊餐也毫无燃料”,于是军官下令对往来人员征收捐课,“小车一辆,通过路口捐钱一串二百文,挑子一担,捐钱六百文,此则无异于强盗之买路费钱”⑤。

---

① 冯和法《中国农村的一般趋势(续)》,《农业周报》1931 年第 74 期,第 701 页。

② Dorathy J. Orchard 著,邱勃盼译《中国的人力》,《劳工月刊》第 5 卷第 7 期,1936 年,第 5 页。

③ 陶孟和《一个军队兵士的调查》,《社会科学杂志》第 1 卷第 2 期,1930 年,第 99、111、113 页。

④ 叶钟英修,匡超纂《民国增修胶志》卷 33《兵防志第三》。

⑤ 《前线之最近状况》,《大公报》1928 年 3 月 13 日。

有时候,散兵与恶匪很难分辨。当时有学者指出:“中国的匪兵本是一家。不消说昨天的匪今天会变了军队,今天的军队明天会变成匪,就是今天的军队,今天就会做匪。而且中国的兵匪尚有许多相依为生的特别所在,说穿了,把土匪归在军事一起是毫不奇怪的。同样的都是破坏中国农村的最高武力。”[①]特别是溃兵与土匪搅在一起,给农村社会带来许多不安。这些士兵,未承担起应有的保家卫国责任。投入行伍作为谋生手段者竟行土匪勾当。在昌乐县内,因陈子城与郝子谦部催粮甚急,王渚寺、平柳院、马家河与崔家河四村组织了青年会(类似于红枪会的自卫组织)予以反抗。“陈、郝两部将四村焚屠,杀伤五六百人。……因郝子谦为平柳院庄人,(青年会)乃径入该庄,将郝之家属全行杀死以报仇,适郝又率大队赶到,以己之家属已死,即将平柳院及王渚寺、崔家河各村包围,纵火焚烧,村民向外奔逃,即用机关枪扫射,一时杀声震野,火光烛天,在安邱潍县均可望见火光”。为防村民再行报复,陈郝两部“向坊子日军借来山炮五门,架于附近一山上,以威吓乡民”[②]。南京国民政府时期,为了军事斗争需要,“各省招兵皆多半在山东,而遣散一兵,山东即来一匪,是在招兵未战之时已伏蹂躏山东之种子”。结果“直接以山东之民变兵,即间接以山东之兵变匪”[③]。由此可见,缺少合理规则约束的暴力军队对社会秩序破坏尤重。有人甚至“把整个正规军说成是土匪活动的规模巨大的‘预备学校’,1930 年对山东省的一次调查显示,

① 陶镕成《农村经济和土地政策的研究(三)》,《劳工月刊》第 1 卷第 6 期,1932 年,第 68 页。

② 《昌乐之屠村惨剧》,《申报》1928 年 11 月 16 日。

③ 《陆军部档》,转引自蔡少卿主编《民国时期的土匪》,北京:中国人民大学出版社,1993 年,第 12 页。

所有土匪都在这支或那支部队里当过兵”①。胶东防守司令部就曾奉济南督办公署的训令发布公示:“为训令事,准大元帅秘书厅电开,查各军队,每有土匪溷迹民间。青纱帐起,即捏造事由,出而为匪,迨至田稼收场,无可容隐,仍复投效军队,依为护符。有更易姓名,投入军籍者,更有明知其匪,受贿而予以佑庇者。”②

同时,军阀被击败后,极易走上土匪之路。在韩复榘未控制山东之前,胶东的地方实权多被各个军阀把持,他们号称是政府的军队,但是,当被击溃时,他们就挟着武器,并且尽量把军火搜罗在身旁,逃入深山里去,从此以抢劫的方法苟延残喘。有时他们布置很周密的计划,来侵掠较富裕的乡村居民。这些以抢掠为生的群盗,在施展武力掠夺时,不但将农民家中一切值钱的东西带走,而且常常将村镇付之一炬。然而,当群盗觉得所获得的物品的价值,不能代表受抢者真正的财富的时候,又惯于将稍有资望的公民或其家眷俘掳而去,以备勒赎。③

许多散兵游勇也常袭扰胶东各县,在胶县境内北乡一带蹂躏尤烈。1928 年 11 月 28 日,顾震部下盛祥生勾结前警备队分队长孙汉臣与土豪李善亭等,自邑南铺上集窜入邑北宋家屯,苛捐勒派,气势汹汹。12 月初,忽有大刀会、联庄会多人包围宋家屯,互施攻击。当大刀会、联庄会退却时,盛军则由东北门排放迫击炮,随后全队出发,直扑阎家屯抄击刀会,刀会见势危急,遂溃散。盛祥生部又尾追至大杜哥庄,放火烧房,大肆搜掠。“时值隆冬,农

① ［英］贝思飞著,徐有威等译《民国时期的土匪》,上海:上海人民出版社,1992 年,第 100 页。

② 《鲁省清查军队》,《晨报》1927 年 10 月 6 日。

③ ［美］马罗立著,吴鹏飞译《饥荒的中国》,上海:民智书局,1929 年,第 97 页。

民冲寒冒雨,奔走运输,稍不遂立加棰楚。……附近难民扶老提幼,拖妻抱子,颠踣于枪林弹雨中,纷纷逃避,哀声震原野”[1]。刀会于当天下午再次收集千余人,意图反攻,在北官荒北与盛部激战2小时,刀会败退,被敌掳去3人。第二天盛军分驻大小杜哥庄、蔡家寺三处,取掎角之势,以宋家屯为根据地,将所掳3人在宋家屯、大小杜哥庄枭首示众。胶县刀会遂在五里堠子聚集,并向平度、即墨各会乞求援助,意图再举。伪团长孙汉臣指挥军队围攻东、西、南三面,村内会众用土炮、快枪进行抵御,妇女也登上圩墙助战,一时间砖石齐下,民众合力拼死拒敌。自薄暮战至夜半,敌军卒以苦寒不能持枪,始退至崔家岭、夏哥庄一带。村内会众也因力竭且弹药告罄,假称向邻村求援乘间遁去。敌军喘息须臾,旋又回击,迨日出时,方知村内空虚,遂由东南小门蜂拥而入,杀戮焚烧,行同流寇,并胁迫农民运粮至宋家屯,牛马、夫役络绎于途。[2] 乱后,检查殉难村民多达65人。

(三)影响农村秩序

民国时期学者将土匪的生活与行为做过如下概括:“土匪之生活,杀人放火之生活也;奸淫掳掠之生活也;吃惊受吓,朝不保夕之生活也;饿死饱死,忽苦忽乐之生活也;东奔西窜,飘忽靡常之生活也;见弃社会,不齿人类之生活也;只图利己,不顾他人之生活也;虽生存于现社会而不与社会合作之生活也;简言之,即与人类共存原则极端背驰之生活也。”[3]日本学者指出:“土匪是一种

① 叶钟英修,匡超纂《民国增修胶志》卷33《兵防志第三》。

② 叶钟英修,匡超纂《民国增修胶志》卷33《兵防志第三》。

③ 何西亚编《中国盗匪问题之研究》,上海:泰东图书局,1925年,第41~42页。

以掠夺为业的游民。……最多的地方是山东，被土匪掳去的肉票底赎金，年达一千万元。”[①]盗匪横行的情况无疑是社会生态恶化的重要特征。遍地的土匪常常将农民仅剩的生存资源抢夺殆尽。

20世纪二三十年代，胶东最大匪首刘黑七曾扬言，他有三不拿两不抢，即：碾不拿，磨不拿，尿罐子不拿，不抢老鼠，不抢麻雀。其余均在抢掠之中。他的杀人手段也残忍，如果有人被绑票，三五天拿不出钱去赎，他就割只耳朵或剜只眼睛给被绑票户送去；如果再等三五天拿不到钱，绑票被放生的希望就非常渺茫。[②] 他还会依照田地的所有量，自行分配租税的比例，“写明金额，纳税底场所和日期。如不理或延误，就遭掠夺和杀戮”[③]。所以当村中接到土匪诈财的黑信后，整个村庄都会感到不安，妇女更是不得不避居亲友家。

刘黑七部到安邱后，更是奸淫掳掠，惨不忍言。“刘之大本营在城内，所部分驻四乡，城东南十余里内庄村，城西六七里内庄村，均已驻满。乡民妇女掳掠进城，均不许外出，违者枪毙，妇女被逼投井自尽者，已不知多少。勒索供给，犹其次也，此外更派人赴四乡掳掠妇女财物进城，因城内十余日来，未得走出一人，究竟真像如何，迄难判明，惟知其淫杀，较以前章邱张鸣九为尤甚耳。每在夜间，即用坊子车站开来汽车，内中均系子弹，系购自某国商人者。二十一师杨虎臣部，日前会由诸城北进至安邱城南四十

---

① ［日］长野朗著，朱家清译《中国社会组织》，上海：光明书局，1931年，第383页。

② 王秉伦等搜集，唐昌华整理《杀人魔王刘黑七》，《文史资料选辑》第16辑，济南：山东人民出版社，1985年，第149页。

③ ［日］长野朗著，朱家清译《中国社会组织》，上海：光明书局，1931年，第386页。

里,因在诸城筹饷未足,未得前进。安邱各社社长,以不堪刘军虐待,推举代表十余人,赴诸城谒杨,泣求速行追剿,军饷不足之数,安邱可以筹措。惟乞火速前进,以救安人于水火。县党部指导员陈舜廷、张希圣,亦到诸请愿”①。

除了时常遭受自然灾害的侵袭,有些地方人祸比天灾厉害,许多人的丑态表露无遗。1928 年,土匪占领高密后,勒索饷银初时半月一次,不久十日一次,再后每日一次;最初只限富家,后则按户勒收,每次每户勒缴一五至一六元。崔家集的农民不堪负担,组织白枪会进行抵抗,但反受袭击,村民全部被杀。高密县官厅虽发给人民枪械,但每户须缴洋四十至五十元。土匪破城后,按照领枪名册勒令百姓缴还枪枝,不缴的每户罚洋三百元。同年,昌邑也被土匪占领,盗匪向各村勒索粮草,仅陶埠每日竟被勒逼缴纳麦粉、粟谷各二千五百斤。②

1928 年 3 月沂水境内土匪四五千人,从沂水南境抢至沂水北境,又由北境抢回南境。“匪入境至出境共十余日,全县十八区,被抢者遍十五区,所架男女肉票先后不下四五万人,死伤约五六千人。沂城几乎为匪占去,粮米牲畜,被抢一空”③。在昌乐县境内,“土匪蜂起,架人如同攘鸡,农村人人自危,朝不谋夕。集场、会场日午则散,日暮则道路以肃,日入晚餐则各家严闭门户,以防不测,十七、十八、十九数年尤足酸鼻”④。

---

① 《刘黑七蹂躏安邱之惨状》,《兴华》第 26 卷第 12 期,1929 年,第 41 ~ 42 页。

② 陈翰笙等《难民的东北流亡》,冯和法编《中国农村经济论》,上海:黎明书局,1934 年,第 333 页。

③ 《鲁南匪劫之惊人报告》,《大公报》1928 年 3 月 24 日。

④ 王金岳修,赵文琴等纂《民国昌乐县续志》卷 15《民社志》。

有学者如是讲,在胶东地区,几代以来,村落的绅士们学会了一种消弭村中纠纷的有效方法,即听之任之。如果两个下层家庭发生争执,母亲们就在街上对骂,而她们的丈夫或许会出拳相殴,然后一切就突然停止了。隔天,他们的孩子一如往常地玩在一起,大人们或许互不交谈个十来天,可是他们各管各的营生,与平日没什么两样,渐渐地就忘掉了那件事。然而若是两个地位悬殊的家庭因孩子争吵发生不愉快,这要比妇女间嘈杂的争执或男人们的街头打架更严重,可能会导致诉讼或长期的敌意。① 萧公权也认为,帝制中国的统治者与臣民一向对和解都有兴趣,把它当作一种缓和或避免内部摩擦的社会工具;如果没有和解的程序,情况或许比它实际上的情形还要坏。② 然而,在盗匪猖獗的环境中,纠纷的解决往往以一种滑稽的方式收场。在安邱境内,"孩子们打架,或邻居之间闹纠纷劝解不下的时候,假如有人大声呼喊:'来了刘黑七了!'两造家便各自回家收拾行囊,准备逃难"③。

匪患严重影响农村正常的社会秩序。为了防范土匪,村民高筑围墙。在山东,"无论大小村庄,都有土壁围绕,在进去的地方,造有很高的门"④。日照县有大股土匪二三百名,占领马耳山为根据地,并组织机关部,形同官府,"杆首坐镇其间,日派小喽啰分赴各乡,按户勒捐,以地亩之多寡,分上中下三等。下等每地一亩,

① 杨懋春著,张雄等译《一个中国村庄:山东台头》,南京:江苏人民出版社,2001 年,第 160 ~ 161 页。

② 《调争解纷——帝制时代中国社会的和解》,汪荣祖编校《萧公权卷》,石家庄:河北教育出版社,1999 年,第 898、900 页。

③ 别少逸《目睹枪杀刘黑七匪徒记》,《安丘文史资料》第 3 辑,1986 年,第 173 页。

④ [日]长野朗著,朱家清译《中国社会组织》,上海:光明书局,1931 年,第 74 页。

月捐钱四吊(铜子二百枚),中等十吊,上等不限其数,但有所需,必立即奉上。其所占地面,计共六社,约百余村庄,在其占领区域以外之资财雄厚者,仍行架票勒索"[①]。土匪在某一地区有了依靠暴力获得的权威,为其提供了相对稳定的经济支撑。

为了保护自己的经济资源免受侵蚀,许多强权地主往往与土匪达成共识,助纣为虐,以求获得更大利益。地主常常步一些土匪的后尘,所带来的危害尤甚于那些走投无路的穷匪。在临沂,巨豪孙寿椿与附近土匪串通一气,四处焚掠。[②] 在诸城,"当地少数土豪,庇匪容奸,代人赎票,公然分肥,因此匪焰更盛"[③]。在莱阳,地主陈某竟豢养名为便衣队实为土匪五百余人,在招远、栖霞一带抢劫掳掠,杀人放火。1928 年 6 月 16 日,在匪首韩某带领下,土匪在毕郭一带共驻十多天,强迫周围的孙家洼村、徐家庄、下泊村、大解家村、官道村、大(小)花园村等按期把油饼、葱饼做好送往驻地,共抢去群众的牲畜一百五十多头,不少农民家里的猪、鸡、鹅、鸭全被杀光,甚至绑架了毕郭村会首张克功家的两个伙计。张家被勒索去现洋三百元,才把人赎回。[④]

在土匪横行的年代里,毫无人伦观念可言,暴力影响人情的维系。"一个农民如若穷到一无所有,他便休想向其亲族邻里告贷分文,甚至连一餐粗饭都不会招待他的。但是,等他被逼走入匪群有了威势以后,反要向他百般献媚,多方奉承,东邻请酒,西

---

① 《遍地萑符之胶东》,《申报》1924 年 6 月 8 日。

② 吕伟俊主编《民国山东史》,济南:山东人民出版社,1995 年,第 193 页。

③ 《胶东会匪》,《晨报》1928 年 2 月 22 日。

④ 曹仲敏整理《一九二八年前后招远、栖霞反军阀斗争史料》,《烟台文史资料》第 7 辑,1986 年,第 47～48 页。

家迎待，从前是没人理睬的穷鬼，现在一跃而为众所景仰的贵宾了”[①]。为了能够更快地接近政治权力，对于那些有学识的农家子弟，“一般的亲族戚属，总是希望他去做官僚式的强盗，牺牲了他一个人，供他们大家的荒淫作乐”[②]。对于这样的企盼，真不知是福还是祸。

土匪横行乡里，烧杀抢掠，使正常生产秩序难以为继。因沿线土匪猖獗，胶济铁路局曾被迫停运夜车长达六个月。[③] 长途客车也常因土匪猖獗而受阻。“胶县与平度毗连之处，地名北都，地势洼下，广袤十余顷，为土匪出没之区。……由沙河开胶县之胶沙汽车两辆，行至该处附近，被匪阻截包围……绑去乘客三十余人，并威逼两汽车夫随同驾车运物，抵目的地后，即将肉票挨次审问，家产多少，以备讨价勒赎。……（土匪）自劫得汽车后，即利用汽车架票……县长周利生得报，以案情重大，当往驻胶之八十六旅旅部谒旅长陈德俭商洽办法，陈旅长即派兵会同民团、公安局前往围剿。该股土匪闻讯，即窜往平度境内”[④]。在军事斗争地区，苛征暴敛，朘削人民，形势相当严峻。如招远县，“近年频罹匪祸，人民生活益呈困苦”[⑤]。土匪肆虐，破坏了农村组织和农村经济，新的农村制度因而未能及时确立，人民长期生活在惊恐而无所依赖状态中，生命财产得不到保证。盗匪给农民造成的实际危

---

① 禹民《土匪问题的面面观》，《中国农村》第3卷第6期，1937年，第43页。

② 李大钊《万恶之原》，《李大钊选集》，北京：人民出版社，1959年，第227页。

③ 赵琪修，袁荣叟等纂《胶澳志》卷12《大事记》。

④ 《胶东土匪猖獗》，《申报》1933年8月11日。

⑤ 胶济铁路管理局车务处编《胶济铁路经济调查报告·招远县》，青岛：文华印刷社，1934年，第2页。

害远超上述。

三、剿匪绩效

国民政府统治前期，韩复榘辖治山东的时间最久，先后下达了许多剿匪的"训令"与"布告"，晓谕各部队官兵、各级官府及广大民众，同时把各县县长在剿匪中的职责明确化。在《守城剿匪办法》中规定：各县县长在有股匪入境时，务必亲自监督民团副大队长、公安局长，调拨团队，并饬附近联庄会共同兜剿，5日内肃清扰乱并上报详情；县长接到邻县乞援或会剿的电文时，务必48小时内拨派团队到达目的地，不得借故延宕、以邻为壑；倘若有大股悍匪围攻县城，团队难以抵御时，县长应该一边急电乞援，一边坚壁固守，不得借故无力抵御、相率走避。[①] 1930年11月27日，韩复榘还颁布了《验枪办法十条》，规定：民间枪支一律交县政府烙印给照；家有地不足20亩者一律不准备枪，有地20亩者允许备枪1支，50亩者允其备枪2支，富饶之家备枪御匪，最多不得超过30支，并均须烙印。[②]

韩氏加强各民团武装以取代各县警察。1930年9月，韩复榘将全省划分为五个区，先期设立了鲁东民团(指挥部设于潍县)、鲁北民团(指挥部设于德县)、鲁西民团(指挥部设于济宁)、鲁南民团(指挥部设于滋阳)四个民团。1932年在刘珍年被驱逐后，第五民团在胶东设立，指挥部设于黄县，民团指挥张宪，辖原为刘珍年控制的12县，另加昌邑、胶县、即墨等共15县。民团下设大

---

① 《山东文告汇编》，第74页，转引自吕伟俊主编《民国山东史》，济南：山东人民出版社，1995年，第412页。

② 《山东省政府公报》第105期，1930年11月7日，转引自吕伟俊主编《民国山东史》，济南：山东人民出版社，1995年，第413页。

队，大队下设中队。大队长由县长兼任，中队长由指挥委任。所有官兵饷糈、服装、器械、弹药等费用开支，统由县田赋附加项下征收留用。所辖各民团大队内抽调人枪，组成由指挥部直辖的混成团，作为机动部队使用，抽调办法是一等县一个中队，二等县两个排，三等县一个排。[①]"各县民团大队人数由五十人到三六一人不等"[②]。有人认为在联庄会成立后，盗匪已无立足之地。[③]这显然是夸大了剿匪的政绩。迭次出现的剿匪文本，恰恰表明政府在剿匪工作中的无奈与失败。由于许多政策没有得到贯彻，当权者甚至将原为土匪的勾当转移过来，终至盗匪成尾大不掉之势。

1930年胶县土匪蜂起，著名匪首王子明、柳大和尚、李小七、孙宝善等"皆啸聚为匪，利用大小珠山地势险要，灵山卫运输便利……分扰各村。其时西南乡一带被架者约五六百家，损失不下数百万元，遇害者不可胜计"[④]。胶县当局决议利用乡团进行围剿，当时匪股窜入招贤区后立柱庄。5月3日，宝华区河西团练长相宝善统带练众会剿，出发时命令团丁在衣袖上钉布条，上书某队字样以示区别，岂料被匪徒奸细侦知，也仿效其服装试图相混。乡团出发剿匪时方知中计，"正在急施攻击间，已被贼合围。宝善中弹死，其族弟副练长宝璐同殉，薛家庄民团团长薛增盛伤右股，其团丁负之逸。又前卢庄庄长刘全义、迟家屯庄长王景成、

---

① 纪慧亭整理《韩复榘主鲁政闻》，《文史资料选辑》第14辑，济南：山东人民出版社，1983年，第164页。

② 《民国山东通志》编辑委员会编《民国山东通志》第1册，台北：山东文献杂志社，2002年，第510页。

③ 张育曾、刘敬之编《山东政俗视察记·高密》下卷，济南：山东印刷局，1934年，第773页。

④ 叶钟英修，匡超纂《民国增修胶志》卷33《兵防志第三》。

沙沟庄庄长韩西园均遇害,而警队亦阵亡二人。同时殉难者共十余人”。与此同时,“土匪盘据张八朱一带,焚烧数村,勒捐八村,共索去洋三万余元,旋经高密开去军队将匪击散,官军退后,仍回张八朱、尚庄一带,约匪众二百余名,勒迫各村筹办给养”。叶县长抽调民团剿匪,却兵败回城。自此以后,为求保命,许多“官兵视剿匪为畏途,而各股匪乘我空虚,益肆猖獗。初犹扰乱南乡沿海一带,继而弥漫全境,绑架掳掠,日有所闻,甚至有合村焚毁者,全家被杀者,所至糜烂,已成燎原之势”①。

有学者指出,“那些土匪活动经久不息的地方,通常在一定程度上涉及地方权贵,使得行政官员难以把他们对土匪的清剿计划(如果他们有的话)付诸行动”②。“由于权力的不平等总是对富人有利,那些明智地同有钱有势的人挂上某种联系的匪帮通常是成功的。换句话说,只有理清权力的内在关系,才能理解土匪活动”③。正如在淮北地区,盗匪“拥有某种程度的暴力资本,在政府管理失位之时,这种资本既是欺压平民的筹码,也是与政府博弈时抬高自身身份的凭据。因此,盗匪受到官府的优待也并不鲜见”④。刘黑七之所以能够迅速发迹,就是因为与权贵地主保持关系,有些文人如费县城的陈习之、沂水县典狱员胡燕民都是刘黑七的谋士、食客。刘抢劫时都是利用地方上的地痞、流氓、兵油子

---

① 叶钟英修,匡超纂《民国增修胶志》卷33《兵防志第三》。

② [英]贝思飞著,徐有威等译《民国时期的土匪》,上海:上海人民出版社,1992年,第20页。

③ [英]贝思飞著,徐有威等译《民国时期的土匪》,上海:上海人民出版社,1992年,第8页。

④ 马俊亚《从武松到盗跖:近代淮北地区的暴力崇拜》,《清华大学学报》(哲学社会科学版)2009年第4期。

等作为“眼线”。沂南县的孔某、莒县西北乡安庄的张之江、张之海兄弟,就是经常吃土匪饭的。所以在胶东各地流传着这样一句俗语:“根子里没贼贼不来。”[①]为了避免地方实力派借收编土匪扩张个人势力,以遏乱源,国民党第三届中央执行委员会第四次全体会议于1930年11月17日通过了刘峙的议案,严禁各军、师、旅长官收编土匪。[②] 然而,这项决议如同空文,收效甚微。前述在胶东地区的刘黑七股匪就是其中个案。

刘黑七人多势众,引起军阀的重视。1928年,韩复榘曾花费一万七千块银元和二千袋面粉试图收买刘黑七未果,最终刘却被何应钦收编为国民党新四师,刘也当上了师长,并在攻打阎、冯的战争中扬名立万,还被蒋介石褒奖为“铁四师”。[③] 这支“善战的部队”先后投效阎锡山、张学良、韩复榘等。当刘黑七将各级势力送来的招安橄榄枝束之高阁时,他的活动范围已经扩大到了整个华北地区,前有权贵们的“提携”,给后来的剿灭工作带来极大的困难。

有的地方盗匪势力竟强于政府军警。在昌乐县,“县长卢铁公率警察队及南乡民团赴鄌郚剿匪,追至安邱石家河庄为匪邀击,警队伤二人,县长回城,留警队驻守鄌郚”。岂料土匪卷土攻打昌乐县城,并诈称解送被县长打击的土匪,趁机攻陷县城,“入城后,劫狱抢库并击毙警察队长卢同策。卢县长亦被其幽禁。自

① 张希周《刘桂堂土匪生涯片断》,《费县文史资料》第2辑,1987年,第34页。

② 荣孟源主编《中国国民党历次代表大会及中央全会资料》,北京:光明日报出版社,1985年,第929页。

③ 王秉伦等搜集,唐昌华整理《杀人魔王刘黑七》,《文史资料选辑》第16辑,济南:山东人民出版社,1985年,第152~153页。

是匪类呼聚,布满城市,凡各机关、各学校、各庙宇以及宽宏民舍无不住有匪徒。计前后提支公款,截留田赋,勒索民财,搜括枪枝,公私损失不下三百余万元"[①]。昌邑北乡龙池多海匪。"当时县有保卫团,派兵数十驻龙池街北头大庙,号令各村组织自卫。各村都修筑围墙,村口有大门,村内设铁蒺藜。黄昏即封闭大门,自行组织打更,若发现海匪来攻,即向保卫团报信,保卫团即出动援助。事实是海匪来时,村民也不敢出村,即使报到保卫团,他们也绝不敢出来援助"[②]。如此看来,军警力量形同虚设。

民国时期有学者指出:"中国人将一切的一切,都利害关系化。政治、社会运动及各种社会结合,都是一律的。这就是中国社会的特质。"[③]军队与土匪之间若没有利害关系,是不会开展剿匪工作的,中国俗语"往日无冤,近日无仇"就是这个意思。"军队不讨伐土匪,也是由于相同的心理,讨伐和自己没有关系的土匪,是结仇的,兼以丧失生命"[④]。当时有学者也指出:"中国确是一个令人莫名其妙的国家,一面养着数百万的军队,一面却到处有成千成万的土匪。二十年来中国是个多兵战的国家,同时也是多匪战的国家。"[⑤]韩复榘主鲁,平时战事较少,山东部队主要任务是剿匪,而在剿匪中常与土匪达成默契。韩复榘一味地夸耀其治鲁的

---

① 王金岳修,赵文琴等纂《民国昌乐县续志》卷1《总纪》。

② 张怀松口述,郝毓秀整理《一九二七年海匪惨劫王家庄子记》,《昌邑文史资料》第7辑,1994年,第112页。

③ [日]长野朗著,朱家清译《中国社会组织》,上海:光明书局,1931年,第202页。

④ [日]长野朗著,朱家清译《中国社会组织》,上海:光明书局,1931年,第206页。

⑤ 陶镕成《农村经济和土地政策的研究(三)》,《劳工月刊》第1卷第6期,1932年,第71页。

政绩，说山东已是北方的模范省份，暗地里却收取部下的“报效”。韩氏一家统治山东七八年，贪墨的民财将近一亿元，在日本正金银行就有存款六千多万日元。[①] 韩复榘军队在追剿悍匪刘黑七的过程中，上演了一幕讽刺剧：原本针锋相对的冤家对头，却做起了枪支武备的交易，让人哭笑不得。

首先刘黑七部在事先约定的地点挖好战壕，把抢来的铜洋和小型贵重物品放在壕内；然后韩的部队向天空虚放几枪，“冲”向战壕，把土匪放好的物品取走，把枪支弹药放在战壕内；然后土匪再“反击”，“夺回”阵地，把韩部留下的军需全部拿走。这样的剿匪与反剿匪，双方各得所需。韩部剿匪部队将用武器换来的财物说成是缴获的“战利品”；抓来几个民众，说成是俘来的“土匪”。为了表彰“剿匪功臣”，韩还强令百姓捐款捐物，真是一箭双雕，欺世盗名。[②] 正如山东村谣中唱的那样：“兵剿匪，瞎胡闹，困庄村，放空炮，百姓哭，土匪笑，土匪来，吓一跳，土匪去了不知道，那个敢睡安稳觉。”[③]

当时有学者将游民阶级——土匪与官府、军队的暧昧关系做了生动描述，极具典型意义：“土匪即军人，军人即土匪，所以相互的连络很容易。土匪和军队因纯然的利害关系结合着，土匪由军队方面获得武器弹药之供给，而继续活动，且避免其讨伐，而保障安全。军队方面只因为有土匪的缘故，才得领取讨伐费。以讨伐为口实，掠夺人民，参预土匪底掠夺品底分配，为讨伐而丧性命的

① 刘殿桂《韩复榘轶闻》，《文史资料选辑》第 14 辑，济南：山东人民出版社，1983 年，第 182 页。

② 夏天泰《刘桂堂与韩复榘在战场上的交易》，《费县文史资料》第 2 辑，1987 年，第 100 ~ 101 页。

③ 申仲铭编著《民国会门武装》，北京：中华书局，1984 年，第 161 页。

事情是不为的。其和官宪的关系也和此相似。土匪底跋扈,多半是这种妥协底结果。”[1]村民抓获土匪送交官军希望将其严惩时,岂料军事长官竟以俱系青洪帮为由,将其释放。[2]

有学者将此类匪徒称为职业土匪。其“最大特点是他们没有土地(虽然那些头目有时是例外)。即使他们在加入匪帮之前有一些土地,一旦他们的身份暴露了,那些土地马上就会没收。这个事实的社会和心理含义是意味深长的,拥有土地与否是农民阶层的基本标准。‘哪怕家里只有一寸土地,他们就认为自己和乡人平起平坐。’于是在中国农村的许多地方,没有土地就意味着不再属于农民阶层,他们被迫生活在村子的外围,受到各种歧视。他们无法积累财富,没有在社会上求得发展的公认途径,他们不会失去什么,却可以从对抗中得到一切”[3]。张宗昌曾经接受“十八家大人”(土匪组织,共18人,且因劣迹斑斑,而又野心勃勃,故人们讽之)的贿赂,借此扩充军队,于是发委任状公开招兵。土匪却想借张宗昌荫护,发展自己的势力。后因诸城县公署及百姓的强烈反应,张也怕接受贿赂一事被抖出,只好将所擒匪徒就地正法。[4] 由此可以看出,只有当土匪的暴力活动危及自身政治安全时,主政者才会“真心实意”地全力剿匪,切实履行其维护社会公正的职责。

---

① [日]长野朗著,朱家清译《中国社会组织》,上海:光明书局,1931年,第387~388页。

② 《胶东匪氛复炽》,《申报》1924年8月26日。

③ [英]贝思飞著,徐有威等译《民国时期的土匪》,上海:上海人民出版社,1992年,第92页。

④ 魏陆毅《杀“十八家大人”纪实》,《诸城文史资料》第11辑,1990年,第117~121页。

第四节　民间帮会兴盛

在当时的胶东地区，萑符遍地，战争不断，生活窘困的农民或被抓丁拉夫，或被“逼上梁山”。在这种上有贪官污吏、势官巨富的压榨，下有土匪绑架勒索、公开掠夺的社会里，有权有势的豪强地主可以修筑圩堡来防止匪患，那些无钱无势又不愿铤而走险的贫苦农民，则多倾向于加入封建迷信团体以自卫。有学者指出，封建的道德观念——不准动手，要尊重道德，虽然饥寒交迫，也只有忍受，是不适用于土匪组织的。人的善恶，完全是由社会制度决定的，受到压迫就起而反抗才是最高的道德境界，不反抗而情愿忍饥受辱是一种最懦弱的表现、最可耻的屈服。但由于土匪的反抗是过度的，会带来破坏性的后果，他们又成为一般人民的敌人。①

一、组建原因

面临生存危机，“纵令人民方面也不依赖政府，而自身便着手进行。一切感到利害的人们就集聚起来，为着共同的利益而勤劳。在中国的社会结合里，这类事件是很多的”②。为免受土匪侵扰，势富地主乐于出钱组建民团，“以本镇大户为出资出械之中坚，附近村庄大户协力补助之”③。临朐于1911年冬成立保卫团，

① 朱新繁《中国农村经济关系及其特质》，上海：新生命书局，1930年，第342页。

② ［日］长野朗著，朱家清译《中国社会组织》，上海：光明书局，1931年，第206页。

③ 张志熙修，刘靖宇纂《民国东平县志》卷7《政务志 · 保卫》。

由富户捐款，备饷购械。[①] 商人也参与其中，“（临朐）北关、冶源等繁盛集镇在民国十五六年土匪猖獗时期，有商团之设，由商家担负款项，雇丁购械，每处兵额多至七八十名，专任本处防务，间亦奉调出外剿匪”[②]。结果，民团褪变为争权夺利、不同地域家族世仇械斗的工具，导致内部组织不和。实际上，加入民团的农民多是为了生存，多是冲着民团提供的经济待遇而去的。备受苦难蹂躏的民众，为躲灾避劫，不少人仰赖求神拜佛。这为怀有不同目的的地主们提供了基础条件。五莲县的道会门用罚款、杀头进行胁迫以扩充自身。万仙会会首规定：“凡有三亩以上土地和土地不满三亩，但是兄弟二人以上的户，都要入会。不入者，每人罚三匹大洋布。哪个村不入会，就组织四邻村的会众去进驻，挨家挨户大吃大喝，直至入会。”[③]

（一）防匪

由于政治不修，社会秩序并不是通过合理的社会控制来维持。政府上层围绕胶东庞大税源展开军事争夺，毫无合理的政治权威和行政调控可言，导致军权至大。暴力成为解决社会分歧最有效、最可靠的手段，给了下层痞氓们一些错误的信号。这种从社会冲突延伸出的“横暴权力”[④]被土匪们发挥到极致。1927 年

---

① 周钧英修，刘仞千纂《民国临朐续志》卷 14《防卫略 · 警备》。

② 周钧英修，刘仞千纂《民国临朐续志》卷 14《防卫略 · 团练》。

③ 厉保津《五莲地区道会门考略》，《潍坊文史资料选辑》第 6 辑，1990 年，第 276 页。

④ 从冲突观点来说，权力是冲突过程的持续，是一种休战状态中的临时平衡。费孝通将引发社会冲突的手段称为“横暴权力”。参见费孝通《乡土中国》，北京：生活 · 读书 · 新知三联书店，2013 年，第 73 ~ 74 页。

11 月,郑桂华、刘孝先等“纠党百余人,盘据谈家村里岔一带,架票勒赎,大肆劫掠”[①]。盗匪们“黉夜劫人去,置于通匪家窝藏之,以药膏蒙其眼,不令见物。即通信其家,指定郊野某地某夜先赍银圆若干,杂用物品若干,往为议赎。……盈其欲壑则乘夜放票回。少亦千数百圆,被害者多罄其产”[②]。被绑票的人质,富裕家庭尚可有资金赎回,家中无钱、原本就揭不开锅的穷苦农民境遇会更糟,高额的赎金更是雪上加霜。在胶东,有的普通农民被土匪绑架,因拿不出赎金,先被土匪割耳威吓,后被打得遍体鳞伤,打死后还被扔到野外。[③] 民国时期有学者就指出:“像山东不绝地受着土匪击袭的地方,由于协同防卫上的关系,部落的结合,愈加巩固,几乎近于血缘团体。”[④]于是,乡社开始筹划如何抵御土匪,为了防止兵害匪祸,人们都在奔走求生。“大刀会”“无极道会”等村民组织便在这一带产生了,“山东的农民,津浦沿线与胶济沿路不同……在胶济沿线,关于红枪会的组织没有,多有关于联庄会、保卫团之组织;而津浦沿线,大多数是红枪会之组织”[⑤]。“设坛学习者,各庄比比皆是”[⑥]。在蒙阴县,“在集市上道路上所见的农人,都是头发缠着小顶,赤着胸背,挽着裤子,扎着鞋绊,背着红

① 叶钟英修,匡超纂《民国增修胶志》卷 33《兵防志第三》。

② 丁世平等修,尚庆翰等纂《续平度县志》卷 6《剿匪》。

③ 范怀胜《我两次被绑架的经过》,《费县文史资料》第 2 辑,1987 年,第 56 页。

④ [日]长野朗著,朱家清译《中国社会组织》,上海:光明书局,1931 年,第 53 页。

⑤ 《中共山东区委王复元关于山东农运状况的报告(一九二七年七月二十六日)》,《山东革命历史文件汇集》甲种本第 2 集,1995 年,第 264 页。

⑥ 《山东之股匪与红会》,《晨报》1927 年 2 月 26 日。

枪,腰里插着小鱼刀,凶纠纠气昂昂的如有战事"①。

当时有学者写道:"土匪横行天下,人民苦得不堪,其结果就产生了人民自卫的手段。人民底自卫,是人民对于军队和官宪的不信任,并且是一种宣战。如果由人民看起来,军队及官宪和土匪不过是同样的东西。事实上,在他们之中,谁都是绞命的恶鬼。他们是妥协的,相通的。"②而"村民之自卫团最发达的,是在山东地方"③。民国年间,莱阳境内帮匪"拜会结盟,放赌架讼,不逞之徒群行加入两恶相济,于是陆续发生票案,尤以南乡为最烈,乡民不堪其扰,相继购枪办团自卫"④。日照沿海,"向为盗匪出没之区……乡民为自卫起见,多修筑炮楼,雇人防御,计刻下阖县约有百数十处,几成一炮楼世界,然此不过一种无可奈何之防术"⑤。"许多地区的农户几乎都与某个秘密团体有联系。在这些地区,所有农村政权实际上为秘密团体所控制,官府的权力在县域外往往不被承认"⑥。

在莱阳,"当是时(1928),省政府偏处泰安,权力弗及于胶东,县内匪氛甚恶,乡民为自卫计,倡办团练以与匪抗,岂得已哉?于

---

① 赵继元《蒙阴县农村自卫之进展》,《乡村建设旬刊》第3卷第3期,1933年,第16页。

② [日]长野朗著,朱家清译《中国社会组织》,上海:光明书局,1931年,第78页。

③ [日]长野朗著,朱家清译《中国社会组织》,上海:光明书局,1931年,第73页。

④ 王丕煦等纂,梁秉锟等修《莱阳县志》卷二之一《政治志·内务·乡团》。

⑤ 《鲁省匪患之猖獗》,《申报》1922年5月16日。

⑥ [俄]B·维什尼亚科娃著,吴永清节译《1929年中国的农民运动与秘密农民团体》,《国外中国近代史研究》第21辑,北京:中国社会科学出版社,1992年,第201页。

时而西北复有会匪之作。初,邻封亦土匪蜂起,栖霞、招远有无极会,平度有红枪会,海阳有白旗会,率用符咒以避刀枪,乡民苦于匪祸,多信从之"①。

综上所述,刀会的产生与当时的社会政治、经济情况有着密切关系。大刀会首先在莒沂地区成立,首要目的是防匪。② 遗憾的是,防匪的民间组织的发展历程并非如民所愿。大刀会作为新崛起的一个社群,随着其势力扩展,足以改变乡村社会权力结构,威胁到地方乡绅的利益。于是,乡绅联合地方政府镇压就不可避免。这种情况正说明了官绅一家,国家统治权力对人身的约束,只有把利益绑在国家机器上,人民的利益才能得到保障,凡是挑战政治权威的,只有群体性的死亡。

(二)抗暴

胶东的帮会,与别处的一样,靠迷信作为组织的基础。他们有的是完全属于基层社会的,有的还有地方上层人士在内,如旧时秀才、小学教员等。无极会就是一个带有浓厚迷信色彩的政治组织,与红枪会有着相同的目的,主要是反抗捐税,首领叫做道长,有生杀予夺之权。入会者须买长枪一支以备应战,每战饮符一道。③ 这种迷信思想体现了反科学的一面,也有其无奈的一面。有学者评论:"任何人在中国,不需要呆多久就体会到他是生活在一个动荡不安的社会环境中。……千百年来视为正统的、正常

① 王丕煦等纂,梁秉锟等修《莱阳县志》卷末《附记·兵革》。

② 田玉成等《莒沂两县青旗会的发端》,《沂水县文史资料》第1辑,1985年,第116~119页。

③ 祥云《胶东的几个秘密和半秘密的帮会》,《社会学杂志》第3卷第5期,1930年,第143页。

的、天经地义的概念、事物和制度，受到了致命的打击……到处都沸腾着那种健康的骚动，孕育着强有力的、富有意义的萌芽。”①

蓬莱在很长一段时间里都是胶东首府登州府的所在地，由于民国时期地方军阀混战而屡遭涂炭。张宗昌逃离山东后，方永昌与刘珍年占据蓬莱。1928 年 8 月方军内讧，刘珍年趁机将方赶走，独霸胶东。1929 年春张宗昌又联合褚玉璞，从大连经海路在龙口登陆，东去烟台、牟平等地与刘珍年争夺地盘，蓬莱一带惨遭蹂躏。不仅军阀混战，匪兵过境也给蓬莱一带民众带来严重灾难。而且大量的军费战费以及他们无度的挥霍，全都以各种名义的苛捐杂税加在当地民众身上。民不堪命，牟平“九区民众，集市于冯家镇，一怒而捕八警十二役，一律坑杀之，斩木揭竿，群起反抗，组织民众自卫团，分五路进城，威势所及，率多迎合，旬日之间，联合数万人，誓与官府为难，是为横征暴敛之反响”②。

在军阀混战前，蓬莱一带人民一年只按银两缴纳一次捐税。而 1928 年，军阀官府一年就征收捐税八次之多，并且任意向农民索取白面、大米、高粱、黑豆、谷草及抽丁抽畜、派发差役等，稍有迟误，就加倍惩罚。③ 村民中曾流传这样的歌谣：“民国十八年，蚂蚱吃，天又旱，苛捐杂税赛牛毛，农民遭涂炭！咋办呢？加入无极道，起来和它干！”④

---

① ［美］埃德加·斯诺编，文洁若译《活的中国·编者序言》，长沙：湖南人民出版社，1983 年，第 1 页。

② 宋宪章等修，于清泮等纂《牟平县志》卷 4《政治志一·党务》。

③ 曹仲敏整理《一九二九年蓬莱人民反军阀的斗争史料》，《烟台文史资料》第 7 辑，1986 年，第 77 页。

④ 曹仲敏整理《一九二九年蓬莱人民反军阀的斗争史料》，《烟台文史资料》第 7 辑，1986 年，第 85 页。

许多豪强地主利用政治权势谋取经济利益，于是“政治的首要目的不是为了实现公共目标而是为了攫取个人利益”①。在掖县郭家店，赵新斋与徐廷杨在官府包了落地税与屠宰税，借此搜刮民财，横行乡里。② 胶县的财税部门，每年都以招标的方式把各区的税额包给各区大户，只要承包户交上规定的承包额，其他一概不问。因此各包税户就打着官府的旗号雇佣大批税丁，想方设法地插刮百姓，捐税一增再增。1926 年胶县设货物税局，“‘无物不税，税率无定准’。仅 3 种临时附捐，就在每两田赋银上加征银元九角六分”③。花生是胶东重要的经济作物，税收征解多由县招商承包，年缴税额逐年攀升，同时“承包人设局分卡，布遍全境，用人既多，经费浩繁，其常年开销，最低限度，亦在二千元以上，民众负担既重，税警留难，遂引起反抗，酿成殴警巨案”④。1930 年，青岛当局在即墨的鳌山卫设立了中国“渔业管理局”，负责管理督收渔税。管理者们却趁机盘剥，广大渔民无以维生，纷纷哭诉道：“风里来，海里去，舍上性命捞虾鱼；渔家老茔地，三辈进不去，斤斤鱼虾血泪苦，官府加税死里逼。”⑤

沿海村民，特别是那些衣食不足的农民多在市场上做小买卖维持生计，因而经常与盐警和税丁发生摩擦。没有加入大刀会的

---

① ［美］亨廷顿著，王冠华等译《变化社会中的政治秩序》，上海：上海人民出版社，2015 年，第 51 页。

② 荆雪桥整理《掖县郭家店红枪会的始末》，《烟台文史资料》第 3 辑，1984 年，第 152 页。

③ 薛星一《朱仲区大刀会的兴亡》，《黄岛文史资料》第 1 辑，1989 年，第 48 页。

④ 宋宪章等修，于清泮等纂《牟平县志》卷 4《政治志一 · 财政》。

⑤ 顾玉义《即墨沿海渔民抗渔税风潮》，《即墨文史资料》第 7 辑，1991 年，第 129 页。

农民人单势孤,对于盐警的凌辱只能含恨在心,而入会之后情况就不同了。“每逢王台、北庄、辛安等集日,会徒们三五成群,扬威于市,抗缴税捐,殴打税丁,折断秤杆等收税工具的事时有发生”①。因而,最初对刀会抱半信半疑态度的村民纷纷加入。对神灵的崇拜寻求自我安慰转向了对团体暴力的崇拜。

1927 年是大欠之年,而苛捐杂税有增无减,“一年先后征过五次捐税。县、乡、村,层层加码,层层盘剥,最后统算,每两银征收大洋十二元整。交不起捐税的,不是封门,就是捉人。大河东村九十多户,卖儿鬻女的就有五户”②。为了抗捐抗暴求生存,牟平南乡一带农民相继组织了自己的大刀会武装,其中以松椒大刀会声威最著。会首为王文兰、王文花兄弟。大刀会发动了一场抗捐运动,他们不准村长为官府收粮催款,不准为官府催粮催款的人进村。大刀会从而声威大振。

(三)投机

由于绑票的事情很多,大地主搬到城里居住,留存于乡村的小地主虽有武装自卫,但恐慌达到异常的程度,“他们就是大便的时候,也要拿着枪械做开枪式的”③。而乡居地主对于暴力的依赖,恰恰反映出对地主经济压迫日益增长的反抗。④ 为了反抗盗

① 薛星一《朱仲区大刀会的兴亡》,《黄岛文史资料》第 1 辑,1989 年,第 52 ~ 53 页。

② 费正锋整理《松椒大刀会》,《烟台文史资料》第 4 辑,1985 年,第 113 页。

③ 《山东省委关于山东形势和党的工作的报告》,《山东革命历史档案资料选编》第 3 辑,济南:山东人民出版社,1981 年,第 117 页。

④ [美]詹姆斯 · C. 斯科特著,程立显等译《农民的道义经济学:东南亚的反叛与生存》,南京:译林出版社,2001 年,第 98 页。

匪滋扰，许多地方权贵们也纷纷组织民团。这些农村“精英们”声称“守望相助，遇警则群出而御匪，无事则散处而为农……所以辅助军警保卫闾阎最为良策。……凡居住该社内，年满二十岁以上男子，皆为团丁，有事则互相援助，无事则各守田园”①。1922 年时胶县共有民团 33 处。从中可以看出在依赖暴力维护个体利益的同时，也隐喻着抗衡主政者所竭尽全力去维护的社会秩序，带有挑战的色彩。出于投机心理，为了获取更大范围的经济资源，许多村社的强势人物所组建的民团往往脱离这个民团的本来目的。

在乡地主拥有雄厚的经济势力，为了维持固有的权力，便以“抗匪保家”为名，组织联庄会、民团等组织，裹挟普通民众，修筑圩寨。这些“乡村精英”，在建构起同政府的关系时，承担起类似共享共担模式的保护责任。一则免受流言蜚语的非议，二则使其在当地的社会地位合法化。② 1928 年日军占领胶济铁路后，安邱县长郭珠泉离职逃跑，全县陷入了无政府状态，一些地方权贵麻寿臣、刘杰臣、王敦符等趁机组织团队以自卫。事实上徒有其名。“由于成员繁杂，内部时常发生挟仇报复事件，对张宗昌残部及刘黑七部，一再窜扰本县，民团坐视而毫无办法。并趁机收容土匪，扩充力量。增加与北伐军交易的筹码”③。

有时，联庄会成为地方土豪劣绅们的私人武装力量，他们常与土匪勾结，横行乡里。在栖霞，“总会一处由县长兼任会长，分会六处，由各区长兼任分会长，共一百四十甲，甲长由乡长或镇长

---

① 叶钟英修，匡超纂《民国增修胶志》卷 32《兵防志第二》。

② ［美］詹姆斯·C. 斯科特著，程立显等译《农民的道义经济学：东南亚的反叛与生存》，南京：译林出版社，2001 年，第 52～53 页。

③ 李江秋《安丘述略》，台北：铭华印刷公司，1976 年，第 98 页。

兼任之，凡居民年在二十岁以上四十岁以下者均有充当会员之义务”[①]。联庄会员原则上不准顶替，然而富户凭借其雄厚的经济力量，欺上瞒下，雇佣贫农予以顶替，无疑加重了村民的负担。在莒县垛庄乡，乡长李寿臣就依仗权势经常向农民要钱要粮，随意征收联庄会费，强迫村民给他建围墙修炮楼，稍有怠慢就加以绑架、抢掠。农业再生产活动也被迫中断。村民以青旗会为组织纷纷抗税。李寿臣决定拿垛庄当典型镇压，将垛庄一户村民十多口人绑架至乡公所吊打侮辱。义愤填膺的村民开始联合起来，周边青旗会亦率众前来增援。李寿臣上报莒县政府，请求派警“剿抚”。驻莒国民军243旅旅长运其昌率部以优势兵力将村民抗税运动镇压，制造了远近闻名的“黄石山惨案”。[②]

有些地主甚至拥有较强的武器，青岛、烟台的地主豪绅依靠日本提供的军火，对农民生存环境的挤压更为严重。在莱阳、海阳，每个大的村庄都有自己的民团组织。在文登、牟平，虽然不是每个村都有民团，但每个市镇都有民团。[③] 然而，这些在社会混乱中所组建的民团，竟沦为权贵们进行权力角逐的工具，他们往往借防匪之名、行土匪之实。在平度，广西陆荣廷旧部刘志陆，在直奉战争时败北，占据平度县城，自称胶东司令。时局动荡之际，左慰农、王宝仁以收拾乱局自任，赴平度谒刘志陆，刘收编诸匪，号

---

① 张育曾、刘敬之编《山东政俗视察记 · 栖霞》下卷，济南：山东印刷局，1934年，第676页。

② 李宝光《垛庄农民大暴动》，《莒县文史资料》第8辑，1995年，第186～188页。

③ 《常子健关于胶东政治、经济和党组织状况向中央的报告(一九三四年六月十五日)》，《山东革命历史文件汇集》甲种本第7集，1995年，第213～214页。

称入团分驻各乡。他们遍处招兵抢劫，乡民亦相继办团自卫。田匪大肆抢掠，遭到凤山乡联庄分会的抵抗，双方激战三昼夜，最终"慰农所编诸匪势渐衰矣，而施中诚为钟震国击败，由烟台踉跄过县，假道西去，慰农又开门纳之，举所部奉，中诚遂称东海警备司令，刘日南副之"①。自7月30日钟震国据莱阳后，不到两月各乡团战争多次，"九月一日各军政机关、各乡团、各同乡会代表开和平会议……四日中诚部进剿，田匪大败之马家沟，凤山乡联庄会截击于海阳香山毙之，余众溃散，旧时诸匪几翦除尽矣"②

有人指出，民国时期在乡村自卫组织中，村民一般要参加的自卫活动是在围寨中巡夜或曰"打更"，自卫团、联庄会等已不是村落自治组织，而是在政府推动下建立的"官方"组织。③ 于是，这些组织的日常运作常被那些政治野心家所觊觎。可想而知，本就拥有经济影响力的乡绅们，在披上这层外衣后，能给农村社会带来什么样的后果。这样的组织已经偏离了其最初成立时的斗争目标，从某种意义上说已经成了痞子式地主的私人组织。在这些民团头目身上，暴力与"行政力"畸形地结合在一起。正如有的学者所指出："红枪会的运动，既这样普遍，其间自然的亦要发生分化，军阀利用土豪，土豪利用农民，其结果于纯粹农民自卫的红枪会外，更产生了匪化的红枪会。因为土豪要想以农民为牺牲，以达其升官劫财的目的，第一步就是设法使红枪会匪化。"④这样的

---

① 王丕煦等纂，梁秉锟等修《莱阳县志》卷末《附记·兵革》。

② 王丕煦等纂，梁秉锟等修《莱阳县志》卷末《附记·兵革》。

③ 张佩国《地权分配·农家经济·村落社区：1900—1945年的山东农村》，济南：齐鲁书社，2000年，第204页。

④ 李大钊《鲁豫陕等省的红枪会（一九二六年）》，陈翰笙等编《解放前的中国农村》第1辑，北京：中国展望出版社，1985年，第102页。

情况无形中加重了那些善良的普通农民的负担。在平度县，“当是时(1928)，会众名目不一，有红枪会、白枪会、红帽子会，等等。勒令二十里内民皆馈食。稍不应，瞋目张拳，若将狂噬”①。

手握权力者极易霸占财富，围绕着民团领导权问题，乡绅权贵们也展开了斗争。在莱阳县，县知事阮忠模“夙入帮会，济宁人王某从之，东来退处署外专事传布，邑无赖子刘曰南者首先入焉，设所办公，把持县事，群无赖子多趋附之，十二年(1923)诸城人李衍撰继任，衍撰，为人贪鄙无行，又大纵博徒，于是帮匪赌棍各相结聚，勾引退伍兵士，而绑架勒赎之事层出矣，浸淫日久，啸聚益众。十七年(1928)三月，刘曰南、李奎五、赵辅臣等百余人遂据城东之龙门寺。县长王宝仁下车伊始，派警驰剿，未战而溃。会牟平县长姚泽以剿匪司令率数县警备队至，匪始窜平度，于是官绅以警队之不足恃也，办保卫团”。民团的内部组织，“初以本籍人为限，而团董吕琥璜引巨野人郭秉正为团总，秉正曾任营副驻防莱阳，因悉用其旧部。有田益三者，谋充团总未遂，阴图报复。适值国民革命军入省，日本横生阻力，惨案突起，益三乃结土匪徐子山等，亦假革命旗帜，据县东南之巨峰山，四出劫掠，保卫团与附近村庄往攻未克剿除。五月二十四日突破邑城，焚署劫狱，县长王宝仁已先一日潜去，而齐玉衡旅由平度至，益三等又夤夜逃遁。于是时也，赵辅臣、孙东明等亦自称南军，率众劫掠，由韶存庄转穴坊庄一带，东入海阳。东务丰等则焚掠长清乡一带。张咸洲等聚众双山，自称省委，即墨人李道河据姜山，左万成、孔庆臣等据阜山，高密人韩侠若等据日庄，其他乘机啸聚，或十余人，或数十

① 丁世平等修，尚庆翰等纂《续平度县志》卷6《政治志·兵匪之祸》。

人，索枪勒捐，犹不胜道也”[①]。

看到地方民团有如此大的军事能量后，1934 年韩复榘将其纳入政府的训练范畴，希望通过训练农民使其接受军事训练，完成自治并拥有地方自卫的能力，通过联庄会更好地巩固其在地方上的统治。联庄会与地方民团的不同之处在于他们是没有薪饷的，而民团则是有薪饷的军队后备力量。韩曾指出：“国家现役兵，不宜过多，就以中国财力来说，军饷一项开支，实比任何政费为多，军队只能消耗，不能生产，所以民贫国惫，才造成今日现象。训练民众，举办联庄会等，树立人民自卫能力，最为切要。”[②]1934 年 9 月 20 日韩在济南成立山东省联庄会员训练会，着手训练民众。

在那些裁撤民团的县区设立山东省训练会分支机构，首先从潍县、掖县、日照等 8 县开始训练，各县设主任 1 人，由县长兼任，分期抽调会员轮训，每期训练 3 个月，每期一等县调训 200 人，二、三等县依次递减。训练员按土地每 4 亩抽壮丁 1 名。只是训练结果不太如意，至抗战前，在裁撤民团的 44 县中，共训练联庄会员 3 万余人，武器也差，战斗力弱，并未达到韩所希望的“山东全省农民胥受训练，则地方自治完成，人民自卫力巩固，土匪自然肃清”[③]的政治夙愿。

二、帮会则例

土匪猖獗的地方，农民往往组织红枪会、大刀会等以自保。

---

① 王丕煦等纂，梁秉锟等修《莱阳县志》卷末《附记 · 兵革》。

② 《韩复榘谈改进鲁省军政》，《大公报》1934 年 5 月 20 日。

③ 《鲁省实行训练农民》，《安徽民政公报》第 4 卷第 6 期，附载，1934 年，第 21 页。

红枪会"为农民中之惟一组织,几遍于各县。其人数虽无确实调查,但有一县达五万以上者。且不仅有红枪,更有备有快枪者。除御匪外,且有时抗税,攻击官军,故数次为官军所屠杀"①。所以说,胶东各地大刀会基于资源争夺、控制而产生的社会冲突,实际上就是刀会等民团组织与政府及地方驻军等群体博弈的表现。

(一)大刀会

在战乱如麻的年代,平度、掖县一带的农民兴起了红枪会、无极道会。南起临沂,东至威海,十几个县内都有大刀会活动。斗争规模较大的有沂水、莒县、诸城、高密、胶县等六七县。大刀会势力的蔓延以及在社会各阶层中扩散,表明胶东社会爆发的普遍性危机极具紧迫性。社会环境恶化迫使人们以暴力结群的方式组织起来予以抗争,更说明了人们对组织的依赖性。

胶东刀会从日照、诸城、莒县一带传来。当时胶县南乡会首是胶县齐城区芏子口村(大珠山附近)的邓寿千,南乡的农民入会须到芏子口办理手续。之后入会地点逐渐增多,袁家村、古镇营等地都可接纳农民入会。1926 年朱仲区插旗崖村武举纪约堂当上了朱仲区大刀会会首,当地农民入会就可以直接到插旗崖办理手续,人们称之为"西南帮刀会"。由于纪约堂会武功,又是乡绅,具有一定的号召力,所以大刀会组织发展极快,到 1927 年朱仲区大刀会已经发展到了 2000 多人。②

在平度,刀会同张宗昌部展开了斗争。1927 年 5 月,张宗昌

---

① 集成《各地农民状况调查 · 山东省》,《东方杂志》第 24 卷第 16 号,1927 年,第 136 页。

② 薛星一《朱仲区大刀会的兴亡》,《黄岛文史资料》第 1 辑,1989 年,第 49 ~ 51 页。

旧部周昆山部开往平度，自称“胶高保安司令”，收编了匡耕山部200余人，崔继盛部200余人，齐某部百余人，名为三团，实不过600余人，枪械不过300支。“会省委霍树声为胶县县长，邑人柳长泰为公安局局长，甫接篆，均被周擅捕拘押，并将长泰枪毙，邑人皆畏周，无敢抵抗，惟索饷，未若杂牌军队之多，亦无纵兵抢掠等事，胶人赖以苟安。是时南乡刀会虽已缴械解散而东乡一带刀会仍顽抗如故，嫉视军队如寇仇”[1]。1928年8月14日，大刀会纠集会众四五百人由东圩门分作三路蜂拥而入，一股由圩内东北行经匡家街趋东门，一股东南行由麒麟街趋东门，又一股由天后宫沿大街直趋南门，东北、东南两股相合直扑东门。时城东北大关帝庙驻有军队数十名，猝不及防，被刀会夺去快枪数支，军警见状躲入城中，关闭城门，用机关枪击退刀会进攻。

农民组织——大刀会也把矛头指向地方政府和盐务所。1927年8月2日，港头陈村的大刀会会徒陈某和张某向副会首郭兰亭报告了港头盐务所的兵力和防守情况。郭决定趁盐警不备来一次突袭。当天半夜，刘家庄、阿陀、插旗崖、韩家寨等村的大刀会会徒70多人在郭兰亭的率领下，乘夜色直奔港头陈村，拂晓前把盐务所包围起来。那些被惊醒的盐警寡不敌众，纷纷逃窜，大刀会趁势砍伤盐警4名，生擒7名，缴获步枪10余支。周边群众见盐务所被砸，盐场无人管理，纷纷到盐场抢盐。[2]

在胶州，五里堠子村“大刀会”的总坛设在村东大街北面的隋家祠堂，门口两侧悬挂青、黄两杆大旗，横幅上写有“大刀会”三

---

① 叶钟英修，匡超纂《民国增修胶志》卷33《兵防志第三》。

② 薛星一《朱仲区大刀会的兴亡》，《黄岛文史资料》第1辑，1989年，第53～54页。

字。门外有会员日夜轮班放哨。会首隋安祥和刘思德及请来的两名师傅朱光元、王述迁在总坛共商“大计”。他们宣扬一人入会则全家平安,免一切灾难。大刀会的口号是:打官军(指打顾震兵)、保家园、抗捐税。不少人信以为真,在短时间内五里堠子村就发展会员六七十人。顾震部士兵到各村催粮钱,与大刀会激战于五里堠子村,大刀会取得胜利。后顾震部直接派兵四百多人围攻五里堠子村。当天夜里,二会首刘思德当了奸细,向顾震部求和,并泄露了大刀会作战计划,大刀会最终失败。①

军阀威逼利诱,声称只要大刀会解散组织,交出大刀和兜肚,政府可以既往不咎,保证每个会徒的人身安全。大刀会妥协了,在胶县南乡活动三年的大刀会宣告结束。随后军阀政府露出其本来的狰狞面目,先是给大刀会的中小头目加上“通匪”“为匪”的罪名,将其逮捕入狱,将其或判刑或砍头,接着命令会徒必须向官府上交 5 至 20 块银元的罚金,才能保证人身安全。这对当时连地瓜干都吃不上的贫苦农民来讲是一笔过重的负担。②

在大刀会的历次斗争中,有两次斗争伤亡最少。1928 年牟平大刀会获悉匪徒犯莱山,连夜集合数千会众,迅速扑向敌人。除了匪首李魁五逃走,余匪悉数被消灭。当时有 8 名大刀会成员在“剿匪”中死亡。③ 1930 年春季,沂水县大刀会闯入匪营,与匪肉

① 孟广安、吴洪俊《五里堠子村“大刀会”活动纪实》,《胶州文史资料》第 16 辑,2003 年,第 1 ~ 4 页。

② 薛星一《朱仲区大刀会的兴亡》,《黄岛文史资料》第 1 辑,1989 年,第 59 ~ 60 页。

③ 都兴华《牟平大刀会概述》,《牟平县文史资料选编》第 1 辑,1985 年,第 94 ~ 95 页。

搏,打死打伤土匪二百余人,大刀会无一伤亡。[1]

(二)红枪会

据载,"胶东所属之诸城,为红枪会发源地"[2]。红枪会在抗匪过程中,曾给予土匪重创。胶东悍匪刘黑七极为凶残,在华北地区蹂躏过无数村庄。然而,他在山东南部为非作歹时,"曾被红枪会一支无极道李光炎打败,并解除其一部武装;从此无论是兵是匪,对有红枪会组织的地方,咸持畏惧"[3]。

为了防止兵害匪祸,保家求生,人们奔走聚议,枪会便应运而生,且发展迅速。平度吕家集村首先修复加固了圩墙,并在墙上架设了铁炮土枪。接着以吕延修、吕寿邦为首从昌邑柳疃、陈家庄请来师父,设坛成立红枪会。[4] 家族冤仇因素促进了胶南大刀会的快速发展,矛头直指地方豪绅。[5] 在红枪会的组织内部,最有权的要数老师父,他们均来自鲁西。或是乡中好事者请来的,或是自己跑来的。老师父居住的坛屋既是教训徒弟,也是召集会议的地方。在一村之中,有一个由老师父欣赏的本地人出任会长,负责号召本村人。[6]

---

① 赵钟璞《山东沂水大刀会大惨案始末》,《文史资料选辑》第47辑,北京:中国文史出版社,1964年,第80页。

② 《红枪会演操肉票为靶》,《晨报》1928年3月9日。

③ 申仲铭编著《民国会门武装》,北京:中华书局,1984年,第3页。

④ 吕泽浦《吕家集红枪会活动纪实》,《平度文史资料》第2辑,1986年,第12页。

⑤ 文史办《胶南大刀会记实》,《胶南文史资料》第1辑,1987年,第20页。

⑥ 知非《红枪会之分析及其观念之错误》,《农村月刊》1930年第14期,第14页。

1927 年 8 月，红枪会会首邓德奎在胶县南乡与胶澳毗连地方号召会众三百余人，抢劫了距红石崖二十里的港头盐局，并掳去员司七人。旋即驻青胶东防守总司令祝祥本派刘惠林副司令率兵镇压，警厅队长管恩成对会徒规劝。由于双方力量对比悬殊，红枪会会众出具悔过书，行动被和平解决。① 时局蜩螗，刀会复燃。1927 年 10 月 1 日，王台镇会众四百余人突袭红石崖，刀伤盐警二名，夺去马步枪三支，警队暂避青岛。5 日，胶东防守总司令祝祥本檄祝宏德团长相机“剿办”，又派李吉祥团长率队前往协助。3 日县长王天伟随祝宏德驰抵王台镇，命令警备第三大队长孟传永带队至西南的杜村分途截剿。4 日祝宏德率队到王台西南的插旗崖、亮甲埠一带相机“剿抚”，“该会聚众抗拒，官军齐用猛力射击，格毙会匪十余名，余均四散。惟杜村一方因警力单薄，众寡不敌，阵亡马警一名”。祝宏德正拟会合警队复出“痛剿”，“讵会匪于晨六时聚众极多，围攻王台，前仆后继，相持不下。祝团三营杨营长永举被困于重围中，遂遇害。王县长亦被匪包围，数日不得出。适青岛派来援军李团长吉祥协剿，围始解。是役也，陆军阵亡营长一员，兵士四十二名，会亦死亡相当”②。

（三）无极道

1928 年，招远县先是大旱，后涝雨成灾，田间庄稼又遭受蝗灾。到秋天，庄稼颗粒无收，“招远县长高树峰，更勾结土豪劣绅，向百姓加倍派捐要粮、追租逼债，缴不上就抓人放火。毕郭镇一

① 叶钟英修，匡超纂《民国增修胶志》卷 33《兵防志第三》。

② 叶钟英修，匡超纂《民国增修胶志》卷 33《兵防志第三》。

两银子的地一个月就派捐税达 10 元之多”①。这种不顾农民死活的政策令人齿冷。穷苦农民生活在死亡线上。为了反抗官府的暴政，毕郭镇派人前往滕县请无极道师父。1928 年农历八月二十二日，滕县无极道师父李文正、李文和、史得臣、高子和等八人到达招远。九月初一开始布坛传道。穷人自愿参加，开始时就有七十多名穷苦百姓入道。大家推选毕郭村的张汝勤为总道长。入道者由经过大功场训练出来的“道长”指点，进行一系列念咒喝符的“壮身”仪式后，每人得到一个红布兜，内装符箓，贴身挂在胸前。道众每人有两件武器，一为短刀，一为木杆瞄子枪。一个月后无极道送走滕县来的师父，这时道众仅毕郭村就有五百多人。“‘天增福’钱庄和地主孙玉芳等捐了一笔款子，买了五百多支枪头子、枪缨子发给了道众，做为起义造反的武器。那里有无极道组织，官府就不敢向那里要捐要税”②。无极道发展很快，从 1928 年九月初一到腊月初，毕郭周围的道众就发展到了二千多人。

无巧不成书，栖霞县保安大队长安庭庚抢了地主牟二黑家的财产，用骡子驮着财物回曹州老家过年，夜宿在毕郭镇孙家洼村，抢米抢面，胡作非为。无极道知道后，集合道众包围孙家洼。安氏方面除了两名站岗的卫兵逃跑，其余 14 人全部被生擒。会众当即将他们拉到孙家洼村西的石岚井处全部挑死，史称“孙家洼事件”。这次举动惹恼了栖霞县长杨泽荣，他声称要“平推栖西”，并电请驻烟台的刘珍年出兵配合讨伐。但经过多次大战，官兵损失惨重，无极道迅速壮大，最终占据了招远县城，吓跑了县长高树

① 文史科《招远无极道始末记略》，《招远文史资料》第 3 辑，1987 年，第 10 页。

② 文史科《招远无极道始末记略》，《招远文史资料》第 3 辑，1987 年，第 11 页。

峰。刘珍年先后派李永芝等三人出任招远县长，三人皆因形势不稳而离去。1929 年农历七月，刘珍年的心腹武汉诈称其由南方革命军委派，出任招远县长，暗自实施覆灭无极道的计划。[1] 无极道慢慢被刘珍年分化、收编，无极道也改称为保卫团。会首们原来是吃穿自己的，现在当官了，每月还能发饷三十元，何乐而不为。[2] 平伏首领后，为了继续“追剿”反抗的道众，军阀强令百姓“凡参加过无极道的，每人缴八块银元的罚金”[3]。至此，历时一年之久的无极道组织被残酷镇压。

---

① 文史科《招远无极道始末记略》，《招远文史资料》第 3 辑，1987 年，第 12 ~ 19 页。

② 曹仲敏整理《一九二八年前后招远、栖霞反军阀斗争史料》，《烟台文史资料》第 7 辑，1986 年，第 73 页。

③ 文史科《招远无极道始末记略》，《招远文史资料》第 3 辑，1987 年，第 20 页。

小　结

综上所述，胶济铁路带动胶东农村社会的发展。沿线诸多村镇因交通优势，商品交换范围进一步扩大。更重要的，铁路为农村剩余劳动力提供了就业机会。占有天时、地利之便的胶东地区本应发展得更好，然而，胶东地区的经济发展优势却没有引起政府的足够重视和支持。在社会生态失衡的情况下，由于缺少良性政治保障，铁路经济圈的社会效应没有发挥出来。南京国民政府二次北伐后，实行训政，美其名曰和平建设，但是当时的政权没有顺应民众的呼声，更没有顺应近代中国的社会发展潮流。胶东农村的近代化名实不符。

虽然当时的山东邹平与青岛等地实行乡村建设运动，但是，由于此时的国民政府唯军权至上，不能用政治手段解决分歧，导致个人权力极度膨胀。南京国民政府虽然名义上统一中国，实则国民党内倒蒋势力异常活跃。为了快速实现政权的平稳过渡，南京国民政府不断吸纳北洋政府的旧官僚，没有从国民党的党治政权整体利益出发，加剧了党员与政府人员之间的隔阂。这种制度设计导致南京国民政府的统治陷入党政双轨并行的窠臼，削弱了南京国民政府的统治权威。

在山东，韩复榘在南京国民政府所给利益诱惑下出卖旧主而获得山东省政府主席的位子，但手握重兵，始终是南京国民政府心中的芥蒂。南京国民政府想使其统治权威深入地方，一直尝试瓦解实力派军阀把持的地方政务体系，而韩复榘则时刻对南京国民政府的觊觎保持着警惕。由于胶东地区是山东税收的重要来源地，围绕着胶东管辖权的斗争一直存在。在波谲云诡的政局与风云变幻的战争纷乱中，无论是韩复榘还是刘珍年，均以是否有利于保存和发展自身势力为依归来选择合作对象，为了个人权力均曾做出叛主之事。总体上来说，在胶东地区的军事斗争是军事独裁者有意为之，暴露出南京国民政府处理地方事务纠纷不是走正常化的政治民主化途径，而是选择军权唯上的暴力震慑。

韩复榘主政山东后，统治地位并不稳固。与奉系张学良达成谅解后，1932 年 9 月，韩复榘打着“以救民命”的旗号发动了驱逐刘珍年的战争。由于刘珍年据守胶东对韩复榘起着掣制作用，韩武力驱刘，自然为蒋所不容。张学良通电援韩，又迫使蒋改变策略，改军事进攻为政治调停，仍默认刘珍年在胶东的统治。韩表面上迎合南京国民政府命令，暗地里仍旧进行驱刘军事活动，并以辞职来裹挟南京国民政府。由于韩的军事威逼，刘在胶东的统治范围越来越小，最后不得不呈请南京国民政府准其率部调离山东，南京国民政府最后无奈地明令照准。韩复榘驱逐刘珍年部后，实现了其“山东王”的夙愿。韩与南京国民政府也进行了控制与反控制的斗争，山东省府对于南京来的政令，大都阳奉阴违，只挑利己的推行，其他均搁置延宕、敷衍了事。

捐税和征派的增加，助长红枪会及其他农民组织的发展。固守农业种植、不肯放弃土地的农民为了对抗土匪的掠夺而采取防御性策略，组织刀会等组织以抗匪抗捐等。对此，有学者评论道，这种策略是“获得和占有稀缺资源的合适的方法。在其他可选择的条件极度被限制的情况下，这些方法是能被村民用来最大化获取利益同时又最小化避免风险的合理方式”①。然而，许多为防匪而组织起来的红枪会等组织，在暴力反抗过程中，匪化现象比较严重，也给乡村社会带来许多不安定因素。

在胶州百尺河以东、岳沟以南为红枪会潜伏之地。“该会匪在各村焚烧劫抢，无恶不作，却操纵自如，毫不顾忌。又如管家庄、小西庄等十村，今日劫掳一人，明日抢掠一家，已如司空见惯，绝无过问者。小民无一夕之安，痛苦可知。……在十里洼演操，实弹打靶，以无钱取赎之肉票为试验品，尤令人惨不忍闻”②。在青岛，1928 年 5 月，“大刀会聚党二百余人，并纠结即邑南岭同会合众三百余人，扰乱各村，势甚猖獗。六月初旬，适有自即墨装运枪炮之车子九十余辆，并护送兵士三四十名，道经大麻湾河口被刀会截住，杀死兵士三十余人，余皆奔逸，遂将车辆解往即邑南岭而去。旋又至东马哥庄盐务分局，戕害盐巡十余人，财物劫掠一空。九月被县城警备队刘惠林、匡耕山率队前往剿灭，抄出枪炮子弹若干，解送县署，其乱始定”③。

由于“农民反对特定的不公正行为，目的在于要求改正特定的错误，而不是要推翻旧的社会秩序以利于建立新秩序”④。被行

---

① ［美］裴宜理著，池子华、刘平译《华北的叛乱者与革命者　1845—1945》，北京：商务印书馆，2007 年，第 11～12 页。

② 《红枪会演操肉票为靶》，《晨报》1928 年 3 月 9 日。

③ 叶钟英修，匡超纂《民国增修胶志》卷 33《兵防志第三》。

④ ［美］费正清、［美］费维恺编，刘敬坤等译《剑桥中华民国史 1912—1949》下卷，北京：中国社会科学出版社，1994 年，第 48 页。

政边缘化的底层农民,所企望的无非是唤起尚有良知的管理者的注意,希望得到这些“清官”的保护。然而,国民政府内部那些目光较为远大的“清官”的所作所为,虽在一定程度上减轻了底层民众的苦难,促进社会生产的发展,但归根结底是维护了专制特权阶层的根本利益,是以有利于国民政府统治为目的的。农民在行政权力的禁锢下,感到旁无假借时,把希望寄托于那些“清官”身上,这既是农民对专制特权的反抗形式,更是行政权力崇拜严重固化的社会环境的真实写照。

在胶东地区,各方势力之间围绕控制权而展开激烈的军事斗争,导致暴力衍化为解决社会纠纷最有效、最可靠的手段。给农村社会带来不安定影响的盗匪们被当权者加以重用,于是,农村中的一些痞、氓将暴力神圣化,甚至将个人的前途寄希望于盗匪这份“神圣”的职业。希望在盗匪→士兵→上层社会的这条道路上走得顺利些。有的学者据此指出,这样的人口流动正是中国的阶级世袭性非常薄弱的表现。“阶级上是没有固定性,个人底伎俩是比较的尊贵和重要,所以从下层阶级升到最上层阶级,非常容易,上层阶级以称为独占的世袭制被独占着的事,是没有的。今日造成一封建制的军阀头目,也是从最下层升上的。上层这样不绝地被新鲜的下层阶级补充着,古旧的上层交替而下降,这样继续着一种循环。在这点上,中国底社会组织也可以说是非常进步的”①。这种说法是不严谨的,它事实上承认了以暴制暴博取政治地位的合理性。

地主为了保护自己的财产免受损失,假意组织民团。受制

① [日]长野朗著,朱家清译《中国社会组织》,上海:光明书局,1931年,第403页。

于其经济政治势力，许多抗匪组织被地主所利用，那些被裹挟到大刀会组织中的普通民众就成了地主士绅、政府官员们博取利益的垫脚石。“正是由于有利可图，土豪劣绅都不惜重金去贿赂，因为一旦做了区长、乡镇长或村长，可以有数十倍的中饱可得”[①]。在普通百姓眼中，他们具有了官方不可违抗的属性。有学者评论：所谓守望相助的设施并不是用来发展村庄的，简直是有名无实，除了在土匪骚扰时用以自保，只有应酬官差一条用处。[②]有些地主甚至与土匪相勾结，或直接豢养土匪作为家丁，这是那些毫无经济基础的土匪们所不能企及的，造成胶东农村社会的剧烈动荡。穷苦农民是他们最先肆虐的对象，导致农村疲敝不堪。当农民连残喘的机会都没有，农民对政府的信任也就逐渐丧失了。

有学者指出，随着社会秩序的崩溃，离开农村乡镇而寻求城市保护的地主越来越多。这些地主将源于土地方面的收益委托给代理人，这些唯利是图的代理者常常从压榨佃户中捞到更多的好处，使农村关系更加激化。[③] 言外之意，农村社会紧张关系的罪魁祸首是这些代理者。实际上，这一说法忽视了造成社会规范缺失的制度原因。20 世纪 20 年代末，国民党烟台党部宣传干事在其日记中曾有过感慨：“推原祸始，或者应由红枪会负责。然而那些红枪会的的确确都是些良善农民，不过经不起兵匪的骚扰，故

---

① 乔志强主编《近代华北农村社会变迁》，北京：人民出版社，1998 年，第 800 页。

② 孟真《山东底一部分的农民状况大略记》，《新青年》第 7 卷第 2 号，1920 年，第 143 页。

③ ［美］费正清编，杨品泉等译《剑桥中华民国史　1912—1949》上卷，北京：中国社会科学出版社，1994 年，第 92～93 页。

铤而为此。那么,这是归罪于社会吧?假设社会制度好的时候,兵匪万不至这样,红枪会万不能产生,我家也决不会遭这样的事变。啊,万恶的社会制度,非彻底的改造不可。"①

① 《商拙亭在烟台莱阳国民党党部的工作日记》,山东档案馆馆藏档案:J1 -25 -47 -1。

第二章　胶东农村的土地与劳动力

至民国初年,山东农业人口仍占80%左右[1],大多数人的生计仍寄托于农业生产。蒋介石实行“反共清党”政策后,决定在国民党中央取消农民、青年、妇女等部,试图与中国共产党彻底划清界限,这导致其在农村的统治基础十分脆弱。为了保持政权的稳定,南京国民政府大量吸纳清朝官僚贵族的后裔、民国初期的官僚军阀以及与他们关系密切的人。这些人成为南京国民政府时期地主群体中的主要组成部分。这些人“垄断一定量的土地,把它作为排斥其他一切人的、只服从自己个人意志的领域”[2]。有时,许多地主“利用官吏的地位诈取官地,或以低廉的价格购买土地。……官吏常乘混乱的机会,横领官地以为私有……未垦地里边的官有地,实际可看为是该地有权力的官吏的私有物”[3]。没有一定的资金储备,连基本的生活资料都不能保证,偶染的病痛都会带来性命之忧。许多丧失土地的农民或受雇于乡居的富绅,抑

---

① 张玉法《中国现代化的区域研究——山东省(1860—1916)》,台北:“中研院”近代史研究所,1982年,第8页。

② 《马克思恩格斯全集》第25卷下册,北京:人民出版社,1974年,第695页。

③ [日]长野郎著,强我译《中国土地制度的研究》,上海:神州国光社,1932年,第140页。

或移居他乡。

第一节　土地分配问题中的权力因素

关于农村土地分配状况的估计,民国时期的学者就给予相当多的关注,并展开了争论,有的倾向于阶级斗争理论,有的坚持改革农村生产力以发展农业。近年来,学界对此问题的研究成果颇多。[①] 民国时期,在农村土地分配过程中,越接近政权的人,获得土地兼并的机会就越多。地主与强权人士结成利益同盟,在土地分配中占尽优势;普通农民处于社会的底层,受尽剥削。赋税体现了经济压迫,更反映出土地所有者与土地使用者之间的权力不对称。

---

① 史建云认为近代土地分配不均是绝对的(史建云《近代华北平原自耕农初探》,《中国经济史研究》1994 年第 1 期);史志宏指出南方的土地集中程度高于北方(史志宏《20 世纪三四十年代华北平原农村的土地分配及其变化——以河北省清苑县 4 村为例》,《中国经济史研究》2002 年第 3 期);曹幸穗强调土地多集中于中小地主手中(曹幸穗《论旧中国苏南土地占有关系的演变及其推动力》,《中国社会经济史研究》1990 年第 4 期);刘克祥则认为土地分配呈恶性集中趋势,大地主、城市地主急剧膨胀,集中是 20 世纪 30 年代全国地权分配的一般形态(刘克祥《20 世纪 30 年代地权集中趋势及其特点——30 年代土地问题研究之二》,《中国经济史研究》2001 年第 3 期;刘克祥《20 世纪 30 年代土地阶级分配状况的整体考察和数量估计——20 世纪 30 年代土地问题研究之三》,《中国经济史研究》2002 年第 1 期);赵冈认为在农村土地分配过程中,地主的身份是由土地市场买卖而定位的,租税结构是土地高度集中的主因(赵冈《中国传统农村的地权分配》,北京:新星出版社,2006 年,第 8 ~ 12 页);章有义认为民国时期佃户百分比与宋代相比几乎没有变化,地权不断集中的长期趋势实际上是不存在的(章有义《本世纪二三十年代我国地权分配的再估计》,《中国社会经济史研究》1988 年第 2 期)。

一、农村土地分配的不公

论及农村土地分配，孙中山认为："一般农民有九成都是没有田的，他们所耕的田，大都是属于地主的。"[①]在全国范围内，操在地主手中之全部土地，华南各省约占60%～70%，华中各省约占50%～60%，河南与陕西约占50%，山东约占30%～40%，湖北约占10%～30%，所有这些土地都是地主的私产。在我国东北地区与内蒙古，地主的土地约占各省全部土地的50%～70%。[②] 然而，国民党三届中央第一次临时会议否认这一事实，认为"土地制度原甚平均……并无集中之倾向"[③]。

虽然地权分配在山东东西部之间不同，却难以掩盖"山东东部南部多大地主"[④]的事实。大概说来，"潍县、莒县一线以东的真正半岛地区，包括黄县、掖县、诸城等地，自古富渔盐之利，近代商业发生又早，因商业资本和高利贷的长期活动，地权颇为集中"[⑤]。胶济铁路通车后，潍县成为商业重地，张、郭、陈、丁四大家族兴起，丁家有田约24000亩，其他三家亦各有田6000至9000亩左右。[⑥]

---

① 中山大学历史系孙中山研究室等合编《孙中山全集》第9卷，北京：中华书局，1986年，第399页。

② ［匈牙利］马札亚尔著，徐公达译《中国经济大纲》，上海：新生命书局，1933年，第11页。

③ 荣孟源主编《中国国民党历次代表大会及中央全会资料》上册，北京：光明日报出版社，1985年，第956页。

④ 孟真《山东底一部分的农民状况大略记》，《新青年》第7卷第2号，1920年，第142页。

⑤ 张玉法《中国现代化的区域研究——山东省（1860—1916）》，台北："中研院"近代史研究所，1982年，第18页。

⑥ 李作周《山东潍县的大地主》，《中国农村》第1卷第8期，1935年，第69页。

与潍县相邻的胶州，境内大地产所有者也很多，据载："州之田多归于仕宦与士商之家，散在四乡，不能自种，佃于人。……(佃农)纳税之外，所得无几。"[①]在文登，"政烦赋重，民不聊生，往往弃其田庐，客死异域，甚且投身著姓，甘为奴仆，以避徭役"，致使"巨族世家，田亩遍野"，大地主出租土地，所以，"编户之民，类皆佃田自给"[②]。

尤其是南京国民政府颁布《土地法》，将北伐战争以来打土豪所收缴的土地归还原主政策，不仅引起孙科的批评，更说明以蒋介石为代表的国民党与以孙中山为代表的国民党已有天壤之别，蒋介石集团已经蜕变为追求自身利益最大化的"分利集团"，不惜损害社会大多数人的利益，用讨好少数极富人群的手段来谋求自己政权稳固。这种只问财富分配不问财富增加的政策，导致胶东沿海地区农村土地分配中渗入大量政治权力因子。

(一)从租佃关系观察

南京国民政府土地委员会1934年对11省89个县的调查显示，在1545名地主中，平均所占有之土地面积，最少为300亩，最高则达30000亩。[③] 可见当时地主所控制的土地甚为广大。在华北地区，3%～4%的地主，占有了20%～30%的土地，而60%～70%的贫农，仅占有20%左右的土地。[④] 根据对山东的调查，全省

① (清)张同声修，(清)李图等纂《道光重修胶州志》卷15《风俗》。

② (清)李祖年修，(清)于霖逢纂《光绪文登县志》卷1下《风俗》。

③ 国民政府主计处统计局编《中国土地问题之统计分析》，南京：正中书局，1941年，第62页。

④ 中国农村经济研究会编《中国土地问题和商业高利贷》，上海：中国农村经济研究会，1937年，第96页。

平均每村有三至五户出租户，有五至十户承租户。山区平均每村大约有十户以上的承租户，两户承租户就对应一户出租户。胶东东海区110个行政村，平均每村有出租户33.3户，承租户41.8户。[①] 出租户成分也比较复杂。由于农民到外地谋生的较多，中农和贫农出租户的比数不小，地主出租户虽少，但出租的土地多。据调查，胶东16个村的489户出租户中，地主户数不足10%，而出租的土地占全数的52%。另据栖霞、招远、掖县调查的620家出租户中，地主富农只占总户数的14%，其出租的土地占53%以上。[②] 各类佃农中贫苦农户租入的土地占全部租入土地的70%以上。[③]

在胶东个别县区，地主占有耕田更多。潍县一般农村经济状况多半是小农经济，每庄中贫农占60%，中农占20%，富农占10%，雇农占10%，而大地主多是从前的官僚和豪绅，多集中于县城附近。他们的威势非常的赫耀，武断乡曲，榨压佃农，尤其余事。[④] 潍县三区南小圩河村是有名的佃户村，土改前合村150余户，800多口人，有34个姓，多为从四面八方来这里的佃农。全村有土地3300亩，其中3000亩为城里地主所有。租种地主家土地

---

① 黎玉《在山东省行政工作会议上的总结报告》，转引自朱玉湘《近代山东的租佃制度》，《山东史志资料》第1辑，济南：山东人民出版社，1984年，第132页。

② 《山东群众》第7期，转引自朱玉湘《近代山东的租佃制度》，《山东史志资料》第1辑，济南：山东人民出版社，1984年，第133页。

③ 朱玉湘《近代山东的租佃制度》，《山东史志资料》第1辑，济南：山东人民出版社，1984年，第134页。

④ 《中共山东省委巡视员关于潍县政治经济情形及党的组织状况的报告（一九三〇年七月一日）》，《山东革命历史文件汇集》甲种本第5集，1995年，第1页。

的贫雇农，不管丰收歉年，都要交纳足额的租赋，交了地租后，剩粮难以糊口，佃户只能吃糠咽菜，有的则外出干杂务或到北海贩私盐等。地主家婚丧嫁娶、房屋修缮还要佃农无偿出劳役。①

在莒县，土地改革前全县有75036户、1112145亩耕地。只占全县人口7%的地主、富农却占有全县65%的耕地，占全县总人口93%的中农、贫雇农仅有35%的耕地，人均占有土地严重不均。1444户地主占有土地444858亩，人均50.81亩；2105户富农占有土地278036亩，人均17.65亩；27400户中农占有土地274000亩，人均2.22亩，44087户贫雇农占有土地115251亩，人均0.57亩。贫雇农过着牛马不如的生活，正如歌谣所讲："穷人一年当两次黄（慌）帝，即春天青黄不接饿得慌，冬天无有棉衣冻得慌。""扎两年觅汉放二年牛，拉两年把棍到了头"。②

（二）从土地所有者观察

山东莒南县壮岗坡里村，地主、富农占有一级地的16.36%，二级地的31.27%，五级地仅占10.36%。贫农与雇农则相反，一级地只占9.05%，二级地占19.05%，五级地占22.73%。③ 由此可见，土地的占有是非常不均衡的。④

抗战以前，莒南县地权是很集中的，地主169户就占有3万多

---

① 陈慕虹、陈瑞曾《南小圩河村的土改》，《潍城文史资料》第18辑，2002年，第65页。

② 赵统玺、李尊殿《莒县的土改运动》，《莒县文史资料》第12辑，2003年，第3～4页。

③ 华东军政委员会土地改革委员会编《山东省、华东各大中城市郊区农村调查》，1952年，第8页。

④ [美]费正清编，杨品泉等译《剑桥中华民国史　1912—1949》上卷，北京：中国社会科学出版社，1994年，第92页。

亩土地,2000 多户农民和其他阶层才有 2 万多亩土地。以大店区来说,共有地主 136 户,占有土地 31668.08 亩,其中 300 亩以上的大地主有 28 户,占有土地即达 18839.68 亩,947 户农民中,没有土地的就有 340 户。很清楚地看出,这一带大部分的土地是集中在地主的手中,特别是集中在大店大地主的手中,而广大的农民,大多缺少土地或没有土地。①

邹县大黄庄平、徐两家地主是县东南的封建堡垒,“平家的地,徐家的钱”,在当地很有名。这两家又有三多的称号,即“地多、钱多、腿子多”。两家地主土地最多到过 50 余顷,附近 30 余村的劳苦农民,均受过他们的残酷剥削。②

胶东个别农村中的地主占地份额竟达万亩。对石河、蛟龙汪、大兴三个区的农村调查显示,1937 年 9 个村 68 户地主拥有 17497.98 亩土地,占总土地数的 38.34%,平均每户占有 257.32 亩。其中甄家沟一户地主占有 7000 多亩土地,占全村土地 70% 以上,蛟龙汪 28 户地主占有全村土地的一半。③

在胶东,宗教地主占有土地甚至多于世俗地主。在江南水乡,道人向道观主持纳钱后,其主持红白喜事的权力就得到保障,他们虽然掌控着农人、乡绅和商贾们通往“另一世界”的通道,在经济地位上却不能与地主乡绅平等。④ 胶东则不然,有些宗教地

---

① 华东军政委员会土地改革委员会编《山东省、华东各大中城市郊区农村调查》,1952 年,第 34 页。

② 华东军政委员会土地改革委员会编《山东省、华东各大中城市郊区农村调查》,1952 年,第 88 页。

③ 华东军政委员会土地改革委员会编《山东省、华东各大中城市郊区农村调查》,1952 年,第 55 页。

④ [美]邓尔麟著,蓝桦译《钱穆与七房桥世界》,北京:社会科学文献出版社,1998 年,第 71 ~ 72 页。

主占地极广,过着锦衣玉食般的生活。在即墨县,“神的住所,华丽栋宇的,有四十多间。道士自住的卧室,有三十三间。其他小房也不止三十间。庙上有大地二百亩,山上面积,也有一百亩地大,松林茂密,棘草遍山,所以此庙的道士都穿美衣,吃美食,三十多名,都不干活,只等着吃”①。

(三)从经营面积观察

山东各地遍布各种类型的地主,拥有相当多数量的土地,土地集中的程度居于全国的前例。② 其中,鲁南胶东各县就是大地主集中的地区。对莒南县筵宾、沟头、大店三区的农村调查发现,地主仅有6.5%的户数,却占有53.82%的土地,而其余93.5%的户数,仅占有土地的46.18%。③ 潍县的望族陈家,就是一个地主、官绅兼商人的家族。陈家所拥有的土地甚至超出县界,仅在昌邑就占有土地300亩,此外兼营名为“裕祥”的杂货店。④

在大台庄村,康生的家庭就是一户横跨胶县和诸城两县的中等规模的地主。康生的父亲张发祥占有170英亩土地,为县里最大的地主之一,在那里只要拥有40英亩土地就算是在经济上小

---

① 山东省立民众教育馆编《山东庙会调查》第1集,济南:山东省立民众教育馆,1933年,第53页。

② 路遇《清代和民国山东移民东北史略》,上海:上海社会科学院出版社,1987年,第27页。

③ 王耕今整理《抗日战争时期山东滨海区农村经济调查》,中共山东省委农村工作部、农业合作化史编写办公室编《山东党史资料》,1989年,第5页。

④ 叶汉明《十九世纪末潍县的社会经济变迁——山东经济重心东移对地方社会的影响》,叶显恩主编《清代区域社会经济研究》上册,北京:中华书局,1992年,第134页。

有成就了。与其他农村士绅不同，张发祥不从事任何农业劳动，主要靠收租生活。他还讨了一个妾，这在山东农村是罕有的家运昌盛的标志。[①]

胶东的地主，“多系当地的绅士，操纵地方大权，十之八九自己有枪”[②]。胶县地主则在农村建立庄园，勾结官府，建立武装看家护院，欺压农民。大杜戈庄地主贾方有土地3600余亩，房屋130间。1928—1937年间，贾方为了护院看家，修炮楼子1座，购买长短枪100余支，养兵100余名。[③]

综上所述，民国时期农村土地分配极不公平，缺少政治力保护的自耕农或半自耕农失去耕地，沦为无地者或者拥有少量土地的贫农。军阀、官僚、豪绅、商人趁机利用各种特权以极低的代价甚或没有任何代价，大规模占有土地。他们手中的权力成为短时间内迅速集中大量土地的有力工具。

二、权力失衡与利益同盟

（一）土地分配中的权力失衡

有学者讲：“权贵地主是我国地主的主体。”[④]政治权力虽不能直接满足人的生物需求，但它可以保障或拒绝提供有限产品来满

---

① ［美］约翰·拜伦、［美］罗伯特·帕克著，顾兆敏等译《康生传》，北京：中国社会科学出版社，1998年，第6页。

② 《关于胶东的报告》，《山东革命历史档案资料选编》第3辑，济南：山东人民出版社，1981年，第222页。

③ 胶州市志编纂委员会编《胶州市志》，北京：新华出版社，1992年，第652页。

④ 秦晖、金雁《田园诗与狂想曲：关中模式与前近代社会的再认识》，北京：语文出版社，2010年，第165页。

足社会成员的需求；它虽然自身不创造任何物质财富，但它可以决定所有现有的有限物质财富最终流向何处。[①] 大地主的政治身份多为军政长官、地方军阀。诸城县昌城区就是一个较富裕的区，当时各乡乡长都是地主，如逄戈庄乡的刘姓乡长，到抗战时还是有几十顷地的大地主。[②] 有学者指出，人们把握手中权力的能力与其在国家权力机构中所处的级别、对权力运用的熟练程度及是否具有足够冷峻而坚硬的心肠有关。也就是说，是否擅长将自己手中握有的权力运用到使它最大限度地发挥威力镇慑他人而替自己捞得各种好处。[③] 所以说，“取得土地的主要途径是做官”[④]。

在中国，官僚与地主之间有着千丝万缕的关系。“官僚为地主阶级的利益而支配。……官僚买得土地而地主包办官僚。……地主是官僚的补充人，官僚也是地主的中坚候补者。……地主阶级努力于独占官僚系统。官僚既不是像贵族那样的世袭身分，所以也须取得经济剥削以保持自己的生存及优越地位”[⑤]。官僚虽不完全是地主贵族，然而他们的出身大多是地主豪富，仗着其优越的社会条件能够入学校，能够勾结显达，最高统治者所看重的，是助其统治，助其筹饷勒款，“他们之所以自命不凡的每在能竭泽而

---

① 刘泽华等《专制权力与中国社会》，长春：吉林文史出版社，1988 年，第 126 页。

② 陶钝《难忘的岁月》，《诸城文史资料》第 11 辑，1990 年，第 2 页。

③ 刘泽华等《专制权力与中国社会》，长春：吉林文史出版社，1988 年，第 25 页。

④ ［美］卡尔·A. 魏特夫著，徐式谷等译《东方专制主义——对于极权力量的比较研究》，北京：中国社会科学出版社，1989 年，第 329 页。

⑤ 陶希圣《中国之商人资本及地主与农民》，《新生命》第 3 卷第 2 号，1930 年，第 2 ~ 3 页。

渔,在另一方面,他们又与当地豪劣,朋比为奸,构成二位一体,以如此之情势……扒攞搜括,中饱浮收,便是目下做官的最大信条"[①]。由此可见,家庭身份与占田多寡有密切关联。

在潍县,地主柴国训占有好地七八百市亩,分散在柴家、张家庄、孟家、狼埠、望留等近十个村子。瓦房、草房一百余间,光房基就占地五十市亩以上,并完全连成一片。这归因于其祖上从清代到民国,皆有出任官吏者。[②] 在鲁南,一户姓庄的地主也是依靠当官的权势刮地皮起家。[③] 由此可知,土地分配中的不合理现象,主要是由官僚政治所引发的。乡村地权为主要财富来源的经济发展模式完全是特权职责的表现形式,也是以政治统辖经济的集中体现,正所谓"有政治的实力就可得经济的利益,没有政治实力的经济利益可随时失去"[④]。民国以降,山东出现的新兴经济力量,如济宁地区的"四大金刚",虽采用传统的商借贷方式,辅之以洋货销售的商业手腕集聚财富,但是,处在军阀混战时期,这些新兴力量找不到能与之携手共进退的政治力量,他们不能充当政府的公职人员,最终没有经受住战乱的考验。[⑤]

---

① 许达生《苛捐杂税问题》,《中国经济》第 1 卷第 4 ~ 5 期,1933 年,第 2 页。

② 天野、杨作哲《地主柴国训的"发家"史》,华东军政委员会土地改革委员会编《地主罪恶种种》,1952 年,第 3 ~ 4 页。

③ 中共莒南县委办公室编《大店"庄阎王"罪恶史》,《文史哲》1965 年第 4 期。

④ 叶非英《中国之封建的势力》,《新生命》第 2 卷第 7 号,1929 年,第 7 页。

⑤ [日]小林一美著,孙晓青等译《近代华北的土地经营与商业运行的特征》,《国外中国近代史研究》第 26 辑,北京:中国社会科学出版社,1994 年,第 179 页。

有学者写道:山东的小自耕农要想留住赖以维生的土地,就必须增加经济作物的种植面积,而开辟农业生产以外的资金来源,商业经营与高利贷活动是他们的重要选择。[①] 实际上,人们常说的“以末致富,用本守之”往往只是假象,千百年里,在中国土地占有和流动的过程中,都是“用权得之,用权守之”[②]。因为,“只有官员们有这种特权,他们控制着全国大部分的剩余财富,垄断着强制权力,他们毫无困难地把重点放在统治阶级官僚集团的利益上面,而不重视产业阶层的利益”[③]。即使乡村地主拥有相当数量的土地,仍依赖管理职责权力支持地权。

地主之所以能在短期内占据巨额土地,归因于强势权力因素。有学者指出:“大地主垄断官田,恫吓贫农及中农,不准染指其间。实则贫农及中农即有机会购买官田,也决无力偿付地价及非法勒索。”[④]依据在政治上的压榨,胶东地主成了政治上的直接统治者。山东的劳役地租还较重,实际上是变相的超经济剥削。陈正谟选取了山东185处地方调查,存在劳役地租的就有56处,占调查总数的30.27%,比全国总平均数的28.55%还要高。[⑤] 在莒县,“甄家沟地主甄安乐和北晨地主周老六都是伪乡长。他们

---

① 张佩国《地权分配·农家经济·村落社区:1900—1945年的山东农村》,济南:齐鲁书社,2000年,第234页。

② 秦晖、金雁《田园诗与狂想曲:关中模式与前近代社会的再认识》,北京:语文出版社,2010年,第99页。

③ [美]卡尔·A.魏特夫著,徐式谷等译《东方专制主义——对于极权力量的比较研究》,北京:中国社会科学出版社,1989年,第358页。

④ 陈翰笙《现代中国的土地问题》,冯和法编《中国农村经济论》,上海:黎明书局,1934年,第221页。

⑤ 严中平等编《中国近代经济史统计资料选辑》,北京:科学出版社,1955年,第291页。

是这一带的土皇帝，为所欲为，随意敲诈勒索农民。一九二六年地主甄一晨诬赖后古城庄农民张学习家小牛吃了他的花生，曾罚花生一石，肉五斤，鸡十只，酒五斤；他又诬赖杨家湖的杨家禄是土匪，罚地十二亩，霸为己有；他又说孙家山的孙长会偷他的树，罚洋四百元；和他口角过的甄德里被逼吓跑了，所留下来的八十亩地也被他没收；又如农民甄安明有五亩好地和他的地相邻，他强用不及一半的价钱买了去"[①]。在潍县，地主陈克正依强权霸种白浪河滩淤地[②]，竟无人反抗。

同宗同族的亲兄弟在经济利益分割中，拥有权势的一方总能迅速胜出。在胶东胜水乡，乡长王唯一是几辈的老财主。但王唯一与其叔伯弟弟王柬芝不合。因为他们的父辈在分家时为争一块好山峦曾闹过纠纷，结果王唯一的父亲有官势，王柬芝的父亲吃了亏，自此两家虽一墙之隔，感情已很淡薄了。也正为此，王柬芝的父亲决心要儿子长大做官。[③]

由于农村权力秩序失衡，有权者更容易获得土地兼并的机会。意大利特来贡尼曾说："每当权利失去均等，土地转移到少数人手中的时候，社会与政治，必起绝大的变异，中国历史显示多数朝代的覆亡，皆以此为主因。……倘若新旧地主，依照旧俗，随心所欲的下去，数年之间，必将重蹈覆辙。将来新的情况，转更恶劣，因为一切事态皆利于富人阶级掠夺穷人的土地。"[④]瓦格勒指

① 华东军政委员会土地改革委员会编《山东省、华东各大中城市郊区农村调查》，1952 年，第 55 页。

② 《潍县陈克正等霸种官地已令该县县长追回文契注销》，《财政旬刊（济南）》第 11 卷第 3 期，1934 年，第 6 页。

③ 冯德英《苦菜花》，北京：解放军文艺出版社，1990 年，第 24 页。

④ 中国农村经济研究会编《中国土地问题和商业高利贷》，上海：中国农村经济研究会，1937 年，第 9 页。

出，对于官僚地主来说，将非法获得的财产投在土地中，这是中国一种唯一安全的办法。[①] 潍县地主柴国训就秉承"一靠荒乱二靠官"[②]的"治家格言"。可见，"权力之所以引诱人，最主要的应当是经济利益"[③]。古代中国"先有贵的身份，后有富的资源"这一陋俗遗毒太深。

有人指出，在山东潘家店，"土地分配是很零散很均匀的，因为土壤颇好，使小规模经营可以得利，并使土地集中只有很少的可能，一方面当一家族地产少下来时，他的成员只要在镇上经营一点副业，便能留住最后的土地，一方面有存款的农民，买地也很不容易，又在这个平等的基础上，加上因交通便利而民智稍开的原因，乡劣要霸占邻人的土地，一切欺诈威吓的法术，都无从施展"[④]。这一说法并不确切。民国时期的土地买卖并不完全是由市场因素决定的。掌权者掌控既得土地资源，土地买卖的过程充满了暴力，许多权贵据此谋求不当利益，地权并不是纯经济式的自由转移。缺乏政治保护的普通百姓即使买得起土地也无法长久地耕种。"每值官地买卖时，官僚们一方代表政府为卖主，他方自己或其家属亲戚便为买户"[⑤]。如此的土地买卖，那些无权势的

① ［德］瓦格勒著，王建新译《中国农书》，上海：商务印书馆，1936 年，第 153 页。

② 天野、杨作哲《地主柴国训的"发家"史》，华东军政委员会土地改革委员会编《地主罪恶种种》，1952 年，第 4 页。

③ 费孝通《乡土中国》，北京：生活·读书·新知三联书店，2013 年，第 76 页。

④ 龚骞《潘家店——鲁西农村中小镇店的典型》，《乡村建设》第 6 卷第 1 期，1936 年，第 13 页。

⑤ 左偕康《中国地权分配的动向》，《社会经济月报》第 3 卷第 7 期，1936 年，第 8 页。

农民岂能合理、公正地参与？平民对这些自以为是的官员深恶痛绝。这类官僚，“他的地位确是与鸨母相等。……农民恨他，有时还比恨军阀为甚”[①]。这般土地买卖进一步证实：“土地就是权力，而权力就是土地和地主所拥有的地位。”[②]依靠手中的权力就能在经济资源分配中迅速集结财富。

值得注意的是，不受任何权势保护的村办小学难以抵挡军权的敲诈。南京国民政府时期，胶东农村的小学教育办学经费十分紧张，地方政府虽然大谈发展教育事业，却不解决农村教育经费问题。在文登、荣成等地，百姓为了孩子读书，将可耕荒地开垦几亩作为学田，每亩交租金若干，作为学校的经费，加上学费就能因陋就简地办个村学。1929 至 1930 年，文登县就增添了小学七十余所。然而，刘珍年凭借手中的军事力量试图侵占村民开垦的耕地。他设立官产处，负责丈量学田、荒山等，“巧立名目为官荒，以每亩一元至十元的定价，强迫农民备价领购”，同时派出眼线调查荒地所属村庄，如系学田，即开具校董名单；不是学田，即填写村长姓名，然后邮寄官产处，县长即票传村长或校董，强迫报领。许多村长或校董被传唤，无奈之下只得对经办人进行贿赂，“贿赂好了，地亩尺度上就可以多算少，等级就可以高就低，看钱办事”。仅此一项，一个村庄少则要拿一二千元，多则三五千元。[③]

总之，战乱疲弊，官吏军人乘此收买土地，一些人变成了大地

---

① 彭公达《农民的敌人及敌人的基础》，《中国农民》1926 年第 3 期，第 9 页。

② ［美］沃尔夫著，张恭启译《乡民社会》，台北：巨流图书公司，1983 年，第 179 页。

③ 李仙洲《刘珍年的起家与失败》，《文史资料选辑》第 10 辑，济南：山东人民出版社，1981 年，第 161 页。

主。他们的族人或僚属也参与其中，成为农村社会里的极恶势力。这些凭借政治权势慢慢走上历史舞台的强势地主，虽然集中了大量土地财富，却未能促进农业的现代化转型，反而强化了土地占有关系中的超经济剥削的封建性质。

（二）土地流转中的利益同盟

如前所述，力田起家成为大地主者极少。全国范围来看，中国北部和东北的土地大都掌握在有权势的官僚手中，他们“亦军亦民”，既是退隐的又是当权的。[①] 地主依靠手中的权势，掠夺农民手中的每一寸土地。在山东莒县大店等地的地主，大都做过官，世代相传，与官僚有着密切的关系，靠着政治权威压迫人民。旧的如举人庄德孚，新的如国民党军长庄明远。莒县县长总是按照这些封建势力的意图办事。他们写给县长一纸小条，便可把农民弄得家破人亡。地主在政治上直接统治着农民，如乡长居叶堂，就作威作福，欺压人民。所以农民都说“大店镇，赛北京，居叶堂是二朝廷”。他们设“公役”，养团练，横行霸道，统治这一带的人民。[②] 由此可见，土地兼并、地权集中的现象，是各种社会矛盾在农村土地关系方面的反映。

谈及地权转移，不能简单地以地主富农土地减少，贫农土地增加来概括，因为贫农所增加的地权总数，抵不上地主富农所减少的总数。在胶东农村地权转移过程中，许多地主占有土地减少多是由于分家析产或遭遇土匪，最终导致土地权的分散与小农的

---

① 汪熙、杨小佛主编《陈翰笙文集》，上海：复旦大学出版社，1985 年，第 137 页。

② 华东军政委员会土地改革委员会编《山东省、华东各大中城市郊区农村调查》，1952 年，第 37 页。

增加。[①] 农村的地权转移仍是不公平的。大地主在转售土地过程中,多看重土地的整买、整卖。“越是大族,越要维持他的面子,所以纵有衰落的人家,他那出售田地,是讲‘一个庄子’出卖,凡是这一个庄子里所种的田,整批出卖,不肯另售,分明另售给小农,可以得到三倍四倍的代价,他也情愿为面子而牺牲,另碎发卖在他们以为是丢人的”[②]。可见地权的转移仅仅是从甲处转到乙处,大地主永远是大地主,普通的小农只有望田兴叹了。“四五亩一块的土地通常只为富裕家庭或曾经富裕过的家庭所有,因为只有富裕家庭才能同时在同一块地方买下这么多土地”[③]。一个农民或一个家庭拥有的并不是一整块的农田,而是分散在很多地方的小块农田。在博山地区,一农夫有地一大亩(720 方步),共分 51 块,各不相连。[④] 由此可知,农民从住处到耕地,必须走几个不同的地方。

有时候,农村的士绅权贵对于村民开垦的荒地也予以强夺。栖霞、招远两县,境内多山,“近几年来,人民以地价昂贵,往往辟山麓荒芜之地而为良田,曾经调查,为数甚多”,然而权贵地主却与省府联络,“欲使民众升科”,希望用省厅的权力来“专案办理”。[⑤] “土地长不出土地”的古话让人明白:“有土地的家庭只有在打进商业圈

---

① 王劲《鲁东农村土地所有权转移的趋势——鲁东农村经济调查研究之一》,《农村经济》第 3 卷第 7 期,1936 年,第 91 页。

② 钱醉竹《山东也有大地主吗——诸城,高密,任邱,佃户要代地主戴白帽子》,《都市与乡村》1936 年第 22 期,第 12 页。

③ 杨懋春著,张雄等译《一个中国村庄:山东台头》,南京:江苏人民出版社,2001 年,第 17 页。

④ 王文甲《博山农地之特征》,《农业周报》第 4 卷第 21 期,1935 年,第 717 页。

⑤ 《令栖霞招远两县调查人民开辟山荒地亩为数若干呈复察夺》,《财政旬刊(济南)》第 7 卷第 7 期,1933 年,第 1 页。

或官场之后，才能从事非农业资源的积聚，如商品或金钱。扩展家庭也会送个孩子上学，等他做官后使家庭攀上权力机关或税收单位。因此，扩展家庭不只是防御家道中落的堡垒，更是进入上流社会的跳板。”[①]虽然，乡村地主的经济活动主要是“在野”，然而他们与权力机构有着千丝万缕的联系，“他们没有政权，可是有势力，势力就是政治免疫性”[②]。缘于此，官员给予地主诸多便利。地主感到最好的保障就是“靠田地与官府特权的结合。家庭产业本身并不可靠，但家中有人做官可以给予保障”[③]。于是，这些地主的生活，“经济地完全寄托于农民之上……他们的全阶级，完全化为以阶级独占政权，以政权威临于人民，再用种种手段，榨取农民而渔利的利益团体”[④]。

蒋介石自登上权力高峰后，为了维护既得的集团利益，在《对于解决土地问题意见》中说，就目前来说，全国人口与土地的分配，属地浮于人，不苦人不得地，惟苦地不整理，即与土地分配问题相较，土地经营及整理问题更重要。为此，蒋介石强调承认地主特权，才能保护农村秩序[⑤]，以此博取农村士绅地主的支持，利

---

① 在沃尔夫看来，乡民家庭分为核心家庭与扩展家庭。核心家庭包括一对夫妻及子女，扩展家庭包括几个核心家庭，在此可理解为家庭联盟。参见［美］沃尔夫著，张恭启译《乡民社会》，台北：巨流图书公司，1983 年，第 83 ~ 89 页。

② 费孝通《皇权与绅权》，《费孝通文集》第 5 卷，北京：群言出版社，1999 年，第 473 页。

③ ［美］费正清著，张理京译《美国与中国》，北京：世界知识出版社，1999 年，第 50 页。

④ ［日］长野郎著，强我译《中国土地制度的研究》，上海：神州国光社，1932 年，第 63 页。

⑤ 《蒋委员长对于解决土地问题意见》，《地政月刊》第 1 卷第 11 期，专载，1933 年，第 1564 页。

用所谓的“正绅”来加强乡村控制。

事与愿违，许多暴力拥有者趁机渗入农村事务，借机自肥。在山东，农民多称呼强悍者为“象”，柔懦者为“孙”，柔懦者多遭到强悍者的鱼肉。由于强悍者能借其恶煞的表象谋利，于是村中巨头多与之苟合，甚或勾结若辈，以为己力，狼狈为奸。蒋家庄因修桥需要乡民捐献，结果无人愿意捐纳分文，村长无奈之下，宴请几位“象”爷协助。由于底层百姓畏惧“象”们的暴力震慑，纷纷表示愿意服从村长的劝捐行为。[①] 由此可知，“乡长通匪和敲诈农民，已成为一般的现象”[②]。在暴力震慑下，窃居乡村的行政负责人肆无忌惮地实现了其权力的横行与变异。

有学者指出：“权力差别比财富与声望不平等产生的后果更为严重。可以肯定地说，财富和声望可以作为获得权力的基础，反之亦然；但是财富和声望与权力不同，它们代表最终需要的满足，因此具有分配的性质，而权力总是涉及安排他人的生活，限制他们的行动自主权。”[③]那些能够得到政治权力支持的地主，往往成为农村社会各行业的中心。民国时期，有人调查后指出，胶东诸城、莒县和黄县一带，也有许多著名的大地主。在地处胶济路中心、工商业异常发达的潍县，丁、陈、郭、张四个地主，更是遐迩闻名。人们皆知，这“四大家”都是潍县最有影响力的地主，他们依靠官僚权势才能积累巨额财富。这些地主除了坐收地租，还经

---

① 刘清洙《章邱县第八区民众学校进行概况（续）》，《乡村建设旬刊》第 3 卷第 3 期，1933 年，第 18 页。

② 苏泠《睢宁的农民生活》，《农村经济》第 2 卷第 8 期，1935 年，第 91 页。

③ ［美］丹尼斯·朗著，陆震纶、郑明哲译《权力论》，北京：中国社会科学出版社，2001 年，第 293 页。

营商业及高利贷事业。无论对于地方的教育还是政治,他们总要借机掺合以谋私利。1928年国民革命军北伐,张宗昌退守潍县时,“丁家花园”便做了他的行营,此后,潍县驻军的司令部也多设在那里。山东省政府主席韩复榘出巡时,每到潍县,也常以“丁家花园”为行营。可见丁家在管理者眼中的重要性,丁家几乎成为潍县的中心。①

综上所述,民众基本权益得不到合理保护,任由地权与职责特权、军权相勾结形成大地产制,给社会造成很多危害。当农民被逼得忍无可忍时,他们就会行动起来。一旦行动起来,他们又走向残忍和暴力的顶端。在当时,常识和千百年的苦痛经验,屡屡向农民提出警示:如果不对官绅、地主施以杀戮,他们(指农民)的敌人(指官僚、地主)早晚要卷土重来,杀死他们。为了最基本的生存权,农民“只好吃大户,粮食的屯户却将仓门关得紧紧,并且有武装的守卫,农民因此就结伙抢起来”②,从而导致更为严重的匪患。

第二节　劳动力流动与胶东农村社会

有人指出:“真正意义上的中国劳动力市场只是到了20世纪初期以后,特别是到30年代才在一些工业比较发达的地区形成。”③按西方经济的发展过程,伴随都市工商业的发展,大量农业

① 李作周《山东潍县的大地主》,《中国农村》第1卷第8期,1935年,第69页。

② 国淋《灾荒下的中国》,《解放》第1卷第8期,1937年,第12页。

③ 王玉茹《近代中国物价、工资和生活水平研究》,上海:上海财经大学出版社,2007年,第205页。

人口为都市所吸收，同时农业生产者因国内工业发展，日用品价格降低，农产品需求增加，购买力会得到大幅度提升。然而，在南京国民政府时期胶东的农村劳动力市场发展并非如此。有学者指出，与西部的守旧不同，山东东部虽然处于新陈代谢状态，但经济状况很紊乱，发横财的人和失业的人都很多。[①] 有人还指出："失业的增加，就是社会上一切骚乱的根源。"[②]

农民没有一定的资金储备，连基本的生活资料都不能保证，偶染的病痛都可能带来性命之忧。许多丧失土地的农民不得不受雇于乡居的富绅们，抑或移民他乡。由于政治混乱，乡居地主极力寻求政治保护。正如学者所指出的，这些地主富绅们"决非单纯的金力阶级，而是和其他权力或武力并合着的。并有三者的是军阀，兼有二者的是官僚，即使只有金力的人，也多半是做过官僚和军阀，或官僚军阀之子孙。纯粹金力阶级的实业家最近虽然已经渐渐地抬头，其实力仍旧是微弱得很"[③]。

一、谋生的苦力

关于地主对农民的役力剥削，土地改革中多讲阶级对抗。从地权分配不公的角度来看，超经济的剥削造成的危害更大。有学者指出，山东至今还残留着大地主，虽然他们比不上西欧的洋地主占地之大，却也有许多占地之多的地主。在诸城、高密、任邱三

---

① 孟真《山东底一部分的农民状况大略记》，《新青年》第 7 卷第 2 号，1920 年，第 142 页。

② 张振之《目前中国社会的病态》，上海：民智书局，1929 年，第 107 页。

③ ［日］长野朗著，朱家清译《中国社会组织》，上海：光明书局，1931 年，第 408 页。

县有许多横暴的大地主,作威作福,非但收租时要细谷细麦,不准杂一些糠秕,而且斗额之大,也超过别处。最可恨的是役使佃农,同家奴似的,佃农世代为他驱遣,地主家里死了人,逼着佃农给他戴白帽子穿孝。① 地主与农民身份悬殊的地方,也是业佃关系最恶劣的地方。地主依靠官家背景,对农民颐指气使,似待奴隶。役使佃农,视为习惯,地主一旦家中有事,更要佃农临时服役。② 地主家庭有较好的教育条件,相对富裕的经济资本和曾经考取过秀才的成就,使张发祥成为诸城士绅中受过良好教育的不寻常的一员,更使他在大台庄及村外的地方具有很高的威望和权力。"在大台庄那样的村庄里,在家里雇一个仆人甚至都是稀罕事;而康生的父亲却雇了一名帐房来记录他的地租收入,一位男丁种蔬菜,一名仆人打杂,还雇了五名妇女烧饭做菜、料理家务以及照看张家的孩子"③。

据调查资料显示,民国初年山东省有工厂工人 34536 人,家庭手工业工人 142492 人。④ 若以城镇和乡村的人口比例而言,施坚雅估计 1893 年中国城市化的比率为 5.3% ~6.6% 之间⑤,与张

---

① 钱醉竹《山东也有大地主吗——诸城,高密,任邱,佃户要代地主戴白帽子》,《都市与乡村》1936 年第 22 期,第 12 页。

② 郑震宇《中国之佃耕制度与佃农保障》,《地政月刊》第 1 卷第 3 期,1933 年,第 300 页。

③ [美]约翰·拜伦、[美]罗伯特·帕克著,顾兆敏等译《康生传》,北京:中国社会科学出版社,1998 年,第 7 页。

④ 张玉法《中国现代化的区域研究——山东省(1860—1916)》,台北:"中研院"近代史研究所,1982 年,第 680 页。相对于使用电力和机器进行生产的工厂制造业,此处的家庭手工业指使用人力手工生产的工场工业,并非专指在家庭进行的农村副业。

⑤ [美]施坚雅主编,叶光庭等译《中华帝国晚期的城市》,北京:中华书局,2000 年,第 259 页。

玉法先生估计的民国初年山东地区城市人口约占总人口的6%以上[①],比较接近。由此可知山东有90%以上的劳力散居乡村。在高密县境,全县居民务农者在90%以上,务工、商者各约2%。其生活支柱方面,除了经营工商业及服务于政界、学界者勉能自给,其余大多数农民生活艰难,虽劳碌终年仍不免经济压迫之痛苦。[②]

在江南,人们处于一个受宗族保护的世界中,许多无地的孤儿寡妇的抚养费用以及族内子弟的求学费用都会得到义庄的接济。无锡华氏义庄为孤儿寡妇每月提供15.5斤大米。[③] 北方则不然。失地农民多走向劳工市场。“有些乡村,特别是在山东为然,在那个地方,除专务农业的居民外,没有操他业的工人,即没有一人能费些时间去作别项技艺或贩卖的,所以在其自己家庭之外,没法得些金钱的入息,这是事实,无论任何乡村,虽有一百以上的壮年男子,其情形却是一样”[④]。

有人指出:“地主所有制的不发达并不说明农民的富裕,相反只说明了农民的普遍贫穷。”[⑤]由于农村土地分配不公平,许多小农生产不能维持生活,不得不租种地主土地,换取微薄的工资。1933年调查山东59县中,有雇佣市场的占83.05%。[⑥] 1932年至

---

① 张玉法《中国现代化的区域研究——山东省(1860—1916)》,台北:“中研院”近代史研究所,1982年,第705页。

② 余友林、曹梦九修,王照青纂《高密县志》卷5《民社志》。

③ [美]邓尔麟著,蓝桦译《钱穆与七房桥世界》,北京:社会科学文献出版社,1998年,第81、87页。

④ 冯和法编《中国农村经济资料》上,台北:华世出版社,1978年,第22页。

⑤ [美]周锡瑞著,张俊义、王栋译《义和团运动的起源》,南京:江苏人民出版社,1998年,第30页。

⑥ 陈正谟编著《各省农工雇佣习惯及需供状况》,南京:中山文化教育馆,1935年,第3页。

1934年山东雇农年平均工资为40.33元。[①] 可见雇工劳动比较普遍。在安邱县还有一种劳务市场，大约每十个村庄就有一个短工市，天不亮，用人的，做工的，就都到了市上，三言两语，讲好价钱，就领着到田里去工作，晚上收工吃饭后，带着钱走。[②]

胶州的童工很多，他们都是从"赤贫之家逼迫出来，年约十五六岁，这种童工工价便宜，只得有吃饭再给二三十吊铜钱就够一年了，也不要别的物件"[③]。青岛各区的"农人之佣为长工者，以邻县人为多。其每年佣价，大多数为60吊（每铜元50枚为1吊），但食宿二项，完全由雇主供给，若工人嗜吸旱烟，各雇主亦得供给之。胶澳之贫家男童，亦每佣作长工（须年在十五六岁），其每年之工资数，大都为30吊，仅供食宿，不另供给他物"[④]。与之相近的安邱县雇工收入更低，雇工一年仅挣1.5斗黍子。[⑤]

表面上看，农民受雇于地主，挣取劳金，是一种再简单不过的经济行为。实际不然，由于地主常与当权者结为利益同盟，贫雇农出卖的并不是剩余劳动力而是劳动者本身，雇佣劳动背后隐藏着普通农民对地主土地所有权的权力依附。有学者指出："劳力之市价全受制于需供关系，与普通商品同。"[⑥]然而，雇工的工资与

---

① 费畊石《雇农工资统计及其分析》，《内政统计季刊》1936年第1期，第81页。

② 李江秋《安丘述略》，台北：铭华印刷公司，1976年，第61页。

③ 天明《中国农民与农村的现状（上）》，《村治月刊》第1卷第10期，1929年，第13页。

④ 王清彬等编《第一次中国劳动年鉴》，北平：北平社会调查部，1928年，第542页。

⑤ 张广杰于2012年1月26日在山东安丘市柘山镇对杨瑞仁老人（1926年生）的访问。

⑥ 冯和法编《中国农村经济资料续编》，台北：华世出版社，1978年，第712页。

伙食往往并不能如愿。雇主与雇工之间发生了很多的争执。有时雇主为了压低工资,往往与雇工都在田间干活。“雇工要求较高的工资和较好的伙食,雇主出于自愿或被迫尽量满足雇工的要求,但他们抱怨现在与雇工打交道很困难。……雇工工资上涨不是由于真正的劳力匮乏而是由于社会和政治的混乱。”①马克思就深刻地指出:“与资本主义关系不同,在这里,对这种剩余劳动的占有不是以交换为中介,而是以社会的一部分人对另一部分人的暴力统治为基础。”②

当“闯关东”之路受阻后,以苦力谋生的农民均停留在家,由于胶东地区多数土地贫瘠,土地也少,许多人沦落为失业者与半失业者。在此情形下,富农地主对雇工便加倍剥削。“雇工每日的工资不足两角钱。尤其是青工的苦痛更难忍受,每日做工的时间与成年人一样,但工资仅仅为成年工人的一半。他们所吃的东西,每日三顿地瓜,比较好一点的,除地瓜外,吃一点棒米饼子”③。

地主还以种种方式来压榨农夫。“山东等地租佃关系中有一种叫‘拔地’。地主只让佃农种一茬(种瓜或种菜),地租比一般要高出二三倍,佃农却上粪很多,这样地主不仅得租很多,又能把薄地变成肥地,剥削手段是很毒辣的”④。毫无疑问,地主从农民身上榨取了剩余生产物的大部分。

---

① 杨懋春著,张雄等译《一个中国村庄:山东台头》,南京:江苏人民出版社,2001 年,第 33 页。

② 《马克思恩格斯全集》第 26 卷第 3 册,北京:人民出版社,1974 年,第 440 页。

③ 《胶东特委书记常子健关于胶东情况的综合报告》,《山东革命历史档案资料选编》第 3 辑,济南:山东人民出版社,1981 年,第 259 页。

④ 金德群《民国时期农村土地问题》,北京:红旗出版社,1994 年,第 51 页。

佃农的地位极其低下,“自土地可以私有,而富者兼并,贫者失业,兼并益广,自不得不利用贫者以力为役,失业日多,亦不得不低减其值以求余馂,由是而力役轻于鸿毛,老弱之失,不为饿殍,尚有何道可以自存耶。《尚书》以民为苗黎,氓为农民,而氓从民声,民氓互训,可见当时自食其力者所处地位之微藐矣”[①]。有时为了减轻家庭的负担,许多劳力被迫选择了参军的道路。[②]

那些短工的生活更是凄苦,常常将生产工具当掉。“锄顶袄,袄顶锄,锄上挂着银刀鱼”,就是说靠当短工锄地为生的穷人,冬初农忙停止时,就把锄送进当铺当了,用当得的钱,赎出棉袄来穿,刈苗时天暖,不用穿袄了,就再把袄当了,赎出锄来,好拿去做工挣钱。[③]

有学者指出,中国农村政治带有浓厚的封建意味,愈在下层的政治层,表现得愈明显。[④]“在很多场合,地主事实上就是政府”[⑤]。许多雇工为了填饱肚子,不得不忍受地主的残酷剥削。“要吃财主饭,拿着命来换!清晨早上坡,插锄一枝箭;晌午大犒劳,俩人一瓣蒜!使着老虎腔,小钱不给换”[⑥]。在高密,正如民谣所言:“这张锄真不错!锄了南坡锄北坡:南坡锄了三亩半,北坡锄

---

① 杨天竞《由解放佃耕农到农民总解放》,《村治月刊》第 1 卷第 6 期,1929 年,第 2 页。

② 冯和法《中国农村的一般趋势(续)》,《农业周报》1931 年第 74 期,第 700 页。

③ 李江秋《安丘述略》,台北:铭华印刷公司,1976 年,第 60 页。

④ 章有义编《中国近代农业史资料(1927—1937)》第 3 辑,北京:生活·读书·新知三联书店,1957 年,第 378 页。

⑤ [美]珀金斯著,宋海文等译《中国农业的发展(1368—1968 年)》,上海:上海译文出版社,1984 年,第 125 页。

⑥ 山东省立民众教育馆编《山东歌谣集》第 1 集,济南:山东省立民众教育馆,1930 年,第 207 页。

了四亩多。阴天下雨歇歇罢！掌柜的滋润下麦子伺候着。面子靠热水，实在吃不多！有心喝粘粥，掌柜的还愁刷那个粘粥锅！”[①]临朐县也有歌谣如是：“‘觅汉’‘觅汉’，一年七天，阴天下雨，锄草编苫。”[②]可以看出雇农一年工作极其辛苦，仅有7天空闲。

在农村经济衰落之际，帝国主义纷纷利诱破产农民，招募华工充当苦力。1933年8月，俄国以招募开矿工人为名，诱骗华工出关，青岛市政府扣留并将工人遣散回籍；1934年三四月又有日本人招募华工的事情发生，短短一个月内有两万人应募。[③] 缘何在短时期内有诸多华工应募？事实上这些应募的完全是鲁冀两省的农民——离开农村土地以后，在贫困线上生活的贫农。

很多奔入城市的苦力，生活境遇并不比农村雇工好多少。“除垃圾的苦力，构成了城市的清洁组织，青岛的苦力，总是五六个人拉着一辆笨重的车，他们有的在前面拉，有的在后面推，车上所装的原料或货物，简直和青岛小山的尖峰一样高”[④]。再看一下有关青岛纱厂工人的报告：“工人一天做十二点多的工，得一毛多工钱……一天的生活，至少也得两毛，我们怎样活？十三岁以下的童工……还得做十三点的苦工。少一合眼，就劈面使拳猛打，少一招架，就拿出手枪小威。”[⑤]据日本驻青岛总领事馆调查，“青

---

① 山东省立民众教育馆编《山东歌谣集》第1集，济南：山东省立民众教育馆，1930年，第305～306页。

② 山东省立民众教育馆编《山东歌谣集》第2集，济南：山东省立民众教育馆，1933年，第9页。

③ 方秋苇《冀鲁贫农出关问题》，《新中华》第2卷第9期，1934年，第15页。

④ Dorathy J. Orchard著，邱勃盼译《中国的人力》，《劳工月刊》第5卷第7期，1936年，第6页。

⑤ 军事委员会总政治部编《山东军事政治经济状况》，1927年，第1页。

岛近年虽则物价腾贵,生活日高,纱厂日增,需工较多,然以劳力供给丰富之故,工资并未见昂腾,且因事业不振,转有低落之象"①。至于"一般之家庭手工业:鞋铺伙计月给十元内外,供食宿;徒弟仅供食宿,优者或给零用钱及衣物,无工资;成衣与鞋铺略同,但南方成衣工资较优,月薪可得二三十元,洋服成衣更优"②。

借助强权发家致富的地主则极不关心农业生产。"中国的新式地主,大多是身居都市远离土地的贪官,污吏,军人,高利贷者和重利盘剥的商人……他们的财力人力雄厚,平时即霸占官产,一遇灾荒则大买土地……他们将土地包租与人或分租给多数佃户,身为遥领地主"③。旧式地主就是在这种情形下被排挤了,农村土地仍然处于集中状态。陈翰笙所讲的"赋税繁重,并不能使地主阶级趋于崩溃,不过驱孱弱无力的旧地主速就灭亡,而新的地主于以产生"④,就是这个意思。在胶东北部地区,特别是商业风气浓厚的蓬、黄、掖三县,许多官僚以参股的形式参与工商业经营。据调查,掖县沙河镇共有八户地主富农,竟有五家投资经营工商业,经营新式商业的比例高达61%。⑤

栖霞县牟氏家族是乡居地主兼营工商业的典型代表。早在嘉庆年间,在牟松野的精心经营下,牟氏家族进入鼎盛时期。与此同时,其搜刮经营的本领也发挥到极致,近百年间,牟氏家族鲸吞了全

① 彭泽益编《中国近代手工业史资料(1840—1949)》第3卷,北京:中华书局,1962年,第303页。

② 赵琪修,袁荣叟等纂《胶澳志》卷3《民社志·工资》。

③ 左偕康《中国地权分配的动向》,《社会经济月报》第3卷第7期,1936年,第16~17页。

④ 陈翰笙《现代中国的土地问题》,冯和法编《中国农村经济论》,上海:黎明书局,1934年,第225页。

⑤ 烟台市商业局史志办公室编《烟台市商业志》,1987年,第4页。

县 1/20 的土地,成为胶东地区最有声望的大地主;清末民初,牟氏家族共占有土地 6 万亩,佃户庄子 155 个,每年收取地租高达 660 万斤。[①] 辛亥革命以后,牟松野的六个孙子纷纷自立门户,兄弟之间在抢购土地资源的同时,也纷纷投资新式的工商业。除了继续经营油坊、粉坊等传统手工作坊,他们先后在栖霞、烟台、上海等地开设了药铺、缫丝坊、花边庄和钱庄等新式工商业,共计 27 处。[②]

在江南,茶馆为农闲时的农民提供了很好的娱乐场所。一般说来,"三十户人家的乡村里,大概总有着一所小茶馆……茶客尽是附近一带的农人,目的并不在于解渴,藉此进来休息一回,也有想找个熟人谈天。……在这里,时间也消失了它的价值。他们都是悠然自得,毫没有急促的神情。闲坐半天,也算不得怪。有的无聊到极点的当儿,伏在桌上瞌睡,一觉醒来,已经夕阳西下,方才懒洋洋的回去"[③]。形成对比的是,胶东农村里的娱乐项目很少,闲余时间多是打牌赌博。于是,地主常常设立赌局,引诱农民,趁机夺取土地。"这一带大地主如甄安乐、胡伯衡及周老六,都设有赌局,诱骗农民,农民甄奎士的九亩半好地,就是被地主这样诓骗去的"[④]。

---

① 林书华等编著《牟氏庄园兴衰史》,烟台:山东省出版总社烟台分社,1989 年,第 10 ~ 11 页。

② 林书华等编著《牟氏庄园兴衰史》,烟台:山东省出版总社烟台分社,1989 年,第 30 ~ 31 页。

③ 朱瘦桐《小茶馆》,《申报》1934 年 11 月 20 日。

④ 华东军政委员会土地改革委员会编《山东省、华东各大中城市郊区农村调查》,1952 年,第 55 页。有时在地主家帮工的佣人也参与设局,"在甄家沟周围的七八个庄内,每值农闲,都有甄安乐的门佣设局放赌,随局放债,达到折地之目的"。参见中共山东分局调查研究室《甄家沟反恶霸斗争调查》,《山东革命历史档案资料选编》第 16 辑,济南:山东人民出版社,1984 年,第 76 页。

二、外出的移民

学界认为“闯关东”群体既有外部的拉力,也有内部推力的影响。笔者也赞同这点。但是,最主要的影响还是内部的推力,只有内部生活压力极大的情况下,外部拉力的作用才会更明显。“以农为生的人,世代定居是常态,迁移是变态。大旱大水,连年兵乱,可以使一部分农民抛井离乡;即使像抗战这样大事件所引起基层人口的流动……还是微乎其微”①。这种论断很难解释胶东地区的大量移民。在农村中无法出卖自己劳动力的苦力们大多走上“闯关东”的道路。据调查,仅1927—1928年,山东农村的户数急剧减少。离村率最小的仅全户数的9%,但180村内的83村,即40%,其离村率实达100%,有全村全走的现象,总平均实达71.2%的惊人比率。②

面对农村破产的状况,外出移民俨然成为乡村传统,山东就是农民“闯关东”比例较高省份。沂州难民到东北的以费县、沂水、莒县、蒙阴几县的人为最多。“1927年旅吉山东会馆收容的难民,费县占26.6%,沂水13.9%,莒县13.8%,蒙阴11.6%”③。1931年的调查表明,山东离村率最低的为西部的夏津县和恩县,约为总数的10%,最高的为南部的费县、莒县,竟高达60%。④ 其

① 费孝通《乡土中国》,北京:生活·读书·新知三联书店,2013年,第3页。

② [日]田中忠夫著,汪馥泉译《中国农业经济资料》,上海:大东书局,1934年,第54页。

③ 冯和法《中国农村的一般趋势(续)》,《农业周报》1931年第72期,第639页。

④ 许涤新《农村破产中底农民生计问题》,《东方杂志》第32卷第1号,1935年,第52页。

中沂水县的移民最突出,“全县人口,残存的仅有三成,耕地也都全部荒废了”[①]。在招远县,倘若家中有兄弟二人的,肯定有一人会外出谋生,有时两兄弟都会外出谋求“发财”的机会。[②]

层出不穷的天灾人祸,使得大多数村民都陷于破产的境地。“粮食的缺乏逼着一般的灾民连籽种和耕畜一齐吃尽。草根树皮都变成他们维持生活的资料,有的竟取滑石磨粉充饥。他们要想得一线苟延残喘的生机,只有东奔西窜的流亡。比较地广人稀的东北,因此成了大批难民的尾闾”[③]。社会生态的恶化,使农民的生存环境遭到威胁,“大多数农民仅能饱粗食暖粗衣,在最低生活水平线下面活着,以不挨饿为侥幸,视饱食暖衣为福境”[④]。单一的农业劳动已经不能满足正常的生活需求,遇到灾荒年景,农民生活更是无以为济,“其食物除以红薯之蔓切碎熟食外,其余大半藉花生之皮磨为细末,炒熟充饥”,为求生计,许多农民无奈地加入了移民的行列。1928 年,在莒县前往胶州的道路中,“随处可见面带饥色,鹑衣百结的灾民,顺大道往东北行,有以小车推挽其老母前进,而妻子随车颠仆而行者,有以绳扣其小儿于背,扶杖前行以引导其父母妻子者,此等灾民,每日约有一万左右。总计出境之灾民约及全县十分之六”[⑤]。

---

① 章有义编《中国近代农业史资料(1912—1927)》第 2 辑,北京:生活·读书·新知三联书店,1957 年,第 650 页。

② 晓梦《山东招远县农村概况》,千家驹编《中国农村经济论文集》,上海:上海书店出版社,1990 年,第 556 页。

③ 冯和法《中国农村的一般趋势(续)》,《农业周报》1931 年第 72 期,第 638 页。

④ 李景汉编著《定县社会概况调查》,上海:上海人民出版社,2005 年,第 251 页。

⑤ 《山东灾区之凄惨光景》,《大公报》1928 年 2 月 22 日。

"闯关东"现象，很大程度是由于政府不作为造成的。有学者指出，美国红十字会不参与在中国的饥荒救济，主因就是中国的饥荒是政治原因造成的，而非自然原因造成的。[①] 在"济南惨案"发生后，"政局变化殊难臆测……胶东一带，有张宗昌溃败之军变而为匪，劫掠乡村，肆行无忌，分润不匀，又相伙并，锋刃遍地，闾阎鼎沸，使无告之民惟有逃生而已，是以赴东三省者不下数万人"[②]。所以，农民离村，"非韶羡都市工业之发达，生活之舒泰，实由于地方不靖，经济困窘所致然。盖农民之本性，安土重迁，非迫至其生活无法维持时，决不轻易离去自己田园也"[③]。由此可见，移民是无序社会的一种表现形式。

据胶济铁路局调查，每日乘胶济线火车由青岛转赴东三省求生者，有三千余人。[④] 仅经胶济线移民东北的山东人口每年有百万之多。《胶澳志》中也有这样的记录："烟潍一路，徒步负载，结队成群，其熙熙攘攘之状，亦复不相上下，综计一往一来，恒在百万以上。"[⑤]由此可知，山东每年减少的人口总数竟达200万之众。

然而，移民道路异常艰辛。"东北移民，以山东人居半，此种移民属难民，所带旅费多者不过十数元，少者所携仅为一二元；一钱不名者，亦常有之。但一家四五口人，普通旅费总须数十元之

---

① [美]费正清编，杨品泉等译《剑桥中华民国史 1912—1949》上卷，北京：中国社会科学出版社，1994年，第353页。

② 青岛市档案馆编《帝国主义与胶海关》，北京：档案出版社，1986年，第376页。

③ 董中生《我国农民离村之原因》，《农业周报》第2卷第44期，1933年，第691页。

④ 集成《各地农民状况调查·山东省》，《东方杂志》第24卷第16号，1927年，第134～135页。

⑤ 赵琪修，袁荣叟等纂《胶澳志》卷3《民社志·移殖》。

谱，此等难民旅费多不能支持，他们乘帆船至大连、旅顺一带后，多步往哈尔滨。至于舟中拥挤，瘟疫及其他种种的危险，自更难免。中途卖妻鬻子倒毙自杀者，时有所闻。十五岁的儿女普通仅售价十五元”①。山东省莒县一家四口人的农户，将仅有的二亩土地卖掉换得粮食，农舍早已破损不能居住，离村时，将十三岁的长女，给邻村人当童养媳，换得大洋二十元。又同县的三口之家，已到了青岛，因为旅费不足，将五岁的小孩以五元出卖。② 那些没有充足旅费的农户，“只能在家忍饥受寒，坐以待毙”③，在不安的山东农村中无奈地继续过其不变的悲惨生活。学者如是形容他们的生活：“他们不是缚在土地上的中世纪的农奴，是为了经济的压迫不能离开土地的自由农民，而沉沦于与农奴相仿佛的地位中。”④

地处沿海的莱州西由镇，有从事工商的基础，因而多数农家愿意送子弟离土出外，赴京津或“闯关东”习工商学手艺。“外出者凡手稳嘴稳任劳任怨‘地场’者，被视为‘安分守己’有出息，家人无不称好；凡滑嘴贪懒者多数返乡务农，被人责为‘没出息’”⑤。在移民群体中，青壮年者几占半数。这种现象在胶东是比较普遍的，见下表。

---

① 王海波《东北移民问题》，上海：中华书局，1932 年，第 24 页。

② ［日］田中忠夫著，汪馥泉译《中国农业经济资料》，上海：大东书局，1934 年，第 60 页。

③ 《山东灾区之凄惨光景》，《大公报》1928 年 2 月 22 日。

④ ［日］田中忠夫著，汪馥泉译《中国农业经济资料》，上海：大东书局，1934 年，第 59 页。

⑤ 吴焕堂《忆三十年代西由大街》，《莱州文史资料》第 4 辑，1990 年，第 190 ~ 191 页。

1935 年往东北移民年龄构成情况

年龄	20 岁以下	21～30 岁	31～40 岁	41～50 岁	51～60 岁	61 岁以上
人数	57277	167080	108345	57777	25523	7874
%	13.5	39.4	25.6	13.6	6.0	1.9

资料来源：路遇《清代和民国山东移民东北史略》，上海：上海社会科学院出版社，1987 年，第 53 页。

学者指出："农民的收入不仅来自商品，还有一个重要的来源是劳动力输出。"[①]在移民东北的大潮中，"每年山东农民，由东北银行、汇款庄、邮局等汇兑机关，汇至山东农村之款，可统计者在五千万元以上。农民由东北回鲁自行带回者，尚不在内。故东北汇款，实占山东农村收入之最大数目。据调查，大县每年收入皆在一二百万，小县亦在二三十万"[②]。

胶东是前往东北的主要通道。在大连与烟台开放之后，位于这两个港口之间的渤海湾便成为东北移民和商业贸易的往来通道，商品和人口的流动对鲁东和潍县的经济发展具有刺激作用。[③]胶东移民东北的人数增多，带动了传统汇兑业的发展。名闻胶东的"福顺德"汇兑庄，就是靠经营胶东与东北之间的汇兑业务发展起来的。

在烟台，钱业汇兑庄大都是骡马店转型，而兼营银洋汇兑事业。他们在胶东各地商埠设有分所，势力所及远达东三省。据调

① 慈鸿飞《二十世纪前期华北地区的农村商品市场与资本市场》，《中国社会科学》1998 年第 1 期。

② 徐慕韩《山东省的农村经济概况》，《国际贸易导报》第 8 卷第 8 期，1936 年，第 72 页。

③ 叶显恩主编《清代区域社会经济研究》上册，北京：中华书局，1992 年，第 137 页。

查,“鲁人之侨居东三省者,每年汇入款项,均经汇兑庄以老头票或卢布合成大洋,汇回鲁省数达四千万元之巨。汇入现款既多,烟台银钱庄号吸收存款,而银钱业乃益发达”①。其中,“福顺德”就是汇兑庄的代表,每十元汇款收取手续费二角。由于东北各地与胶东地区的币制不统一,为了扩大经营范围,“福顺德”先后在哈尔滨、长春、大连、沈阳等地设立分庄,专收矿工、装民和小商人的汇款。同时,在胶东各县市设立分庄,专送汇款。②

到20世纪30年代,“福顺德”更换新址,分设东西两柜。东柜为总柜,即“福顺德”银号,专司汇兑钱钞、存放贷款。西柜仍在南大道,专司客栈并代办买卖土特产业务。莱海闯关东的,赶脚的,经营莱阳大梨、沙参与线麻的商贩,经常光顾“福顺德”客栈。1932年,“福顺德”经营上更是有了新的亮点,特别是汇兑业务空前扩大,“福顺德”已经发展成为以经营汇兑为主的大钱庄,在各地增建了许多分号和代理处,经营范围不再局限于胶东一隅。山东的六十多处城镇都设立了分号或代理处,送款到家业务覆盖了山东境内的大多数村庄。同时,在全国部分大中城市,如上海、天津、北平、大连、沈阳、哈尔滨、吉林、齐齐哈尔以及山东境内的济南、青岛等城市,也都设有分号或代理处,营业范围扩大到全国大部分地区。③

新式银行的分支机构并未深入农村时,旧式的银钱业起到了

---

① 实业部国际贸易局编《中国实业志·山东省》,上海:实业部国际贸易局,1934年,第32页(癸)。

② 梁希正《名闻胶东的福顺德汇兑庄》,《烟台文史资料》第3辑,1984年,第184~185页。

③ 孙弘五、张成仁《福顺德银号的创立与发展》,《莱阳文史资料》第4辑,1992年,第97~98页。

很好的周转作用。直到20世纪30年代,胶东的银钱业还保持着相当的规模。见下表。

山东各县钱业家数及资本统计表(节选)

地区	最高资本(元)	钱庄数量(家)	资本总额(元)
全省	100000	686	5470141
济南	74000	27	823000
长山周村	15000	58	398235
烟台	24800	67	594600
黄县及龙口	50000	61	685970
潍县	50000	49	539050
青岛	40000	31	428850
威海	75000	7	341000
荣成	80000	2	140000
肥城	100000	4	127000

资料来源:实业部国际贸易局编《中国实业志·山东省》,上海:实业部国际贸易局,1934年,第37(癸)~41(癸)页。

由此可知,在全省所有钱庄银号中,烟台钱庄数量最多,共67家,黄县及龙口次之,共61家。以资本额论,黄县及龙口为68万余元,仅次于济南,居全省第二。烟台约59万元,青岛约43万元,威海约34万元。个别钱庄的资本甚至在全省名列前茅。荣成县的余泰钱庄共有资本8万元,居全省第二位。

小　结

土地是农业生产最重要的条件和资源。由于在分配过程中存在不公现象,“农地配置不均总是更为常态的社会现实”[①]。只要手中拥有权力就有可能占有更多土地。拥有权力,才能保证地权的“恒久”。正如学者所指出的:“有权则多地,权亡则地亡,地权流动的基本趋势是视权力为依归的。”[②]所以“在上流社会的代表中,最普通的目标是官员而不是地主。农民愤怒的自发的取向使人领会到……政府的压迫甚于阶级剥削”[③]。

土地分配的合理与否,关系到中国社会、经济、政治的平稳发展与否。中国的治乱,国民生活的安危,均与土地制度有着密切关系。农民是土地上的生产者,所以“中国一切政治问题的根源,便是农民问题”[④]。由于“中国向来没有佃租法,农民法,国家对于农民受地主的剥削,向来不加以制裁”[⑤]。政府对于农民的生活改

---

① 吴毅《理想抑或常态:农地配置探索的世纪之摆——理解 20 世纪中国农地制度变迁史的一个视角》,《社会学研究》2009 年第 3 期。

② 刘泽华等《专制权力与中国社会》,长春:吉林文史出版社,1988 年,第 73 页。

③ [美]费正清、[美]费维恺编,刘敬坤等译《剑桥中华民国史 1912—1949》下卷,北京:中国社会科学出版社,1994 年,第 344 页。

④ 俞墉《土地问题与政治问题》,《中国农民》第 2 卷第 1 期,1927 年,第 1 页。

⑤ 《农民问题与中国之将来》,《东方杂志》第 24 卷第 16 号,1927 年,第 2 页。

善只是口惠。占有大量土地的地主完全是依靠农民劳力生活的寄生者,这是社会制度不公的产物。

简言之,地权分配背后体现了深层次的权力依附。“中国土地分配,所以发生现在不平均的现象的原因,全是受了政治的弊害,假若能够除去这种弊害,就使不讲任何积极的方法,也可以减少土地分配的不平均”①。权力支配一切,地主凭借其私人财力、物力很容易与政府结成利益同盟。农民的基本生存没有任何保障,社会阶层又缺少流动性,从“家天下”到现代民主国家的演变中,地主拥有者为了获取超额利润,不断加强对佃农的人身束缚,破坏了现代民主国家在农民心中的形象。

地主与官僚相结合,施以政治权威,给农村造成了莫大的毒害。有政治背景的地主,他们和佃农的关系,“恰像治者对于被治者,封建诸侯对于农奴的一样,不仅征收地租,甚至还保持其主从的关系,施以支配力并要求其服劳役”②。地主利用自己对于土地的垄断,用半农奴式的佃租制度来剥削农民,使之对地主有超强的依附关系。农民怕地主绅士和官府好像“老鼠怕猫”。

所谓的土地买卖,与其说是市场交易,勿宁说是“自由买卖”外壳掩盖下的权力掠夺。“最有资格当地主的并不是商人,而是权贵”③。土地买卖的过程就是普通平民被强权侵夺的过程。那些有官僚权贵作后盾的地主财产扩大化就是一种典型的超级经

---

① [日]长野郎著,强我译《中国土地制度的研究》,上海:神州国光社,1932年,第139页。

② [日]长野郎著,强我译《中国土地制度的研究》,上海:神州国光社,1932年,第64页。

③ 秦晖、金雁《田园诗与狂想曲:关中模式与前近代社会的再认识》,北京:语文出版社,2010年,第99页。

济买卖。这说明："买卖本身还不是自由的……卖方的人身及其所有权也还不是自主的和完整的。……在这个过程中，政治仍居于支配地位。"①

由于"城市民族工业，遭帝国主义的压迫，奄奄一息，失业问题，正苦无法解决，更无余力，以吸收乡村人口"②。原来的工人已经成批地被抛弃于十字街头，寄生于城市的农民，自然不易找到工作，只有拉黄包车充当牛马苦力。"九一八"事变之前移民关东，或是一条不错的出路。移民出路被断绝后，土匪遂成了一份极为"自由"的职业。③

这进一步揭示出胶东农民的生存困境，仅仅从经济收入来源上加以分析，远远不能深入了解农民生存困境的本质。诚如马克思所言："我们的需要和享受是由社会产生的，因此，我们对于需要和享受是以社会的尺度，而不是以满足它们的物品去衡量的。"④胶东农民生存困境形成的根本原因在于社会制度的不良运转。那些有利于乡村经济发展的农村副业本应得到政府的大力支持，然而，权力拥有者们穷于钩心斗角，导致政策运转失灵，许多资源没有被很好地整合利用。为政者往往与民争利，竭泽而渔。由于缺乏足够的生存资源，许多农民困于生计，被迫走上了"闯关东"的道路。"每年的春天，总有三万以上的人，从山东出

---

① 刘泽华等《专制权力与中国社会》，长春：吉林文史出版社，1988 年，第 112 页。

② 中国第二历史档案馆编《中华民国史档案资料汇编》第 5 辑第 1 编《财政经济 7》，南京：江苏古籍出版社，1994 年，第 115 ~ 116 页。

③ 胶济铁路管理局车务处编《胶济铁路经济调查报告 · 临朐县》，青岛：文华印刷社，1934 年，第 2 页。

④ [德]马克思《雇佣劳动与资本》，《马克思恩格斯选集》第 1 卷，北京：人民出版社，1995 年，第 368 页。

发，经过五百里以上的路程，到满洲去垦殖荒僻的肥田，但一到了秋天，他们就都回到山东的老乡来”[1]。然而，这些均不是乡村进步的根本办法。要全面活跃农村社会，“最需要也只能做的就是去放松不正常的地方压力，创造一个重要的喘息时间”[2]。

---

① ［美］马罗立著，吴鹏飞译《饥荒的中国》，上海：民智书局，1929 年，第 17 页。

② R. H. Tawney, *Land and Labour in China*, London: George Allen& Unwin Ltd, 1932, p. 108.

第三章　胶东盐业中集团利益与暴力冲突

盐税是国家税收的重要来源之一。有学者指出,盐利是国家政权赖以存在的强大经济支柱。中国古代政权的嬗变一种主要表现即为对盐的控制权力的更替。盐在国家政权中展示了强大的威力。历代盐政变化繁多,实质上无非是在盐利问题上的博弈,藉以增加国家的财政税收。[①] 民国时期的盐税税率,已属不低,农民对于盐税的负担较重,在中央税外,山东省所有的军事附加名目繁多,有重于正税数倍者。“青岛之盐,每担六角,而销于东岸者连正附税共计为四元。附加之重,多于正税六倍”[②]。纳税群体广大,反映出盐利整体数额的庞大。抽税群体内部围绕盐利展开的斗争异常纷杂,说明盐利分配体制下有着显明的等级秩序。为了自身利益,商人往往以一种集团的形式与当局进行盐利交涉。对于抽税群体来说,内部各小团体希望没有新的集团进入瓜分体系,同时希望更多的抽税集团离开盐利分配体系,

---

① 陈然、曾凡英《盐,一种文化现象——中国盐文化论纲》,彭泽益、王仁远主编《中国盐业史国际学术讨论会论文集》,成都:四川人民出版社,1991 年,第 510 ~ 511 页。

② 李锐《中央政府近四年来之税制改革》,《经济统计季刊》第 2 卷第 1 期,1933 年,第 66 ~ 67 页。

最好的理想是体系内只剩下它垄断,也就不难理解,在盐利分配体系下抽税群体的内部彼此之间是一种竞争状态。在盐利的引诱下,许多群体进行了激烈斗争。盐枭群体在抗击现行盐利制度的同时,也扮演着纳税人的角色,当然也会受到激励去抵制当局过度抽取盐税,只不过,广大农民并未能马上意识到这种力量的强大。当越来越多的走私群体进入,整个纳税群体就会集聚起一种潜在的对抗政府盐利体制的力量。当局加强了缉私力量,打击各种形式的盐斤走私活动,等于不断削弱贩私团体的非法利益诉求。这种影响与民运区域普通民众对于盐税不断攀升的不满情绪相汇合,助长了广大民众为谋求自身利益加入暴力抢盐队伍的行为。

第一节　盐业中的政治博弈

对近代胶东盐业历史的梳理,折射出一幅清晰景象,即盐业税收的权力属性非常明显,食盐资源的分配衍生出实际的政治权力。在盐利分配体系中,不同的社会集团通过盐斤税收来谋求利益,“盐务建设”与“税制改革”是实现这一目标的主要方式。盐税是推动集团采取行动的“无形手”。各级盐利瓜分集团之间呈现出的是一种相互争夺的竞争关系。盐枭贩私,试图挤入政府主导下的盐利体制,势必引起体制内部盐商、盐官的反对。任何分利团体进入,不一定会使盐税总量随之增加,反而会使反抗政府盐利体制的力量得以壮大。盐业税收的配置过程并未促生新的政治制度。私盐盛行导致盐业建设的经济绩效不容乐观。

一、胶东盐业发展分析

（一）生产概况

山东作为全国重要的产盐区域之一，除了鲁西部分县区出产土盐，东部海岸线广阔，盐田众多，海盐产量较大，自古就享有“鱼盐之利”。境内共有七个盐区：胶澳区、金口区、石岛区、威宁区、莱州区、王官区、永利区。各盐区产量不一。据查，永利场每滩每年可出盐约二千担；王官场每滩每年约可出盐二千担；涛雒场每井可出盐五百二三十斤；莱州场每滩每年出盐约八百五十余担；金口场每滩每年产盐一千三百余担；石岛场每滩每年产盐一千四百余担。[①] 其中，文登沿海一带盐场不仅产量丰富，价格最为低廉，除了税，平均每担场价三角。[②]

山东盐场中，“以胶州湾一带盐业，最为发达”。胶州湾盐业旧属石河场，“盐田分布于即墨及胶县境内，而以阴岛附近为最多。盐田总面积共有二十六万九千六百八十三亩二分，其中已开辟者二千一百三十三付斗子（每付斗子计三十二亩二分强），约合八万八千七百〇六亩七分。然盐田之创设，尚在该地辟为商埠之后”。光绪二十四年（1898）德人占领青岛，“有盐灶三副，划入租界以内。光绪三十年（1904）华商王朝麟等在胶澳提署，呈请于所属地方，择地开滩晒盐，是为青岛盐业之始。其后盐滩日辟，德人遂在阴岛设局征税，当时产量年约九十万担至一百五十万担”。

---

① 财政部盐务署编《盐务年鉴·场产》，上海：中华书局，1930 年，第 72 页。

② 胶济铁路管理局车务处编《胶济铁路经济调查报告·文登县》，青岛：文华印刷社，1934 年，第 7 页。

除了供给本地,大部运销我国香港与海参崴及朝鲜等处。当时经营盐业的均是华人,德人除了收税,绝不干涉。自1915年日本据有青岛后,乃就采盐事业,竭力扩充,前后组织盐业会社共有二三十家,开辟之盐田达一千零五十九付斗子。另设再制盐及精制盐之工场多所,其中以青岛盐业株式会社所设立者为最大,有真空制盐锅之设备。① 一战时期,日本的盐化工业大部分原盐从青岛进口。“民国十二年(1923)三月,吾国以三百四十万元之代价,将胶澳盐田收回,计精盐再制盐及洗涤盐工厂共十七所,盐田一千四百余付斗子,惟盐田因位置关系,可用者仅为全数三分之一。其后又由吾国政府包与永裕公司承办”②。

1927年至1929年山东盐区产盐表

单位:担·斤

年度 / 产量 / 场区	1927年	1928年	1929年
永利	173448.00	160976.00	212588.00
王官	814847.00	504346.00	147850.00
涛雒	因时局不靖停办	无	72463.50
莱州	212871.34	313833.15	242362.64
金口	4698700.00	3140294.50	4166389.53
石岛	1067582.31	1166202.58	735894.57

资料来源:《最近三年各场产盐统计表》,《盐务公报》1930年第13期,第160~161页。

① 杨大金编《现代中国实业志》(下),上海:商务印书馆,1938年,第717页。

② 杨大金编《现代中国实业志》(下),上海:商务印书馆,1938年,第717页。

据统计,山东各盐场产量,1933 年为 930 余万担,约占全国总产量的 19.1%。产量较多之场为胶澳,年约 300 万担,较少者为永利,年约 10.5 万余担。制盐成本,“莱州场数目较高,每担约六角,金口场较低,每担约一角四分。其在场售价,莱州场数目较高,每担约七角五分,威宁场较低,每担约二角”①。

山东盐区内实行引岸与票岸并行制度,一般说来,山东“行盐有引盐、票盐之分,票盐有商运、民运之别……引盐课则稍重,行于省会以西、以南及他省地面;票盐课则稍轻,行于省会东北附近场灶之处”②。在引盐区,设有专商 31 家,盐运署所发饬令承认其继承清代旧商的营业权限。

在票盐区内有商运与民运之别。山东东部掖县、昌邑、平度、安邱、诸城、胶县、高密、即墨、蓬莱、黄县、福山、招远、栖霞、莱阳、海阳、牟平、文登、荣城等十八县为民运民销区,售盐价率由贩商自定。临沂、沂水、费县、郯城、日照、莒县等六县为鲁、淮并销区,后来日照、莒县两县也改为民运民销。③ 在民运票地的 18 县境多邻近盐产区,或本县就设有盐场地,所以开放自由商,任人购销。④食盐多是乡民领票购买,每次肩挑负贩 30 ~ 50 斤。相较于引岸区,民运区内的盐禁虽然宽松,但仍不许越界销售。

---

① 财政部财政年鉴编纂处编《财政年鉴》,上海:商务印书馆,1935 年,第 698 页。

② 席裕福、沈师徐辑《皇朝政典类纂》,沈云龙主编《近代中国史料丛刊续编》第 88 辑,台北:文海出版社,1982 年,第 47 页。

③ 财政部盐务署编《盐务年鉴 · 运销》,上海:中华书局,1930 年,第 102 页。

④ 《各区承办运销盐商统计表》,《盐务公报》1930 年第 20 期,第 143 页。

(二)盐税在中央

盐税在国家财政中占有极其重要的地位。盐税向为政府收入之大宗,税总收入逐年攀高。参见下文1927—1936年国民政府盐税实收数及其占税项收入百分数表。盐税在国民政府财政体系中的地位仅次于关税,1927年占财政收入总额13.75%,1928年因战争缘故,跌至6.8%。待政局稳定后,盐税收入一直保持21%的份额。由此可知,国民政府对于盐税的依赖程度是很高的。与国外税率相比,中国的盐税极高。法、俄、匈、德等国盐税收入占财政总收入的比,平均都在1%,意大利、奥地利两国较他国为重,平均也仅占4%,与中国的21%相较,相差何可以道里计。[①] 众所周知,财政收入是为了满足支出,而支出体现了财政的目的。遗憾的是,南京国民政府的财政收入主要是为了满足军费需要。据统计,南京国民政府的军务费一般占其年度总支出的40%左右,1927年高达87%。[②]

1927—1936年国民政府盐税实收数及其占税项收入百分数表

类别 年度	税项收入 (百万元)	盐课数额 (百万元)	盐税占税收数 百分比(%)
1927	46.5	20.8	44.7
1928	259.3	29.5	11.4
1929	461.7	122.1	26.4
1930	535.0	150.5	28.1

① 刘存良《中国人民之盐税的负担》,《中国经济(南京)》第2卷第2期,1934年,第29页。

② 杨荫溥《民国财政史》,北京:中国财政经济出版社,1985年,第70页。

（续表）

类别 年度	税项收入 （百万元）	盐课数额 （百万元）	盐税占税收数 百分比（%）
1931	615.2	144.2	23.4
1932	583.0	158.1	27.1
1933	659.4	177.4	26.9
1934	417.6	206.7	49.5
1935	385.3	184.7	47.9
1936	1057.3	247.4	23.4

资料来源：杨荫溥《民国财政史》，北京：中国财政经济出版社，1985 年，第 47 页。

从表中可以看出，盐税在十年间增长了十倍多。在一系列的改善税制工作中，盐税收入不断攀升。

盐税名目在清季时有 400 余种，甚为复杂，自盐务稽核所成立后，逐渐整理，大有成效。盐税是 1913 年盐务署将清朝时的所有杂色名目一律废止后，仿一条鞭法而定的名称，征收依《盐税条例》为准绳。规定：将产盐和销盐的地方划为两区，每 100 斤定例收税 2.5 元；直隶、山东、山西、甘肃、陕西、淮北各产地及吉林、黑龙江、河南、皖北各销地作为第一区首先于 1914 年 1 月施行；两浙、福建、广东、四川、云南、淮南各产地及江西、湖北、湖南、广西、贵州、皖南各销地作为第二区在 1915 年 1 月开始施行。《盐税条例》在 1918 年后经过修正，较从前多至数百种的税目，已渐呈统一迹象。① 1913 年"善后大借款"，盐税被抵押为偿还外债的重要来源之一，因此产生了掌握税收的盐务稽核所，由外人充任会办，

---

① 刘存良《中国人民之盐税的负担》，《中国经济（南京）》第 2 卷第 2 期，1934 年，第 5 页。

不但盐务的收税之权落于外人之手,一切重要的行政事务,实际上也大都由外人指挥。[①]

南京国民政府统治确立后,盐税收入一直在中央财政收入中占第二位。为了维持高额的军费支出,南京国民政府在税收政策上大做文章。1933 年,全国正、附盐税的总平均数在 13 元左右。与 1913 年相比,20 年来盐税增加了 8 倍左右。[②] 时人指出:"无论正税,附税,不但没有减少,反由中央和地方层出不穷地加征了许多新的捐款和正、附税。'捐款'多半是临时筹集的,'正税'和'附税'则是经常征收的。"[③]关于食盐正税,1931 年 3 月"金贵银贱",国民政府需要抵偿还外债的镑亏,竟然通令全国收税机关一律自 4 月 1 日起每担食盐无端加税三角。[④] 仅此一项,每年就可多征收 700 万元。[⑤]

有学者就指出:"现在盐税之最大障碍,苛捐杂税,实居其首,横征无厌,凌杂无序,既未呈报,复无册表,悍然不顾,重困商民,私盐乘间充斥,盐税坐致锐减。"[⑥]加之官盐价高,许多民众被迫生产、食用土盐。"凡河流淤塞之地,多含盐碱,随处可以挖池淋晒成盐,质味恶劣,有碍卫生,向禁制售,惟土民贪其无税价廉,争相

---

① 刘存良《中国人民之盐税的负担》,《中国经济(南京)》第 2 卷第 2 期,1934 年,第 9 页。

② 刘存良《中国人民之盐税的负担》,《中国经济(南京)》第 2 卷第 2 期,1934 年,第 26 页。

③ 刘存良《中国人民之盐税的负担》,《中国经济(南京)》第 2 卷第 2 期,1934 年,第 18 页。

④ 《盐场附税补偿外债》,《申报》1931 年 3 月 27 日。

⑤ 《盐款偿债加征附税》,《银行周报》第 15 卷第 11 期,1931 年,第 6 页。

⑥ 财政部盐务署编《盐务年鉴 · 征榷》,上海:中华书局,1930 年,第 16 页。

购食，私贩四出冲销，每年损失国税当在千万元之谱”①。为整治盐质，俾绝私源，从 1934 年 7 月份起，山东省“严行查缉奖惩办法，如地方政府查禁得力，致官盐得有溢销者，按其溢销成分，酌提奖金，以一半充治河之用，一半作该政府查缉公费，其不得力者，照章实行惩处”②。

国民政府盐政负责官员指出：“十年前土盐问题，并不严重，因为当时盐税每担最高者，不过三元，出售价格，仅在四五元左右，而土盐成本，也要三四元，其中之盐质，则至多不过四五成，一担海盐，在质的方面，要抵两担土盐而有余，在这种情形之下，土盐自必无人过问，所以土盐出产稀少，也不成问题……近十年来，盐税日重，土盐的制造与卖买，渐渐成为严重的问题了……税收的损失，每年现已达到三千万。”③

还有大宗的临时捐款和借款，动辄以数十百万计。这些款项多半是中央或地方政府应急而临时捐借的。盐商们为了私利，是不肯担负这种损失的，千方百计将这些所谓的“捐款”“借款”加入盐的售价中。最后的“捐款”与“借款”负担者还是普通百姓。山东的食户捐、工捐只知名目，却无从考查数额。

为革除弊病，国民政府通过财政部长宋子文提出的整理产区盐税暂行税率案，“其目的在注重于平均盐税税率，其办法对于各区轻税区域，拟分期略为提高，重税区域将来亦拟逐渐减轻，各省邻近区域，或增或减，务令彼此平衡，以杜侵销，一经实行后，人民

① 《财政部二十三年度关于盐务行政计划》，《盐务汇刊》1934 年第 45 期，特载，第 1 页。

② 《财政部二十三年度关于盐务行政计划》，《盐务汇刊》1934 年第 45 期，特载，第 1 页。

③ 曾仰丰《土盐问题》，《盐政杂志》1936 年第 63 期，第 2 ~ 3 页。

负担不至增加,而税收必有起色。惟此种办法,以私盐为业,及营不正当利益之少数盐商,其利害相反,必致感受不便耳"①。但是,南京国民政府初期连年的战争严重影响了政治建设步伐,各地驻军纷纷征收盐款,给原本就不统一的盐税增添了整理障碍。

国民政府维持盐业专场制度,这不仅对民生起不到保障作用,反而诱发私盐盛行。由此可知,走私是完全垄断市场下的无奈选择。宋志东就认为民国时期盐务警察所代表的政府缉私成为盐务缉私主力,反映了专商引岸制度的衰落。② 较之前代,虽然国民政府制定了各项缉私条款,规章制度也算齐备,也在法令中明确实行自由市场制度,然而国民政府表面的法规建设不可谓不成熟,却仍未能消除私盐的销售。这本身就反映了盐业专卖制度的反市场性,更验证了国民政府新盐法的欺骗性。

(三)盐税在地方

盐税不仅是中央军政等费用的源泉,在地方财政体系中亦占有重要地位。地方政府多以截留盐税,或以协款的形式直接把部分盐税留作地方军政费用。协款原来是由中央每月从盐税余项下拨付给地方政府的。截留则是由地方政府派人擅行截收的。为防止地方截留盐税款项,1929 年 6 月 17 日国民政府明令:"近岁军兴,各省更多就地截留增加附捐,以顾饷糈。盐款收入,因之复杂,地方之所恃无多,而鹾纲之紊乱益甚。现值训政伊始,亟应将各省盐税,统由中央核收,通盘筹划,全部整理,定适当之规章,

---

① 《财政部整理产区盐税税率》,《盐政杂志》1933 年第 56 期,盐务紧要消息,第 1 ~ 2 页。

② 宋志东《近代山东的盐务缉私方式及其法规建设》,曾凡英主编《盐文化研究论丛》第 3 辑,成都:巴蜀书社,2009 年,第 33 页。

树久远之基础。……各该省区财政,实有困难情形,或须量为挹注,拟宜向中央国库项下,酌量补助,毋庸指定税项,自行拨付。”①

相较于巨额财政支出,细微的截款简直是杯水车薪。于是地方政府相继开征盐价附加税及各种附捐。全国各地无处无附捐。1930 年 12 月,国民政府训令地方不得另立名目征收盐斤附税,“盐税为国家收入,本不能为地方征收附税。曩者时局多故,各省恒以盐斤附加易于筹集巨款,不惜违反征税原则,巧立名目,重苦人民。……盐税收入关系中央财政,断不容再任纷歧割裂,有妨统一。……凡属原有盐斤附加税捐省分,均限于民国二十年(1931)三月一日一律划归财政部统一核收,以便分别减免”②。

南京国民政府自确立在山东的统治权威后,大幅度提高盐税。1928 年,山东盐区每担税收情况:山东 83 县、安徽 2 县、江苏 5 县及河南 9 县,税为 2.5 元;涛雒区 6 县为 2 元;东岸 18 县为 0.6元;渔盐为 0.3 元;酱盐为 0.4 元;青岛、芝罘精盐为 2.25 元;青岛工业用盐或运往他处为 0.2 元;青岛居民食用盐为 0.6 元;运往日本每担税为 0.06 元;运往高丽为0.12元;硝皮则为 0.2 元。③从中我们可以看出,山东产盐区的税收极不平衡。

胶东地区掖县等民运十八县,每担食盐税为 0.60 元。与之相邻的潍县等鲁盐东纲盐区税却为 2.5 元,在鲁淮并销的临沂等六县每担税为 2 元。各地税率相差悬殊,极易导致私贩。时人评论:“中国盐税甚重,盐产由之一定平均数,又为产盐人及盐商等

---

① 江西财政厅编《江西财政纪要·会计》,1930 年,第 80 ~ 81 页。

② 南开大学经济研究所经济史研究室编《中国近代盐务史资料选辑》第 2 卷,天津:南开大学出版社,1991 年,第 233 ~ 234 页。

③ 《全国各区盐税及附加捐表》,《盐务公报》1929 年第 2 期,统计,第 84 页。

所隐匿,其目的为贩私运私,究其私盐之数若干,自无从稽考,然以百分之十计,当为三百八十一万八千零七十四担。”①

在财政管理方面,中央将多数利己的税项集中起来,地方除了田赋的合法税源不足,中央财政收入又多用于军费支出,把许多支出的杂项推给了地方政府承担。于是地方政府在中央正税征收的基础上纷纷添加地方附捐,导致农民负担因各级政府的苛征而加重。有学者统计,因盐税增加的缘故(平均为 13 元),盐的平均市价当亦增至 15 元左右,其中 86% 以上为盐税;以每人每年消费 15 斤盐计算,则每人每年须纳 2 元以上的盐税。②

据统计,山东东部海岸与青岛两盐区在 1921 年之前年可收入 100 万元左右。但之后,由于私盐充斥,东纲盐商每年销盐不满 20 万包,纳税不过 200 余万元。青岛盐被日人把持,每年收入不过三四十万元,加上东纲盐商所纳税收,全年不过 300 万元左右,较之前减少 200 余万元。③ 为了巩固税源,山东省政府在执行南京国民政府所规定税率时,又加征新附税。1932 年 3 月,山东规定盐税附捐按中央税十分之四加收,仅此一项,全年可征二百万元。④ 1932 年,山东省政府以整理盐税为名,合并盐税为正税、销场税和附税。青岛及东岸 18 县的正税每担 1.2 元,外债附税 0.3 元。⑤ 1933 年,南京国民政府整理各区盐税暂行税率,以东岸

---

① 涂刚善夫《中国暨他处之盐业》,《盐务公报》1929 年第 5 期,特载,第 75 页。

② 刘存良《中国人民之盐税的负担》,《中国经济(南京)》第 2 卷第 2 期,1934 年,第 26 页。

③ 《山东盐务之现状》,《谈盐丛报》1929 年第 21 期,各盐区纪事,第 2 页。

④ 《鲁省决征盐煤附税》,《申报》1932 年 3 月 26 日。

⑤ 南开大学经济研究所经济史研究室编《中国近代盐务史资料选辑》第 2 卷,天津:南开大学出版社,1991 年,第 202 页。

18 县及青岛地区税率在山东区为最轻为由，每担增加 1 元中央附税，以免冲销邻近区域。[①] 1934 年，又宣布改用新秤，凡各区盐税每担在十元以上者，一律减为十元，十元以下者按原定税率征收。[②] 由此可见，盐税的整理与修订，与其说是改善税制，毋宁说是增加税收。

经过多次调整，至 1935 年 2 月，"昌乐、益都、临朐等三县场税三元三角，中央附加九角，镑亏费三角，建坨费一角，共计四元六角；掖县、昌邑、安邱等东岸十八县场税一元二角，中央附加一元，镑亏费三角，建坨费一角，共计二元六角；潍县场税二元三角，中央附加九角，镑亏费三角，建坨费一角，共计三元六角"[③]。由于税率一再攀升，山东全境的盐税税收也同步增加。见下表。由此可知，山东盐税收入，10 年间增长了 6 倍多。

1928 年至 1937 年山东盐税收入表

单位：千元

年份	1928	1929	1930	1931	1932	1933	1934	1935	1936	1937
收入	1923	2576	4883	7005	7942	9313	10549	9294	12286	12100

资料来源：南开大学经济研究所经济史研究室编《中国近代盐务史资料选辑》第 4 卷，天津：南开大学出版社，1991 年，第 268～270 页。

二、胶东区的盐务建设

关于山东盐区的盐务建设，有学者给予了高度评价。与全国

---

① 南开大学经济研究所经济史研究室编《中国近代盐务史资料选辑》第 2 卷，天津：南开大学出版社，1991 年，第 205 页。

② 孙怀仁《中国财政之病态及其批判》，上海：生活书店，1937 年，第 26 页。

③ 财政部财政年鉴编纂处编《财政年鉴》，上海：商务印书馆，1935 年，第 806 页。

多数盐区相较，山东盐区虽有一二劣弱表现，“仍不过部分窒碍而已，譬犹屋然，梁柱摧折，墙垣损坏，自非重建不为功。若仅堂阶瓦石之不齐，门棂之窄狭，但使略施补苴之劳，已足收相当之效”①。

（一）制度法规与盐警建设

山东盐运司官制屡有变更，旧属长芦盐区，道光年间开始由山东巡抚兼管，宣统年间复以巡抚兼会办盐政大臣。山东省内最高盐务机构为山东盐运使署，驻济南，由盐运使主管工作。山东盐务的缉私工作分为产区与销区两部。为了整顿盐务、加强缉私，山东盐运使署先后对山东盐区内的缉私事务予以整编，力图实现缉私业务的统一，达到缉私力量最优化配置。对盐警力量予以改造，盐警官员办事得力者，将得到加薪。②

1914 年 3 月 22 日颁布的《私盐治罪法》，成为南京国民政府时期缉私法规的蓝本，规定“结伙十人以上拒捕杀人、伤害人致死及笃疾或废疾者处死刑；伤害人未致死及笃疾者处无期徒刑或一等有期徒刑；结伙不及十人伤害人致死或笃疾或废疾者处死刑或无期徒刑，伤害人未致死及笃疾者处无期徒刑或二等以上有期徒刑”③。随后，《新拟东岸区域暂时缉私简章》规定，对于武装贩私者，无论运盐多寡，均应销毁私盐，将人犯的案内物品充公，如果

---

① 郑呈章《整理山东盐政意见书》，《盐务公报》1929 年第 4 期，特载，第 83 页。

② 《训令山东盐运使核准东岸盐警组织办法文》，《盐政汇览》第 5 编《单行规程 · 山东五》，第 1 ~ 3 页。

③ 财政部财政年鉴编纂处编《财政年鉴》，上海：商务印书馆，1935 年，第 923 页。

使用船只走私，则对船只做出处理等。① 为了加强盐务监督，防止职员营私舞弊，在稽核所内实行优越的薪金制度，“入所的最低工资为月薪25元，后每年加薪一次，并有各种津贴，高者可达200—300元，一般也在100元左右，同时还有养老金的规定（按每年工资的15%累计）”②。

当然，盐务中也存在着诸多弊病。山东各区税警枪械缺乏，由来已久。“如莱州区，现有枪枝，除汉阳造步枪二十枝，计每防两枝外，其余如老毛瑟开斯等类枪枝，均系旧式单响步枪，不惟根本不能适用，且枪内机件多数损坏，是以各防堪用以为缉私御侮之枪，亦仅恃此两枝汉造步枪而已。又如胶澳区，各防驻所，多在滨海荒僻之地，所有堪用枪枝，虽有七十，而名称芜杂，竟有十三种之多，添配子弹困难异常，其附近地方，土匪猖獗，往往有盐犯勾匪庇运，税警以实力单薄，竟难遏其凶暴”③。

同时，巡船不足用。“山东海沿岸线延长二千余里。港汊纷歧，走私极易……如永利区则海岸共计二百余里，私盐可以卸岸之地点，不下二十余处，该处与莱州轻税区一海之隔，历年鲁北私盐充斥，均系此项海私……海面常有土匪船只，劫船绑票，扰乱治安，兼有非法势力，成群包庇，我税警仅有少而且小之巡船，几不敢下海缉私”④。

---

① 《指令山东盐运使核准东岸缉私暂行简章文》，《盐政汇览》第44编《单行规程·山东三十二》，第1页。

② 曹增元、伊丕相整理《冯念鲁谈山东盐务》，桓台县政协文史资料委员会编《桓台工商经济专辑》，1990年，第86页。

③ 山东盐务税警局《山东盐务税警一览（续）》，《盐务汇刊》1934年第43期，附录，第111～112页。

④ 山东盐务税警局《山东盐务税警一览（续）》，《盐务汇刊》1934年第43期，附录，第112～113页。

自收回青岛盐田后，国民政府开始加强东部地区的盐务巡逻，并招募新警员加强缉私力量。1928 年 12 月又成立了山东盐运使署缉私大队部，其中第三中队驻昌乐、潍县、临朐一带，防止场私西犯，同时防范胶济铁路沿线走私。1928 年山东盐务缉私局官佐共 21 人，却无任何兵夫可差遣，月薪共计 2628 元，局中也无任何枪械可供使用。[①]

为了协调盐区场长与警长的权力关系，1930 年颁布了《山东场警章程》。由场长兼任场警局长，并设立警务长辅助开展工作。由于石岛盐区辖有分区，由教练兼任分局局长，处理缉私事务；分驻所、派出所分别以巡长、警长为长官。山东缉私警员共有 1954 人。[②] 1930 年，财政部设立缉私处，负责管理全国的缉私事务，次年 4 月，责令山东等盐区的场务缉私和场警改由稽核机关接管，同时盐务稽核总所内设立税警科，专门负责缉私事务。[③] 随后山东缉私队依令改归稽核分所领导，不久又将各场警局一律改称税警局长，裁汰了部分冗员，实有官长警员仅 1638 人，并受到盐务署长朱庭祺的表彰，称山东“经费已节省不少，缉务亦大有进步，现在每年开支经费五十万二千一百十六元，较之二十年(1931)度支出之数，计节省六万五千元，所有以前鬻差、吞额、受贿、放私等积弊，均经一律革除”[④]。

---

① 《各盐务缉私局官兵饷械统计表》，《盐务公报》1929 年第 1 期，统计，第 93 页。

② 宋志东《近代山东的盐务缉私方式及其法规建设》，曾凡英主编《盐文化研究论丛》第 3 辑，成都：巴蜀书社，2009 年，第 36 页。

③ 财政部财政年鉴编纂处编《财政年鉴》，上海：商务印书馆，1935 年，第 831 页。

④ 陈省方、周倬编《中国盐务改革史》，盐务缉私督察人员训练班发行，1935 年，第 69 页。

在全国税警改革的大背景下，1932 年山东盐务税警进行改革。在济南设立盐务税警局，下辖 9 个盐区，由于 1933 年涛雒区划归淮北盐区管理，山东盐区变为 8 个。其中一等区有 6 个，二等区有 2 个，全区税警分为 44 队，分驻山东盐区各要隘。区设区长，队有队长负责。[①] 以胶澳区为例，“该区设一等区长一人，二三等区佐各一人。区长办公处一等书记二人。计分两分区，各设二等分区长一人。分区办公处各设一等书记一人。第一分区辖三队，曰第一二三队。第二分区辖二队，曰第四五队。各设二等队长一人，二等书记一人。第一队并设有副队长一人。区长办公处驻青岛，计官警八人。第一分区长办公处驻红石崖，计官警二人。第二分区长办公处驻马哥庄，计官警二人”[②]。

为提高税警技能，充实装备。1932 年 1 月，财政部盐务稽核总所锐意改进山东缉务机关以裕税收，将原附属于山东稽核分所的税警课设为独立机关，直隶于财政部盐务稽核总所，更名为山东盐务税警局，由柴春霖任局长，按照经理待遇。从此责有专司。同年 7 月按照区队制改编，计分 9 区，凡 43 队又 4 特务队 2 特务班，额定官佐警夫 1864 名，旋即于 10 月 17 日添设第 5 队，计 198 人，由特务区陆续编练成立。[③]

青岛虽然是自由贸易区，但青岛场盐斤“限销胶澳区域，除于沧口四方设立缉私分驻所二处，对于由女姑陆运行销李村等处盐

① 财政部财政年鉴编纂处编《财政年鉴》，上海：商务印书馆，1935 年，第 856 页。

② 山东盐务税警局《山东盐务税警一览》，《盐务汇刊》1934 年第 42 期，附录，第 72～73 页。

③ 山东盐务税警局《山东盐务税警一览》，《盐务汇刊》1934 年第 42 期，附录，第 65～66 页。

斤查验外，其他各处并无查验关卡”[①]。为了维持自由运销及保护税收，当局做了如下改革：(1)通饬“各食盐商贩及渔户须向平日领盐之验放处注册登记”，说明一年内买卖多少担及常在何处卖盐。(2)各滩户私有盐田向无确切登记，以致时有发生产权不明案件，为免除滩户纠纷及明了产权起见，通知各滩户早日注册。(3)“青岛区运盐船户所持执照时有在甲验放处领取后，复向乙验放处去领，俟将执照领存多数即租借其他无照之盐船”，现印妥一种盐船新照，各处转达各船户要收回旧照，办理新照。[②]

(二)缉私成效与奖罚办法

山东盐区引票各地，“北接长芦，南连淮北，恒苦邻私充斥，而以粮船夹私，为害尤烈”[③]。于是，盐务署在各盐产区设立盐务队，分驻于各场走私要隘。“鲁省走私之要隘颇多，其最重要者，一系昌邑岞山，为东岸私盐灌销纲岸之要路。二系诸城黄石岚，为东南门户，淮私涛雒私侵灌极多。三系临沂、铜山二县，为淮私涛雒私侵入要道。并灌销郯城、临沂、费县、沂水、滕县、峄县及江苏之丰县、沛、萧县、砀山、铜山五县，安徽之涡阳、宿县。四系曹县，出产硝盐，遍地皆是。五系德县，为芦盐侵灌要道”[④]。

山东的缉私方法向来是北守海丰县佘家港以杜绝长芦盐南

---

① 财政部盐务署盐务稽核总所编《中国盐政实录·山东省》第2册，1933年，第54页。

② 《山东青岛王官稽核支所及涛雒金口石岛莱州威宁盐税局二月份工作报告(山东盐务稽核分所转送)·青岛稽核支所》，《盐务汇刊》1933年第17期，特载，第65页。

③ 林振翰编《中国盐政纪要·运销》，上海：商务印书馆，1930年，第322页。

④ 《鲁盐产销缉私区域图说明》，《盐务公报》1930年第14期，图表。

运,南扼郯城县的大兴镇以遏淮盐北进,在省内德州桑园稽查粮船,禁绝往来夹带私盐,官法查禁已属严密。“至官商引票各地,大都自行办巡,以为各固藩篱之计。而于接壤他省及附近滩场之处,亦有滩捐经费以厚巡力者。现王官、永利各场,皆设场警,即济化一带,亦设盐巡营一队,惟东岸民运区域,改编缉私盐警队三营,分驻莱州、金口、石岛各场,划为三区,设有盐警总署,其弁兵计有三百余人,且因该区域,正在实行新税,并请山东省分派陆军五营以资协助”①。

然而,山东盐场“漏税走私,未能尽免,其原因在盐商之权力超过行政力量”②。据查,“私盐来源大半出之场地,场地漏私皆由缺乏盐坨,以致管理未能认真,灶户晒丁得以串通枭徒,挟同走漏私相买卖,辗转偷运。故杜私之法必须于各盐场建筑仓坨,使其颗粒归储,断绝走私根源”③。为涤除积弊,时任运使李凤耀对各场区明询暗察,掌握此中内幕后试图整顿,并抱有乐观态度,认为只要对“办理盐政夙著勤劳者,予以升迁及保障,其与盐商勾结舞弊者,予以惩撤,戒一儆百,则将来税收前途,颇可乐观,每月税收,至少平均可达七八十万”④。

胶济铁路东段为青岛东岸等轻税区域,西段即系纲商重税引岸,时常有胶济路火车夹带大宗轻税盐斤售销重税商岸。为严缉胶济路私,山东运使王章祜明确指出:“鲁省盐务年来销数短绌,

---

① 林振翰编《中国盐政纪要·运销》,上海:商务印书馆,1930 年,第 322 页。

② 《鲁盐税之整理》,《盐政杂志》1933 年第 56 期,盐务消息,第 12 页。

③ 《财政部关于盐务工作之报告》,《盐务公报》1929 年第 9 期,特载,第 80 页。

④ 《鲁盐税之整理》,《盐政杂志》1933 年第 56 期,盐务消息,第 13 页。

固由于军事影响,交通梗阻,而火车夹带私盐到处冲销亦为最大原因。”然而铁道当局以阻挠铁路运输为由不予配合。为保税收起见,山东盐务署只好请求铁道部“准由职署稽查及缉私人员随时进站登车执行查缉,以杜私销而维税收”[①]。财政部一再要求铁道部协同缉私,于是,铁道部规定:“国有路局遇凡无照之盐,以货物起票运销者,一律查禁……查各路车运盐斤,向章须凭本部颁发之运盐执照以资护运,如果盐与照离,即应作为私盐不准营运,历经照办在案,铁路运货本系国营事业,而盐运尤为国课所关,各路局对于商人运盐应本公家协助之义,随时查明有无运照为判别官私盐之标准,不能仅凭商人片面之词即作普通货物起运,致防官销而损税收”[②]。胶澳盐区无水上盐警可以共策防御,于是盐务官厅分别与胶海关暨胶济铁路管理局商定办法,“经海关令饬小港,红石崖,沙子口等处分关,相机查缉,胶济路局则通行沿路员警,于行车时间,随时注意,规定赏款(海关路局每百斤赏洋一元二角五分、一元三角余),或将人犯解送盐务机关惩办。每年获私案件,为数甚多,盐务缉私,受协助之惠,甚匪浅鲜”[③]。

胶东各村墟集时,税警因查缉私盐,常与乡民发生冲突,甚或双方殴伤毙命。为避免纠纷,便民裕课,盐务稽核总所通令各属,“责成承销商人负责分设支店,售卖官盐,以便乡民购食,其有乡镇店铺,请求代理官销者,亦应酌予照准,以疏官销而杜私运”[④]。

---

① 孙科《铁道部训令第五二六五号》,《铁道公报》1930 年第 119 期,命令,第 5 页。

② 顾孟余《铁道部训令第三四五四号》,《铁道公报》1932 年第 442 期,第 4 页。

③ 吴祖耀《青盐志略》,《盐务汇刊》1933 年第 32 期,附录,第 85 页。

④ 《责成各属盐商于乡村市镇分设支店售卖官盐以便乡民购食》,《盐务汇刊》1933 年第 29 期,纪事,第 15 页。

同时要求胶县第四、五两乡镇协助缉私，规定："(1)各乡村镇长召集会议，并由各村长传告各闾长，诰诫各该闾内住户偷运私盐之利害。(2)如遇缉获偷盐私犯时，应许送往就近缉私队押解主管机关听凭处罚或径解县政府严办。(3)缉私队无论在何时缉获私犯时，各乡镇村闾长等绝对不具保结。"①

为了防止滩户走私，盐务署实行连保制加以遏制。"青岛既属轻税区域，自不虑再有重税盐斤之侵灌冲销事，而鱼盐之验放，凭鱼盐折子而外，复有鱼盐准单，管理较为严密，充销食盐之举，在胶澳区内尚属罕见，惟青岛沿海一带，滩池星罗甚布，且滩场之侧，又复港汊纷歧，渊薮所在，私贩麕集，原是无税私盐，出没靡定，屡在黄昏深夜装运……此项盐斤，既非外来侵灌，又非鱼盐充销，是为宵小偷窃滩存，与夫不肖滩户之私放私运，允无疑义，于是有滩户连环保结之法，以资防杜……法以滩户三人，互相保证，严防外人偷窃滩盐，及不放私盐，倘该三滩户中，有一人违法放私，或滩户被窃，一经查出，该放私滩户，固属罪有应得，而其余二滩户，亦按情节之轻重，予以同等科罚或撤销其晒制权，或勒令停晒，或封闭盐滩，以示儆戒"②。同时，核准食盐数量。1929 年胶东变乱，莱州李孙海一带受祸最烈，变兵与红枪会勾结装运，迨至事平，重行丈量各滩存盐，将存盐切实丈量明确，呈请更正，以昭核实。③

缉获私盐虽有奖金收入，然而这些奖金难抵官员的私盐收

① 《山东区所属四月份工作报告·青岛稽核支所》，《盐务汇刊》1933 年第 20 期，特载，第 78 页。

② 吴祖耀《青盐志略》，《盐务汇刊》1933 年第 32 期，附录，第 90 页。

③ 邹琳《财政部盐务署公函庚字第六零零号》，《盐务公报》1930 年第 19 期，公文，第 207 ~208 页。

入。“在一百担以下者，每担给予奖金一元二角五分；在一百担以上五百担以下者，每担给予奖金一元三角七分五厘；五百担以上一千担以下者，每担给予奖金一元五角；一千担以上者，每担给予奖金一元六角二分五厘”①。且奖金是在盐税收入项下以预支垫款的名义开支，缉私官员贪污有了可乘之机。

（三）盐坨建设

坨务建设一则是防止漏税。山东东岸18县暨日、莒等区民运与引岸情形不同，随放随销，贩户四散，难以统计食盐运销总量。民运区域内食盐运销，大至设店专售，小至肩挑负贩，并没有任何限制。“按二十年青岛区内，共验放食盐二十一万八千四百七十七担有奇，统计胶澳区人口约为九十余万人，假定一年中每人食盐八斤，连同腌制蔬菜等等合计之，至多不过每年销用食盐十万担左右已足，此中尚有永裕公司所产制之精盐，年销约三千担，由是观之，其人口实需于放运之数，相差可惊。乃于二十一年九月间，由山东运使贴发布告，令食盐商贩，限期注册，发给执照，证明为食盐贩户，否则不准贩卖食盐”②。对此，盐务稽核总所电令东岸十八县等地及早建坨，将存仓起运各盐查明确数，毋稍疏漏。③

山东建坨计划“源于民国十七年（1928）山东盐运使向南京盐政讨论会提出之建议，拟以二十万元，分建官坨于金口、石岛及莱

① 财政部盐务署盐务稽核总所编《中国盐政实录·各项盐务通行规程》第4册，1933年，第210～211页。

② 吴祖耀《青盐志略》，《盐务汇刊》1933年第32期，附录，第91页。

③ 《电盐务稽核总所盐字第五四三号》，《财政公报》1932年第55期，第87页。

州等三场,为根本整顿之计,以便管理滩池,防止东岸轻税盐及私盐侵灌东纲重税引岸。至于建坨费用,原拟就地自筹,于每担食盐加征建坨费大洋五分,至收足之日为止”[①]。此项建议得到审核并通过,由盐务署令行山东盐运使详拟办法,呈请部署核办。但是,行销鄂西的青盐不在征收行列之中,此地本应以销地征收每担大洋一角的筹备费,因“鄂西现行销之淮盐,淮北已免征其产地之建坨费,山东区青岛运销鄂西之盐斤,亦应免征建坨费,以免售价参差,有碍疏销”[②]。

然而,在盐坨建设过程中,胶东盐区暴力抢盐事件时有发生。山东盐务稽核所长兼山东盐运使李植藩对胶澳盐区视察后表示抢盐“原因不外盐区太大,税警不敷分配之故”,“山东共有七个盐区……盐区如此之广大,而全省税警,只有千人,分配于津浦、胶济两路沿线及各盐场,担任保卫及缉私,实不敷分配。且枪枝太少,十人之内,不过有枪五枝”。为此,成立盐务建坨委员会,工程处设在青岛,“拟先由胶澳区着手,先沿盐区挖沟,即以挖出之土建筑公路,公路上建筑营房瞭望台、盐务稽核所人员及税警住所,并安电灯电话,所有各公路,设法使与山东省各公路联成一气。决定在金口区建坨存盐,使便于管护。其胶澳区之盐滩,亦设法化零为整,俾便稽考”[③]。

---

① 黄伯棠《山东全区建坨工程计划》,《盐务汇刊》1934 年第 38 期,附录,第 76 页。

② 《山东青岛运销鄂西盐斤应免征建坨费》,《盐务汇刊》1934 年第 42 期,纪事,第 10 页。

③ 《防范抢盐实行建坨》,《盐政杂志》1934 年第 59 期,盐务消息,第 5~8 页。

(四)盐田管理与食盐鉴定

胶澳盐田以斗子为单位,每副斗子面积大者约50余亩,小者30余亩。据调查,在胶澳盐区内,共计斗子二千余副,即每副以三十亩核计,总占面积六万余亩,其价格在德日管时代,“每副斗子平均约值国币千余元,在接收后大者值国币八百元,次者五六百元,小者亦三百元,截至廿年(1931),已平均增值千四百元,以全区斗子总计,则值国币三十万元以上,其管理办法,视斗子多寡而别,大都每户设管理职员一人,经理帐目,及运盐等事”,每三副斗子至六副斗子用工头一人专管盐斤之晒制,副工头一人,管理工人工作,每副斗子设工人二人。①

1934年7月12日省盐务局核准青岛盐区“盐田旧有斗通名称,应即取消,改称副数,每副按丈量所得实在之面积,升科征收场课。其原征之斗税,于场课开启时免除之”②。同时,规定每副盐田依次编号,树立界石,以资识别。“凡偏僻散漫不易管理之盐田,或出产不多,产质不良,或运道不便者,概予平毁,并由政府酌给恤金”③。

在胶东,历来主持盐政者,“或于盐税如何得以增进,私盐如何得以肃清,稍加研求条陈,而对于精粗盐斤质地之优劣,成分之良窳,甚至颗粒之大小,色泽之黑白,或如何得以改良,如何得以

---

① 吴祖耀《青盐志略》,《盐务汇刊》1933年第32期,附录,第107~108页。

② 《山东胶澳区清丈盐田简章》,《盐务汇刊》1934年第46期,法规,第16页。

③ 《山东胶澳区清丈盐田简章》,《盐务汇刊》1934年第46期,法规,第17页。

求精，并未略予注意"[①]。可见，当时盐业本无盐质检定一说。青岛虽设有检定所，创盐质检定先河，却没有认真实施。"检定处，隶属行政方面，盖中国盐务，自有客卿，主稽盐税以还，于是行政稽核，职司攸分，丝毫无所含混，然时以利权所在，各不相下，青岛区内，稽核方面既置有检定所，则行政方面不得不有检定处之设立，以成望衡对宇之局，惟检定处不过徒具其名，莫有其实，对于盐质检定事宜，平素并不过问"[②]。

三、盐利角逐与私盐盛行

（一）盐利争夺

1928 年在上海举行的国民经济会议议定，国民政府掌握的税源为关税、盐税和统税。田赋则归省。不能直接从农民手中征税，南京国民政府不得不增加其他三种税源的税率，尤其是盐税率。在南京国民政府的十年训政时期，"中央政府总税收的 48% 来自关税，盐税 22%，统税 12%"[③]。

盐的税率日益增高，税额也日益增大。盐税在"民国三年只有五千多万元，一直到十五年，也还只七千多万元，十六、十七两年因北伐关系收入骤减，可是到了民国十九年，盐税便顿呈猛晋之象，一跃而增加到一万三千九百多万元，二十年则更增加到一万七千多万元，破从来盐税未有之新纪录"[④]。于是，中央与地方

① 吴祖耀《青盐志略》，《盐务汇刊》1933 年第 32 期，附录，第 100 页。

② 吴祖耀《青盐志略》，《盐务汇刊》1933 年第 32 期，附录，第 101 页。

③ 张玉法主编《中国现代史论集》第 8 辑，台北：联经出版事业公司，1982 年，第 84 页。

④ 《二十年来盐税收入统计》，《中央日报》1933 年 3 月 8 日。

将盐务部门视为禁脔，皆要分利。有学者评论："军兴后，各自为政，遍地附加，名目既多，担负尤重，卒之私销日盛，官销日绌，徒负加税之恶名，而反受短收之实害，即不为国家计，不为商民计，彼军阀自身自作自受，亦等于自杀。"[①]

有学者讲，"盐业是那些拥有各种权势的利益集团有意识地维持不公正的社会制度，从而分润制度性暴利的舞台。因此，盐业可以成为国家财政的支柱、官场政治的工具"[②]。20世纪二三十年代，山东境内战争不断，"运道不通，官盐不至，私盐乘时夺官销之席，又势所必然。故战事愈烈，私盐愈多，战期愈久，私盐亦愈广。是战事乃民间所痛心疾首，而竟为贩私者之好机会也"[③]。受军事影响，"民国以来，各省军阀，以割据地盘为惟一事业，每得一地，便委私人充任盐官，以盐务差缺为调剂之品，酬应之具，其人之才不才与夫职之称不称，不问也，于是，拔茅连茹，官官相引，场岸盐官几无一非武人矣"[④]。

韩复榘执掌鲁省政权后，发表演说道："山东只是一只残破的碗，我正尽自己所能去修补它。"然而，由于南京国民政府直接控制山东的另外两大收入来源：青岛港与胶济铁路，韩的经济建设需要的财力来源并不充裕。"相比中国其他省份，山东更多依赖传统的征税方式，即土地税，1930—1936年山东省的财政收入，

---

① 林振翰编《中国盐政纪要 · 运销》，上海：商务印书馆，1930年，第195页。

② 马俊亚《被牺牲的"局部"：淮北社会生态变迁研究（1680—1949）》，北京：北京大学出版社，2011年，第212页。

③ 林振翰编《中国盐政纪要 · 运销》，上海：商务印书馆，1930年，第198页。

④ 林振翰编《中国盐政纪要 · 运销》，上海：商务印书馆，1930年，第195页。

63.9%来自土地税,而当时全国的平均水平只有36%来自土地税"[①]。为此,南京国民政府与地方政府展开了针对青岛盐场的争夺战。当刘珍年部退出山东省境后,韩复榘着手改善盐税征收,并恢复北洋时期的食盐稽核制度。于是,在盐税征收负责人的安排上,韩与南京国民政府发生了尖锐的矛盾。1932年韩复榘派他的军法处长李无尘接任盐运使一职,并派他的私人翻译柴春霖接收稽核分所。此举引起南京方面不满。南京国民政府派蒋伯诚来济南与韩斡旋,最终韩将国税机关交还南京国民政府,南京国民政府答应每月由国税中拨给60万元作为韩的军饷,始告了结。[②] 同时,南京国民政府追任了韩复榘所任命的税务人员,争执以韩复榘暂占上风告一段落。

(二)官私盐博弈

由于各地官盐价格不均,即使在同一盐区内,渔盐与食盐的税率也不均等,二者相差二十倍。为了逃避重税负担,许多农民以渔盐代替食盐。据调查,"年放渔盐之数,用于真正腌制咸货者不过十分之五,其半多冲销食盐"[③]。而"胶州之红石崖,诸城之涢口,向为鲁省轻税盐斤及无税私盐由海侵灌日,莒,沂等县食岸之要道,据查仅沂水一属之黄小铺,姚店子,老婆店三处(私盐集中地点),每日车载牲驮,平均运销私盐共有一千石,如以一年计之,

① [美]鲍德威著,张汉等译《中国的城市变迁:1890—1949年山东济南的政治与发展》,北京:北京大学出版社,2010年,第161页。

② 曹增元、伊丕相整理《冯念鲁谈山东盐务》,桓台县政协文史资料委员会编《桓台工商经济专辑》,1990年,第87页。

③ 《山东区呈请永利场发放渔盐拟仿王官场办法仍用红土变色之核准》,《盐务汇刊》1936年第84期,纪事,第3页。

则已有三十六万担之巨”[①]。由于存在巨额的地区售价差，青岛私盐常常侵入淮南淮北等地。“黄河口界于淮南北之间，地僻民悍，贩私为业，比比皆是，咸用巨大风船至山东区之青岛一带，购得轻税渔盐，运进该口之大淤尖、六合庄等处，由一种代客买卖之盐行，包办起卸，辗转售卖，侵销淮南之阜宁，淮北之淮安，淮阴，涟水，并由洪泽湖灌入皖北之各食岸。此项私船，据报多至一百余艘，以每年三月至十月间为陆续私运最旺时期，其余各月则比较减少，概计每年每船平均最少装运四次，每次平均三百担，即以私船一百艘计算，则每年运私数目，已在十二万担以上，税收损失，概可想见矣”[②]。

由于私盐的销售网络自由，行销方式灵便，极易侵占官盐市场。莒县地质咸潮，“苟遇天晴，半月不雨，遍地俱成土盐，居民莫不取而煎熬代食，虽取熬之工本甚大，究较专商垄断之价格，与掺和之污秽较为廉洁”，土盐的销售阻碍了官盐的收入。为革除弊病，学者倡仪，“将专商完全废止，一任商民自由贩运，使其各相竞卖，民众始能获食价平质洁之盐斤，土盐掺杂之患不待绳以法制，当自止息”[③]。

由于盐民常在亏本的条件下被强制卖盐给场商，所赚收入往往不能维持生活，于是，许多制盐的盐民冒着鞭笞、杀戮的危险开始了贩卖私盐的行当。每年冬季来临，潍县各地住户多腌咸菜，

① 缪秋杰《淮鲁交界区域税警布防之研究》，《盐务汇刊》1934 年第 43 期，特载，第 2 页。

② 缪秋杰《淮鲁交界区域税警布防之研究》，《盐务汇刊》1934 年第 43 期，特载，第 1 ~ 2 页。

③ 郑呈卓《整理山东盐政意见书》，《盐务公报》1929 年第 4 期，特载，第 84 页。

需盐颇多，“一般藉私渔利之徒，趋此如骛。惟私贩既涎嬴利复畏缉获，于是昌潍一带向用车推肩挑者，乃相率改用骡马驮载，乘夜潜运”①。青岛稽核支所职区内，“自增税改秤以还，乡村不良分子，多以偷窃滩盐为务”②。青岛盐区所产盐斤大半运存大港第四码头坨地以备运往日韩暨归宿等处，有少数船户“往往在场将盐装妥驶来大港，不待卸清后即偷运其他海面变卖”③。

有学者指出，业盐群体分为四大类型，一是盐商群体，二是广大的盐民群体，三是私盐贩卖集团，四是私盐贩子。④ 那些从事私盐贩卖的，大多是被迫的。“纯朴的人民，即使吃高税盐，只要能免除兵役，治安的维持及其他一切麻烦的政治皆由政府施行，也能够舒畅地享乐和平的生活。与此相反，狡猾的人们，即使政府以严厉的刑法来取缔私盐，其取缔的程度越严厉，越潜伏于地下，钻法律的空子，继续进行秘密买卖”⑤。

在厚利的驱使下，不仅有被迫从事盐业走私的平民百姓，更有为了牟求厚利而成群结队、大规模贩私的盐商、盐官等强势群体。政府官员卷入盐业走私中，就会形成既得利益同盟，任何的

① 山东盐务税警局《山东盐务税警一览（续）》，《盐务汇刊》1934 年第 43 期，附录，第 94 页。

② 《山东区所属稽核机关暨建坨工程处二十三年七月份工作报告·青岛稽核支所》，《盐务汇刊》1934 年第 50 期，附录，第 103 页。

③ 《山东青岛王官稽核支所及涛雒金口石岛莱州威宁盐税局二月份工作报告（山东盐务稽核分所转送）·青岛稽核支所》，《盐务汇刊》1933 年第 17 期，特载，第 62 页。

④ 陈然、曾凡英《盐，一种文化现象——中国盐文化论纲》，彭泽益、王仁远主编《中国盐业史国际学术讨论会论文集》，成都：四川人民出版社，1991 年，第 516 页。

⑤ ［日］佐伯富《盐和中国社会》，刘俊文主编，栾成显、南炳文译《日本学者研究中国史论著选译》第 6 卷，北京：中华书局，1993 年，第 88 页。

缉私法规都会变得苍白无力。伴随官盐价格攀高,私盐开始蚕食官盐的市场份额。青岛各区用舢板装运盐斤来青,"均赶潮水,抵岸时蜂涌停靠,最多时每日不下三四百艘,平时亦有一二百艘,其中常有盐面木印完好,而所卸之数量不符者,难免不无私制木印之弊"①。况且官盐价高质劣,胥吏的掺假、短斤等行为,进一步导致私盐盛行,"即使在民国时期,政府的卖盐额也不过二十七亿斤,而人口是四亿四千万,按一人一年的盐消费量为十二斤来计算,一年中也至少能卖五十三亿斤的盐。实际上据说二十六亿斤是由私盐来供给的"②。

如此巨大数额的私盐销售,表明庞大的社群试图通过非正常手段挤入盐利体制。"即使在一般人民方面,也必须对政府的严厉刑法加以防备。在必须隐蔽自己购买私盐的同时,还有庇护偷卖私盐者的义务。这样的行为,意味着人民自身是偷卖私盐者的同伙,换言之,即人民自身在与偷卖私盐者一起反抗政府。盐的偷卖者于是得到了强有力的协作者"③。所以说,政府默许私盐的存在,从负面来看等于放纵了叛乱者,一旦形势发生变化,盐贼就蜂起,构成了动乱的原动力。

总之,由于官盐的价格升幅空间较大,脱离商品价格形成了最基本的经济规律,并使广大农民的盐斤需求被无情抑制,所以,官盐价格随着税的增加而增高,一旦超越了百姓的购买力

---

① 《山东区所属稽核机关二十三年二月份工作报告·青岛稽核支所》,《盐务汇刊》1934 年第 40 期,附录,第 69 页。

② [日]佐伯富《盐和中国社会》,刘俊文主编,栾成显、南炳文译《日本学者研究中国史论著选译》第 6 卷,北京:中华书局,1993 年,第 89 页。

③ [日]佐伯富《盐和中国社会》,刘俊文主编,栾成显、南炳文译《日本学者研究中国史论著选译》第 6 卷,北京:中华书局,1993 年,第 89 页。

时，官盐的市场会被私盐占据。私盐的存在，本身就说明了普通民众对于政府高价官盐的疏远，对于私售低价盐的欢迎。而普通民众购买私盐，也反映出他们对于政府体制的离心。私盐既以官盐的市场替代品出现在百姓的饭桌之上，接受私盐更是百姓为摆脱困境对现行盐利分配体制的一种反抗形式。

（三）权势大小与贩私规模

盐商从盐场购销粗盐往往以麻袋包装外捆以竹皮，“每袋百斤，外加百分之五损耗，即每百斤另加五斤以抵途中搬运之损失”[①]。许多商人借此隐匿贩私、运私的目的，其运销私盐具体数量无从稽考。学者指出：“然以百分之十计，当为三百八十一万八千零七十四担。”[②]而全国食私盐者估计占十分之五。[③] 各地税率高低不同，私盐侵入他境的事时常发生。鲁东方面昌乐以东盐税较轻之盐侵入昌乐以西[④]，可见私盐“盛行”。

1934 年 9 月间，由盐场走漏之私盐共七百五十万担，占全国产盐总量百分之十五，其中山东盐场走漏有九十万担[⑤]，约占全国走漏私盐总量的百分之十二。按 1932 年的平均税率计，每担四元六角八分，则每年约损失税款三千五百一十万元，每月约

① 涂刚善夫《中国暨他处之盐业》，《盐务公报》1929 年第 5 期，特载，第 72 页。

② 涂刚善夫《中国暨他处之盐业》，《盐务公报》1929 年第 5 期，特载，第 75 页。

③ 《浙委建议整顿盐务办法》，《财政公报》1928 年第 10 期，第 119 页。

④ 《山东盐政之过去现在》，《大公报》1931 年 3 月 25 日。

⑤ 曾仰丰《管理场产为盐政上根本之改革论》，《盐务汇刊》1934 年第 37 期，特载，第 1 页。

为三百万元。除了由盐场走漏私盐,“尚有他类私漏,每年约为三百万担。故每年所销私盐之总数,当合一千零五十万担,约占每年销盐总额百分之二十四。私销尚如是之多,而每年缉私经费,竟达六百万余元”①。

贩卖私盐虽是一种严重的犯罪活动,但由于山东东西部盐价悬殊,利益驱使,民运区的轻税食盐还是极易被贩销到重税盐区域的。于是,地处民运与纲岸分界线上胶、潍、莒等地以及横贯东西的胶济铁路,成了盐业权力角斗的天然战场。“胶区迤南之古镇营,地处偏僻……据最近胶区派人调查,该地存盐二三千担,多系已逾定限之金口票盐。由该处及涛区之董家口等处,运往莒县沂水税率较重之区销售之私盐颇多”。“金口区泊子防所迤南三十里之洪门湾,该区税警巡船查缉力所不逮,为附近私盐聚集之渊薮。凡沿海私盐,以鱼盐衡销食盐者胥以小船运至该处之改装南船转销鲁苏沿海一带”。② 海庄盐滩,“北为胶县属,西北为王家滩,皆系销售私盐之地,其东北之大小麻湾,尤为私盐汇合之所”;在青岛,南万盐场周边各村,“俱称私盐渊薮,其中尤以棘洪滩为著,而私销之处,如盐滩西北相距十余里之庆余屯,五六十里北南村,该两处私盐,大都由庄后院,棘洪滩运往居多,如北面之孙滩,哥布,台头,台子庄,刘家庄,河岭,与其东北之普通及陈家河子,距滩二三十里至六七十里不等,各该处私盐,俱由埠头运往”③。诸城、莒县等地的土产大都由乡民

① 曾仰丰《管理场产为盐政上根本之改革论》,《盐务汇刊》1934 年第 37 期,特载,第 3 页。

② 柴春霖《视察山东胶澳金口二区税警报告》,《盐务汇刊》1933 年第 33 期,附录,第 98 页。

③ 吴祖耀《青盐志略》,《盐务汇刊》1933 年第 32 期,附录,第 87 页。

以小车运至该处转青售卖，回脚往往携带轻税或偷税盐斤，以免徒劳跋涉。[①]

正如前文所述，由于村民缺乏合法途径公平地获得盐，购买官盐愈多意味着遭受超经济掠夺愈重。在只许专商独占盐利情形下，“一般小民不许公开贩盐，彼等迫于生计，以致走险贩私”[②]。结果税率愈增加私盐愈盛。“胶金二区均系轻税区域，食盐向系自由贩售。自税率加至每担一元五角后，私贩以获利较厚，因而生心”[③]。在莱州于李村，“该庄及附近各村大批妇女百十成群，藉挖掘野菜为名，逗遛盐滩，乘便窃盐”[④]。

据调查，诸城县人口有 81 万之众，胶县约 60 万，按每人全年食盐 15 斤计，两处销盐 21 万担，然而据红石崖与海庄、小石头、陈家港四处缉防统计，全区至今仅销 119000 担，销数相差尚巨，外私侵入彰彰明甚。[⑤] 利东盐业公司益临区商巡调查，安邱县私盐有十几家集镇囤户，贩盐者多 20 岁至 40 岁，贩运频率为往临浯、沙河四五天一次，往红石崖八九天一次，时用牲口驮运，亦用人力担负。贩来价格临浯每百斤 6 元，沙河每百斤 6.2 元，卖出时大料盐每元 13 斤，小料盐 14 斤，经纪人收取佣金为驴每头买者

---

① 柴春霖《视察山东胶澳金口二区税警报告》，《盐务汇刊》1933 年第 33 期，附录，第 98 页。

② 财政部财政科学研究所、中国第二历史档案馆编《国民政府财政金融税收档案史料（1927—1937）》，北京：中国财政经济出版社，1997 年，第 842 页。

③ 柴春霖《视察山东胶澳金口二区税警报告》，《盐务汇刊》1933 年第 33 期，附录，第 97 页。

④ 《山东区所属稽核机关二十三年二月份工作报告·莱州盐税局》，《盐务汇刊》1934 年第 40 期，附录，第 72 页。

⑤ 《关于查红石崖并无私盐行销淮北区域情形的呈》，山东省档案馆馆藏档案：J112－12－551－1。

0.1 元,卖者 0.2 元,骡马每匹买者 0.3 元,卖者0.15元。[1]

海路也是私盐贩运的重要途径。东岸涛雒沿海一带产鱼极多,“鱼业用盐向有优待条例,每担税率定为二角,故渔户多有以少报多之弊,余盐则转售食户,藉以营私”[2]。“青岛鱼盐税率与食盐税率比较,相差倍蓰,而一般渔户因利益之所在,由海道装运鱼盐至王家滩渍口山岚头一带,上陆充销食盐者年来尤为充斥”[3]。淮南淮北之间以贩私盐为业者,也到青岛盐区购买低税渔盐,“此项私船,据报多至一百余艘,以每年三月至十月间为陆续私运最旺时期……概计每年每船平均最少装运四次,每次平均三百担,即以私船一百艘计算,则每年运私数目,已在十二万担以上”[4]。

当掠夺性的盐政把村民逼迫到绝望境地时,“谋生为难,盐务行政难得满意,仇视心理遐迩咸同”[5]。在海阳,初设盐税机关时,有人于附近村落散发攻打盐务局的传单,两三天竟聚集起成千上万的农民,最终杀死十几名盐务人员及与盐务局有瓜葛的两三名豪绅。在文登,也有盐民自动联络若干人,公开抢了食盐,价值几十万元,盐务局无可奈何。[6] 在此情境下,参与土匪的“抢劫”就成

---

① 《关于调查安邱县私盐集镇囤户情形一览表》,山东省档案馆馆藏档案:J112－12－740－19。

② 郑呈卓《整理山东盐政意见书》,《盐务公报》1929 年第 4 期,特载,第 85 页。

③ 《山东区所属四月份工作报告·青岛稽核支所》,《盐务汇刊》1933 年第 20 期,特载,第 77 页。

④ 缪秋杰《淮鲁交界区域税警布防之研究》,《盐务汇刊》1934 年第 43 期,特载,第 1～2 页。

⑤ 《关于大刀会匪战况事宜给青盐稽核支所的呈》,山东省档案馆馆藏档案:J112－10－2－56。

⑥ 《关于胶东的报告》,《山东革命历史档案资料选编》第 3 辑,济南:山东人民出版社,1981 年,第 226 页。

了一种极具诱惑力的生存策略。1934 年 5 月,胶县小石头盐滩附近,刘黑七的残匪 30 余人逗留在大珠山内,凭借 20 余支枪,利用抢盐机会,煽惑民众闹事。“匪与民众约定,每人抢盐一次,须给匪洋一角,作为保险费,由匪担任保护之责,遇有盐警,匪当尽力抵抗,并解除盐警武装”①。

当然,农民贩卖私盐常与警务人员发生冲突,为求自安,纷纷加入刀会以暴抗税。在胶县,政府每年都以招标的形式,将各区的税款总额承包给地方大户,只要承包户按规定上缴承包额,其他一概不问。结果,包税户就公权私用,以为政府办事的名义,招募税丁,借势搜刮百姓,导致胶州地区出现税无定则、无物不税甚至一物数税的奇怪现象。由于贩卖私盐的农民经常遭到警务人员的羞辱,于是纷纷寻求群体保护,自加入刀会后,所受遭遇极大不同。“每逢王台、北庄、辛安等集日,会徒们三五成群,扬威于市,抗缴税捐,殴打税丁,折断秤杆等收税工具的事时有发生,弄得税丁们不敢上集收税”②。

实际上,私盐更多是由军政权贵和地方恶势力联合贩运的,顾炎武在《日知录·行盐》篇中就曾指出:“行盐地分有远近之不同。远于官而近于私,则民不得不买私盐。既买私盐,则兴贩之徒必兴,于是乎盗贼多而刑狱滋矣。”③这种描述也适合国民政府统治下的胶东盐场。

---

① 《胶澳区民众劫盐之处理》,《盐务汇刊》1934 年第 43 期,转载,第 61 页。

② 薛星一《朱仲区大刀会的兴亡》,《黄岛文史资料》第 1 辑,1989 年,第 53 页。

③ (清)顾炎武著,(清)黄汝成集释《日知录集释》(外七种),上海:上海古籍出版社,1985 年,第 828 ~ 829 页。

在“权—钱”结盟的盐业体制下，食盐运销能获巨额利润。受此诱惑，地方杂军“始则以售盐为筹款之具，继则以此为其通常副业”[①]，那些得到庇护的官僚军阀更加突出。1929 年 1 月至 10 月，孙殿英驻扎在山东，仅从王官盐场就私运盐斤达 633175 担，约占该场同期产盐的 80%。私盐运抵济南后，山东省盐务机关竟与孙殿英等串通一气，把这些私盐作为孙部向盐枭缉获的私盐，要山东的盐商全部承购。[②] 在莱州盐区，乡村莠民勾结驻军私开盐滩三十一副，场署、县署对此竟无力制止。[③] 更有甚者，许多无业游民、盐枭也假借军队名义，招摇诈骗，前往盐场要求免税运盐。[④] 1932 年，韩复榘势力与刘珍年势力在胶东激战时，许多士兵与红枪会勾结，仅从莱州李孙海四滩就私自装运 107438 担盐。[⑤]

某军阀盘据山东时，“以军用为名，行其私销图利之计。明目张胆，船载马驮，盐务机关以其炙手可热，莫敢谁问。……曾有姨太私盐，其事实固闻所未闻，即其名称亦可令人惶骇矣”[⑥]。有时军队强装运盐，榨取不当利益。1930 年，“第十六军驻青办事处凌

① 山东盐务税警局《山东盐务税警一览(续)》,《盐务汇刊》1934 年第 43 期,附录,第 85 页。

② 《山东王官场驻军私运盐斤案》,中国第二历史档案馆藏全宗号(二),卷宗号 10739。

③ 《民国十九年盐务稽核所年报上编》,《财政公报》1932 年第 55 期,专载,第 101 页。

④ 《山东区所属稽核机关二十三年三月份工作报告·青岛稽核支所》,《盐务汇刊》1934 年第 42 期,附录,第 49 页。

⑤ 邹琳《财政部盐务署公函庚字第六零零号》,《盐务公报》1930 年第 19 期,公文,第 207 页。

⑥ 林振翰编《中国盐政纪要·运销》,上海:商务印书馆,1930 年,第 198 页。

处长，在胶路青站装盐七十五吨，又大港站百担待运赴济，经助理员就商路局设法制止，曾将大港车上百担卸下半数，突来武装兵士二十余名，绑缚路员，仍将卸盐装车，勒逼开行，无法抵抗"[①]。胶济路上有成群结队的盐商、盐官等强势群体贩运私盐。盐商凭借手中的经济势力贿买兵弁作为护符，将私盐当作货物起票，"由胶济路夹带，沿线飞洒，各站皆有勾通接应，起卸无定地，无定时"[②]。许多权势人物"将私盐当作货物起票运入我境销售，且有贿买兵弁为护符者，以致公然而无阻"[③]，有时缉私人员明知车载私盐，碍于路局不准进站登车查缉，只得任其运往洒卖，无法制止。

综上所述，权势大小是决定食盐贩私规模的主要因素。那些手握军权、行政权者参与走私，所致危害远甚于平民的走私行为。

（四）中日争夺

在山东盐业中，存在着中外势力之间的斗争。外国人插手中国的盐务，是列强与袁世凯政府善后大借款谈判的结果。1913 年签订善后借款协定时规定，在财政部下设盐务署，署内设立由一位中方总办与一位洋员会办领导的稽核总所，在每个产盐地设立稽核分所。"由于盐政是中国政体的更密不可分的一部分，具有平衡国内收支的微妙作用和长期的利益，任何外国的作用从根本

---

① 宋子文《财政部咨盐字第一四七八八号》，《盐务公报》1930 年第 21 期，公文，第 108 页。

② 山东盐务税警局《山东盐务税警一览（续）》，《盐务汇刊》1934 年第 43 期，附录，第 86 页。

③ 《铁道部训令第三四五四号》，《铁道公报》1932 年第 442 期，第 4 页。

上说是特别令人烦恼的”①。

青岛一地向有晒盐之法，煎晒互用也是常有的，盐民陆续开筑盐滩，日多，“迨日本占有青岛，是时在阴岛周围已有盐滩斗子约九百余副，旋欧战发生，日本竭力扩充工业，需用盐斤为数骤增，以致国内所产之盐，不敷所求，端赖青岛盐斤运补不足”②。职是之故，当国民政府欲收回青岛盐田之际，日本设置了诸多障碍。“惟我国盐政向系专卖，不容外人在国内制贩，以遗后患，为免除紊乱制度起见，虽明知收回之评价太巨，而亦不容或已，日本委员亦明知日人要求过当，为顾念本国人之利益起见，不得不故为呵护”。于是，华盛顿会议之后，日本“预备中国高价收买，而藉图厚利，此种行为，亦足显日人之狡猾，与劣性之表现，当我国委员前往调查之际，所有盐场房产，滩场堤坝，业已毁坏不少，依照建筑时支出，据实勘估，工厂共值日金九十七万元，盐滩共值日金一百零八万元，与日方要求，相去悬殊”③。

青岛盐场自收回后，由盐务署接收，开始招商投标，各商家为争夺盐场权力展开斗争。最后青岛盐场以300万元的标额，归永裕公司承办，负有青盐输日责任。青岛盐业之生死荣枯，均视供给日本食盐数量的多寡。及欧战结束，“日本需盐非如往日急迫，虽两国约定日本每年至少须购青盐一百万担，但实际至多亦不过购至八十万担而已。职是之故，青岛盐业遂日形衰落，加以其他种种困难，昔之蒸蒸日上者，今则殊为落寞矣”④。正所谓“垄断操

---

① [美]费正清编，杨品泉等译《剑桥中华民国史 1912—1949》上卷，北京：中国社会科学出版社，1994年，第212页。

② 吴祖耀《青盐志略》，《盐务汇刊》1933年第32期，附录，第101页。

③ 吴祖耀《青盐志略》，《盐务汇刊》1933年第32期，附录，第105页。

④ 实业部国际贸易局编《中国实业志·山东省》，上海：实业部国际贸易局，1934年，第36(丙)页。

纵，一任日商所为……盐商盐民，敢怒而不敢言”①。

日本人也参与永利盐区的走私活动，1934 年 5 月 25 日，日本人用“贩运私货汽船二只，经过南岭盐卡，当由该卡副验放员吴资西饬警扣留，并已电请津海关派员来永办理，职对于该船之日人鲜人，供给饮食，晓以大义，并极力予以安慰，俾免引起意外交涉”②。国民政府对待日本走私行为的态度，进一步表明当局不是从民族大义的角度来制定国策，而是通过媚日的方式换取列强对国民政府的承认。

第二节　官商的利益同盟

鸦片战争后，晒盐方法盛行，沿海各处均可制盐，税收征解依照厘金的办法，到一地征一次税。在这种情况下，引界愈密，缉私越严，贩运私盐的利润就越大。引商不愿失去巨额的商业利润，凭借经济财力屡屡纳献施贿。南京国民政府成立后，颁给盐商新的营业执照，从法律上承认盐业的运销权，旧传统得以保留。正如学者指出，“在中国，官僚禁止从事商业，但实际上，官僚或借用亲戚的名义，或串通商人经营其事。……官僚从事商业，即官僚商人化，使商人势力之侵入政界成为容易的事情；官僚和商人的合作，导致政治被商人所左右”③。南京国民政府从法理上承认盐商的运销特权，实际上默认各层盐利分配群体谋求利益的手段途

① 吴祖耀《青盐志略》，《盐务汇刊》1933 年第 32 期，附录，第 84 页。

② 《山东区所属稽核机关二十三年五月份工作报告 · 王官稽核支所》，《盐务汇刊》1934 年第 45 期，附录，第 92 页。

③ ［日］佐伯富《盐和中国社会》，刘俊文主编，栾成显、南炳文译《日本学者研究中国史论著选译》第 6 卷，北京：中华书局，1993 年，第 81 页。

径。通过梳理，我们能够很好地理解各利益群体之间的聚与散、离与合。

一、盐商经营旧秩序

（一）新盐法的讨论

1914 年，盐务条例仍沿袭清制。1927 年南京国民政府成立后，一时曾有废除引岸、取消引商的说法。因盐税为军政等费的重要来源，取消专商，恐怕有阻税收，政府遂压制不提。1929 年反而举行了盐票（引票）登记，将原有票照概行缴财政部核销，新的销税凭证统一由财政部刊发，以昭整肃，便于稽核；又借查验盐票之际征收验票费，仅淮盐四岸上缴验票银 400 万元。同时，通令各岸运商筹缴预税 65 万元，认募裁兵公债 40 万元。[①] 至此，引岸专商运销权又多一层政治保障。随后，立法院于 1931 年 3 月 21 日通过了以自由买卖为宗旨的新盐法；同年 5 月，国民会议将新盐法正式颁布于众。可是盐法施行之期从未有闻。

事实上，在新盐法推行的过程中，盐商极力抵制新盐法，试图扼制损害自身特权的盐业市场自由化改革。“一班据为世业之盐商，果认为系打破金饭碗之举动，遂起而为反抗之运动焉”[②]。他们“或以金钱贿赂政府官员，或舞文弄笔函电盈尺，制造舆论以混淆视听”[③]，目的在于影响国民党当局，将推行新盐法的时间尽量

---

① 财政部盐务署编《盐务年鉴 · 运销》，上海：中华书局，1930 年，第 2、16 页。

② 《改革盐法有暂缓趋向》，《盐政杂志》1931 年第 51 期，国内盐务消息，第 18 页。

③ 丁长清主编《民国盐务史稿》，北京：人民出版社，1990 年，第 179 页。

拖延。南京国民政府在1931年5月公布新盐法,在总则第一条中规定“盐就场征税,任人民自由买卖,无论何人,不得垄断”[①]。征税第二十四条规定:“食盐税每一百公斤一律征国币五元,不得重征或附加。”第三十二条规定:“凡向盐场买盐,应先向稽核分所领取完税通知单,持向代理国库银行完纳盐税,领取完税凭单。”[②]但是,1931年8月1日政府却发行了八千万元的“盐税短期库券”以补充国库,由包商(引商)将运票押借盐款,尽量购买库券,分78个月偿还本息,月息八厘,折扣九八。自1931年8月起,第一年每月还本1%,第二年每月还本1.1%,第三年每月还本1.2%,第四年每月还本1.3%,第五年每月还本1.4%,第六年每月还本1.5%,第七年第一月至第五月,每月还本1.6%,第六月还本2%,利随本减,计至1938年1月底止,全数偿清。[③] 在库券未清偿以前,保证不施新盐法。可见新盐法的实施须经漫长等待。至抗战全面爆发,新盐法也没有正式实施。

从理论层面讲,在1931年新盐法未颁布前,人们尽可以研究关于盐政的制度问题。自从立法院通过新盐法后,新的盐政制度既已规定,就没有再讨论的必要了。如果是一个为民众谋幸福的政府,对于这个与全体民众福利攸关的大问题,既有解决方案,便须负责实行,不应再行拖延。

---

① 财政部财政科学研究所、中国第二历史档案馆编《国民政府财政金融税收档案史料(1927—1937)》,北京:中国财政经济出版社,1997年,第834页。

② 财政部财政科学研究所、中国第二历史档案馆编《国民政府财政金融税收档案史料(1927—1937)》,北京:中国财政经济出版社,1997年,第835~836页。

③ 罗介夫《中国财政问题》,上海:太平洋书店,1933年,第391页。

事实上，分区征税的政策被保留了，盐商独控盐利的趋势并未得到扼制。有人就呼吁，“新盐法颁布至今，业已三年，未见逐步推行，群情惶惑……辗转迁延，使民失望，似与政府威信，不无相当不良之观感”①。学者也指出：“均匀地承担盐税并不是可耻的事。与西方比起来，中国的传统因素更能抗拒变化。”②由此可知，新盐法所规划的盐业自由市场仅是一场空谈。

1931 年，立法院通过的盐法第一条中规定“盐就场征税，任人民自由买卖，无论何人，不得垄断”③，实则不然，许多缉私警一方面作为执法者，另一面仍没有放弃非法贩私的勾当。正所谓“盐之一道，朝廷之所谓私，乃不从乎公者也；官与商之所谓私，乃不从其私者也。近日齐、鲁新规，土商随在设肆，各限疆域。不惟此邑之民，不得去之彼邑；即此肆之民，不得去之彼肆”，实际上是仗权势大小划分了经济属圈，在自己所控制的经济范围中则“潜设饵以钓他邑之民：其售于他邑，则廉其直；而售诸土人，则倍其价以昂之。而又设逻于道，使境内之人，皆不得逃吾网”，倘若有本地贫民冒充外地人士购买食盐，“一被逻获，则先以刀杖残其胫股，而后送诸官；官则桎梏之，是名‘私盐’”④。

新盐法规定设立盐务署与稽核所共隶于财政部，实际上混淆了二者的职能，朱庭祺指出：“就原则言，如果稽核真是稽核，行政

---

① 《请五中全会注意新盐法》，盐政杂志社编《五中全会议决通过限期实施新盐法案及各方评论》，1935 年，第 14 页。

② Joseph Earle Spencer, “Salt in China”, *Geographical Review*, No. 3, 1935, p. 354.

③ 财政部财政科学研究所、中国第二历史档案馆编《国民政府财政金融税收档案史料（1927—1937）》，北京：中国财政经济出版社，1997 年，第 834 页。

④ （清）蒲松龄《聊斋志异》，长沙：岳麓书社，1988 年，第 503 页。

真是行政，则行政与稽核自应分立，但盐务稽核所之职掌，名为稽核，实是收税，而收税实为盐务中主要之行政。盐务署之职掌，名为行政，实是办理与收税有连带之事务，如缉私、场务，皆因收税而始举办。”①由于事权分歧，指挥困难，“虽稽核机关于收税事务，竭力整顿，而行政机关于收税之连带事务，非特毫无整顿，且藉整顿以舞弊。管理场务者，未尝切实管理，坐视场私之透漏，场务废弛实由于此。管理运销者，只知索取陋规，任听商私之夹运，运销不振又由于此。管理缉私者，不缉私而放私护私，甚且自行运私，缉务腐败又由于此”②。

税率问题也是盐法讨论的重点。国民政府第一次全国财政会议，盐务署提出划一盐务税率的议案，指出：“盐税之在今日，不患税率之日重，而患税率之不均。”③1929 年，全国盐税税率共有三十五种，其中山东共有税率三种，分别为二元五角、一元二角五分与四角。④ 由于青岛销往国外的粗盐税率较国内为低，许多盐业公司“以低税之物转运内地私售，弋获重利，或将粗盐转行熬制即成良盐，仍向吾国销售，剥夺利权，实非浅鲜”⑤。

总之，新盐法颁布后，表面上看中央的盐税总数极速攀升。然而，急需分配盐税的地方太多，它不仅是中央军政等费支出的

---

① 蒋静一编著《中国盐政问题》，南京：正中书局，1936 年，第 159 页。

② 蒋静一编著《中国盐政问题》，南京：正中书局，1936 年，第 160 页。

③ 财政部财政科学研究所、中国第二历史档案馆编《国民政府财政金融税收档案史料（1927—1937）》，北京：中国财政经济出版社，1997 年，第 845 页。

④ 《全国最近盐税税率表》，《盐务公报》1929 年第 1 期，调查，第 82 ~ 84 页。

⑤ 郑呈卓《整理山东盐政意见书》，《盐务公报》1929 年第 4 期，特载，第 86 页。

来源，也是许多外债的基金源泉，各省政务维持也大都依赖盐税，盐务行政费则完全出自盐税。分配盐税的主体则包括外国势力、南京政府、省级政府、盐务官吏、盐商及少数银行家等。既有这许多盐税利益主体存在，盐税怎能不重？

（二）旧盐商的寻租

罗素指出，“有势力的私人团体可以引诱国家以一种对它们有利，然而不一定对全民族有利的方式来使用这一权利和作战的权力；它们也能使法律做出有利于它们的规定”[①]。这就是盐商巨贾的政治寻租。于是，盐商给官府的“报效”成为政府筹款的捷径之一。有人对此评议：“政府筹款，或加赋，或募债，要自有正大光明之办法，何以舍此正道不由，而惟知强派商人以报效？万一商人不如其意，则政府可利用威权，加盐商以苦痛，或以种种卑劣手段，损害其利益。盐商迫于政府之威力，亦不能不俯首受命。”[②]由此可知，这些“报效”与勒索、敲诈毫无异处。然而，这种敲诈若真能做到剥私以归公、劫富济贫的话，犹可让人称赞。实际上，商人向政府所“报效”的所有款项，“既非出自商人中饱，亦非提自商人余利，国家取之于商，盐商仍取于民，加重食户之负担，剥夺购买之自由。报效愈重，盐价日昂。私盐愈盛，犯禁日多。赭衣满道，号泣通衢”[③]。

---

① ［英］伯特兰·罗素著，靳建国译《权力论：一个新的社会分析》，北京：东方出版社，1988年，第107页。

② 林振翰编《中国盐政纪要·盐务专著上》，上海：商务印书馆，1930年，第140页。

③ 林振翰编《中国盐政纪要·盐务专著上》，上海：商务印书馆，1930年，第140页。

有学者指出:“这种特殊的盐税制度,非但从前是以‘报效’‘捐款’‘纳贿’等为原动力而促成的,就是以后,也还是以这些为原动力来维持和巩固的。”①据报载,山东“盐官的薪水,有所谓的一里一面者。外面的薪水是公家给,里面的薪水是引商给”②。官厅只知责令商人包税,而置缉私于不闻,“反将缉私大权授诸商人,商人惟知以邻为壑,各人自顾门户,至于产地巡缉,视为与己无关,但求私盐不侵入我之引地”③。由此可知,商人的经济特权很大,盐商通过“报效”,与当权者结成了“利益同盟”。

盐商不满足于盐业销售中的合法利益,而是欲壑难填,进一步行贿官员,“相得益彰”,大肆走私。盐商销食盐,“杂之以水土,售之以短秤,奸巧百出,弊窦丛生,其中所得利益更不可计;搀水作弊,短秤又作弊,种种鬼蜮,皆是赤苍脂膏”④。正如景学钤(字本白)说的:“现在中国并无真正之军阀财阀,可称为阀者,惟一盐阀。……帝制时代然,军阀时代然,即青天白日之时代,亦何独不然。”⑤

况且,胶东盐区向有恶例,盐商购盐须先到盐局缴足场价税额,掣给秤放准单后,才能到放盐处请求筑包(散盐装入袋内谓之筑包)放运。若中途增加盐价,其已缴足款额尚未筑包部分仍需

---

① 刘存良《中国人民之盐税的负担》,《中国经济(南京)》第2卷第2期,1934年,第39页。

② 《山东盐政》,《大公报》1931年4月2日。

③ 林振翰编《中国盐政纪要·运销》,上海:商务印书馆,1930年,第316页。

④ 南开大学经济研究所经济史研究室编《中国近代盐务史资料选辑》第2卷,天津:南开大学出版社,1991年,第144页。

⑤ 本白《答某君改革盐政书》,《盐政杂志》1930年第49期,代论,第2页。

十足补缴,已筑停当者免补。盐价增加前所筑包盐数之多寡关系到盐商的切身利益,于是,“盐商莫不钻营运动,希求早筑速筑多筑”①。甚至有盐商私制盐巡图符,擅称缉私队谋求私利。“散驻外防之各队,因各巡大约均系当地村民,皆不穿军服,跣足短裤,赤裸上体,与普通人民无异……竟无军风纪可言。各兵均回家食宿,有事则招之便来,无事可自耕其田,以服务盐巡为副业”②。政府屡次张贴布告,严禁硝盐,由于缺乏合理的监督和管理,该盐商将以商巡名义缉获的硝盐全数掺入食盐内,发售牟利。官盐不仅价高而且限制食量。在沂水,“一个集空每口人只卖给一小竹筒,约有两三盅,黑心的盐行还把盐里掺上土,坑害老百姓。崔家峪盐行半年就在盐里掺了能垒半盘炕的土”③。

总之,盐商手中的金钱资本虽然具有商业资本的社会流动性,却没有注入社会化大生产中,反而成了盐商手中的“报效”资本。它裹挟了政策走向,许多盐商从事破坏官盐体制的活动,主政者却未予以严惩。结果,盐商的自利行为成了破坏社会秩序的主导力量之一。

二、国民政府沿袭旧制

对国民政府盐务体制的评述,约瑟夫的观点很有代表性:“当王朝终结后所确立的现代税收稽核制度,毫无规律地分割

---

① 《关于王树奎勾结盐商贪污一案致山东盐管局的呈》,山东省档案馆馆藏档案:J112-12-838-37。

② 南开大学经济研究所经济史研究室编《中国近代盐务史资料选辑》第2卷,天津:南开大学出版社,1991年,第146~147页。

③ 李德《我参加大刀会活动的回忆》,《沂水县文史资料》第1辑,1985年,第165页。

地区征收盐税，使得盐税在很大程度上成为地方通行税费，不可避免地成为在广大地区而不是在一个严格中心化的政治管理下的特征。盐务管理试图保持盐业生产上的质量与数量标准，获得足够多的地域性食盐分配地域，规范食盐价格，为中央集聚税收。将历史上的繁杂性整齐划一是一件不可能彻底完成的事，均匀地承担盐税并不是可耻的事。与西方比起来，中国的传统因素更能抗拒变化。"[①]关于政府的税收政策，时人评论道："政府税收机关为商人操纵把持，故每逢政府对于盐斤加税加价，必与商人勾结，朋分其利益，方能实行顺利。其所取得之利益，或由政府自动给与，或由商人要求给予，名曰津贴。此项津贴，即为加税之交换条件。"[②]

（一）沿袭引岸专商制，流弊滋生

有学者谴责道："中国在二千年前，封建制度早已铲除。……独留此盐商之引界使全国领土永为引商之汤沐邑。全国人民永为引商之纳税奴。"[③]迄至民国，"盐业控制仍沿袭几个世纪以前的管理方法"[④]。我国盐引制源于宋代，正式确立于元代。盐商霸占食盐专售权则是在明清时发展巩固起来的。辛亥革命后，盐商所持的盐引仍旧是清政府颁给的。北京政府时，盐商曾多次以"报

① Joseph Earle Spencer, "Salt in China ", *Geographical Review*, No. 3, 1935, p. 354.

② 南开大学经济研究所经济史研究室编《中国近代盐务史资料选辑》第2卷，天津：南开大学出版社，1991年，第216页。

③ 蒋静一编著《中国盐政问题》，南京：正中书局，1936年，第120页。

④ Esson M. Gale, "Public Administration of Salt in China: A Historical Survey", *The Annals of the American Academy of Political and Social Science*, No. 1, 1930, p. 249.

效”的方式，要求北京政府能够在法律上确认其垄断权。由于帝国主义和北洋军阀对于“报效”费用应由谁来支配的问题还存有冲突，因而“报效”未得到公开承认。南京国民政府成立后，为了从旧盐商那里获取财政上的支持，不顾人民的反对，主政者换发了新的盐引、盐票，在法律上公开承认旧盐商的垄断特权。

在当时的中国，施行纯粹“引岸”与“引商”制的有长芦、山东、两淮、两浙四大区，其行盐之地为河北、河南、山东、江苏、安徽、浙江、江西、湖北、湖南等省。其余如四川、福建、广东、广西、云南、贵州等省大都采行一种变相的“引商”制，即所谓的“包商认税”制，由此看来，中国的盐业几乎是采用“专商”制的。[①] 1928 年 2 月，南京国民政府财政部颁发所谓新照，准许引商永远执守。于是“设场制盐，划区配销，销有定额，运有常经。凡场必有固定之销区，产虽丰壅滞无忧也，凡县必有固定之引票，地虽偏荒淡无虑也”[②]。在这一制度下，为了垄断某一地区的运销权，盐商通过向政府“借款”获得了南京国民政府在法律上对其食盐收购与运销特权的承认，这种“权—钱”结合的关系导致整个盐业系统的腐败。于是，“官可从而征其税；商可从而专其利；官视商为利薮，商以官为护符；官与商交相为用而互得其益”[③]。盐商不仅把“报效”费用转嫁在食盐价格中，又可从政府的盐业政策中得以利益均沾。

引岸专商制违背了公平原则。依租税原则论，所谓良税，课

---

① 刘存良《中国人民之盐税的负担》，《中国经济（南京）》第 2 卷第 2 期，1934 年，第 39 页。

② 财政部盐务署编《盐务年鉴・运销》，上海：中华书局，1930 年，第 1 页。

③ 刘存良《中国人民之盐税的负担》，《中国经济（南京）》第 2 卷第 2 期，1934 年，第 39 ~ 40 页。

税对象不能是生活必需品,税率应按承担者的能力大小来定,有伸缩余地。有学者评论:“食盐本是生活必需品,国家重税苛征,使贫民苦于负担,已经不公平。而实际人民所付的盐价竟有三分之二是被盐商剥削了去,供其声色犬马,穷奢极欲的生活享受之用,并且明明有较为廉价的盐,也不许人民购买,强迫人民要食用他这有政府法令规定的盐。”[①]换句话说,就是强迫人民每年向盐商缴纳一笔税款供其享用,这与封建领主的威风不相上下,还有什么公平可言?

在专商垄断盐利情形下,盐场内的书差存在“私顶承袭陋习”[②]。税警场警在公务执行中也有诸多弊端,“放私敛费、收私变价、干预处事、借端需索等弊……而长官移交费一项,积习最深,动多轇轕”[③]。盐商所进行的私贩有来自上层权势的庇护,“漏数万之税非私,而负升斗之盐则私之;本境售诸他境非私,而本境买诸本境则私之”[④]。由于食盐运销配有专区,交通不便,导致产地食盐壅塞。莱州盐税局辖内利渔滩盐斤,指定配销距离较远的昌、潍、益、临四县,由于交通不便,“自利渔滩开办以来,采运之盐寥寥无几,以致利渔盐斤销路疲滞,积存过巨”[⑤],影响盐民生计。

---

① 其华《引商制的弊端》,盐政杂志社编《五中全会议决通过限期实施新盐法案及各方评论》,1935 年,第 37 页。

② 《核定山东拟订整理场课方案》,《盐务汇刊》1933 年第 31 期,公牍,第 33 页。

③ 财政部财政科学研究所、中国第二历史档案馆编《国民政府财政金融税收档案史料(1927—1937)》,北京:中国财政经济出版社,1997 年,第 854 页。

④ (清)蒲松龄《聊斋志异》,长沙:岳麓书社,1988 年,第 503 页。

⑤ 《山东区所属稽核机关二十三年四月份工作报告 · 莱州盐税局》,《盐务汇刊》1934 年第 44 期,附录,第 107 ~ 108 页。

总之，到抗战以前，南京国民政府凭借手中的国家权力，逐步垄断全国的经济命脉。特别是盐业方面，盐商与政府相勾结，专商多次向政府筹借巨款。获得了专商的巨额“报效”费后，南京国民政府不仅在事实上，也在法律上承认了专商的垄断权利。国民政府之所以能不断增税、加捐，皆因这种专商垄断的盐税制度。换言之，这种专商自利的盐税制度最利于政府的征捐和加税。在政府方面，只要盐商不阻止加税或征捐，引岸、专商可以永久保存而不废；在盐商方面，只要政府能在政策上照顾专商，增税加捐当然不成问题，何况还是两利之道。在这样的盐税体制下，盐商们可以专享不当利得，政府也可以维持并扩大其巨额的税收。只有下层民众须承担所有的盐税，他们成为最可怜、生活最痛苦的群体。

（二）制定袒护盐商的法规政策

主政者紧握税收话语权，为了应付高额的财政支出，利用手中的政治权力以整理盐务为由，将正税税率由轻税区的低税率向重税区的高税率看齐，最大程度榨取民脂。1932 年 3 月山东盐税率按中央税加征 40%，仅此一项全年可增银元 200 万元。至 1933 年经南京国民政府整理后的各区盐税暂行税率，山东盐区 6 个销地中就有 4 处增加税率。时人指出，盐税自“十六年（1927）以后直到现在为止的情形，则无论正税，附税，不但没有减少，反由中央和地方层出不穷地加征了许多新的捐款和正、附税。‘捐款’多半是临时筹集的，‘正税’和‘附税’则是经常征收的”[①]。1913 至 1926 年山东食盐每担正税为 1.350 元，同期附税却为 3.350 元；1927 年至 1932 年间正税虽未变，附税却增加了 1.666 元，仅 11 年间附税增加到 5.016 元。[②] 附税占到了正附税总额的四分之三。所有这些附税捐款是全国范围普遍征收的。至于各地方政府、机关团体以地方为范围征收的所谓陋规就更为复杂了。特别是大宗的临时捐款，如食户捐、工捐等名目，虽无从考察具体数额，把总数合计起来却是惊人的。这些附捐款项多是各级政府应一时急需而临时摊派的，毫无法规可循。“或抽或裁，或增或减，纯依当地强有力者之喜怒，或军用之缓急而定”[③]。

要知道，“加派陋规，弊之在官者更多。一引之课，增之数倍。官无大小，按引分肥，商人安得不重困！赔累日深，配引日少，官盐贵而私盐横行，皆加派所致”[④]。所谓的盐务整顿，名为均税，实则增税，使高者更高，低者向高者看齐。东岸 18 县及青岛区原有税率，在山东盐区内为特轻，“为免轻税盐斤侵销重税区域之弊，故予酌加中央附税一元，以期均衡。……每担由一元五角加至二元五角”[⑤]。据东纲公所经理统计，山东省最高税率的纲岸 80 县

① 刘存良《中国人民之盐税的负担》，《中国经济（南京）》第 2 卷第 2 期，1934 年，第 18 页。

② 刘存良《中国人民之盐税的负担》，《中国经济（南京）》第 2 卷第 2 期，1934 年，第 22 页。

③ 林振翰编《中国盐政纪要 · 运销》，上海：商务印书馆，1930 年，第 198 页。

④ （清）王庆云《石渠余纪》，北京：北京古籍出版社，1985 年，第 231 页。

⑤ 《山东沿海各地鱼盐仍照旧率征收》，《盐务汇刊》1933 年第 33 期，纪事，第 43 页。

在税率调整后增加了170%,而最低税率的东岸民运18县,税率调整后却增加了650%。[①]

1934年,南京国民政府又将司马秤改为市秤。[②] 衡制虽然改动,但税率没有改变。司马秤100斤等于市秤127斤,统一改用市秤,各区税率理应依照127斤折合减低,每担税率相应降低27%,依此推理,商人成本减低27%,各地牌价亦应一律减低27%。事实上,衡器变更后,各区税率如故,商人成本也如旧。有人指出:"财政部假改秤之名,行加税之实。"[③]显然,衡器变动是一种更具掠夺性的"剥贫肥富"政策。有人惊呼:"盐税为赋税中之最大恶税,甚于人头税。"[④]强势群体不断攫取盐业利润,底层的民众利益自然受损。可惜,"山东盐斤改为公斤之后,税收……并未增加……去年全省税收,共九百五十万元,大约今年亦在此数"[⑤]。

总之,盐税作为国家收入重要来源,因时局多变,不仅国民政府财政仰仗盐税,"各省恒以盐斤附加,易于筹集巨款,不惜违反征税原则,巧立名目"[⑥]。种种困民税制给农民生活造成重大创伤。最终,底层民众呼吁改革的希冀并未纳入国民政府盐务改革

---

① 曹增元、伊丕相整理《冯念鲁谈山东盐务》,桓台县政协文史资料委员会编《桓台工商经济专辑》,1990年,第82页。

② 二者均属计量单位,在单位换算中有一定区别。司马秤是传统的衡器工具,又称杆秤,单位是两。市秤,以国际公制为基础,重量主单位是市斤。

③ 《盐斤改秤之实况》,《盐务汇刊》1934年第38期,特载,第48页。

④ 南开大学经济研究所经济史研究室编《中国近代盐务史资料选辑》第2卷,天津:南开大学出版社,1991年,第217页。

⑤ 《防范抢盐实行建坨》,《盐政杂志》1934年第59期,盐务消息,第8页。

⑥ 宋子文《财政部咨第一六七九五号》,《盐务公报》1930年第24期,公文,第180页。

的范畴。

三、盐务缉私机关异化

(一)上行下效

有学者指出:“最高统治者利用政治权力攫取经济利益,为其服务的各级官吏也同样要分一调羹。从实质上讲,他们是一样的,区别只不过一个是大盗,一个是小盗,一个是合法,一个是非法的而已。”[①]由此可见,掌握国家核心权力的政府上层与旧盐商的“权—钱”结盟,为缉私队树立了借权谋私的“榜样”。曾仰丰因而感叹:“吾国政界之腐败由来久矣。入民国后,时局不定,仕途益杂,就中尤以缉私为藏垢纳污之地……大都以卖缺放私吃空为能事。”[②]主政者通过增加盐税率以自肥,下层胥吏用更恶劣的手段来谋利。

许多盐官更视盐务岗位为肥差。青岛盐区大港验放处主任“办理坨务仅三年,下属司员三分之二为亲乡旧友。常常将浑水摸鱼、越多越好、愈久愈妙挂在口边”[③]。达官显宦常向盐政部门推荐人员,这类群体依仗权势为所欲为,在盐务执法中毫无忌惮。“其所以甘于贪污者,要在于职位之无保障也,因其存五日京兆之心,则不得不及时营利,以备赋闲之需”[④]。这些人深知政途无常,因而多方应酬,结交权贵,有时甚至滥支,侵吞盐务行政费用,黑

① 刘泽华等《专制权力与中国社会》,长春:吉林文史出版社,1988 年,第 148 页。

② 曾仰丰《榷鹾回顾录》,《盐务汇刊》1933 年第 33 期,特载,第 27 页。

③ 《关于王树奎勾结盐商贪污一案致山东盐管局的呈》,山东省档案馆馆藏档案:J112 - 12 - 838 - 37。

④ 曾仰丰《榷鹾回顾录》,《盐务汇刊》1933 年第 33 期,特载,第 31 页。

幕重重。据统计,盐务行政费常占总收入16%以上,1930年度竟有2000余万元之多。[①] 地方政府对盐务缉私有协同责任,可是地方官对于条例,“多视同具文,以致各种整顿计划,均难实行”[②],反给私盐营销创造时机。加之地方当局政治割据形态的存在,截留税款和增征附税愈加“常态化”,所以“盐税的一部或大部就不曾流入南京政府的财库”[③]。

山东盐区渔盐课税陋规甚多,“永利、王官、莱州三场,有鱼盐课钞一项,系沿前明黑土课钞之旧,现在起课之地,久经沦没,应征课款,辗转责令盐商措纳,其性质等于陋规”[④]。派驻各县的缉私税警,由于积弊甚深,并未达到预期的缉私效果,“对于制私走私者,非但不能取缔,且从中取贿,而于乡村中良民,则又往往施用栽赃手段,以为敲诈,罚款恒至数十倍之巨”[⑤],种种因素叠加,使得农民私做硝盐及运售私盐日众,税收逐年减少。

缉私警员的职责是惩罚罪恶。由于缺乏健全的监督和制衡机制,如果缉私盐警私欲膨胀,又有运用权力的可能和空间,就会给社会带来极大的危害。缉私人员知法犯法,往往公权私用,借缉私之名,行放私、贩私之实。学者指出:“盐务官吏及缉私队与

---

① 夏保罗《中国盐政之积弊及其改革》,《新中华》第1卷第12期,1933年,第5页。

② 曾仰丰《榷鹾回顾录》,《盐务汇刊》1933年第33期,特载,第30页。

③ 应墨如《目下的食盐问题与新盐法》,中国经济情报社编《中国经济论文集》第2集,上海:生活书店,1936年,第241页。

④ 《核准豁免山东区永利等场鱼盐课钞》,《盐务汇刊》1934年第46期,纪事,第8页。

⑤ 《整顿长芦盐政之标本兼治》,《盐务汇刊》1934年第50期,转载,第83页。

盐商互相勾结,收索规费,回护枭匪,已成公开之秘密。"[①]按常理讲,"缉私队之设,原为取缔私盐,以免影响官盐销路,妨害国家收入,乃历年积习相沿,竟成为一种保护性质,盐商随时请求,派遣缉私队皆按其指定之地点驻防,仿佛一种保护性质,致予贩私盐者以绝好机会,各地私盐充斥,实大违缉私之本旨"[②]。缉私队往往借缉私之名在盐产地购买大批私盐沿途销售,对外宣称是破获的私盐,因而一路关卡及其他缉私机关很少过问。

贩私利益虽然巨大,但毕竟虚耗资本,于是,缉私警员多采用护私,即"缉私营与私贩勾通,凡在管辖境内,任其销售私盐,而缉私队每月或每年得其一笔报效费"[③]。在得到报效费后,缉私人员常佯为不知私贩过境,任其销售。恶意放私,耗掉国家巨额税源,"原为整饬行政与缉私之用,而其结果,以缉私之人而贩私、护私、放私,以治盐之人而为乱盐之机关。养虎遗患,惟中国人则有之"[④]。盐业自由市场断不会在这种盐政体制下产生,假公济私的缉私队伍更不会保障公正的市场秩序。在这种环境中,国家多保留一名缉私兵,如同增加一名贩私人员。以致财政部部长不得不承认"盐务积弊,历久相沿,奸商蛊惑,有如魑魅,前此盐务人员之贪污违法,固由其个人意志之薄弱,而环境之引诱,实所以形成"[⑤]。

---

① 蒋静一编著《中国盐政问题》,南京:正中书局,1936 年,第 123 页。

② 《山东盐政之过去现在》,《大公报》1931 年 3 月 25 日。

③ 蒋静一编著《中国盐政问题》,南京:正中书局,1936 年,第 123 页。

④ 蒋静一编著《中国盐政问题》,南京:正中书局,1936 年,第 124 页。

⑤ 《孔部长整顿盐务之谕饬》,《盐务汇刊》1934 年第 41 期,公牍,第 24 页。

(二)执法不公

为了保障官盐畅销,政府制定了私盐治罪法。“财部以该法仅能适用于惩治情节重大之私盐案件,对于轻微者,则规定应照部颁私盐轻微案件处罚章程办理。特咨司法行政部查照,并请通饬各级法院,凡私盐轻微案件,勿予受理”[①]。事实上并非如此,“缉私队对于军私案件,往往不敢过问”[②]。缉私队常常利用本身的优越地位,借权自为。“缉私官兵对于私盐人犯,辄用拷打,流弊滋生,为民诟病”[③]。据调查,缉私队分散各县,“视商人盐店如仇雠,百般挑剔,诈取钱财,对于私盐充斥并不取缔”,各地盐池也不平毁,“反藉此收款取利,大队长坐享其成,分队长各地骚扰,向人民入户栽赃,向盐店勒押讹索,动则罚款……盐运使署庇护纵容……所有内外勾通一气,只知罚款分肥,而人民盐商竟在水深火热之中,大有日不能支之势”[④]。

缉私官兵对于贩私人员也区别对待。不合理的盐政隶属关系更带来许多负面影响。日照涛雒盐局在 1933 年突然改隶淮北,日照一地其他庶政却统属山东省府。于是,驻日照盐警恃与地方政府毫无关系,恣意横行,栽赃诬害之案,层见叠出。盐警打死平民,却不受地方法院传讯。而盐官专务税收,不问其他,食盐

---

① 《私盐治罪法适用于情节重大案件》,《中华法学杂志》第 6 卷第 8 期,国内要闻,1935 年,第 101 页。

② 财政部财政科学研究所、中国第二历史档案馆编《国民政府财政金融税收档案史料(1927—1937)》,北京:中国财政经济出版社,1997 年,第 856 页。

③ 《私盐人犯禁用刑讯》,《盐务汇刊》1933 年第 20 期,公牍,第 34 页。

④ 《长芦缉私员兵藉端索诈之彻查》,《盐务汇刊》1933 年第 17 期,公牍,第 37 页。

税收直线上升。[1] 然而，缉私官兵遇普通民众时，辄用拷打，滋生诸多流弊。在日照境内，巡兵自1928年以后，“威焰日张，渐多私刑、私押、私罚等弊，现自改名税警，气势愈横。所长某向人声称，盐务为国家唯一税收机关，又有外人关系，生杀予夺，威权无二，其言如此，至有毒刑拷掠致毙人命情事。人民踵足屏息，道路以目”[2]。百姓对于盐务人员，视如仇雠，“且征税之后，私贩如鲫。动辄开枪互击，毫无顾忌，如平时匪警与夫十七年（1928）之大刀会匪滋事，杀伤员警，至数十人之多”[3]。种种弊病给社会带来诸多不安定因素。

1934年6月，威海盐警队长陈法德拿获窃盐贫民于庆德后，严刑拷打，逼令其诬报其他村民，继而对外宣称盐犯逃跑，却道不出具体下落。村民皆怀疑于庆德已被谋害。此案引起极大恐慌，时逢“有人造谣，谓端阳节午去购盐免税五小时，逾时照常，乡民信以为真，不期而会者成千，盐警误为窃盐，实弹恫吓，乡民积愤，一时激动，纷纷取盐”[4]。盐业中的官民仇怨日积月累，若得不到合理解决，终会导致暴力冲突。

第三节 集团同盟的利益狭隘化

在盐业生产的利润链中，盐商的经济势力与政府的倾向性盐

① 财政部财政科学研究所、中国第二历史档案馆编《国民政府财政金融税收档案史料（1927—1937）》，北京：中国财政经济出版社，1997年，第864页。

② 南开大学经济研究所经济史研究室编《中国近代盐务史资料选辑》第2卷，天津：南开大学出版社，1991年，第325～326页。

③ 吴祖耀《青盐志略》，《盐务汇刊》1933年第32期，附录，第89页。

④ 《鲁海滨抢盐潮》，《益世报》1934年6月24日。

务政策互为表里,极易结成“攻守同盟”,占据生物链的最顶端。他们作为盐业体制中的抽税群体,与广大的村民之间存在着严格的等级秩序。普通的盐业生产者辛苦劳动所得却不能维持温饱,广大农民用盐须忍受高额的税率负担。在这种极富与赤贫的对立关系中,政策失误极易导致剧烈的社会动荡。“抢盐风潮”就是典型代表,它是指不同县域的村民在同一段时间内通过非正常手段从盐场抢取食盐。20 世纪 30 年代,随着共融利益的狭隘化,胶东地区“抢盐风潮”盛极一时。村民们联合攻击盐警,抢夺食盐。国民政府对此甚至动用了海军力量进行镇压。

一、盐商垄断经营

南京国民政府实行官督商营的盐政制度,政府负责“督销缉私,设有专署,领引□运,尽归岸商。贩私食硝,为偷漏国税之行为,法所不许,勒派盐斤,乃骚扰闾阎之事实,亦当查禁”。而山东盐商,“竟按丁银派销盐斤,官吏勾结于上,土劣掊克于下”[①],沿海人民“皆以盐为业,盐商势力颇厚。制盐捕鱼仍沿用旧法。但求糊口”[②]。盐商们除了从食盐运销中获取直接的商业利益,每当政府加税时,盐商也存在“搭便车”行为,从盐税中渔利。更有甚者,盐商以皮重卤耗名目,在官盐之外公开夹私,每担平均约 5 市斤半。[③] 这种情形只会导致民怨。盐商凭借着专岸引商体制,将盐的售价抬高,这里面不仅包含着普通利润,还包含着普通利润以

---

① 《奉令省各县不准伙同盐商派盐》,《财政旬刊(济南)》第 12 卷第 4 期,1935 年,第 1 页。

② 林传甲《大中华山东地理志》,1920 年,第 320 页。

③ 南开大学经济研究所经济史研究室编《中国近代盐务史资料选辑》第 2 卷,天津:南开大学出版社,1991 年,第 276 页。

外的额外附加——盐价提高的部分，从其本质说，可视为变相的盐税或以盐商为征收者的盐税。

在只许专商独占盐利情形下，“一般小民不许公开贩盐，彼等迫于生计，以致走险贩私，侵蚀国税，私枭遍地，危及治安。执是以言，自由选购与自由贩运，不惟可以促进盐质改良，且为强健国民体魄、增进民族健康之先决条件，关系民族复兴至为重大”①。《日知录》载：“天下皆私盐，则天下皆官盐也。”②道出了食盐专卖制度的本质。

当然，引商也时刻“关注”灶户的生计问题。与其关注新盐法相比，他们的“为民请命”显得十分滑稽。“青岛各处有许多废弃的滩池，触目皆是，引商也为这等盐民呼吁，注意这等灶户的生计问题。独至于废引问题发生，引商即号呼说是于灶户生活问题有关。……国民政府不单是引商的政府，国民政府为大多数民众谋利益，不能为少数之特殊的有些许损失而中止大政之进行，实行新盐法，不论于灶户无多大妨害，即使稍有妨害，也不能以彼易此。新盐法岂能以有损少数盐民之利益而不实行”③。

对于这种食盐运销制，有人评论：“名曰官专卖，实则商专卖，国家唯责令商人包税，而一切产制运销，其权全由商人，商人又不能集合团体，成一大公司，于是一县之中，有无数商人，即划分无数区域，同一纳税之盐，由此地运至彼地，即为私盐，强迫某地人

① 财政部财政科学研究所、中国第二历史档案馆编《国民政府财政金融税收档案史料（1927—1937）》，北京：中国财政经济出版社，1997 年，第 842 页。

② （清）顾炎武著，（清）黄汝成集释《日知录集释》（外七种），上海：上海古籍出版社，1985 年，第 826 ~ 827 页。

③ 《山东盐政》，《大公报》1931 年 4 月 2 日。

民,只准食某商之盐,否则指为邻私。……合计人民所纳之盐价,纳于公家者,不过三之一,其大多数,全饱于官商之囊橐。自有此划地行盐,准商包税之弊制,于是我国之领土,遂为盐商世袭之封地,我国之同胞,遂为盐商纳税之佃户。”①普罗大众不得不疾首蹙额于专制政体之下。

盐商既占有专卖特权,对于灶户每年生产的食盐,理应按合理价格悉数收纳,最起码要使生产者血本无亏,劳力有所偿。然而在引岸体制下,灶户所制盐斤,不允许转售他人,“非商莫售,堂堂明文,限制极严,是商灶间条件如此之酷,则灶户惟有仰给盐商,万不敢背约他求,而商从不尽数收买,以履行其专卖义务,计其每年购盐总数仅当灶户制额三分之一,而灶户余盐积累,颗粒不准他销,汗血金钱,坐视消耗,逐年如斯,损害曷极”②。这类情形进一步表明,商贾享有专卖特权,对农民施以压迫手段,最终,利由商得。盐业生产者的劳力所得皆被剥夺,血本难偿,长久以往势必影响政府的公信与威严。

在民运区域,营盐商号为数甚多,“大至专设商铺,小至设摊寄售,各街市触目皆有。其专营盐业者,大率皆在小港一带。此项大小盐商,既未经官厅批准立案,亦并无专利性质,或在各区自辟滩场,或在各地收买民户盐斤,运至小港完税搬回门售批发……此种商店,普通兼营附近青岛各县之土产”③。这些盐店商贩购运盐斤,缴纳场税后,可在东岸 18 县境内销售,跟零售盐店无所区别。

---

① 林振翰编《中国盐政纪要·盐务专著上》,上海:商务印书馆,1930 年,第 123 页。

② 《芦台灶户之呼吁利由商得害归灶受》,《大公报》1931 年 4 月 23 日。

③ 吴祖耀《青盐志略》,《盐务汇刊》1934 年第 34 期,附录,第 119 页。

买卖盐斤数目也不受官厅限制。由于食户较多，营业额较大，盐店商贩得以坐享其成。

经营盐业获得颇丰，盐商内部展开利益争夺。盐务署与青岛永裕公司签订合约，由永裕公司独享供日盐利，结果，青岛商界中不满永裕公司者就号召一般民业盐户，组织盐民联合会，极力反对，一再电呈部署，请取消投标原案，由盐民承办，并运动参众两院议员及山东省议员出力援助。“盐务署以联合会既不照章投标，又乏资产信用，且是时政府急于筹款，永裕于订立合同后，已预缴第一年产价二十万元，又代借二十万元，以第二年产价作抵，成案碍难变更”。一些巧言令色之徒，开始寻求军事力量，声称盐业利厚，理应让永裕公司加课助饷。永裕公司未允。于是，联合会“谋武力解决，聚众数百，围胶澳商埠公署以示威，并烧民居以报私怨，广布传单，谓永裕虐待盐民，绝其生计”。此时，永裕尚未接收盐产营业，联合会遂以经费无着为借口，强令盐民捐资入会，无资者出盐，先后积盐二三万吨，随后抵押给银行，借得十余万元，任意挥霍。这场盐利争夺的结果却是盐民“尽丧所有，惟有受雇于联合会，听其指挥，藉资糊口”①。

二、食盐生产者的贫困

从事食盐生产的百姓被称为滩户、盐工。盐工多是那些丧失生产资料的贫苦农民转化而来。据记载，民国时期，“山东王官场有滩户 293 个，莱州场有滩户 358 个，金口场有滩户 406 个，石岛场有滩户 1553 个，涛雒场有滩户 175 个，石岛分场有滩户 286 个，

① 《收回青岛盐田经过之情形》，《盐务公报》1930 年第 15 期，特载，第 186 页。

以上六场共有滩户 3071 个。其中莱州、金口场和石岛场地处荒僻,滩户皆海滨贫民”①。在青岛盐区,“滩户自行晒制者不足半数,雇觅工人者居多”②,这些盐工“恒向海阳招聘”③。在莱州,土山盐区生产的大粒盐,是远近闻名的特产。当地共有盐滩 128.5 副,每副滩池年产盐约 2500 担(每担 100 市斤)。每副盐滩的盐民户数不定,有的 10 余户,有的二十几户,大都是合伙晒盐。只有沙河镇杜家村太平府,独占 5 副盐滩,一律雇工,由土山镇提家村的提绍桂经营。④

日照僻处海隅,地瘠民稠。全县滩民、灶户直接以盐为生者多达三四十万。1934 年秋,盐务机关竟将全县滩场取缔,远运滩盐代销,“坐使沿海百余里地则不毛,弃诸无用;人则失业,生计立绝,饥寒交迫,至有一家五口投海者,又有自毙其子女数人夫妇对缢者,冤哭愁叹,惨不忍言”⑤。由于税率出奇,“每石盐卖价约四元左右,但捐税三元多,盐民仅剩四角,每户盐民平均一天可收盐一石至三石,两天则一斤也买不到”⑥。

盐工虽拥有少量的制盐工具,却没有足够的资本进行生产,

---

① 丁长清主编《民国盐务史稿》,北京:人民出版社,1990 年,第 131 页。

② 丁长清主编《民国盐务史稿》,北京:人民出版社,1990 年,第 133 页。

③ 赵琪修,袁荣叟等纂《胶澳志》卷 5《食货志 · 盐业》。

④ 曲云基《对土山盐区的回忆》,《莱州文史资料》第 3 辑,1989 年,第 86 页。

⑤ 南开大学经济研究所经济史研究室编《中国近代盐务史资料选辑》第 2 卷,天津:南开大学出版社,1991 年,第 325 页。

⑥《山东省委关于山东形势和党的工作的报告》,《山东革命历史档案资料选编》第 3 辑,济南:山东人民出版社,1981 年,第 115 页。

每年开工之前还得向场商借高利贷充作周转资金。灶户业晒，须向场商租用盐滩或盐池，缴租二百元，“盐成送担，每担取钱一百文（每年六月以后，因产盐较少，增至二百文），名曰担头钱。晒丁一户约租盐田一百数十方丈，平均每年可产盐二千石左右。春季产旺，又须雇工相助，工资年约四十元，收支相抵，所余寥寥。衣食所需，时虞不足”①。所制盐斤，无论场商收盐价格如何低廉，都必须售与场商。“血汗金钱，坐视消耗，逐年如斯，损害曷极”②。可见，盐工对场商有明显的依附关系。

郑板桥曾对胶东盐民的苦难生活作了精辟描述：“绕郭良田万顷赊，大都归并富豪家。可怜北海穷荒地，半篓盐挑又被拿。”③从中可以获知，潍县土地关系的变化存在兼并现象。失去土地的农民或沦为佃农，或以小贩为生，而以贩盐为生的盐挑又被官府缉拿扣留，生活艰难。迨至民国，郑板桥描述的现象仍未得到彻底改观。虽然胶东地区的食盐产量颇丰，但并非普通百姓均可从事制盐，盐滩70%以上属于大滩主或盐商。据载，“1931年，荣成一县即有盐场17处，盐田面积达1.5万余亩，盐村50余个，从业盐民达1372户，计3215人，年产原盐达4000多吨”④。然而，盐场区的最高主宰是盐商，当地盐官以聚敛朘民为能事，从事盐业生产的百姓只能过着悲惨的生活。

---

① 卞锦涛《中国之盐业及盐民生活》，《新中华》第3卷第13期，1935年，第108页。

② 《芦台灶户之呼吁利由商得害归灶受》，《大公报》1931年4月23日。

③ （清）郑燮《潍县竹枝词》（其一），潘同生编著《中国经济诗今释》，北京：中国财政经济出版社，2000年，第96页。

④ 山东省盐务局编著《山东省盐业志》，济南：齐鲁书社，1992年，第308页。

依前述,在胶州一带的盐工很少是当地人。盐场多是以“一天可获30—50斤小麦”[①]的高报酬吸引周边走投无路、死里逃生的贫苦农民前来应雇。正如盐工自己说的:“万般无计奈,才去闯盐滩,一来把难躲,二来挣吃穿。”[②]因为晒盐的季节性很强,一年中只有春秋两季是产盐的黄金季节,盐场主为了从盐工身上榨取更多的脂膏,实行春秋旺季雇人,夏冬两季辞工的办法。春季雇工从农历二月初六至六月初六为一期;秋季从农历七月十五至十月十五为一期。工资并非按月发,规定干完一期后,再一起结账发工资。工人如有中途因劳累致疾,或因活重体力不支,主动要求退场,不仅分文不得,还要缴纳饭钱,所以几乎没有敢在中途要求退场的。盐场主唯利是图,每逢一季的后期,就故意用高度重活折磨盐工,若盐工支撑不了,即行辞退,不发分文工资。盐场主甚至实行撵了再雇、雇了再撵的手段,让一些被撵工人白干活,赚取昧心钱。就是那些咬着牙根干完一期的盐工,也不过挣四五元钱。棘洪滩一盐场主就用这种毒辣手腕,在一年春季把工人折腾了四个多月,没有支付什么工资,就白晒了480吨盐。[③]

盐工工资极低。据调查,“普通制盐工人……每月工资一般的只有二三元,少数较高的亦不过五六元,惟尚须受领班或伕头的中间剥削,实际尚不及此数”[④]。盐工不仅工资微薄,而且劳动

---

① 刘世逵、李进《胶州市的产盐业》,《胶州文史资料》第9辑,1996年,第96页。

② 臧家健《胶州盐工的罢工斗争》,《胶州文史资料》第3辑,1988年,第110页。

③ 臧家健《胶州盐工的罢工斗争》,《胶州文史资料》第3辑,1988年,第110~111页。

④ 李建昌《官僚资本与盐业》,北京:生活·读书·新知三联书店,1963年,第42页。

强度大，工作时间长。他们平均每日要干 15 个小时的活，早晨天不亮就起床，晚上不到 8 点不收工。更有甚者，他们还得时常背着 100 多斤的盐包，沿着 30 厘米宽、18 米长的桥板爬盐山。尤其是盐工往船上装盐时，要赶潮水争时间，那就更苦了，走得稍慢点，就会被盐场把头用腊杆子打。①

盐工居住的是低矮窝棚，每逢雨天，铺草潮湿，跳蚤臭虫遍地皆是。他们的身体状况自然是极其不佳，睡眠不良就会影响日常生产。盐工穿着又极其单薄，天气转冷就在身上围一块麻袋片，天气热了就披个蓑衣头。在胶县南庄，孙德友在盐场干活多年，最终却衣不蔽体，由于穿一条露着皮肉的破裤子，为了躲避熟人的目光，常常绕道而走。总之，盐工每逢春二月进入盐场时，每人多是穿着露棉絮、浑身窟窿的破袄，这也是唯一的铺盖。过了五月端午，天气转暖后，盐工就常常光着身子进行劳作，这是盐工被蔑称为“盐场猴”的来由。②

综上所述，我们可以看出，盐工们拼命干活却受尽侮辱，生活得不到最基本的保障，有时连最基本的尊严也被践踏得一无是处。盐业生产者辛苦劳作的形象竟被盐场主和把头们戏谑为“盐场猴”，进一步揭示仅仅依靠辛苦劳作，盐工既不能改善自己的经济地位，也不能提高自身的政治境遇。正如歌谣所唱：“盐场猴，盐场猴，啃着小米饼，嚼着萝卜头；住着靠山屋（指在海边崖坡搭的窝棚），披着蓑衣头，雨天泥打滚，晴天汗水流；好女要逃生，宁

---

① 臧家健《胶州盐工的罢工斗争》，《胶州文史资料》第 3 辑，1988 年，第 111 页。

② 臧家健《胶州盐工的罢工斗争》，《胶州文史资料》第 3 辑，1988 年，第 113 页。

死不嫁盐场猴!”[1]

三、官盐价高村民淡食

民国时期,官盐税率不均,在山东省境内,“每斤盐之税率,最高者为二分,最低者仅四厘”[2]。抗战以前山东盐税分为正税、销税与附加税三种,其中在盐场交纳的场税及中央附加税为正税,由地方加征的税为附加税。附加税极高,“当时盐民每担盐实收1至3角,盐税却高于盐价约20倍”[3]。莒县、日照、临沂、郯城、费县与沂水等6县原征场税2元,1932年划归淮北后,场税增为3.2元,中央附加税1元,镑亏费0.3元,建坨费0.1元,共计4.6元。[4] 与此相似,胶东区“很多盐民因捐税过重,盐价日趋低廉,而想改作他业者,被盐务局所迫不得如愿,只好茹怨吞声,仍操旧业”[5]。终年手胼足胝之盐民,“多陷啼饥号寒之悲境,或由生活增高,或因成本昂贵,或为豪势所侵凌,或被盐商所盘剥”[6]。

地方各级官员的腐蚀压榨,使得“普通人民大都贫困,其购买力自必愈弱”[7]。农民购不起食盐,于是,硝土制盐再次复燃。居

① 臧家健《胶州盐工的罢工斗争》,《胶州文史资料》第3辑,1988年,第112页。

② 蒋静一编著《中国盐政问题》,南京:正中书局,1936年,第124页。

③ 山东省盐务局编著《山东省盐业志》,济南:齐鲁书社,1992年,第316页。

④ 财政部财政年鉴编纂处编《财政年鉴》,上海:商务印书馆,1935年,第788页。

⑤ 《关于胶东的报告》,《山东革命历史档案资料选编》第3辑,济南:山东人民出版社,1981年,第224页。

⑥ 财政部盐务署编《盐务年鉴・场产》,上海:中华书局,1930年,第119页。

⑦ 丁长清主编《民国盐务史稿》,北京:人民出版社,1990年,第150页。

于莒县等地的村民无以为生，只好括取碱土，晒制土盐，偷运销售以换取粮食。“大概括土一百斤，可制盐一斤，以二三人之劳力，经二三日的时间，始能产盐一担，所以成本极巨，每担约三四元。但因为不纳盐税之故，它的售价，要比官盐便宜一半以上。售价既廉，人民多贪廉购食”①。

食户运盐成本较高，给食用带来不便。滩户运销，“陆地每百斤盐在百里以内者，需运费大洋一元，水路则每百斤盐在百里上下者，仅需运费一角。概陆运盐斤，多系驴马驮载，食料昂贵，故运费较高”。在青岛盐区内运盐，“大约每距十里，每担需洋二角，盐斤自滩装船运赴青岛，平时每吨约需运费一元，于农忙时，每吨约一元七八角。由滩搬装舢板，每吨运费约三四角，由舢板卸入坨地，每吨约二三角，输往日本朝鲜之盐，每吨运费约日金二元至二元五角”②。

山东盐区各地税率相差悬殊。1929 年山东掖县等民运 18 县，每担食盐税为 0.60 元，相邻的潍县等地每担食盐税却为 2.5 元，鲁盐、淮盐并销的临沂等 6 县每担税为 2 元。③ 1934 年，在原为轻税区的胶东民运地区，政府将每担食盐税提高至 2.6 元。这种税收至上的盐政加重了农民的生活成本。

由于食盐属于刚性需求物资，价格空间升幅较大，往往脱离商品价格形成的基本规律。税率越高，官盐价愈高。

---

① 卞夏明《华北的土硝盐问题》，《新中华》第 5 卷第 2 期，1937 年，第 16 页。

② 财政部盐务署盐务稽核总所编《中国盐政实录·山东省》第 2 册，1933 年，第 61～62 页。

③ 财政部盐务署编《盐务年鉴·征榷》，上海：中华书局，1930 年，第 22～23 页。

青岛盐斤价格表(以每吨计算)

单位:元

年度	最高价	最低价	年度	最高价	最低价
1918	5	4	1926	3.75	2.7
1919	13	4.3	1927	4.1	2.4
1920	7.6	3.07	1928	3.3	2.3
1921	10.37	3.6	1929	8.13	2.24
1922	10.3	5.25	1930	9.25	3.2
1923	9.7	6	1931	12.45	4.8
1924	4	4	1932	16.96	6.72

资料来源:吴祖耀《青盐志略》,《盐务汇刊》1934年第34期,附录,第89~90页。

由上表可知,青岛官盐每吨最高价格由1927年的4.1元增至1932年的16.96元,五年间涨达四倍之多。

连年用兵,导致社会生态失衡。军事饷需,急如星火,导致"全国之税率本定为一担三元者,五年之内,已高至十元至十三元不等,较诸物值,不啻值一抽四十焉"①。结果,盐价愈贵,则掺和杂质之利就愈大,食盐在垄断体制下被掺泥沙杂质水分约15%,以全国食盐总产量63000000担计,则全年共吃泥沙杂质9450000担;以每担13元计,共122850000元。② "私贩笑逐颜开,大运其私,民间喜贱避贵,非私不买,而善良百姓以及私盐难到之地,则又不能不以贵价买劣盐,演成减食淡食之惨剧"③。许多村民不得

① 曾仰丰《榷鹾回顾录》,《盐务汇刊》1933年第33期,特载,第29页。

② 南开大学经济研究所经济史研究室编《中国近代盐务史资料选辑》第2卷,天津:南开大学出版社,1991年,第276页。

③ 林振翰《以价廉质美之宗旨达福国利民之目的为治盐惟一政策议》,《盐务公报》1929年第11期,附载,第88页。

不减少食盐消费量。在东岸民运区域内,从 1933 年到 1934 年这一年间,每人平均所销盐斤由 7.88 斤减至5.17斤。[①]

当农民宁愿淡食也不购买官盐时,“政府就强制分配给各村一份定额,强迫农民买盐”[②]。此举旨在转嫁财政危机,只要百姓购买食盐,税收就有着落。山东东岸十八县所销之盐税,“系向农夫征收,而城镇中富户所用之盐,实并未征税者”[③]。盐是百姓日常生活的必需品,所以,对这种东西加以课税,简直与按人头抽税无异。当村民试图避免这种不合理的盐价和盐税时,盐走私变得很普遍。

四、盐业中的暴力冲突

(一)概况

盐税为国课岁入的重要来源之一。胶东十八县自雍正年间票价摊入地丁,实行民运民销后,盐贩缴税领票,凭票赴滩购盐。然而,盐务所以税课累增为由,屡屡降低衡量标准。“初时,一担得购四斛,约合漕秤一百三十斤;十五年(1926)后削减斛量,每担合漕秤百斤;二十二年(1933)改用新秤,每担约合八十斤”[④]。此举必然引起村民不满。有时主政者把盐税全包给盐商,盐商依靠

---

① 曾仰丰《调查山东盐务报告》,《盐务汇刊》1935 年第 63 期,附录,第 99 页。

② [美]易劳逸著,陈谦平等译《1927—1937 年国民党统治下的中国流产的革命》,北京:中国青年出版社,1992 年,第 253 页。

③ 财政部盐务署盐务稽核总所编《中国盐政实录·丁恩改革中国盐务报告书》第 4 册,1933 年,第 149 页。

④ 王丕煦等纂,梁秉锟等修《莱阳县志》卷二之二《政治志·财政·盐法》。

官府势力,从中谋利。据载:“栖霞南境柞岚头的盐税包给了盐商孙洪钧,他从盐税谋利,任意殴打群众。”[①]市面殴打现象不断发生。嵯东乡盐贩赴王家滩,盐警误为抢盐,遽击毙三人,缉押二十余人,驴骡三十余口到金口。县知事杨湘前往查验后沉默不语。于是群情激愤,当时又久旱不雨,人易浮动,群集海滩欲得盐警而甘心,此时盐警已归队金口,“寻之不获遂迁怒羊郡马姓,焚杀其父子数人,以租房盐警故也。是日,海阳人亦焚行村寨盐警驻所”[②]。

由于执票运盐限二日售尽,逾期为私,于是,“贩之黠者与盐户勾通,悍者则结党偷盗,而盐警更暗诱私贩串通盐户于中渔利,食户亦乐得廉价,率表同情。于是税票滞销而官病矣。官病则逻缉益严,督责盐户益峻,盐被窃则指为私售,夜往守又诬为偷运,终岁勤劳冻馁是忧,而盐户病矣。盐户病则妄讦私贩,官即派警搜索,遇有存盐,诬为偷窃,而藉端讹诈,稍有不遂送县究办,而民又病矣。官民交病仇视日深,执械互斗非无闻矣,隐患无穷”[③]。

在胶澳区,历史上曾经盐滩林立,产盐丰富,沿海数县购销盐价极廉,所有食渔盐斤,向不征收税款,且由来已久,因而“乡民狃于积习,以为食用盐斤,原不征税”[④]。这种购盐局面被不断提升的税率冲击得面目全非,盐价越来越高。“现在每百斤收税两元

---

① 曹仲敏整理《一九二八年前后招远、栖霞反军阀斗争史料》,《烟台文史资料》第7辑,1986年,第47页。

② 王丕煦等纂,梁秉锟等修《莱阳县志》卷末《附记·兵革》。

③ 王丕煦等纂,梁秉锟等修《莱阳县志》卷二之二《政治志·财政·盐法》。

④ 吴祖耀《青盐志略》,《盐务汇刊》1933年第32期,附录,第89页。

六角，久食贱盐之民众，骤加负担”①。盐价因税率增长成加倍，“自 1913 年至 1935 年，山东商岸食盐税额每担由 1.25 元增至 5.40元，22 年间增长三倍以上。民岸盐区每担由 0.40 元增至 2.60元。增长幅度在 5 倍以上”②。乡居农民不堪重负，试图采取暴力手段反抗官商把持的盐税体制。

1929 年，以抗匪为名聚拢起的村民组织大刀会将马哥庄盐局包围，酿成人命重案，惨杀员警 30 余人，以致“盐务人员，多畏惧不敢前往”③。山东省府派驻胶县的 46 师 137 旅 274 团 3 营营长卢鸿忠带队前往查办，将反对盐务的主要分子韩高运等四名拘捕。卢营长将韩等四人带至胶县营部时，渔航公会会长车中云联合十六村开紧急会议，公推代表威逼盐务人员。留驻该处的盐务人员，只得退往丁家集暂避。驻青盐务坐办得报后，一面派警前往协助，一面派督察官刘尊五召集十六村代表来青，晓以利害，并磋商和平解决办法。最终达成协议：“（一）改良盐警风纪；（二）盐警不得在村内驻扎；（三）由十六村村长亲具悔过书，以后决不反对盐务；（四）盐警不得雇用本地人；（五）由各村担具保结，将被拘代表四名开释。”④

此次冲突后不久，风波再起。1930 年冬，阴岛区渔民车中润假借渔会名义，集众反对，意欲演成马哥庄二次惨剧。当局察觉

---

① 《胶澳区民众劫盐之处理》，《盐务汇刊》1934 年第 43 期，转载，第 60 页。

② 山东省盐务局编《山东省盐业志》，济南：齐鲁书社，1992 年，第 341 页。

③ 《胶湾农民捣毁盐局》，《谈盐丛报》1931 年第 27 期，各盐区纪事，第 8 页。

④ 《青岛海西区盐潮解决经过》，《谈盐丛报》1930 年第 22 期，各盐区纪事，第 3 页。

后，将车中润拘捕依法惩办。不料一波未平，一波又起。即墨县铁家庄一带又发生反对盐务风潮。究其原因，“缘山东盐运署驻青办事处坐办刘潜莅任以来，对于盐务力加整顿，缉私队程队长亦办事认真，所有胶湾一带，盐务税收较前大有起色。即墨铁家庄一带居民，以偷漏私盐，无隙可乘，遂借忌赌会为名，召集会员，到处宣传，反抗盐局，一面并联合数十人，于十二月初旬将南万盐务局捣毁，门窗玻璃，破碎不堪”①。

此后，参与人数愈来愈多，波及范围也愈来愈广。

1934 年 5 月 21 日，胶县南乡小石头盐滩发生了抢盐惨剧。据受伤的盐警牛玺堂讲，小石头盐滩驻警 12 人，5 月 20 日有滩主报告，有民众意欲抢盐。夜半果有四五百人前来，盐警因寡不敌众，未敢开枪，一批饱掠后二批复来，盐警开枪射杀。21 日夜半，又来 200 百余人，并与盐警激战良久。抢盐民众当场被击毙 3 名，被擒 1 名，盐警缴获枪 1 支。盐警审讯被擒者王有年，王道出了抢盐内幕：“刘黑七残匪三十余人，有手提式手枪廿余支，遗留在大珠山内，彼辈利用抢盐机会，煽惑民众闹事，匪与民众约定，每人抢盐一次，须给匪洋一角，作为保险费，由匪担任保护之责，遇有盐警，匪当尽力抵抗，并解除盐警武装，一般民众为匪愚弄，虽妇孺亦盲从云。”②

1934 年 6 月 5 日夜，突有村民 500 余人，群持土枪、马枪，将位于掖县的利渔盐滩分所包围，欲将税警缴械，因此双方激战，相持 5 小时之久。值炮火剧烈之时，附近村民，扶老携幼，前往

① 《胶湾农民捣毁盐局》，《谈盐丛报》1931 年第 27 期，各盐区纪事，第 9 页。

② 《胶澳区民众劫盐之处理》，《盐务汇刊》1934 年第 43 期，转载，第 61 页。

抢盐。[①] 在女姑盐区，1934 年 11 月，十日之内叠出暴力抢盐案件。24 日晚 9 时，苇产场西南角滩户赵秉玉及赵成瑞之坨盐，被大批枭匪抢去，盐夫等截留无效后，请求盐警迅予追捕。盐警队长追至苇产村，见有枭匪约 60 余名负担前行，讵料盐匪见有税警前来，毫不畏惧，纷纷持木担蜂拥而至，并向税警射击，"队长见其来势汹涌，当即鸣枪还击，以资抵御，无奈地势困难，枭匪势众，实难捕获。警等且退且击，枭匪等追赶里余方回，以致盐斤亦被抢去，是夜抢去赵秉玉坨盐携带十二担，赵成瑞坨盐七担"[②]。11 月 27 日，"女姑场区南大赵村聚集盐枭约一百五六十名，抢夺滩户赵中球盐坨。盐警队长亲率警士十名，马夫一名予以回击"[③]。

各个盐场抢盐风潮迭起，动辄聚合数百名乡民，包围税警，暴动抢盐，山东盐务稽核所长兼山东盐运使李植藩视察青岛胶澳盐区，感慨："抢盐风潮，其原因不外盐区太大，税警不敷分配之故……抢盐者多为盐场附近之乡民，男女老幼皆有，抢盐之后盐皆售枭，故其主动者，纯为少数盐枭，村民不过图利受其利用而已。"[④]

迭次抢盐风潮中与村民发生直面冲突的盐警，无一例外都是政府盐务政策的具体执行者。由于缺乏对掌权者的监督体制与限制力量，在经济利益面前他们往往将掠夺手段变成了权术目的。暴力抢盐似乎成了村民反抗当时盐利体制的"有效"手段。

---

① 《胶澳抢盐》，《盐政杂志》1934 年第 59 期，盐务消息，第 4 ~ 5 页。

② 《山东盐运使驻青岛坐办处关于令女姑场务所严防抢盐的指令》，山东省档案馆馆藏档案：J112 ~ 12 – 696 – 8。

③ 《青岛盐务稽核支所关于大赵村枭匪伙聚抢盐的呈》，山东省档案馆馆藏档案：J112 – 12 – 696 – 4。

④ 《防范抢盐实行建坨》，《盐政杂志》1934 年第 59 期，盐务消息，第 6 页。

1934年,在威海鹿道口数千村民一夜之间以暴力手段抢去盐3万余担。村民抢盐后,“曾照数留交盐价,惟对每担2元6角之盐税则分文不交。其抢盐之目的,当系专为图省盐税而起”①。可见,在不公平的盐利分配体制下,由于缺乏合理的诉讼途径,许多村民被迫采取非常规暴力手段来维护切身利益。

（二）评析

暴力抢盐是在当时盐税改革的大背景下发生的。盐业官营的目的,本来是政府寻求增加财政收入。由于贫富阶层每年食盐量相差不太大,但都不可或缺,因此盐税向来被视为类似人头税的恶税,这类政策最易引发贫民阶层的抗拒。村民与盐警的暴力对抗,实际上是长期以来盐务积弊“层垒”的大爆发。村民抢盐,不应被简单归结为农民暴动。迭次的暴力冲突,突显了村民在盐利分配体系中的不利地位。关于这一点,马俊亚先生的看法极具代表性:“‘合法’意味着被掠夺,‘公平’意味着非法。”②

社会运动并非完全沿着运动本身所产生的动力发展,总会受到当权者及其他因素的影响。抢盐风潮发生后,社会舆论并未对风潮的合理解决提供监督。报刊专论皆空谈盐米抢夺与旱灾水祸有关,特别是与最近粮食涨价大有关系。要避免再次发生抢夺,政府须严格取缔奸商抬高粮价。③ 它将斗争的矛头转向了粮

① 南开大学经济研究所经济史研究室编《中国近代盐务史资料选辑》第2卷,天津:南开大学出版社,1991年,第320页。

② 马俊亚《被牺牲的“局部”:淮北社会生态变迁研究(1680—1949)》,北京:北京大学出版社,2011年,第209～210页。

③ 《抢盐与抢米》,《民间(北平)》第1卷第8期,简评,1934年,第28页。

食市场及天灾，导致盐商们轻松脱离了斗争的焦点。

政府采取暴力镇压的方式实现社会的“有序”。威海抢盐事发当日，海军部就电令驻威海海军第三舰队，立即派军官带队前往镇压。相较于日照盐警击毙鱼贩李大业后并未遭到地方法院传讯，威海民众明显遭到了不公正的对待，也反映出国家机器异化为权势阶层的工具。胶东抢盐余风未息，山东盐运使在给地方军政的电令中称：缉私营队于执行职务时，遇有结伙执持枪械拒捕者，得格杀之。税警可按照缉私条例便宜办理。[①] 殊不知，暴力镇压只会使官盐暂时畅销，只能保护既得利益者们的一时经济利益。盐商、盐官图谋盐利，盐税政策没有及时修正，总会引起民众的恐慌与不安。

暴力抢盐虽被暂时镇压，但产生抢盐的制度因素并没有消除，走私现象依然存在。“各处仍有大批偷运，且由威海区而蔓延至宁海区”[②]。盐商借风潮被镇压之机，建议政府仿效纲岸区域设店专售官盐。1934 年 7 月，石岛区修改了食盐贩户注册简章，金口税局提议贩户须得在离滩 30 里以外较远城镇地方设立盐店。随即，“商贩毕睦堂、邓作屏先后遵章具保呈请注册，在文、荣两县境内开设齐鲁及民天字号食盐总支各店，以资推销官盐”[③]。这一做法直接破坏民运民销。由于食盐对于民众犹如布帛菽粟，是生活必需品，所以说，“欲使民运民销各县一律设栈专卖，不但与民

---

① 《鲁省威宁区抢盐风潮案关于税警警械使用条例之适用及其防范办法之核定》，《盐务汇刊》1934 年第 45 期，纪事，第 17 页。

② 《电请威海卫专员公署及海军第三舰队总司令部严禁威海村众违法抢盐》，《盐务汇刊》1934 年第 40 期，纪事，第 10 页。

③ 《山东区所属稽核机关暨建坨工程处二十三年七月份工作报告·青岛稽核支所》，《盐务汇刊》1934 年第 50 期，附录，第 103 页。

争利，直是与民争食”[1]。盐商如此推销官盐，除了食盐“贩运、买卖与百货等销路，若畅则价高利厚，商灶交荣；一旦滞销则供过于求，亦必交困”[2]的原因，更主要的是盐商们对政府付出了“报效”资本。正如学者指出：“报效愈重，盐价日昂。私盐愈盛，犯禁日多。赭衣满道，号泣通衢。”[3]很明显，农民没有向官府“报效”的资本，自然不会享受与盐商同等的待遇。

由于农民不是一个统一、完整的政治体，不能代表自己阶层的利益，其利益表达须寄托于那些直接管辖他们的官吏。山东海滨抢盐风潮后，村民推选李春盛、孙阜东、王敬铨、孙春岚等人向省府陈述其暴力抢盐实属迫不得已，以向其利益的代表者请愿的方式来终结抢盐对日常生活造成的影响，寄希望于政府能“减轻盐税给民以便利，惩戒酷员以平民气”[4]。遗憾的是，村民的请愿并未达到目的。至于那些盐业政策的制定者们，惯于在盐业经济链中分享盐商的巨额“报效”，断不会施行“民富官瘦”的政策。这进一步说明，当主政者制定的不公平盐利分配规则严重损害农民利益时，那些像“袋子中的一个个马铃薯”的村民们，虽然有着利益的统一性，却没有形成一个真正的阶级，不能以自己的名义来保护自己的利益，无论是通过政治请愿还是暴力冲突。

村民通过暴力对“权—钱”结盟下盐利分配体制的破坏，未能提高社会的公平程度，恰恰相反，“它使另外的守法平民既要承受不合理的现行规则的盘剥，又承受不合法的无规则状态的侵害，

① 叶钟英修，匡超纂《民国增修胶志》卷21《财赋志第三·盐法》。

② 赵琪修，袁荣叟等纂《胶澳志》卷5《食货志四·盐业》。

③ 林振翰编《中国盐政纪要·盐务专著上》，上海：商务印书馆，1930年，第140页。

④ 《鲁海滨抢盐潮》，《益世报》1934年6月24日。

蒙受更不公平的待遇”[1]，同时降低政府的公信与威严。所以说，暴力反抗并未提高社会的公平程度，反而加重了社会治安成本。盗匪肆虐在对盐务职员的生命构成威胁的同时，也滋扰了那些守法平民的生活。地处西滩道口放盐必经之地的石灰窑村，“沟甚多，匪类最易藏匿，红石崖秤放人员赴滩工作，早晚行经此地，孤身独行，异常危险，区官与员司赴滩放盐时间派警荷枪协同前往，藉资保护而免疏虞”[2]。时局纷扰后，胶县全境内没有震慑力量，土匪更是肆行无忌。盘踞在曹温庄的股匪，扬言将侵占距小石头验放处七里的辛安集，当地村民惊骇异常，纷纷出走避祸。[3] 正常的农业生产、农村社会秩序难以为继。

主政者利用政治权力“合法”地对农民进行超经济掠夺，各种损农事件时常发生。为防范人民抢盐，鲁政府着手在各盐区建坨，成立盐务建设委员会。有学者据此认为盐务警察所代表的政府缉私成为盐务缉私主力，反映了专商引岸制度的衰落。[4] 在引岸专商制度下，国民政府所制定的各项缉私条款、规章制度并不能消除私盐，这也说明了国民政府新盐法的敷衍性。如诸、莒等地村民到青岛贩卖农产品的回程中捎带轻税盐，既是在不公平的盐税法则下村民的自我保护行为，也是对其时盐利分配体制的一种反抗。国民政府乃至山东省政府的应对措施，却为了自身集团

① 马俊亚《被牺牲的“局部”：淮北社会生态变迁研究（1680—1949）》，北京：北京大学出版社，2011 年，第 210 页。

② 《青岛盐务稽核支所关于抽调盐警并保护放盐的呈》，山东省档案馆馆藏档案：J112 - 10 - 3 - 8。

③ 《青岛盐务稽核支所关于小石头验放处土匪骚扰情形的呈函》，山东省档案馆馆藏档案：J112 - 10 - 3 - 11。

④ 宋志东《近代山东的盐务缉私方式及其法规建设》，曾凡英主编《中国盐文化研究论丛》第 3 辑，成都：巴蜀书社，2009 年，第 33 页。

的狭隘利益不惜牺牲社会的总体利益。这种弱化制度理性的做法,耗尽南京国民政府的合法性。

总之,主权者不仅要正确地执行赏罚,更应把关注点放在那些易于引起公愤的错误政策。"公愤不但会使人们起而反对不义行为的作案者和主使人,而且连一切可能保护他们的权力当局都包括在内"①。错误政策得不到修正,只会恶化社会生态。暴力相向导致社会的不协调。国家非但不能繁荣,而且有解体的危险。由此可见,地方商人团体各自狭隘空间的存在,在盐之运销过程中势必导致自利行为。胶东盐业中的暴力冲突,主要根源在于围绕盐利分配从中央到地方各级盐业管理人员与盐商的利益集团化。

① [英]霍布斯著,黎思复、黎廷弼译《利维坦》,北京:商务印书馆,1985年,第272页。

小 结

为了巩固盐利,政府加强了巡警等建设。胶东各盐区实行严格的商贩注册制度。“对于商贩注册,仍应赓续从严办理,查本年(1934)系按照各销盐县份最近调查人口六百余万,每人年需食盐市斤十斤预计,将注册运往各销地之盐斤,酌予分配,共核定为八十万担,虽属较多,然较之去年注册二百五十八万一千四百零六担,已减去一百七十八万一千四百零六担之多,明年自应仍照实需盐数酌减”①。盐税的收入并未随着盐产的增加而增加,走私现象依旧盛行,这不得不发人深思,正如学者感叹的:“固非缉务之不力。”②新盐法虽已颁布,却没有保障其践行的机制,进一步表明盐业冲突是当时盐业体系结构不合理背景下发生的制度性悲剧。盐税的改革不见诸施行,盐税整理的目的不得不让人怀疑。所谓税率划一,不过是增加税收的权术而已。“政府不于成本甚高之盐场,设法裁并;盐税甚高之区域,设法减轻,而以增加轻税区税率为杜侵销之法,是徒加重贫苦人民之负担”③。在“市场自由

① 《山东区所属稽核机关二十三年三月份工作报告·莱州盐税局》,《盐务汇刊》1934年第42期,附录,第50~51页。

② 曾仰丰《调查山东盐务报告》,《盐务汇刊》1935年第63期,附录,第99页。

③ 李锐《中央政府近四年来之税制改革》,《经济统计季刊》第2卷第1期,1933年,第67页。

化"浪潮中,各层盐利抽税群体在利益引导下展开了激烈斗争。随着盐税税率一步步升高,其弱点也慢慢暴露出来。地方政府以推动地方公共事业为由纷纷摊派盐捐,从内部瓦解了盐利体制。南京国民政府作为盐利征解的最高者,一方面将盐税用于国家需要,另一方面又加强对盐税分配的调整,却不是盐税征解的直接责任者。那些承担着盐业体制实践的官员们因素养不高,导致整个盐业系统内部弊端丛生。这说明各抽税集团在对盐务进行建设的同时,一直未能放松"掠夺之手"。

南京国民政府与旧盐商的关系又十分微妙。作为旧盐商的政治利益代表者,盐务官员把持既得利益与行政资源,不可能真正落实新盐法。立法院通过的新盐法条例也并不是完全意义上的普遍的自由贸易,名义上是自由贸易,实际上为有权者大开方便之门。有些地区甚至出现了假借自由之名,私售盐斤的勾当。"自由贸易"只是给财政官员提供了一个谋求私人利益的旗号而已。许多带有倾向性的税收政策并没有达到预期效果。改换新秤盐商虽获巨利,却严重影响了山东的食盐销数,使盐税收入骤降。1934 年所放盐斤,与上年相较,仅轻税盐就由 83336526 市担跌至 50173418 市担。① 有学者提出,"中国盐务,年有兴革,而终有今日支离之局面,既无补于国库,且无益于民食,是谁之过欤,是制度及行政之不良也"②。于是,盐利分配体制成了各级政府官员表达与谋求利益的工具与权力。在利益集团的操纵利用下,盐业制度只能走向"千夫所指"的困境。

① 曾仰丰《调查山东盐务报告》,《盐务汇刊》1935 年第 63 期,附录,第 98 页。

② 林纪猷《中国盐政之沿革》,《工商杂志》第 7 卷第 1 期,1935 年,第 46 页。

私盐是政府保护下盐商引岸制度中各阶层权力博弈斗争的结果。“最著者，至于盐价过高，掺杂太甚，人民非罹淡食之苦，即被迫而购食私盐，又因专商独占盐利，剥夺小民自由贩盐谋生之权，非受逼沦为私枭，暗增地方隐患，即不幸为缉私队捕获，丧身亡家，多造社会之惨剧。总之，全国人民，非直接受专商之经济剥削，劣盐毒害，即间接因不良制度而陷同胞于困苦之中”①。那些贫苦的农民大众得不到政府的有效救助，反而成为盐商与官僚倾榨的对象。农民利用当地条件将制做的土盐销售而换取金钱用来交纳租税，不经意间破坏了盐业运销中的盐商利益。这是盐商绝不能容忍的。引岸制度虽然腐朽，旧盐商却将之视为财富命脉，总是竭力维护之。因而，这种体制断不会自动退出历史舞台。

盐商通过向政府借款获得了南京国民政府在法律上承认其食盐收购与运销特权。在这种“权—钱”结合的盐政体制下，社会在发展过程中会出现严重的两极分化，由于“富人是少数，处于不利的地位，有失去一切的危险，于是提出建立一个有法规可循的社会来保护自己。……用不公平的契约建立权力机构来保护他们的财产，使经济掠夺发展成为政治权力的窃取”②。旧盐商不愿放弃盐政利益的分配占有权，依靠“报效”的方式与主政者结盟，于是社会上一切不平等现象愈来愈严重。盐业中的暴力冲突就是在这样的情况下发生的，其矛头指向社会发展的错误方向，反映的是社会结构只利于豪富与权力阶层。

政府实行专卖制度，制定严厉的盐法，意在筹措政府所需要

---

① 守白《新盐法有从速实行之必要》，盐政杂志社编《五中全会议决通过限期实施新盐法案及各方评论》，1935 年，第 12 页。

② ［法］卢梭著，李平沤译《论人与人之间不平等的起因和基础》，北京：商务印书馆，2007 年，第 11 页。

的经费。盐的专卖就属于官营。官盐销售却以盐商作为媒介，所以，“对政府有利的盐的专卖，对盐商也有莫大的利益”①。相较于官盐价高质劣，以及胥吏的掺假、短斤等行为，那些往返于青岛商埠与内地土产市场的行商，回程中捎带食盐，本是一种理性的商业资本运营行为，政府本应予以劝导鼓励或以政策支持来活跃农村经济。在盐税率不断攀升的逼迫下，村民通过暴力手段来维护自身的经济利益，这突显了权力阶层为了贯彻自己的政治意志，对底层农民进行了超经济掠夺。所以说，政府默许盐税率存在地区差异、盐商与胥吏的贩私行径，无异于培养叛乱者。出于反抗盐政旧制的压制和税制改革的不公，普通百姓成为暴力抢盐的坚定支持者。同旧盐商在盐法、税制改革中咄咄逼人之势相比，胶东“抢盐风潮”的主要参与者——村民却表现得如此不堪一击，他们的暴力行径也未带来社会公平程度的提高。总之，暴力抢盐的深远意义在于它反映出社会不公的根源是不公正的盐利分配制度。

---

① ［日］佐伯富《盐和中国社会》，刘俊文主编，栾成显、南炳文译《日本学者研究中国史论著选译》第6卷，北京：中华书局，1993年，第80页。

第四章　经济作物与胶东农村经济结构

在胶东地区,单纯种农作物,是不能维持生活的。据当地农夫之经验而估计,每亩作物之收获量价值与所用之资本如下:(当地一升合市容量一斗六升七合)

作物种类	收获数量	作物总价值	种植之资本	作物净余代价
小麦	7 升	9.1 元	6.5 元	2.6 元
大豆	6 升	3.9 元	2.1 元	1.8 元
谷子	12 升	6 元	5.05 元	0.95 元
高粱	11 升	5.73 元	5.05 元	0.68 元

资料来源:王文甲《即墨县农民生活概况》,《农业周报》第 4 卷第 20 期,1935 年,第 690 ~ 691 页。

从上表可知,每亩作物的净余很少。即墨农民种植的多是一年三季作物,麦与豆是两季,谷子与高粱是一季,因为种谷子即不能种高粱,所以谷子与高粱可均为一季,与麦豆平均起来,每亩一年净余收获仅有 2.51 元而已。在这种情形下,许多村民开始寻求种植典型经济作物以改善生活。

有人指出:“(华北)乡间庄家有言:‘在外谋生,有钱寄家,多种粮食;回乡做活,种些棉花,讨点入息。’此真小农制农村经济之金科玉律也。……回乡做活,别无现款收入,非种商品作物,则必需之食盐,蔽体之土布,亦无钱易得。故棉花,黄豆,芝麻,花生四者，为华北农民利用厚生之源。"①由此可知，农民对现金收入的需求日益殷切，而欲获取现金收入，最直接的办法不外乎从事副业和种植经济作物。

第一节　典型经济作物的种植

有学者指出，华北的农民有理性地、精于算计地利用他的有限的资源，从土地获得生活资料。② 据调查，青岛市农民若单纯依靠农地与园地收入，平均计之，每亩收益约 30 元，若除去地税、肥料等费，平均每口仅得十三四元。③ 可见，农业的产出值极低，农村经济相当疲敝，单纯的农业生产并不能维持农民的日常生活。

随着胶济铁路与津浦铁路的修建、完工，青岛取代烟台成为仅次于天津的北方第二大港。④ 在这一过程中，山东传统的市场格局开始解体，主要表现为商业资本和小农经济的共生关系较前有所强化，外国资本特别是日本资本对山东地方经济的冲击与制约作用加强。商业资本、小农经济和外国资本成为制约和影响山东经济发展的三大要素。⑤

---

① 陈伯庄《平汉沿线农村经济调查》，上海：交通大学研究所，1936 年，第 17 页。

② ［美］马若孟著，史建云译《中国农民经济：河北和山东的农业发展，1890—1949》，南京：江苏人民出版社，1999 年，第 240 页。

③ 《青岛农业之概况》，《中行月刊》第 5 卷第 3 期，1932 年，第 92 页。

④ 庄维民、刘因全《近代山东通商口岸的贸易经济》，山东省地方史志编纂委员会编《山东史志资料》第 2 辑，济南：山东人民出版社，1984 年，第 43 页。

⑤ 任银睦《清末民初青岛城市发展与腹地农村社会经济》，陈红民主编《中华民国史新论：经济 · 社会 · 思想文化卷》，北京：生活 · 读书 · 新知三联书店，2003 年，第 123 页。

为了生存、交纳各种税捐，胶东农民逐渐习惯种植收益高的商品作物，如烟草、棉花、花生等。那些耕地少、生活压力大、劳动力充足的中下层农户种植欲望非常强烈，以致有些经济作物被称作“贫农作物”，是“贫穷式的经营与饥饿式的出售”①。

一、烟草

1914 年英美烟公司租种坊子煤矿的土地作为试种基地，一开始他们只是通过张筱舫（张桂棠）、董伯年、夏明斋进行活动，并不直接与农民打交道。后来张筱舫又联系到在坊子车站开杂货铺的田联增（田俊川）参与经营。他们到坊子、廿里堡附近村庄广泛进行宣传。② 受烟叶厚利的诱惑，村民开始大范围地种植烟草。

（一）选址试种

关于潍县有适宜烟草种植的优越条件，上海大英烟公司的 E. B. 格雷戈里和布洛克在《青岛和胶济铁路沿线的报告》中称，潍县一带气候、土壤适宜种烟，附近的煤矿就位于最好的烟草种植地的中心，烤烟费用可以低很多，并且村民有种植烟草的习俗，能较容易接受烟公司种植烟草的方法。③ 为了吸引农民种植，英美烟公司采取奖励措施：“（1）无偿的贷给种籽和肥料以及烤烟用的必要的器具。（2）在收获时期，不论烟叶的品质如何，均以最高价格

---

① ［日］内山雅生著，李恩民、邢丽荃译《二十世纪华北农村社会经济研究》，北京：中国社会科学出版社，2001 年，第 81 页。

② 李子琇、丁云峰供稿，潍城区政协文史委整理《我国最早的烤烟厂——潍县廿里堡烤烟厂》，《潍城文史资料》第 9 辑，1994 年，第 85 页。

③ 上海社会科学院经济研究所编《英美烟公司在华企业资料汇编》第 1 册，北京：中华书局，1983 年，第 260 页。

收买。(3)在收买时一律付以现金。"[①]在初期试种时,英美烟公司约定通过相关专家为耕种者提供所需要的种植技术。[②]

1914年英美烟公司勾结地方势力,向盘踞山东的德国当局租借德国煤矿公司在坊子的医院旧址和60亩土地,开始自行试种烟叶。每年每亩纳租洋5元,共计300元。[③] 第二年开始让潍县的杂货商田俊川一人承租,英美烟公司没有支付任何薪金,只是默认在出售烟叶时收取1%的手续费。[④] 英美烟公司还与田俊川签订合约,双方约定:1. 试种承担者要在全部土地上耕种美种烟叶。2. 承种者要提供全部所需的肥料,并承担费用,公司对此不保证。3. 试种场产出的烟叶按照英美烟公司提出的价格来出售。[⑤]

此后,烟草公司在附近农村积极推广烟叶普及工作。然而,农民的反应比较缓慢,"颇守观望态度,大都不敢贸然下种"[⑥]。1915年田俊川先通过廿里堡南屯村农民张凤彩、于建伟二人约同少数农民,经过公司的训练指导,开始试种,"即使没有土地的贫穷农民也可以种烟。在生产过程中……一切费用都是公司供给。

① 陈真等编《中国近代工业史资料》第2辑《帝国主义对中国工矿事业的侵略和垄断》,北京:生活·读书·新知三联书店,1958年,第141页。

② 上海社会科学院经济研究所编《英美烟公司在华企业资料汇编》第1册,北京:中华书局,1983年,第268页。

③ 上海社会科学院经济研究所编《英美烟公司在华企业资料汇编》第1册,北京:中华书局,1983年,第264页。

④ 上海社会科学院经济研究所编《英美烟公司在华企业资料汇编》第3册,北京:中华书局,1983年,第997页。

⑤ 上海社会科学院经济研究所编《英美烟公司在华企业资料汇编》第1册,北京:中华书局,1983年,第268~269页。

⑥ 实业部国际贸易局编《中国实业志·山东省》,上海:实业部国际贸易局,1934年,第107(戊)页。

种烟者发给工资，收获后公司只要烟种，烟叶全部归种烟者所有。不论烟叶质量好坏，均以高于粮食五至十倍的价格收买。种一市亩烤烟，平均得纯利 100 多元(当时的银币)，比粮食作物高 90% 以上"[①]。第二年为厚利所诱，种烟户开始增多，"附近农民鉴于栽植美种烟叶较种谷类作物收入高出数倍，受了现实利益的刺激，纷纷改种美叶"[②]。仅在南屯村，有 20% 的农民种黄烟。[③] 英美烟公司许诺，种植洋烟的农户可免费获得自行车、洋布等。[④] 受此影响，在农村家庭劳力的范围内，农户对美种烟草表现出极大的兴趣。在孟家炉村，几乎 90% 的农户都引进了烟叶栽培。[⑤]

1917 年初，英美烟公司用张筱舫名义，以每亩 482 元的价格，在廿里堡车站东侧购买 32.29 亩土地。同年 3 月动工建造烤烟厂房，8 月投入生产。廿里堡南、北烤烟厂建成后，总称"大英烟公司山东廿里堡烤烟厂"。每月复烤量达 800 多万磅。收烟季节雇用临时工有 1500 余人。它垄断了山东省东部所产黄烟的 80%，成为山东黄烟的收集中心。1936 年收烟总数达到 1.25 亿磅的高峰。[⑥]

---

① 青州市政协文史科《青州烟草史》，《潍坊文史资料选辑》第 5 辑，1989 年，第 282 页。

② 上海社会科学院经济研究所编《英美烟公司在华企业资料汇编》第 1 册，北京：中华书局，1983 年，第 264 页。

③ 李子琇、丁云峰供稿，潍城区政协文史委整理《我国最早的烤烟厂——潍县廿里堡烤烟厂》，《潍城文史资料》第 9 辑，1994 年，第 85 页。

④ 青州市政协文史科《青州烟草史》，《潍坊文史资料选辑》第 5 辑，1989 年，第 283 页。

⑤ 叶显恩主编《清代区域社会经济研究》上册，北京：中华书局，1992 年，第 94 页。

⑥ 李子琇、丁云峰供稿，潍城区政协文史委整理《我国最早的烤烟厂——潍县廿里堡烤烟厂》，《潍城文史资料》第 9 辑，1994 年，第 87 ~ 88 页。

（二）普遍种植

最初，潍县试种英美烟，“每亩产烟成本不过五六十元，而获价最高有达四百余元者，较之种植其他农作物，利润何止十倍”①。在20世纪30年代，“每大亩（七百二十方步）生产费用最高达百元之谱；每亩产烟平均在八百磅左右；据历年售烟价目统计，除去狂跌及暴涨不计外，平均每百磅二十元，则每亩烟能得售价百六十元，除去生产费用，尚能得纯利六十元。较之耕种其他谷类（丰年每大亩每年得纯利不过二十元）利厚多倍”②。可见种植烟草的收入还是相当可观的。

由于农户的广泛种植，烟草的面积不断扩大。在潍县的种植烟草调查中，在193户农家中，有59.1%的农户种植美种烟草。③这说明，美种烟草已成为这个地区农民普遍种植的作物，不仅有近60%的农户从事美种烟草的种植，而且烟草已经成为他们主要的经济作物。在1933年前后，山东烟叶常年种植面积共410938亩，临朐、潍县、临淄等县种植面积最大。常年产量共1275723市担。外销集中于胶济路沿线的坊子、潍县、益都（青州）等站，各大公司收购后，大部分从青岛出口，小部分聚于济南，或销本埠各烟厂，或销往天津、上海。青岛港输出的烟草数量及价值如下：1928年198666担，值3973320关两；1929年195991担，值2155901关

① 崔友文《鲁东胶济路沿线烟区烟业初步调查》，《农报》第4卷第10期，1937年，第506页。

② 崔友文《鲁东胶济路沿线烟区烟业初步调查》，《农报》第4卷第10期，1937年，第510～511页。

③ 陈翰笙著，陈绛译《帝国主义工业资本与中国农民》，上海：复旦大学出版社，1984年，第22页。

两;1930 年 244136 担,值 3051700 关两;1931 年 210518 担,值 5574414 关两;1932 年 23859 担,值 602702 关两。[①] 据张伽陀调查,鲁东每年所产烟草百分之七八十都汇集在廿里堡烘烤,从这个小市镇,每年要分散给鲁东农村近千万元的收烟款。这对于胶济路以及该路一带的农村经济影响极大。[②]

山东生产的美种烟草,多被外资企业收购。据调查,售于华商卷烟工厂的不足 30%,为"英美烟"收购的却足有 60%,剩余则被日商"米星""南信""山东"和"利泰"等公司收购。[③]

有学者认为,华北小农是理性的,在选择种植哪一种或几种"现金"作物时,农民的抉择取决于劳动力供给和农户为了防止土壤肥力下降而提供追加资本的能力。[④] 实际情况并非如此。地主虽拥有资本,能够轻易地追加商业资本,却并不热衷烟草种植。有学者指出,"种植美国良种烟的大多数是贫农和下中农,而上中农和富农不依靠借贷,也不热心种烟"[⑤]。已经查明,种植烟草的家庭,每亩的劳动单位,从富裕农户的 15.97、中等农户的 20.79 到贫穷农户的 33.43。非种植烟草的家庭,每亩的劳动单位就少些,富裕农户为 13.27,中等农户为 14.21,贫穷农户为 24.81。[⑥]

---

① 实业部国际贸易局编《中国实业志·山东省》,上海:实业部国际贸易局,1934 年,第 110(戊)、112(戊)、114(戊)页。

② 张伽陀《鲁东种烟区三个月的观感》,《东方杂志》第 33 卷第 6 号,1936 年,第 109 页。

③ 陈翰笙著,陈绛译《帝国主义工业资本与中国农民》,上海:复旦大学出版社,1984 年,第 42 页。

④ [美]马若孟著,史建云译《中国农民经济:河北和山东的农业发展,1890—1949》,南京:江苏人民出版社,1999 年,第 241 页。

⑤ 陈翰笙《30 年代的农村调查》,《四个时代的我·陈翰笙回忆录》,北京:中国文史出版社,2012 年,第 47 页。

⑥ 陈翰笙著,陈绛译《帝国主义工业资本与中国农民》,上海:复旦大学出版社,1984 年,第 61 ~ 62 页。

由此可知，许多贫困农民将种植烟草作为摆脱贫困的重要途径。

事多与愿违，烤烟普及后，英美烟公司停止了一切供给，种烟费用皆由农民自理，英美烟公司在收烟中进行残酷的剥削和压榨。从此，种烟农民渐渐陷入商业资本剥削的旋涡，许多农民因种烟或债务累累或倾家荡产。青州城东东南营村的农民陈汝元全家4口，有土地1.5大亩，生活十分困难。1931年他种烟一大亩，想通过种烟闯闯运气，将希望全寄托在烤烟上。可是种烟费用要比粮食作物高好几倍，他既要买豆饼，租烤房，还要维持全家日常生计，最后不得不借高利贷维生。一年到头，烤烟生产不景气，烟价大跌，收入甚微，加上地主逼还借贷，陈汝元被逼走投无路，愁闷而死。[①] 管中窥豹，农村中并没有出现“高利贷在一定程度上促进了经济作物种植，从而也使自耕农地位稳定程度稍微高一些”[②]的局面。

另外，经济作物受外界影响大。一旦遇到灾年或收购商压价，农民往往会破产。“山东烟价最好的年份每百磅能卖五六十元……近年来烟叶的价钱，每百磅平均不到二三十元，在三年前(1934)，烟价跌落得更惨，平均每百磅竟不到十元，甚至有每百磅只卖二三元的”[③]。由此可见，大多数情况下，无论是种植粮食作

---

① 青州市政协文史科《青州烟草史》，《潍坊文史资料选辑》第5辑，1989年，第283~284页。

② 有学者指出：“借高利贷种植烟草对贫困的小农未必不是一根救命稻草，否则，除此之外，小农的生存之路又在何方呢？此外，特别值得注意的是，对于自耕农、半自耕农而言，借高利贷种植烟叶，或许多少还能减缓他那几亩薄地丧失的速度。”参见徐畅《二十世纪二三十年代华中地区农村金融研究》，济南：齐鲁书社，2005年，第119、540页。

③ 章有义编《中国近代农业史资料(1927—1937)》第3辑，北京：生活·读书·新知三联书店，1957年，第635页。

物还是经济作物，除去生产成本，都所剩无几。

与普通百姓的微薄收入形成鲜明对比，英美烟公司不仅控制了烟叶的原料市场价，同时掌控烟叶的成品市场，盈利甚巨。据报载："鲁省自纸烟流行以来，因吸食便利，推行至速，又以本省烟草产额甚丰，故烟之消费量亦愈广。全省所产烟叶，除大部分售与英美烟公司外，日人来鲁收买者为数亦巨。南洋兄弟有限公司且购有大宗地亩，自行种植，产量亦极丰富。至于消费，据最近调查，济南一城每月消费之纸烟，约值二十七万元左右，全年约值三百万元以上。全省约计，每年消费总额当在三千万元以外。现在济南销售之纸烟，以英美烟公司产品居其大半，南洋兄弟公司所制出品，约占百分之二十五。"①

二、棉花

农户经营的土地分为不同的用途，一些用来种植可以出售的高收入作物，一些用来种植农户生活必不可少的作物。有学者指出："决定这两类作物各用多少耕地，根据的是农民最善于种植哪种作物、使某种作物比其他作物生长得更好的现有的土壤条件，还有用自己生产的作物交换农场不能低成本生产的货物的机会。"②权衡结果是"在农民以甘薯和山药为主食的县，人口密度较高，土地主要用于种植工业用作物。在农民主要吃高粱、玉米或谷子的县，土地一般用来种植作为一种现金作物的小麦"③。

① 《鲁省纸烟之消费量》，《晨报》1928 年 4 月 29 日。

② ［美］马若孟著，史建云译《中国农民经济：河北和山东的农业发展，1890—1949》，南京：江苏人民出版社，1999 年，第 241 页。

③ ［美］马若孟著，史建云译《中国农民经济：河北和山东的农业发展，1890—1949》，南京：江苏人民出版社，1999 年，第 238 页。

粮食的现金收入有时连成本都赚不回来。据调查,1934 年前后,山东农田每亩工费,已至七元四五角之多,而每亩所得精粮,普通不过二百余斤,即价值最高之小麦每百斤不过三元,其他杂粮,价格尤低,即全数卖出,也还不及成本原额。[①] 为了提高土地利用率,增加土地收益,种植具有较高经济收益的棉花就成了村民求生存的重要途径之一。在山东青州,每种一亩粮食,大约年收入 11 ~ 12 元,而种植棉花,每亩可收 150 ~ 200 斤,每斤约售二百文(合银元七八分),最高可获利 16 元。[②]

据统计,山东的棉田面积由 1928 年的 3317210 亩上升至 1937 年的 6881000 亩,同期亩产也由 19 斤升至 26 斤。[③] 就山东省的棉产量在全国的比重而言,1929 年以前所占全国比重从未超出 20%,1929 年之后产量渐增。1930 年占全国 24.64%,居各省产量的第二位。1931 年产额占 33.67%,跃居首位。1932 年产量稍减,占 21.83%。1933 年因水灾关系,仅占 14.12%。1934 年山东省仅占 11.5%,居第四位。[④] 1931 年山东棉田面积计 7974094 亩,为山东历年来棉田面积之最高纪录。[⑤] 据调查,1933 年,山东棉产量在全国产棉省份中居第 1 位,平均年产 150 万担。[⑥]

---

① 章有义编《中国近代农业史资料(1927—1937)》第 3 辑,北京:生活·读书·新知三联书店,1957 年,第 713 页。

② 李文治编《中国近代农业史资料(1840—1911)》第 1 辑,北京:生活·读书·新知三联书店,1957 年,第 646 页。

③ 山东省人民政府实业厅《山东省农业生产调查》,《山东革命历史档案资料选编》第 22 辑,济南:山东人民出版社,1986 年,第 408 ~ 409 页。

④ 金城银行总经理处天津调查分部编《山东棉业调查报告》,1935 年,第 4 页。

⑤ 王仙《山东之棉业》,《国际贸易导报》第 6 卷第 4 号,1934 年,第 172 页。

⑥ 叶德备《胶济铁路沿线棉业调查报告》,《青岛工商季刊》第 1 卷第 1 号,调查,1933 年,第 1 页。

青岛纱厂虽多,却不产棉。在附近的高密、安邱等地推广植棉最有希望。在高密附近,每亩平均产花衣 30 余斤,花衣每担平均价格 46 元,每亩约共收入 15 元,除去一切费用,每亩可得净利 5 元至 7 元。而种小麦仅敷开支。[①] 基本上,农民有 10 亩地,必种棉花 4 亩。[②] 据调查,流经安邱境内的潍河、汶河两岸附近土质肥沃,适宜植棉,“计全境可耕地面积凡百余万亩,宜棉区域约占五分之一,约有棉田二十余万亩,每亩产量以皮花四十斤计算可得八万担以上”[③]。1930 年,青岛“各纱厂需棉甚亟,乃鼓励农民植棉之良机,且植棉所获之利,实两倍于播谷,故人多乐于种植,遂致山东全省所产杂粮数量,较前更见短少”[④]。据调查,棉花是二年二收的作物,能净利 36.6 元,而粟、麦、豆为二年三收作物,仅能净利 15.7 元。[⑤] 在安邱县,植棉经济诱惑更大。棉花作为二年二熟作物,与二年三熟的粟、麦、豆比较,前者物产变值 101.4 元,生产费 56.996 元,仍盈余 44.404 元;后者物产变值仅为 63.4 元,而生产费高达 79.925 元,亏欠 16.525 元。[⑥] 由此可知,棉花收益

---

① 叶元鼎、马广文《吾国重要棉市调查记》,《国际贸易导报》第 6 卷第 9 号,1934 年,第 34 页。

② 叶德备《胶济铁路沿线棉业调查报告》,《青岛工商季刊》第 1 卷第 1 号,调查,1933 年,第 10 页。

③ 万群《安邱县改进棉业之经过与展望》,《青岛工商季刊》第 4 卷第 3 号,调查,1936 年,第 72 页。

④ 青岛市档案馆编《帝国主义与胶海关》,北京:档案出版社,1986 年,第 384 页。

⑤ 叶德备《胶济铁路沿线棉业调查报告》,《青岛工商季刊》第 1 卷第 1 号,调查,1933 年,第 10 页。

⑥ 万群《安邱县改进棉业之经过与展望》,《青岛工商季刊》第 4 卷第 3 号,调查,1936 年,第 75 页。

与二年三熟的粮食作物收益保持三比二或四比三的比例。[①]

虽然胶东地区的棉花种植面积稍逊于鲁西地区，但胶东及其周边种植面积也日渐扩大。在蒙山地区，山顶大片沙地则种棉花，山坡偏峦则种大麻、洋花生。[②] 高密县内种棉约五百亩，每年产棉约一万斤。[③] 为了指导高密境内的棉田实验区建设，山东建设部门还选派技术人员赴当地予以指导。[④] 鲁东的棉花品质胜过鲁西的，据调查，山东棉产以品质论，首为鲁东。[⑤]

农民手中的棉花出售须依靠中间商，而非直接销售给纱厂。在棉花收获后，有轧花机的农户自己轧花，多数须纳佣金委托轧花厂轧制。每籽棉一斤需铜元一枚。轧花厂多即为花行兼营，轧花后，运至花栈、花行及纱厂，或直接售于花行之设庄采购者。剩余的棉除了留足来年的种子，多售于油房。普通每棉籽八九百斤，可榨油八九十斤及棉籽粕七八百斤。棉油输出国外，而棉粕供农家用作肥料，每百斤约值一元。[⑥]

三、花生

胶东花生种植由来已久。咸丰九年(1859)郭嵩焘在胶东金家口曾注意到花生交易量很大，“小车运载豆饼、花生上船，以数

---

① 金城银行总经理处天津调查分部编《山东棉业调查报告》，1935年，第40页。

② 《各省农桑汇志》，《东方杂志》第2卷第2期，1905年，第21页。

③ 林修竹编《山东各县乡土调查录》卷4《高密县》，山东省长公署教育科，1920年，第97页。

④ 《山东农矿公报》1929年第9期，工作报告，第1~2页。

⑤ 王仙《山东之棉业》，《国际贸易导报》第6卷第4号，1934年，第165页。

⑥ 舒联莹《山东之棉业》，《棉业特刊》1934年特刊，论著，第12页。

百辆计,填塞街道。沿海遍历,初见此景”[①]。延至民国时期,其种植面积愈来愈大。据调查,1931—1937年间,山东的花生种植面积达4395千市亩,年产12557千市担。[②]

有人统计,在胶东各县,花生等重要经济作物商品率高达80%~90%。[③] 花生每亩一年平均足有10余元的收入,在农作物种植中占很重要的位置,农民也多藉此换钱作日常生活的费用。[④]花生种植成为农民获得丰厚经济利益的来源。出口贸易带来的经济收益直接摆到农民面前,进一步刺激了农民种植花生的热情。烟台农民从花生得到的收益,比任何其他作物更为有利。用于花生生产的土地占耕地的三分之一。收获带壳花生由1922年56837担猛增至1931年186435担。同期花生仁由85168担增至93769担。[⑤] 带壳花生收获量增幅高达228%。

在昌乐县,“因惯用洋纱,故将产棉之地,改种花生、地瓜,以为易棉之资,获利较棉倍蓰”[⑥]。花生收获后,除了部分农民榨制油自用,其他多用于出口。据方志记载,平度“邑多瘠田,宜种落

---

① (清)郭嵩焘《郭嵩焘日记》第1卷,长沙:湖南人民出版社,1981年,第266页。

② 许道夫编《中国近代农业生产及贸易统计资料》,上海:上海人民出版社,1983年,第195~196页。

③ 曲春梅《近代胶东商人与地方社会研究》,山东大学博士学位论文,2009年,第46页。

④ 王文甲《即墨县农民生活概况》,《农业周报》第4卷第20期,1935年,第690页。

⑤ 章有义编《中国近代农业史资料(1912—1927)》第2辑,北京:生活·读书·新知三联书店,1957年,第207页。

⑥ 林修竹编《山东各县乡土调查录》卷4《昌乐县》,山东省长公署教育科,1920年,第137页。

花生,制油出境,农商夙倚为利”[①],花生油饼有时可解决粮食短缺之虞,“凶年食匮,贫者亦藉以疗饥”[②]。在邹平县内,旱灾来临时,“集日农民怀铜器铁器至市,换花生饼作食料,每件换一二两,贩户犹不肯”[③]。在即墨县内,花生的种植仅次于地瓜。“一年内全县农地所生产的总数计之,地瓜足占百分之四十有余,花生约占百分之三十,余者方是五谷杂粮”[④]。可见,农民对花生种植也十分偏爱。

青岛是花生出口的主要港口。早在民国初年,每年经青岛一口出口的花生就达1400余吨,价值在1500万元左右,其利之厚,概可想见。[⑤] 为花生出口贸易所带来的丰厚利润所吸引,青岛、烟台等地以经营花生出口贸易为主的土产商号大量出现。到30年代,青岛的“同丰益”商号常常派商人们奔走于城市与乡村之间,到花生产区收购生米、生油以供出口,其足迹不仅限于胶东沿海各县,还扩展到滕县、大汶口以及海西红石崖、石臼所等地。[⑥] 因资本雄厚,获利颇丰。20世纪二三十年代,青岛农村小麦、花生每年产值为50余万元。[⑦] 于是,那些原本以存、放、汇兑为主要业

① 丁世平等修,尚庆翰等纂《续平度县志》卷8《人物志·笃行》。

② 丁世平等修,尚庆翰等纂《续平度县志》卷10《民社志·工商业》。

③ 许涤新《动荡崩溃底中国农村》,陈翰笙等编《解放前的中国农村》第1辑,北京:中国展望出版社,1985年,第449页。

④ 王文甲《即墨县农民生活概况》,《农业周报》第4卷第20期,1935年,第690页。

⑤ 唐致卿《近代山东农村社会经济研究》,北京:人民出版社,2004年,第234~235页。

⑥ 綦瑞麟、綦松声述,綦书豪、怒涛记《同丰益号的兴衰》,《青岛文史资料》第7辑,1986年,第200页。

⑦ 《青岛农业概况》,《农业周报》第2卷第16期,1933年,第218页。

务的钱庄，也纷纷转营土特产。青岛“义聚合”钱庄在30年代就以“经营土产为主，钱庄为副”[①]的营业理念，快速聚拢了雄厚资本。

莱阳、海阳的花生在运到青岛之前，先在金家口集中，称为金家口货。[②] 诸城、胶县、即墨、潍县、高密等地所产的花生，多由火车运到青岛出口，称为胶东货。从济南转来的宁阳、费县、禹城、平原等地的花生被称为济南货。通过帆船运到青岛的莒县花生被称为风船货。[③]

在莒县，花生是主要经济作物，境内所产花生粒大饱满，种皮鲜艳，酥脆香甜不腻，味美可口，耐贮性强，在国际市场上享有较高声誉。莒县花生出口都由运庄承办。县城有成泰、利兴等8家私营商家，有时青岛商人也在莒县设庄收购花生。据记载，民国时期，莒县城南关一地，五天内有两个市集，这是莒县花生主要的集散地之一，仅一个市集买卖花生米达七八万斤，交易花生油七八千斤，花生米每百斤价格除个别年份，从1912年至1935年共上涨7倍多[④]，按银元计算，每百斤从3.6元涨至5.2元。运商用木轮小车，或用毛驴驮运将花生米运至青岛货栈或石臼所的德生堂转运庄装船出口。1933年，“县城利兴号经营出口生米8万斤，县内买价百斤银元3元8角，在青岛百斤卖8元，赢利3000块银元；

---

① 杨浩春、周岱东《青岛义聚合钱庄》，《青岛文史资料》第9辑，1992年，第145页。

② 实业部国际贸易局编《中国实业志·山东省》，上海：实业部国际贸易局，1934年，第174(辛)页。

③ 吴松弟主编《中国百年经济拼图：港口城市及其腹地与中国现代化》，济南：山东画报出版社，2006年，第251页。

④ 庄陔兰撰《重修莒志》卷38《民社志·农业》。

买回布匹、卷烟、纸张、染料等来县销售，赢利也颇佳”①。

新式交通工具的普及影响了花生的市场价格。据胶济铁路调查，“年来长途汽车异常发达，自县城至青岛间所经路线，与本路（胶济）适成平行，取竞争态度，即如花生一项，每包自县城装汽车至青岛，在先收费1元，后改0.8元，嗣后又改0.4元，现时仅收0.4元。倘由县城运至城阳再装火车来青，则一切脚力搬运装卸费及铁路运费等，每包需洋6角，原不为昂，然以汽车竞争影响，货商遂多裹足”②。

但是，花生作为出口物品，价格易受世界市场的波动影响。“青岛素以花生贸易名于世，全国各省花生产额之富，当以山东首屈一指，虽皖、粤两省，亦有望尘莫及之势”③。受世界经济危机影响，花生出口价格起伏较大。据海关统计，1924—1931年每担花生仁可售卖10元，但是，1932年每担仅能售卖8.08元，此后花生仁价格呈断崖式下跌，1933年8月每担尚值7元，12月则落至4.85元。仅此一项，农民每年损失3000万元以上。鉴于花生贸易岌岌可危，山东省政府自1933年6月25日起，“将花生仁出口税率，每担减为国币三角，花生油则减为四角七分，以资救济”④。由此可知，市场化推动下的花生贸易背后，隐藏着脆弱的农村经济体系。

---

① 王兰平、蒋世农《民国时期的莒县花生出口》，《莒县文史资料》第7辑，1991年，第287页。

② 胶济铁路管理委员会《胶济铁路沿线（即墨）经济调查》，《即墨文史资料》第11辑，2001年，第147页。

③ 青岛市档案馆编《帝国主义与胶海关》，北京：档案出版社，1986年，第386~387页。

④ 青岛市档案馆编《帝国主义与胶海关》，北京：档案出版社，1986年，第390页。

第二节　烟叶收购与农村社会

在烟草收购市场中,南洋兄弟烟草公司与英美烟公司展开激烈的市场竞争。然而,凭借雄厚的经济实力,以及各级政府的支持,英美烟公司最终胜出,在烟草市场中出现了一强垄断的局面。烟叶的市场收购价格开始出现波动,却不再遵循价值规律,导致许多烟农损失惨重。

一、收购市场上的竞争

南洋兄弟烟草公司等厂商自加入烟叶市场,就与英美烟公司在收购市场上展开了激烈的竞争。英美烟公司作为胶东地区美种烟种植推广的领跑者,自然不愿看到大好的市场份额被别人占领,先后推行"炕票"与分级估价策略。南洋兄弟烟草公司也相继效仿之。最终,英美烟公司凭借着雄厚的经济实力与政治势力取得联系,不久即胜出。

(一)初期的"炕票"竞争

英美烟公司从事美种烟贸易以来,引起许多商业团体的广泛注意。随着南洋兄弟烟草公司及日本的山东烟草公司在潍县建立收购站,各烟草公司展开了激烈的收购争夺战。[①] 这迫使英美烟公司改变原来以高价诱惑农民售烟的收购策略,公司在交给农

① 青岛日本商工会议所《经济时报》第 9 号,1937 年,第 2 页,转引自叶显恩主编《清代区域社会经济研究》上册,北京:中华书局,1992 年,第 94 页。

民烟叶种子的同时,发给"炕票"凭证,并约定到期收购农户的烟叶,试图以此约束农民。"炕票"到期,"就是泥泞风霜,非来卖不可"[①]。不久南洋兄弟烟草公司采取同样的办法,但其发放"炕票"的策略并没有收到预期的效果。由于铁路沿线同时存在着各公司的收购点,一副"自由买卖"的景象,一到出售时节,许多农民同时持有英美烟公司和南洋兄弟烟草公司的"炕票"[②],希望将自己的农产品出售给价格最高的收购点。职是之故,"炕票"对农民并未起到约束作用,英美烟公司不得不重视那些从未持有"炕票"的烟农,于是"发给炉房票不象以前那么严格,毋须经过调查,单凭村长的证明发给"[③]。仅从这一点来看,农民似乎有了自由选择买主的权力。

为了争取货源,各收购公司展开了价格战,不断提高烟叶的市场价。但是,当各公司竞争进入饱和状态后,市场价格开始大幅地跌落,加之主政山东的张宗昌政府为了凑集巨额的军费,巧立名目征收烟草税。结果,"1926 年烘炉税也增加了一倍,1927 年的栽培面积下降到四分之一左右。这时期农民不种烟叶,而种棉花等经济作物"[④]。

烟厂规定进厂顺序不是按照烟农到达的先后,而是按照"炕票"号码的次序,然而,收购站"每天通常只有 400 到 500 人获得

---

① 上海社会科学院经济研究所编《英美烟公司在华企业资料汇编》第 1 册,北京:中华书局,1983 年,第 382 页。

② 上海社会科学院经济研究所编《英美烟公司在华企业资料汇编》第 1 册,北京:中华书局,1983 年,第 383 页。

③ 上海社会科学院经济研究所编《英美烟公司在华企业资料汇编》第 1 册,北京:中华书局,1983 年,第 382 页。

④ 叶显恩主编《清代区域社会经济研究》上册,北京:中华书局,1992 年,第 96 页。

准许,星期日和星期六下午全部停止收购。因为农民必须等到喊他们'炕票'的号码才能够进去,所以他们常常要等四五天,有时甚至要等候八天之久"①。收购季节一般从初冬至冬至左右,此时各收购站拥挤不堪,农民渴望能在当天把烟叶全部出售掉。因为当天卖不完,只能在寒冷的夜晚睡在室外,看守自己的货物。纯朴的村民总是将事情往好处想,将希望全部寄托在烟草公司能全部收购其烟草。为了避免烟叶降等,他们"睡在露天屋外……常常忍受着刺骨的寒冷,用被单和衣服盖在烟叶上面"②。

(二)分级估价策略

在与南洋兄弟烟草公司展开"炕票"竞争的后期,英美烟公司渐渐认识到,要想在市场竞争中胜出,必须实施更具诱惑力的策略。于是,他们开始施行"划分烟叶等级"策略来吸引烟农。具体办法如下:1. 进行正确的登记鉴定,并采用严密的等级体系。2. 实行正确检量,努力排除一切不正当行为。3. 追求收购速度,尽量实现全量收购。4. 拿最好的价格来收购。③

烟叶一般划分为九个等级,各级烟价相差悬殊。1927 年每一百封度的收购价格:一等为 63 元,九等仅为 9 元;至 1933 年,一等为 85 元,九等仅为 5 元。④

---

① 陈翰笙著,陈绛译《帝国主义工业资本与中国农民》,上海:复旦大学出版社,1984 年,第 47 页。

② 陈翰笙著,陈绛译《帝国主义工业资本与中国农民》,上海:复旦大学出版社,1984 年,第 47 页。

③ 叶显恩主编《清代区域社会经济研究》上册,北京:中华书局,1992 年,第 96 页。

④ 南满铁道株式会社经济调查会《山东省经济调查资料第三辑——山东农业经济论》,1936 年,第 153 页,转引自叶显恩主编《清代区域社会经济研究》上册,北京:中华书局,1992 年,第 97 页。

收烟手续一般分为普通、烟厂两种。当烟叶上市时,收烟庄客就奔赴各庄口租地搭棚,露天看货收货,此为普通收烟。烟厂收买手续比较繁琐,南洋兄弟烟草公司和英美烟公司常常设有固定厂址,建造玻璃棚房。收烟时农民用手车或骡车运至收烟厂出售,入门后即将烟草分堆排列于玻璃棚房地上,静候看烟员按次看货给价。[①] 每个看烟估价的洋人每天可买到5万磅上下。[②]

(三)英美烟公司胜出原因

英美烟公司在潍县、坊子设有收购烘烤厂。南洋兄弟烟草公司在该处同样设有收烤厂。在收购市场上两家公司可谓“针锋相对”。英美烟公司常把南洋看作“眼中钉,肉中刺”,处处与之为敌。凭借大量的厂房库存,英美烟公司利用金钱优势,操纵把持市场:需大量购进烟叶时,往往采取观望态度,导致市场供大于需,烟叶价格疲滞。等到烟价下降,它再大量收买。南洋兄弟烟草公司大受影响,“以致收购数少,陷于不得不暂时停止的窘境”[③]。

收购站的设备如何,在烟农的心里也有相当的支配力。凭借雄厚资金支持,英美烟公司在开辟烟草地带的同时,也建立了以烤烟厂为中心的烟叶收买网。[④] 当时山东境内有七大烟市,青州

---

① 实业部国际贸易局编《中国实业志·山东省》,上海:实业部国际贸易局,1934年,第112(戊)页。

② 张伽陀《鲁东种烟区三个月的观感》,《东方杂志》第33卷第6号,1936年,第111页。

③ 上海社会科学院经济研究所编《英美烟公司在华企业资料汇编》第1册,北京:中华书局,1983年,第380页。

④ 陈真等编《中国近代工业史资料》第2辑《帝国主义对中国工矿事业的侵略和垄断》,北京:生活·读书·新知三联书店,1958年,第144页。

占其三(谭家坊、杨家庄、益都),交易量占全省三分之一,总产达1754万斤。[①]

而华商收购业几乎没有固定设备,大部分是临时租借房屋进行收购。“1929年进入山东美国种烟叶产区的8个主要收购市场进行收购的华商中,有固定设备的不过6%,日商有固定设备的达35%……英美烟公司则为100%”[②]。英美烟公司在收购市场上享有其他同业者无法匹敌的优势。

凭借雄厚的财力,英美烟公司以向政府贷款的方式与国民政府勾结,以贷款代替缴税的办法与南京政权发生联系,享有统税制度方面的优势。“政府还在税捐方面予英美烟公司以种种便利。一方面,现行的卷烟税制对于它们特别有利,同时政府方面因为向它们预借税款,缴税时还有一个七折或八折的优待”[③]。在1928—1937年间,纸烟下级品的税率提高了295%,而中级品税率却降低了75%,高级品的税率降低了10.6%。[④] 由于英美烟公司的成品都是高级品和若干的中级品,华商的产品主要是下级品,而在税率上,高级品低,下级品高,于是,英美烟公司“垄断了山东出产的美国种烟叶生产量的80%”[⑤],为烟厂发展提供了源源不

① 青州市政协文史科《青州烟草史》,《潍坊文史资料选辑》第5辑,1989年,第283页。

② 上海社会科学院经济研究所编《英美烟公司在华企业资料汇编》第1册,北京:中华书局,1983年,第386页。

③ 李亚夫《帝国主义侵略中国农村的一个实例》,《中国农村》第1卷第11期,1935年,第73页。

④ 陈真等编《中国近代工业史资料》第2辑《帝国主义对中国工矿事业的侵略和垄断》,北京:生活·读书·新知三联书店,1958年,第148页。

⑤ 陈真等编《中国近代工业史资料》第2辑《帝国主义对中国工矿事业的侵略和垄断》,北京:生活·读书·新知三联书店,1958年,第146页。

断的原料货源。这进一步说明,倾向性的税收政策对英美烟公司的发展至关重要。

在地方上,英美烟公司与中国官僚、有势力的地方士绅结成紧密的联盟,利用超经济的权力挤垮了中国的烟草收购商。英美烟公司"为保护利益,欺压小民计,且每年送给县长数万元:遇有事件,即将民众抓送县署,县长即遵命办理,是以潍县县长多腰缠累累"①。作为回报,以便于维持秩序和治安为由,潍县县署派一队警察驻在厂内,英美烟公司每月给予津贴400元,收烟季节再临时增加。②

二、英美烟公司针对烟农的方略

当英美烟公司在市场竞争中胜出后,烟叶市场上出现了寡头垄断。收购商开始恣意盘剥烟农,最大限度地榨取烟农的劳动价值。

(一)英美烟公司直接收购

"美种烟叶在中国可说是新品种,英美烟公司抱有扩大这种烟叶产区的企图,并想挤垮竞争者而垄断卷烟业……因之,在烟行代理收购中能够进行挑选的这一有利之点,在该公司也就无所谓有利了"③。于是,英美烟公司转而采取直接收购的方法,在火

① 龙厂《山东潍县之农村副业》,千家驹编《中国农村经济论文集》,上海:上海书店出版社,1990年,第540页。

② 李亚夫《帝国主义侵略中国农村的一个实例》,《中国农村》第1卷第11期,1935年,第73页。

③ 上海社会科学院经济研究所编《英美烟公司在华企业资料汇编》第1册,北京:中华书局,1983年,第373页。

车站附近设立多家收烟厂，在廿里堡、黄旗埠、谭家坊、杨家庄、益都和颐中火车站，均设有一个“英美烟”的收烟点。这些“英美烟”收购厂内的管理者，除了一名负责人，还有两三名烟叶鉴定员。为了便于管理，烟厂内还有一个中国籍买办，以及数名从事具体事务的登记员、翻译员等。“那些看烟估价的洋人十九来自美国南部”①。他们熟悉烟草生产，以及美国产烟区的劳动组织和管理。

在胶东，洋账房和华账房是英美烟公司的主要信息收集员，通过他们，英美烟公司能及时获知美种烟草的相关种植情报，能够准确统计出烟草种植的实际概况，这利于公司及时制定烟叶收购的预定量，根据种植情况及时运用灵活的价格策略。“需要迅速收购时，不惜勉强提高价格，以求达到目的；遇有相反情况时则降低收购价格”②。这是代理收购难于实行的。免受别的牵制，活用自己的独立打算，这是直接收购远较代理收购有利之点。

每次烟叶上市前，英美烟公司总是压低市场价格，导致农民损失惨重。一般来说，当地的烟价大概相当于上海市场价格的60%至90%，有时当地的名义价格与烟农实得价格之间的差额，甚至比当地名义价格与上海市场价格之间差额还大。1919年至1934年潍县烟农实得价格大概仅为当地名义价格的45%～71%。③

有时，英美烟公司也采取暂时提价的策略。英美烟公司加强

---

① 张伽陀《鲁东种烟区三个月的观感》，《东方杂志》第33卷第6号，1936年，第111页。

② 上海社会科学院经济研究所编《英美烟公司在华企业资料汇编》第1册，北京：中华书局，1983年，第373页。

③ 上海社会科学院经济研究所编《英美烟公司在华企业资料汇编》第1册，北京：中华书局，1983年，第414～415页。

了在山东收购美种烟叶的地位后,“为了保持美种烟叶的产区,并希望能够进一步加以扩大,不得不把收购的价格提到足以使农民感到兴趣的水准……保持农民对栽植美种烟叶的兴趣”①。为了吸引烟草种植者前往英美烟厂售卖烟叶,颐中各处的收烟厂会采用一种吸进卖户的方法,根据每天一早厂门外车辆的多少确定价格。若车辆少,就将市价抬高,等到车辆来得多,市价就重跌下去。② 烟农赶远路不见得能卖个好价钱。

(二)收购过程无端刁难

每届烟熟之后,烟农将烟叶整理完竣,用大车小车纷纷向公司输送。收烟公司所在的地方,每处都成为烟草大市,车辆互相衔接着长达四五里,有的四五天仍然无法进入出售,烟户无法,便争向门警施贿,争着先进。③ “及入公司,将烟条左检右翻,出以廉价;如不卖则即时逐出,而烟叶已散乱不堪,重行整理,势必需费工钱,成色无形已为减低。……按烟叶一磅,只值大洋五六分,而哈德门烟一条(二十五盒),卖价至一元以上,所用烟叶不过一磅,即外加各种费用,其成本亦不过五角”④。厂商获利之厚可想而知。

收购点收取烟草,完全是颐中公司自由定价,农民没有讨价

① 上海社会科学院经济研究所编《英美烟公司在华企业资料汇编》第1册,北京:中华书局,1983年,第416页。

② 张伽陀《鲁东种烟区三个月的观感》,《东方杂志》第33卷第6号,1936年,第112页。

③ 上海社会科学院经济研究所编《英美烟公司在华企业资料汇编》第1册,北京:中华书局,1983年,第403页。

④ 龙厂《山东潍县之农村副业》,千家驹编《中国农村经济论文集》,上海:上海书店出版社,1990年,第540页。

还价的自由。在收烟厂内，经过洋人估价之后，如果卖烟的农民稍露犹豫，他的号码单便立刻被没收，只能出去再领号码进来。倘若不幸再遇到原来的估价员，那就倒霉了，“除给你一副揶揄的面孔之外，还要照原价打一个九折”[①]。

由于每天到收购站交易的烟叶数量庞大，烟农又多，为了尽快将手中的烟叶出售，烟农连最基本的争议权利都没有。“烟叶价格由公司左右，随时上落，烟叶等级由洋人买烟手一口决定”[②]。无论价高价低，农民只得忍痛脱手。

英美烟公司独自垄断中国的烟叶市场，把市场竞争所耗费的资本负担全部压在中国烟农的身上，甚至采用武力威胁手段压低烟价。“武装警察就派驻在直通秤台和堆栈的厂房门口。这些门警常常以维持‘治安’为借口，殴打出售烟叶的农民，恐吓他们。1934年，‘英美烟’杨家庄收烟厂的武装警察，为了‘维持治安’，突然迫使挤在门口的双轮大车和独轮小车向后退去。在混乱的人群中，一个农民被独轮小车的把手猛撞致死……许多人受了伤”[③]。

（三）压级夺价、克扣斤两

收烟厂虽然对于烟叶分出10个等级，但这些对农民来说毫无意义，因为价格和等级完全由鉴定人任意决定，而且在鉴定过程中，外国鉴定人根本不听取农民的意见，反而使用威吓的手段，

---

① 张伽陀《鲁东种烟区三个月的观感》，《东方杂志》第33卷第6号，1936年，第112页。

② 上海社会科学院经济研究所编《英美烟公司在华企业资料汇编》第1册，北京：中华书局，1983年，第405页。

③ 陈翰笙著，陈绛译《帝国主义工业资本与中国农民》，上海：复旦大学出版社，1984年，第53页。

并以烟叶附有尘土和水分为由，在烟叶过秤时进行克扣，克扣率高达7.5% ~10%。[①] 农民辛勤劳动一年的成果就这样被鉴定人草率决定。

遇到烟农反对而不卖时，“洋人就抽检比较坏点烟叶给烟农看，来欺骗烟农……但是到了烟叶仓库就有洋人将等级纠正过来，其中差价不属于烟农，而归了洋人的了”。“当每天把所收购的烟叶打包启运时，洋人往往把次级烟叶提升一级或几级”[②]。

克扣磅量也是常有之事。有的磅秤置有一定的“坐磅”，就是把一定量的烟叶放在磅上，磅量指示器并不显示重量，“单靠这些超过的重量，就足够收购站维持全年的开支了”[③]。农民对于过磅也是没有干预的余地，在除去水分泥土的借口之下，每堆烟叶都要减去一定的磅数，遇到潮湿的天气，减去的磅数会更大。一般说来，“每堆烟叶，农民至少要白送颐中烟公司六磅之多。以平均每堆一百磅算（事实上每堆只有几十磅的占最多数），就有百分之六”[④]。

三、中间商对烟农的盘剥

（一）种植过程

根据益都一位经验丰富的农民估计，“美种烟草的生产费用，

---

① 陈真等编《中国近代工业史资料》第2辑《帝国主义对中国工矿事业的侵略和垄断》，北京：生活·读书·新知三联书店，1958年，第145页。

② 上海社会科学院经济研究所编《英美烟公司在华企业资料汇编》第1册，北京：中华书局，1983年，第406页。

③ 上海社会科学院经济研究所编《英美烟公司在华企业资料汇编》第1册，北京：中华书局，1983年，第407页。

④ 张伽陀《鲁东种烟区三个月的观感》，《东方杂志》第33卷第6号，1936年，第112页。

每一本地亩平均为 75.9 元，而每一本地亩小麦的生产费用为 28.9元，高粱为 14.9 元，大豆仅为 2.9 元。而且，他的上述烟草费用的数字，还没有包括烘烤费用。但是，即使这样的数字，也清楚表明，山东这个地区生产美种烟草的费用为小麦的三倍，高粱的五倍，大豆的二十六倍"①。生产烟草费用高昂，有人估计，"种一亩烟，需肥料费十六元，烤烟块煤十元，工价十二元，地价利息及房费十元，共四十八元，而每亩之烟价仅卖三十余元（每亩产六百磅，每百磅五元），其损失可以想见"②。实际上，那些没有本钱的农民，在烟草生产过程中，不得不投身到高利贷和商业资本家的怀里，烟叶种植往往使他们陷入超经济剥削的深渊之中。这种商品经济的发展并非真正意义上的自由市场经济，而是权力导向的资本经济。这意味着没有中国商业资本和高利贷资本的帮助，如"英美烟"这种形式的外国工业资本便不能够深入到中国内地。由于农民迫切需要现金，拥有英美烟公司巨额现金的买办和收购烟草的人，就能够对他们发号施令。

那些为英美烟公司服务的买办和收买人，在办理贷款的过程中获得了非常丰厚的利润。英美烟公司的买办田俊川，常常在一月份市场价格最低时从东北购进豆饼，囤积起来，到六七月间价格最高时贷给农民，利率为 4%。九月再从博山煤矿成批地收购煤炭，作类似的放贷。十一月烟农售出烟叶时，他从烟农那里收回贷放豆饼和煤炭的本金与利息。每年仅贷放豆饼一项，就获利

---

① 陈翰笙著，陈绛译《帝国主义工业资本与中国农民》，上海：复旦大学出版社，1984 年，第 9 页。

② 龙厂《山东潍县之农村副业》，千家驹编《中国农村经济论文集》，上海：上海书店出版社，1990 年，第 540 页。

50000余元。[1] 事实上,“他控制了当地的豆饼肥料、铁管和为种烟及烤烟所需的其他物品,并将他在当地的店铺扩展成了一个区域连锁店,在青岛、天津和上海等大城市里都设有分号”[2]。有人估计,田俊川每年因放贷一项就从农民身上搜刮十余万元,这使他成为胶东地区数一数二的财主。[3]

受此影响,当地的士绅和富户纷纷加入放贷行列。有的直接贷给烟农,有的通过自己经营的煤店或油坊放贷。“1934年仅在潍县第九区,主要从事向烟农发放贷款的油坊和煤店,就不下二十家。油坊于七月初贷放豆饼,十一月底收回现金。每贷放一元,收回一元二角,月利为5%。煤店通常在近九月底时发放贷款,至迟于次年一月收还。煤每一千斤的现金售价为13元,而贷出的价格为15元至15.5元,月利约达6%至8%”[4]。烟农只要有人担保偿还,都能够获得贷款。由此看来,英美烟公司垄断了山东的烟草收购,直接控制了邻近千万种烟农民的经济命脉,“而英美烟公司的买办,也就变成胶济一带一个最有势力的人物”[5]。

---

① 陈翰笙著,陈绛译《帝国主义工业资本与中国农民》,上海:复旦大学出版社,1984年,第10页。

② Yip, Hon-ming, Merchant Capital, the Small Peasant Economy, and Foreign Capitalism: The Case of Weixian, 1900s – 1937, PH. D. University of California, Los Angeles, 1988, pp. 286 ~ 287.

③ 李亚夫《帝国主义侵略中国农村的一个实例》,《中国农村》第1卷第11期,1935年,第73页。

④ 陈翰笙著,陈绛译《帝国主义工业资本与中国农民》,上海:复旦大学出版社,1984年,第11页。

⑤ 上海社会科学院经济研究所编《英美烟公司在华企业资料汇编》第1册,北京:中华书局,1983年,第372页。

(二)收购过程

农民在烟厂卖掉烟叶去账房领钱时,这些在烟草公司供职的华人账房,总是趁机给农民加上一层新剥削,“凡是烟钱不满五元的,只发山东平市官钱局的钱票。不发整洋,因为兑价的上下,每块钱总要差一二百文。据说,这就是‘中国账房’间各职员薪水的来源!”[①]有时账房“在使用铜元时,对不足一元的零数,付给铜元折价较市面约低2%左右,农民仍须多受一次无端的剥削”[②]。

另外,烟叶金融市场相当紊乱,买办经常采取非法扣减银元价值的做法。由于银元同经常采取纸币形式的辅币——铜元保持浮动的兑换比率,所以,实际付款的买办常常认为,他们只能付出辅币而不能支付银元。一般是买办每付出一元,就任意扣掉币值的4%。山东当地银元能换取265枚铜元,每枚当20文。出售烟草的农民每收到一元,就会被买办取走25枚铜元,这意味着每元被扣除了9%之多。[③]

潍县烟区的收购代理商们在索取手续费、操纵通货兑换、任意减扣烟叶重量方面,均以英美烟公司作为效法的榜样。“农民将他们的产品售给‘南洋’收购烟叶的代理商时,通常必须交付105至110磅的烟叶,才能得到100磅的钱款”[④]。一些华商企业

① 李亚夫《帝国主义侵略中国农村的一个实例》,《中国农村》第1卷第11期,1935年,第73页。

② 上海社会科学院经济研究所编《英美烟公司在华企业资料汇编》第1册,北京:中华书局,1983年,第408页。

③ 陈翰笙著,陈绛译《帝国主义工业资本与中国农民》,上海:复旦大学出版社,1984年,第49页。

④ 陈翰笙著,陈绛译《帝国主义工业资本与中国农民》,上海:复旦大学出版社,1984年,第50页。

为了博得出售烟叶的农民的信任,往往给自己的企业取个外国名字。

四、烟草市场化的影响

(一)对农民生活的影响

虽然美种烟的种植为农业和农民提供了更多的机会,但是,由于外国金融资本同中国以土地垄断为基础的商业资本与高利贷资本相结合,烟农的生活并未提高多少。"那些种植美种烟草的人,他们实际上的损失,远大于名义上的所得"①。

富裕农民在美种烟的种植上不但负担较轻的生产费用,能获得比贫农更多的收入,收获烟草与实际作物也比较多。一般说,"他们的烟叶收获量,每亩要比中等农民和贫穷农民多10%,作物收入每亩要多20%"②。可是,富裕农民不敢冒险种植过多的烟草,"雇用劳动力的商业性农业更属罕见"③。相反地,"农村中的雇工却相信一次烟叶收获的收入也许抵得上小麦收获两次,因而甘冒种植烟草的风险"④。结果那些有能力种植这一经济作物的富裕农民,实际上种植得很少。

在潍县产烟区,"一家农户要维持生计,通常必须种植六亩烟

---

① 陈翰笙著,陈绛译《帝国主义工业资本与中国农民》,上海:复旦大学出版社,1984年,第56页。

② 陈翰笙著,陈绛译《帝国主义工业资本与中国农民》,上海:复旦大学出版社,1984年,第74页。

③ [美]费正清编,杨品泉等译《剑桥中华民国史 1912—1949》上卷,北京:中国社会科学出版社,1994年,第92页。

④ 陈翰笙著,陈绛译《帝国主义工业资本与中国农民》,上海:复旦大学出版社,1984年,第71页。

田,但是那里的贫穷农民每户占有土地平均没有超过二亩半”[1]。富裕农民虽有经济实力广泛种植烟草,然而,种植烟叶的平均面积仅为七亩半。形成鲜明对比的是,占产烟区人口总数的45%,占农业土地总面积不及27%的贫穷农民,往往将自己的生活寄托于远非他们财力所能及的烟草上。[2] 据调查,为了种植烟草,贫穷农民必须从地主、有时从富农那里租借更多的土地。“山东东部租户只占全部农民人口的10%……在非产烟区,贫穷农民的耕地有14.1%是向人租来的,而产烟区的贫穷农民租地占耕地的19.9%”[3]。由此可知,潍县烟草种植带来的商品化是严重畸形的。

更为重要的是,烟田的地租总是高于非烟田的地租,增加了烟农的生产成本。在山东东部定额地租比分租制更为流行,就种植烟草的佃户来说,定额地租往往要交纳主要作物的40%,并且常常需要预付押租。[4] 在青州,烟田的定租比非烟区高出108%至186%。[5]

1934年潍县每亩平均产烟507磅,每百磅实际付给烟农的价格只有10.2元。每亩平均收入只有51.7元。加上其他作物的平均收入2.6元,当年全部作物的收入,每亩地不超过

---

① 陈翰笙著,陈绛译《帝国主义工业资本与中国农民》,上海:复旦大学出版社,1984年,第76页。

② 陈翰笙著,陈绛译《帝国主义工业资本与中国农民》,上海:复旦大学出版社,1984年,第75页。

③ 陈翰笙著,陈绛译《帝国主义工业资本与中国农民》,上海:复旦大学出版社,1984年,第77页。

④ 陈翰笙著,陈绛译《帝国主义工业资本与中国农民》,上海:复旦大学出版社,1984年,第80页。

⑤ 陈翰笙著,陈绛译《帝国主义工业资本与中国农民》,上海:复旦大学出版社,1984年,第82页。

54.3 元。“实际支出包括每亩劳动费用 20.1 元，豆饼 10.5 元，煤 6.9 元。烟农每亩只能用得起豆饼 12 块左右……每块为 0.87 元……每亩使用价值一元的粪肥和厩肥。……烘烤费用每亩达 3 元”①。由此可知，潍县每亩生产费用为 41.8 元，因此作物的净收入每亩地至多 10 元。② 1933 年，潍县“烟农得到的工资不及应得的五分之一”③。“烟价最贱，平均每百磅不到十元，甚至有每百磅二元的。……因种烟亏本而‘债台高筑’或‘倾家荡产’的农民，更是普遍”④。没有土地耕种的悲观者只有选择自杀，或者当土匪和远走他乡。⑤

20 世纪 30 年代中期，受工商业凋敝、烟价跌落的影响，烟农饱受损失。为此，地方政府开始倡导手工卷烟，将其作为救市良方。众所周知，手工卷烟是家庭手工业的一种表现形式，不受家族成员多寡的限制，可以随时随地开展生产，颇有利可图。手工卷烟能给农民带来一定数量的货币收入。但是，受法令限制，家庭手工卷烟不得盗用牌名，更不准使用硬纸包装，品相自然逊色，这又影响到手工卷烟的销量。况且每家成员或多或寡，熟练程度也有差异，因此，每家的手工卷烟产量差异极大。综计每户的卷

---

① 陈翰笙著，陈绛译《帝国主义工业资本与中国农民》，上海：复旦大学出版社，1984 年，第 57 页。

② 陈翰笙著，陈绛译《帝国主义工业资本与中国农民》，上海：复旦大学出版社，1984 年，第 58 页。

③ 陈翰笙著，陈绛译《帝国主义工业资本与中国农民》，上海：复旦大学出版社，1984 年，第 60 页。

④ 李亚夫《帝国主义侵略中国农村的一个实例》，《中国农村》第 1 卷第 11 期，1935 年，第 73 页。

⑤ 上海社会科学院经济研究所编《英美烟公司在华企业资料汇编》第 1 册，北京：中华书局，1983 年，第 417 页。

烟生产量,“最多每月卷烟四大箱(每大箱五万支),最少一大箱有余……此项卷烟,以本市为最大销场,各处摊贩及小杂货铺均有零售者,平均每两支售大铜元一枚,因价值低廉,故一般民众多乐于吸用”①。

(二)对农村社会的影响

美种烟草的栽种,改变了传统劳动状况。从前,除非家庭劳动力不足,产烟区的农妇很少参加农业劳动。现在,种植烟草比种植粮食作物需要投入更多的劳动力,富裕农户一般每亩多投入2.7个劳动单位,中等农民每亩多投入6.6个劳动单位,贫穷农民每亩多投入8.6个劳动单位。② 烟草从种植到收获,需要高强度的劳动。不同于富裕农民通过雇用长工或季节性短工来转嫁劳动强度,“一般中等农民和贫穷农民家庭……结果是加强利用以妇女劳动和儿童劳动为主的家庭劳动”③。许多妇女开始分担烟草种植的部分工作,掐摘坏叶、打顶、抹杈、烟叶选级和扎把等环节都有妇女的劳动身影。

种植烟草,给地方社会带来巨额的税收。1934年,潍县烟田面积有75700亩,每亩平均产量200磅,总计达15140000磅;同年潍县烟价平均每百磅14元,合计收入200余万元。安邱烟田面积有54000亩,每亩平均产量240磅,总计达12960000磅,同年安邱

---

① 彭泽益编《中国近代手工业史资料(1840—1949)》第3卷,北京:中华书局,1962年,第526页。

② 陈翰笙著,陈绛译《帝国主义工业资本与中国农民》,上海:复旦大学出版社,1984年,第62页。

③ 陈翰笙著,陈绛译《帝国主义工业资本与中国农民》,上海:复旦大学出版社,1984年,第63页。

烟价平均每百磅16元，共收入达2000000元。①

廿里堡虽是胶济路沿线一个极小的市镇，在烟草业界却举世闻名。英商颐中烟草公司烟叶部山东总办即驻在此地，还设有两个规模齐整、技术精良的烤烟厂。“烟季到了，每天可以烤出烟叶二十多万磅，雇用临时工人至一千六百余名之多。鲁东每年所产烟叶百分之七八十是汇集在此地，从这个小市镇，每年要分散给鲁东农村近千万元的收烟款。……单说胶济路每年运货收入，廿里堡车站就占第三位，仅次于青岛及博山”②。可见，烟草的种植对于胶济路以及该路一带的农村经济影响极大。农村中存在的大量剩余劳动力，争相去烟厂做工。胶东产烟区内，虽然有编结发网等新式手工业的勃兴，仍无法吸收全部的失业劳动力。许多劳动力流入胶济铁路沿线二十里铺的英美烟公司的收烟厂。在1934年，“当收烟季节来临时，虽然每日工作十小时，工资只有0.20元至0.30元，而且还不供给伙食，却有大群失业的贫穷农民，急切争着到这家工厂去做工”③。

同时，受烟草业的影响，潍县的油坊业营业额也出现下滑。潍县油坊最盛时，“每年营业总额达十六万余圆，乡间所产尚不在内。现(1935年)因烟叶衰落，豆饼需用减少，且受肥田粉之影响，每年不过十四万余圆”④。

---

① 孔令嘉《山东省潍县安邱美种烟产状况调查报告》，《山东省建设半月刊》第1卷第8期，1936年，第75页。

② 张伽陀《鲁东种烟区三个月的观感》，《东方杂志》第33卷第6号，1936年，第109页。

③ 陈翰笙著，陈绛译《帝国主义工业资本与中国农民》，上海：复旦大学出版社，1984年，第76页。

④ 常之英修，刘祖干纂《潍县志稿》卷24《实业志·工业》。

农民出售烟叶，除了直接到收购点出售，“亦有售与小商人转售烟公司者。专门业此之小商，潍县亦颇不少，均每年先期向产地农民接洽，定购农民所出之烟叶，以吸取中间之赢利”[①]。随着农村经济的恢复，烟草种植再度勃兴。据调查，1934年，潍县烟叶“犹能畅销无阻。每年产烟价值约三百余万元，几与小麦之总值，并驾齐驱”[②]，成为农村经济的重要补助之一。

第三节　棉纺织业与农村经济结构

有学者指出，近代中国农村社会一直处于贫困和动荡之中，农村破产，日益剧烈，农民痛苦，日益深刻，各乡村处于杌陧不安的境遇。[③] 直到20世纪30年代，“农村社区大量的是小农经济的简单再生产”[④]。潍县土布就是典型例子。

一、近代纱厂工业的发展

甲午战后，清政府承认外商在通商口岸享有设立工厂的权利。日本开始在上海杨树浦设立东华公司，此为日本商人在华纺织事业的滥觞，但十年间并无大发展。当时英、美、德在华经营的纺织事业已呈蓬勃发展气象，日商尚存观望态度。直到1911年，

---

① 实业部国际贸易局编《中国实业志·山东省》，上海：实业部国际贸易局，1934年，第114(丁)页。

② 胶济铁路管理局车务处编《胶济铁路经济调查报告·潍县》，青岛：文华印刷社，1934年，第5页。

③ 董汝舟《中国农民离村问题之检讨》，《新中华》第1卷第9期，1933年，第7页。

④ 龚书铎总主编，朱汉国主编《中国社会通史》(民国卷)，太原：山西教育出版社，1996年，第198页。

日本内外棉的川村利兵卫到上海筹划设立公司，在苏州河畔宜昌路建造工厂，购置织机 2 万锭。一战爆发后，因英、美、德忙于战事，无暇东顾，日商乘机活跃，在华纷纷设立新厂。

山东机器纺纱的发展历程晚于江南。1916 年日本强占山东，伴随着军事行动，日商极力地扩充纱厂，内外棉五厂遂在青岛设立分厂，开山东省机器棉纺业发展的先河。因山东省原料丰富，纺纱厂、棉织厂等随之蜂起。时任实业司长的潘复在济南创办鲁丰纱厂，“为中国官僚资本向纺织业投资的先驱”①。南京国民政府时期，“山东现有纱厂华商四家，日商六家……就地域分，则青岛七家，济南三家；但青岛纱厂之属于华商者仅华新一家。……以锭子论……其中百分之七九·三四，系在日商掌握中”②。日商有隆兴、内外棉、富士、宝来、公大及大康等 6 家。“国资经营之工厂，资本合计约千三十余万元，外资八千二百余万元，以厂数比，三倍于外资经营者，以资本总数比则仅及其八分之一，资本如此薄弱而欲与之抗衡诚非易事”③。在所有纱厂中，仅公大、大康兼营织布。山东纱厂利润，“就目下情况而论，平均利润达到五分左右，纯利润达到三分”④。由此可知，日资纱厂规模宏大，资金雄厚，华商纱厂望尘莫及。

日商各厂所产的棉纱，“行销胶济沿线及沿海各外埠者约百

① 陈真、姚洛编《中国近代工业史资料》第 1 辑《民族资本创办和经营的工业》，北京：生活·读书·新知三联书店，1957 年，第 301 页。

② 实业部国际贸易局编《中国实业志·山东省》，上海：实业部国际贸易局，1934 年，第 9(辛)~10(辛)页。

③ 国立山东大学化学社编《科学的山东·工业》，青岛：国立山东大学化学社，1935 年，第 1 页。

④ 高树校《鲁丰纱厂调查纪实》，《劳工月刊》第 2 卷第 7 期，1933 年，第 116 页。

分之九十以上，由纺纱一项而言，金钱外溢年约二三千万元”①。充足的棉产量为机纱厂提供了足够的货源。据调查，青岛市的纱厂共有纱锭三十万枚以上，每年消费棉花约计七八十万担。② 据统计，山东的棉花每年集中于青岛者约六七万担，在青岛15家出口商中，日商就占了8家，另外青岛有棉花行栈14家。③

早在海禁未开以前，山东所产棉花，除了制做棉衣、棉被，乡居农民多备置纺织机一二架，纺制土纱、土布，除了自给，也销往他省。自鸦片战争后，洋纱、洋布纷至沓来，土纱、土布成本昂而品质劣，丧失市场竞争力，销路大减。一战时日本乘机窃夺青岛，数年间筹设纱厂六处，结果“厂纱充斥于市场，价廉物美，手工业之土纱土布全被打倒，于是鲁省所产棉花，除少数衣被所需外，多供给纱厂或运往他省及外洋”④。由此可知，在棉织市场上，受洋货冲击，传统手工纺纱业慢慢地被机器纺纱所取代。

纺织业是日本在华“投资”的代表性行业。与英国资本不同，日本经营方式有二：一为在华设立总厂，二为在华设分厂，总厂仍在日本。由在华日本纺织同业公会组织。生产力约占全中国纺织业四成左右。其中上海约占2亿元，青岛约8000万元，天津约

① 国立山东大学化学社编《科学的山东·工业》，青岛：国立山东大学化学社，1935年，第2页。

② 叶元鼎、马广文《吾国重要棉市调查记》，《国际贸易导报》第6卷第9号，1934年，第34页。

③ 王仙《山东之棉业》，《国际贸易导报》第6卷第4号，1934年，第182页。

④ 实业部国际贸易局编《中国实业志·山东省》，上海：实业部国际贸易局，1934年，第170(戊)页。

2000万元，汉口约600万元。① 日人自称："为日本内地纺织公司进行在华设厂策略之新纪元。"②至1931年，日本在上海建有9家纱厂，青岛则有6家，居第二位。③ 可见日本在青岛的机纱业中地位显著。为了达到对山东棉纺市场的独占，日商纷纷将机纱输入潍县——山东土布业最为发达地区。"一·二八"沪变以前，国纱之销售，尚占十分之二④，事变之后，潍县所需机纱"十分之九系日货"⑤。据统计，潍县一地"每日销纱约三百五十大包，价达九万元左右"⑥。在潍县销售的日本机纱品牌有富士厂的银月、五彩星，长崎厂的宝来，隆兴厂的宝船，大康厂的金货，钟渊厂的花蝶以及童鱼、宫女、龙神、龙宫、立马等品牌。受此影响，"国纱为其排斥，几至绝迹市场"⑦。据统计，在潍县织布业发展的鼎盛时期，每年运入潍县境内的棉纱，"以民十八(1929)、十九(1930)两年平均计算，在一万吨左右，约合棉纱五万六千件左右，值洋一千五百万

① "也有传，日本控制中国纺织生产力的六成左右"。参见陈真等编《中国近代工业史资料》第2辑《帝国主义对中国工矿事业的侵略和垄断》，北京：生活·读书·新知三联书店，1958年，第394~395页。

② 陈真等编《中国近代工业史资料》第2辑《帝国主义对中国工矿事业的侵略和垄断》，北京：生活·读书·新知三联书店，1958年，第578页。

③ 严中平《中国棉纺织史稿》，北京：科学出版社，1955年，第179页。

④ 实业部国际贸易局编《中国实业志·山东省》，上海：实业部国际贸易局，1934年，第102(丁)页。

⑤ 《调查潍县昌乐益都临淄周村织机数目及经济状况报告》，《山东实业公报》1931年第4期，调查，第1页。

⑥ 实业部国际贸易局编《中国实业志·山东省》，上海：实业部国际贸易局，1934年，第102(丁)页。

⑦ 实业部国际贸易局编《中国实业志·山东省》，上海：实业部国际贸易局，1934年，第19(辛)页。

元以上”[①]。

据调查，青岛所出棉纱十分之五被运销于潍县，仅潍县一地就有40余家贩纱店，俗称线庄。所贩卖的棉纱多系青岛华商从日人手中购得，经胶济路运到潍县后转售给机户。由于每家线庄须缴纳营业税、线行费（线业公会性质），以及经纪人费用，棉纱的成本价格自然被抬升。近代以来，外资企业在华享有低税特权，日本商人见有利可图，遂在潍县成立一家贩纱公司——瑞祥，既无须缴纳营业及其他各项税捐，且直接由青岛的日本纱厂购买，售价相对便宜。久而久之，潍县的棉纱货源被日本商人所垄断。潍县“每年平均由潍县境内各站运出之棉布，约重六千吨，从邮政寄出之包件，亦有两千吨，以上共计二百万匹左右。至于由山东北部，各海口出售之棉布，尚不在内”[②]。

南京国民政府时期，国内纱布税则开始“实施统税，表面上以纱支分类中外纱厂，似无轩轾，然以中外纱厂纺纱支数观之，则其有利于外厂者甚著，盖统税纱支以23支为粗细之分级，而税率相差，每担仅有1元”[③]。

事实上，中国境内的棉业工厂所生产的棉纱主要是供旧式织布业使用，年消费全国棉纱产额的80%。[④] 况且棉纱越细，价格越

---

① 龙厂《山东潍县之农村副业》，千家驹编《中国农村经济论文集》，上海：上海书店出版社，1990年，第542页。

② 龙厂《山东潍县之农村副业》，千家驹编《中国农村经济论文集》，上海：上海书店出版社，1990年，第542页。

③ 陈真、姚洛编《中国近代工业史资料》第1辑《民族资本创办和经营的工业》，北京：生活·读书·新知三联书店，1957年，第715页。

④ 陈真编《中国近代工业史资料》第4辑《中国工业的特点、资本、结构和工业中各行业概况》，北京：生活·读书·新知三联书店，1961年，第206页。

高，本应抽以重税，南京国民政府的改订税率，完全背道而驰。“23 支以下每担征收 2.75 元，23 支以上每担征收 3.75 元……华商纱厂出品，均在 10 支，至多为 32 支，但销路较大者，为 10 余支。而日商纱厂出品，均为细纱，最少亦在 40 支以上”。由于“粗纱需求既大，出货乃多，故侧重粗纱，希望税收之畅旺，忽略细纱。以为定能得失相偿，于是华商纱厂，几至不能立足”①。国内纺厂负债累累，“每锭债款，多者几及百元，少亦 30 元左右，而利率高昂，尤感困苦。各厂债息高者，达 12%，最低亦在 8%—9%。全国纺厂，平均纺纱所负利息，10 支每包约 6 元，16 支约 10 元，20 支约 13 元，32 支达 18 元，几占制造成本总额 1/3”②。

同时，国资机纱厂商几乎被挤出棉业市场。鲁丰厂前两年均有盈余，1931 年盈 68864.93 元，1932 年盈 336845.82 元，而 1933 年 1 月至 4 月则亏 115439.05 元之巨，且纱价低落，不易销售，故当时存货有两千余件之多。③ 由于棉花购销主要为外资企业所掌握，纺纱市场则取决于国内织布业的兴衰，棉花与机纱的销行滞畅各以为断，二者的价格往往不一致。“最近市面以言，每 16 支纱 1 包，需棉 355 斤，棉价每担 33 两，计银 117 两。外加工资开缴，每包银 30 两，共计成本银 147 两，而售价平均，只得一百三十四五两，每包损失辄在 12 两上下，加之国内金融，贷款息重，厂商辛苦经营，谋偿银行钱庄欠款之子金，犹虞不足，日积月累……只

---

① 陈真、姚洛编《中国近代工业史资料》第 1 辑《民族资本创办和经营的工业》，北京：生活·读书·新知三联书店，1957 年，第 717 页。

② 陈真、姚洛编《中国近代工业史资料》第 1 辑《民族资本创办和经营的工业》，北京：生活·读书·新知三联书店，1957 年，第 788 页。

③ 实业部国际贸易局编《中国实业志·山东省》，上海：实业部国际贸易局，1934 年，第 20(辛)页。

有出于售厂之一法”①。

然而，机纱大部分仍被传统手工织业所消费。据调查，“在民十九年(1930)纱线消费总量为九亿六千一百万磅，其中力织机消费者，不过二亿七百万磅，其余之七亿五千四百万磅，则为手织机所消费者，约当五分之四”②。为了维持庞大的农家织布需要，潍县每日可销纱三百余件，这完全依托于专业的棉纱买卖商号——线庄，此类商家最多时至24家，自青岛、济南、上海、无锡各厂购进棉纱。③ 在胶东，“青岛各厂，所出之纱，有十分之五，运销于潍县。该县向有线庄(即贩纱店)四十余家，专门到青岛买纱。所买之纱，多系青岛华商，由日人手中买出者，经胶济路运到潍县，再转卖于机户”④。

棉纱发运全部依靠青岛潍县帮货栈与潍县当地线庄之间进行交易。青岛4家潍县帮货栈代理着潍县20余家线庄的购纱业务，其中义德栈约占经销总量的60%～70%。4家潍县帮货栈以义德栈成立最早，开设于1909年，其次为德增福(1921)、源兴恒(1926)、恒盛德(1936)。4家货栈资本组织形式以合资为主，共计出资者19家，资本总额达26万元。货栈自洋行大批购进棉纱后批发售于潍县各线庄，线庄再转售给当地的布庄、大线贩、织布

① 陈真编《中国近代工业史资料》第4辑《中国工业的特点、资本、结构和工业中各行业概况》，北京：生活·读书·新知三联书店，1961年，第212页。

② 彭泽益编《中国近代手工业史资料(1840—1949)》第3卷，北京：中华书局，1962年，第800页。

③ 常之英修，刘祖干纂《潍县志稿》卷24《实业志·商业》。

④ 龙厂《山东潍县之农村副业》，千家驹编《中国农村经济论文集》，上海：上海书店出版社，1990年，第541页。

工厂、染织工厂。[①] 由此观之，青岛各厂所出的棉纱经由货栈中转，再经布线庄零售给广大农村织户，逐渐形成了一个以货栈为中心、布线庄为中转枢纽的商品购销辐射网络。

总之，外国机织布自涌入山东市场后，凭借棉纱物美价廉的优势，严重挤压山东当地市场的土纱纺织业。在进口货物中，潍县以棉纱为大宗，在1920至1930年间，每年输入棉纱56000件左右，值洋1500万元以上。[②] 由于外国机织布对手工布有较大的市场竞争优势，山东的贫苦农民开始对农村家庭手工业的比例和结构进行调整，改用洋纱纺布，以遏制洋布的进口。

二、传统土布业兴衰

南京国民政府时期，胶东农村的副业特别是土布业兴盛一时。有人指出，胶东土布是当时“全国唯一尚未受九一八事变重大打击的手织区域”[③]。对此，有学者将土布业的成功归因于包买制，“包买制作为一种农村地区的特殊的生产和商业组织，促使土布的快速增长和繁荣，包买主恰恰成了工资织户抵御市场价格波动带来的风险的保护伞”[④]。除了承认包买商的作用，有学者指出，近代中国手工业生产继续存在的另一个重要原因，是那些规模较小、资金较少的手工作坊在向近代工业转化过程中，尽管对

① 《潍县的线庄业》，大连满铁调查部，1943年，第27～35页，转引自张静《近代乡村商人阶层的崛起及其社会经济影响——以潍县帮商人为例》，《中国农史》2006年第1期。

② 龙厂《山东潍县之农村副业》，千家驹编《中国农村经济论文集》，上海：上海书店出版社，1990年，第542页。

③ 严中平《中国棉纺织史稿》，北京：科学出版社，1955年，第259页。

④ 周飞舟《制度变迁和农村工业化：包买制在清末民初手工业发展中的历史角色》，北京：中国社会科学出版社，2006年，第145页。

新式机器生产眼红耳热，却是“心有余而力不足”。处于贫困化压力煎迫之下的小农，更是紧紧抱着家庭手工劳动不放，于是只能在传统的轨道上运行，维持着相对来说陈旧落后的生产经营方式。[①] 可以看出，“中国近代棉纺织业的发展并没有消灭农民的家庭手工纺织业，反而使它一度在更高的层次上发展起来，在纺织分工的基础上顽强地挣扎了近一个世纪之久，特别是手织工业的生产力水平已经不再是原来意义上的农家手工业的水平”[②]。胶东土布业的兴衰就是一个典型。

（一）机纱输入与土布勃兴

在谈及传统纺织业时，有学者认为，在与机器工业的对抗中，织业比纺业具有更顽强的生命力。[③] 传统社会中自给自足的家庭手工业并不是全部在洋纱进口过程中退出了历史舞台。马俊亚先生认为：“农村商品经济的发展，并不以农家经济破产为前提，而是以农家经济结构的改变为前提。”[④]

潍县作为地区手工棉纺织中心的定位与机器棉纺织业的发展也有着密切关系。

20 世纪二三十年代潍县比较盛行采用机纱织布。“洋纱源源输入，织布逐渐采用洋纱……旧日之家庭纺纱一事，乃渐次没落，

① 王翔《中国近代手工业的经济学考察》，北京：中国经济出版社，2002 年，第 194 页。

② 马鸿谟《近代中国城乡经济改组初探》，丁日初主编《近代中国》第 2 辑，上海：上海社会科学院出版社，1991 年，第 109 页。

③ 严中平《中国棉纺织史稿》，北京：科学出版社，1955 年，第 267 页。

④ 马俊亚《混合与发展——江南地区传统社会经济的现代演变（1900—1950）》，北京：社会科学文献出版社，2003 年，第 280 页。

此种演变过程……山东亦然”[①]。潍县织造棉布，塔寺庄所织尤为细致，多用以制袜，称为塔寺庄棉布。“自洋布输入，逐渐淘汰，今尚有织者，然皆用粗洋纱，不复用女工所纺之棉花线矣”[②]。在平度县境内，手工业“较普遍者，厥惟纺织……昔之妇女皆手自纺线以供缝纫，且鬻之机工以供织所织布，每匹长约二丈四至七尺，幅阔六寸许，号为棉布，人利赖焉。自光绪中叶洋纱输入，织工乐其匀适，相率用之，手纺线遂废”[③]。在安邱县境，“自洋纱充斥市面后，纺者日少。今之织者，几尽用外来棉纱……昔之织者减少半数”[④]。

有人指出，“中国机织业的发展速率落后于机纺业……中国手织业对于机织业的抵抗远比手纺业对机纺业顽强坚韧”[⑤]。传统的制衣过程随着青岛棉纺业的发展而发生变化。在台头村，“年轻妇女可以从走村串户的布商或集镇上买工厂制造、机器染色的布。……不再买原棉，而是购买青岛棉纺厂纺的线，这使女人们从繁重的工作中解脱了出来”[⑥]。她们从传统的农纺结合的模式中解放出来，有能力从事其他工作。在机器大工业冲击下，农村自给自足的经济并没有完全破产，只是发生了结构性的变化。机器纺纱厂的产品多行销山东境内，主要是胶东地区家庭织

---

① 实业部国际贸易局编《中国实业志·山东省》，上海：实业部国际贸易局，1934年，第7(辛)页。

② 常之英修，刘祖干纂《潍县志稿》卷24《实业志·工业》。

③ 丁世平等修，尚庆翰等纂《续平度县志》卷10《民社志·工商业》。

④ 胶济铁路管理局车务处编《胶济铁路经济调查报告·安邱县》，青岛：文华印刷社，1934年，第8页。

⑤ 严中平《中国棉纺织史稿》，北京：科学出版社，1955年，第268页。

⑥ 杨懋春著，张雄等译《一个中国村庄：山东台头》，南京：江苏人民出版社，2001年，第46页。

布尚占棉织业的重要地位使然。职是之故，昌邑县绸业式微后，织布业应运而生。“南乡沿潍河一带，织布业颇盛……最盛者为饮马、石埠、黄埠、葛庄等村。出品总值，亦在二百万元之谱”①。

手工织布也消耗掉了大部分的机纱。20 世纪 30 年代，中国旧式手织业消费全中国棉纱生产额的十分之八。② 就所消费的纱数计算，动力织机所用的仅当手织机的 25%。③ 据严中平估计，“为全国手纺业消用的棉花，不下 1044 千公担，其产纱当有 1000 千公担之多。手纺业产纱在全国总产量 5934 千公担中，约占 16.8%；在全国总消纱量 5787 千公担中，约占 17%。如依照以手纺为副业者，每年产纱量 30 磅这标准计算，则中国现存手纺车，当有七百余万架。中国手纺车数量之高，可以居世界第一位了”④。据调查，潍县织布所用的厂纱价格，“大概四十支及四十二支者，每件二百六十余元；三十二支者二百五十余元；二十支者二百十余元；十六支者二百元左右；其中以十六支粗纱之用途最少。其他各县所用之棉纱，多系粗纱，有购棉自纺者，有用厂制粗纱者，价格各地不等，棉产丰富之县每斤一角，交通不便不产棉之县分每斤八角”⑤。

---

① 胶济铁路管理局车务处编《胶济铁路经济调查报告·昌邑县》，青岛：文华印刷社，1934 年，第 5 页。

② 陈真编《中国近代工业史资料》第 4 辑《中国工业的特点、资本、结构和工业中各行业概况》，北京：生活·读书·新知三联书店，1961 年，第 206 页。

③ 彭泽益编《中国近代手工业史资料(1840—1949)》第 3 卷，北京：中华书局，1962 年，第 797 页。

④ 严中平《中国棉纺织史稿》，北京：科学出版社，1955 年，第 257 页。

⑤ 实业部国际贸易局编《中国实业志·山东省》，上海：实业部国际贸易局，1934 年，第 48(辛)~49(辛)页。

机纱的迅速扩散,使潍县等地的手工织布在一段时间内仍是最常见的手工业之一。“冀鲁两省几乎每个农家都以纺织为副业。由于洋纱的采用,这两省发展了许多的手织区域”[①]。棉业工厂所生产的棉纱,“目的在供旧式织布业之用,近顷此等工厂虽亦有兼营机械织布业者,但与旧式织布业相较,实不啻九牛之一毛而已”[②]。由此可知,手工土布的市场份额仍大。虽然在产品质量与生产成本方面,工厂工业有着绝对的竞争优势,但是,鸦片战争后的近百年中,“进口洋货以及国内工厂的机制纱布却始终未曾把中国的手工棉纺织业全部消灭”[③]。直到抗战前,织布业一直是胶东农村最常见的手工业。与洋布相比,农民喜爱传统土布。据调查,1935 年山东 90 个县的农家中,仅有 36.6% 的农家购买洋布,而购买纺织棉布的却有 38.9%。[④] 这归因于农村手工织布业适应了市场需要,部分地做出调整。

很少有纺纱厂兼营织布业务,在青岛仅有两家日资纱厂兼营织布业,最大的纺纱织布厂铁机也不过五百架。在潍县全境的农家织机却有二万架,每天最低可出布两万匹,全年可产布六百八十万匹。[⑤] 青岛机器织布厂的铁机数甚至远低于平度一县境内的

---

① 严中平《中国棉纺织史稿》,北京:科学出版社,1955 年,第 130 页。

② 陈真编《中国近代工业史资料》第 4 辑《中国工业的特点、资本、结构和工业中各行业概况》,北京:生活 · 读书 · 新知三联书店,1961 年,第 204 ~ 205 页。

③ 严中平《中国棉纺织史稿》,北京:科学出版社,1955 年,第 254 页。

④ 彭泽益编《中国近代手工业史资料(1840—1949)》第 3 卷,北京:中华书局,1962 年,第 753 页。

⑤ 张延曾《山东潍县的织布业》,《科学的中国》第 9 卷第 11 期,1937 年,第 55 页。

七八百架。[1] 在洋布充塞的威海卫地区,“农村妇女仍于空闲时用旧式布机纺织自用,间亦有销售于当地市镇,全境仍有旧式织布机千余架”[2]。有些时候,农村手织布的市场竞争力还胜过机织布匹,许多机织厂商不得不以“北方之伪造假冒遂填塞于市,山东之潍县各机户皆为伪造渊薮”[3]为由加以干预。

潍县土布的兴盛,吸引地主商人投资新式工业。学者指出:“对于地主兼营工商业,不应再视为中国近代工业未能摆脱封建性的表现,或是封建残余。”[4]在潍县,地主商人阶层受新式机器行业高额利润的刺激,纷纷将通过经营商业获得的雄厚资本投资于机器工业,一定程度解决了潍县早期机器工业发展资金缺乏的“瓶颈”问题。成立于 1921 年、制造化学合成染料的新式企业——裕鲁颜料股份有限公司便是由潍县商人合伙投资 10 万元建成,仿德国制法,“商标曰蓬莱阁、万年青、双喜字等……用此染料一两,可染元青纱布八两或六两。……潍县东乡各织布厂之染布色,已悉用该厂所制颜料。闻该厂每日可出货四千斤,每年约共出煮青一百四十余万斤”[5]。

潍县商人还将经营业务拓展到与新兴手工业产品输出输入贸易关联度高的多个行业。据 1934 年 9 月调查,潍县商人投资新兴行业及其数量大致如下:染织业 46 家、绣货业 34 家、银号 43

---

① 丁世平等修,尚庆翰等纂《续平度县志》卷 10《民社志 · 工商业》。

② 胶济铁路管理局车务处编《胶济铁路经济调查报告 · 威海卫》,青岛:文华印刷社,1934 年,第 11 页。

③ 《训令潍县县长》,《山东实业公报》1931 年第 4 期,训令,第 5 页。

④ 马俊亚《混合与发展——江南地区传统社会经济的现代演变(1900—1950)》,北京:社会科学文献出版社,2003 年,第 83 页。

⑤ 《山东潍县之经济近况》,《中外经济周刊》1926 年第 187 号,第 10 ~ 11 页。

家、转运业 26 家、轧布业 5 家、皮货业 35 家、线业 24 家、土布业 190 家、绸缎业 22 家、嵌银业 9 家、铁工厂 30 家、铜器业 34 家、颜料业 26 家、铁器业 110 家、竹货业 15 家、洋灯业 3 家、纸坊 13 家、发网业 2 家、粮庄 3 家、面粉业 4 家、山果摊 14 家、药店 57 家、磨坊 15 家、酒业 41 家、油坊 13 家、炭庄 43 家、酱菜业 16 家、烟卷业 5 家。[①]

（二）潍县土布从自给到外销

唐代山东的纺织业就很兴盛。李白曾有诗云“鲁人重织作，机杼鸣帘栊”[②]。随着山东沿海开埠通商，潍县因其特殊的地理位置很快被卷入了资本主义世界经济体系。传统的棉纺织业在洋纱的排挤下开始了近代转型，特别是机制纺纱的输入为该地区手工织布业的发展提供了新契机。在华北地区家庭手织业最盛隆的地方，除了河北省高阳土布，当推山东潍县。山东东部地区，胶济铁路横贯其中，青岛、济南两市的机纱得以快捷地运销省内各地，所以在胶济的东段沿线乡村中织布农家较多。随着织布业生产的专业化、商业化倾向愈来愈明显，土布流通方式由内销转向外销，潍县土布业很快成为依托广大国内市场的外向型手工业。20 世纪 20 年代中期，“潍河一带织布者极多，所出土布、斜纹布等，销售沙河、黄县、青岛、烟台、徐州、南京等处，年共收入七百二十万两”[③]。

据调查，胶济沿线及南驿至桑园段津浦沿线 45 县，“计有家

---

① 常之英修，刘祖干纂《潍县志稿》卷 24《实业志 · 附表》。

② （唐）李白《五月东鲁行答汶上翁》，潘同生编著《中国经济诗今释》，北京：中国财政经济出版社，2000 年，第 157 页。

③ 《山东省之织业》，《中外经济周刊》1924 年第 93 号，第 6 页。

庭棉织业凡 34 县。这 34 县的土布总产量共 8034700 匹，价值 22867870 元。年产在十万匹以上者，有潍县、即墨、招远、平度、胶县、诸城、安邱、昌邑、临淄、博兴、桓台、莱芜、济阳等十三县”①。这些县的土布均须在省内外寻求市场。潍县土布销路“以春秋最旺，春季自二月底至五月初为盛，废历五月节后即形清淡，秋季自七月至九、十月为旺月，十月以后，亦渐形低落”②。

机器工业兴起之后一段时间内，胶东的手工织布业并没有出现衰落势头。抗战前夕，“潍县地方的织布业兴盛到极点，布机总数为六万部至十万部，从事本业者约有十五万人。就其销路言，则远远运销到云南、四川、贵州、福建、河北、河南、绥远等各省，事变前潍县土布产量年达二千万元，与其他主要产品烟草（年额一千万元）、猪鬃（年额一千万元）等合在一起来说，则它们在潍县全部产业中约占百分之五十，地位非常重要”③。在离得不远的牟平县，“农村妇女用旧式布机，自织自用者多，全县约四千余机，年可织布四万余匹，总值十余万元”④。在招远县，土布系妇女纺织，“全县织户约三千余户，年产二十万匹，总值五十六万余元。除自用外，销售于各市镇”⑤。

织布业作为潍县的主要工业之一，并不是以工厂形式发展

---

① 严中平《中国棉纺织史稿》，北京：科学出版社，1955 年，第 258 页。

② 实业部国际贸易局编《中国实业志·山东省》，上海：实业部国际贸易局，1934 年，第 53（辛）页。

③ 彭泽益编《中国近代手工业史资料（1840—1949）》第 4 卷，北京：中华书局，1962 年，第 11 页。

④ 胶济铁路管理局车务处编《胶济铁路经济调查报告·牟平县》，青岛：文华印刷社，1934 年，第 6 页。

⑤ 胶济铁路管理局车务处编《胶济铁路经济调查报告·招远县》，青岛：文华印刷社，1934 年，第 6 页。

的，多系家庭手工业之改良。“潍县之机织业，为农民之家庭副业，全县无不有之，而以该县东乡为最多。所织者为棉布，其品质式样，与洋货相似，所用之布机，系该县工厂自制。机为足踏式，价廉物美，据调查所得，当民国十五六年，全县布机约有一万余张，每机需工人两名，所获利益除养家之外，略有盈余。后逐年增加，至去年(1933)，全县有布机七万余张”①。

胶东棉花产量的增多保证了纺织业有源源不断的原材料。20世纪30年代，山东全省的纺织业生产总值为32458083元，占全省工业生产总值的29.17%。② 据土布业同业估计，潍县每年出布约1080万匹，每匹以7元计，则总价值为7560万元。③ 同期山东全省土布共生产17153999匹，价值计98521743元。④ 由此可知，潍县土布业分别占全省布匹生产总额的63%和总价值的76.7%。从通商大邑到普通县市甚至偏远乡镇都有潍县土布的市场，织布业甚至成为谋生主业，农业开始副业化。在眉村，“以前视为家庭副业，现在因事业进展有利可图，有一变而为正业之势，反视农作为副业。每机每日能出布一匹(长百零四尺，宽二尺四寸)，每织五匹有一匹之纯益，每集交易一次，能得纯益七八元，此五日之收入也，即每机每日之纯利为自一元二三角至一元七八

---

① 龙厂《山东潍县之农村副业》，千家驹编《中国农村经济论文集》，上海：上海书店出版社，1990年，第541页。

② 实业部国际贸易局编《中国实业志·山东省》，上海：实业部国际贸易局，1934年，第121(乙)页。

③ 《山东潍县之织布业》，《工商半月刊》第6卷第1号，1934年，第100页。

④ 实业部国际贸易局编《中国实业志·山东省》，上海：实业部国际贸易局，1934年，第49(辛)页。

角不等"①。

人们改用机制洋纱以手工织布，是20世纪二三十年代潍县布业达到鼎盛的主要原因。此时的土布产品除了自给自足，还充当传统经济的余缺调剂，甚至顺着商品流通渠道流入更广的市场。该县"每年出产之土布，达千万匹以上，占全省土布产量百分之六二·九六，销路殆遍全国"。采用机器织布后，销路更佳，数年间，全县"几无不以织布为业者"，全县"布机达五万架以上，业此者不下十余万人，且有专制布机厂及漂染整理布匹厂数十家"。②

（三）手工织布与农家经济

早在道光年间，胶东就比较重视纺织业生产。"男子耕读……妇人纺绩营生"③是农民期盼的理想生活。伴随着机器大工业的发展，潍县的土布业仍为农家所固守。"潍县织户在从前只是农闲时的一种副业，今则常年昼夜制织，一家男女轮流工作；农忙时，壮年男子白天在田里工作，早晚仍得帮着织布。每一织户少的有布机一两台，多的有四五台。……至于开设工厂，招工制织的，更不多见"④。家庭手工织布成为潍县最具特色的产业之一。"织布的大本营在北乡，中心是城北三十里的安固镇，该镇与固堤

---

① 《调查潍县昌乐益都临淄周村织机数目及经济状况报告》，《山东实业公报》1931年第4期，调查，第1页。

② 实业部国际贸易局编《中国实业志·山东省》，上海：实业部国际贸易局，1934年，第47(辛)页。

③ （清）李天骘修，（清）岳赓廷纂《荣成县志·疆域·风俗》。

④ 王子建《中国土布业之前途》，千家驹编《中国农村经济论文集》，上海：上海书店出版社，1990年，第131页。

及高里二镇在一东西直线上，三十五华里之距离，南北有六十华里，按面积而论，可算世界上第一大工厂了”①。

织布业的结构性变化带动农村的繁荣。“农民于耕作之闲，视织布为唯一行业，利用外来绵纱，与当地制造之铁机、木机，于农事清淡之际，从事织制，各种布匹，尤以城东穆村、眉村、潍河沿岸为中心地带。每届织制时代，男女老幼，勤苦掺作，闲行乡曲，机杼之声相间。据估计，木机织制两种，合计不下六万张，每年各种出品约有三百九十万匹，总值在一千零九十万元之谱”②。潍县织布业的发展还带动了相关行业的发展，铁工、印刷、压布、代理、运输等行业相继兴起。专门供应织布铁机的华丰机器厂于1928年在黄县设立分部。③

织布的利润丰厚，吸引农村剩余劳动力从事织布。据统计，潍县一个壮丁织布，每日至少可出一匹，一年中工作三百四十日，织成一匹布的工资至低也有一元，年可收入三百四十元。④ 受厚利影响，织布者在农业人口中所占比例较高。据调查，20世纪30年代山东全境内从事织土布的农户有601873户，约占总农户的19.88%。⑤ 至1935年，南京国民政府中央农业试验所调查19省

---

① 张延曾《山东潍县的织布业》，《科学的中国》第9卷第11期，1937年，第53页。

② 胶济铁路管理局车务处编《胶济铁路经济调查报告·潍县》，青岛：文华印刷社，1934年，第14页。

③ 张蓝田《潍县华丰机器厂设在各地营业部的概况》，《潍坊文史资料选辑》第4辑，1988年，第91页。

④ 张延曾《山东潍县的织布业》，《科学的中国》第9卷第11期，1937年，第54~55页。

⑤ 实业部国际贸易局编《中国实业志·山东省》，上海：实业部国际贸易局，1934年，第111(乙)页。

928县纺纱织布的农家在全农户中所占的比例，发现总计19省的纺织农户平均占全农户的24%，约达1400万家，山东省的纺纱织布农户却占30%以上。[①]

在乡间，普通农户春冬二季均尽量织布。若是一个大家庭中有十几口人，分工就比较明确，既有人从事田间工作，也有人长年织布，若家庭中有三四名壮丁，至少可以操作三四架铁机，如一个小工厂。潍县由于可耕地少，农事耕种只能容纳很少一部分劳动力，过剩的劳力正适合织布。"九一八"之后，劳工从事纺织业成为一条不错的出路。"平常全年工资四十元至七十元，雇主供给伙食；若是能够染织的特好，工资可突破七十元"[②]。有时，村民织布业的收入远远高于其他劳作。受土布业生产的影响，家庭内部的劳动开始社会化分工。自给生产的时候，从种棉到纺织，许多生产工序都是在一个农民家庭内部完成的。这种形式下的纺织所体现出的劳动分工是模糊且不确定的。有时候单个劳动者就可以获得全部的生产工具以及各个工序的生产技术，也就没有进行专业分工的必要了。这个阶段，纺织劳动基本上是妇女的天地，男子很少参加。如果说有分工，那也是因为年龄的差别而不是技术训练所导致的。"一家有五口人，即老夫妇二人，壮年夫妇两人，幼童一人；以四十元买一架铁机，同时自己不欲染制棉纱，就代人家织手工（就是经纬完全齐备拿来就织）。……每日可完成一匹布，与青岛大规模之织布厂每架铁机之产量相等；若是某

① 严中平《中国棉纺织史稿》，北京：科学出版社，1955年，第255～256页。

② 张延曾《山东潍县的织布业》，《科学的中国》第9卷第11期，1937年，第54页。

家有壮丁二人……每日至少织布一匹半”[①]。

为了出售更多的布匹、赚得更多的收入，原有的家庭内部简单劳动分工远不能应对，于是，有的家庭壮年男劳力也投入织布劳动中。“纺纱织布，为农村妇女暨一部分男子之重要职业或副业”[②]。甚至到20世纪五六十年代，手工织布仍然是农村中最常见的手工业之一，许多壮年劳动力在农闲时仍将手工织布作为增加农家收入的主要手段。[③] 于是，本来相互补充、相互协调的农工之间产生了争夺劳动力的矛盾。潍县土布业以前被视为家庭副业，“现在因事业进展，有利可图，有一变而为正业之势”[④]。特别是在潍县眉村等地区，当织布业成为一种主业后，此时的纺织劳动已不是农业劳动间的季节性劳动。当土布市场逐步扩大，手织业对于农民具有更大的诱惑力，使农民逐渐怠忽农业劳动，甚至根本放弃农业经营而专力于手织业，传统的农业生产有所分化。

由于洋货的输入，只有男人劳作时穿的外套仍用自己织的布做，其他如年轻人和孩子的衣服几乎都用织布机织的布做。这引起了家庭内部老年人与年轻人之间的隔阂，学者如是评论：“因为买现成商品的习惯正日益战胜对家庭制品的偏爱。这种情况也适合一般由年轻人制作的其他东西。老一代人的抵制阻挡不了

---

① 张延曾《山东潍县的织布业》，《科学的中国》第9卷第11期，1937年，第54页。

② 何廉《我国今日之经济地位》，《纺织周刊》第5卷第4期，1935年，第109页。

③ 张广杰于2012年1月24—25日于山东安丘市柘山镇对郭京济老人（1934年生）的访问。

④ 张鸿烈《山东省之经济建设》，《实业部月刊》第2卷第1期，1937年，第51页。

年轻人对吃力的工作方式的反感,这在一定程度上也成为家庭内部冲突的根源。"[1]

当然,布庄在农村土布生产过程中仍起中枢作用。布庄将从集市收买或放纱给户而订织的布匹,交漂染坊漂染、压布厂整理并自备商标后,由专门从事布匹运输业的商栈将成品布源源不断地运往外埠。[2] 据胶济铁路运输报告,"每年平均由潍县境内各站运出之棉布,约重六千吨,从邮政寄出之包件,亦有两千吨,以上共计二百万匹左右"[3]。

潍县土布并非由农民小生产者直接售与消费者,而是由商人资本主导着手工业产品的流通方向。潍县商业中,土布业为各业之中心,土布业贸易中心机关为布庄。[4] 据调查,潍县有布庄 275 家,每庄资本多者 2 万元,少者 2 千元。全年营业额共 8073200 元,各庄每年营业多数在 2 万元以下,尤以 5000 元以下之家最多,每年营业额在 50 万元以上的仅有 8 家,其中营业额最多的为 225000 元,次为 180000 万元。[5] 布庄除了放纱、收布,也从集市上收购布匹,各庄每集所收纱布可达二三万匹。有人认为放纱布庄的性质与"专营大宗买卖之布庄略有不同。……即遇市价跌落,

---

① 杨懋春著,张雄等译《一个中国村庄:山东台头》,南京:江苏人民出版社,2001 年,第 46 页。

② 《山东潍县之织布业》,《工商半月刊》第 6 卷第 1 号,1934 年,第 95、99、102 页。

③ 龙厂《山东潍县之农村副业》,千家驹编《中国农村经济论文集》,上海:上海书店出版社,1990 年,第 542 页。

④ 实业部国际贸易局编《中国实业志 · 山东省》,上海:实业部国际贸易局,1934 年,第 112(丁)页。

⑤ 《山东潍县之织布业》,《工商半月刊》第 6 卷第 1 号,1934 年,第 98 ~ 99 页。

销路不佳,其已放机所织之布匹,即为布庄所有物”①。实际上,在这一交换过程中,商人不会坐等资本流失,总是借机剥削农民。“元以下之零角数势必以铜元给付,此又给布商以克扣布价的机会。一般布商对每角折合铜元数,各有其独自的比率,既不与钱市相合,亦不互相一律”⑤。

(四)织布业的衰落

有学者指出,在1935年上半年,潍县手织业就已经出现衰落征兆。⑥ 特别是1933年以后,“青岛日纱来县倾销,由日商自营,国纱绝迹,市场线庄无法维持,多改营钱业,现县境所用棉纱十之九为日货”⑦。

前文讲述,日资纱厂的兴建主要目的在于控制山东市场,日籍棉商凭借分发美种棉籽的机会,直接从农民手中收购棉花。“日人在夏季往往深入腹地,直接贷资予农人,每亩自二三元至七八元不等。农人受此定银,所产棉花概由日人收买,已完全失却自由脱售之权,且因其曾受定洋,致受压迫,货主买客,何方得利不烦言而自见。以故腹地棉业往往受日人控制,轇轕日多,人民不堪其扰;官吏、绅士、棉商均畏惧之,噤不敢声!”⑧

为达到垄断潍县土布业的目的,青岛日商纱厂一再将廉价棉

---

① 《山东潍县之织布业》,《工商半月刊》第6卷第1号,1934年,第98~99页。

⑤ 严中平《中国棉纺织史稿》,北京:科学出版社,1955年,第281页。

⑥ 严晦明《山东潍县的乡村棉织业》,《益世报》1937年2月27日。

⑦ 常之英修,刘祖干纂《潍县志稿》卷24《实业志·商业》。

⑧ 穆藕初《振兴棉业刍议》,转引自严中平《中国棉纺织史稿》,北京:科学出版社,1955年,第184页。

纱倾销到潍县地区,同时将潍县所产各种布匹式样寄送到青岛,采用机器仿制后再次运至潍县。日厂机制布采用机器加宽,每匹布宽被放大2英寸,每匹售价较潍县产土布低二三角至七八角,通过低价对潍县土布进行冲销,最终独霸市场。据调查,1931年外运潍布匹仅726吨,1933年便达2979吨,两年中增加4倍。①虽然土布生产的铁机数量较日商为多,动力方面却远逊于日商。日商的布匹生产效率更高于普通农商。"青岛日商纱厂这种倾销棉纱,使潍布去压迫内地手织业,开辟新市场;同时仿制潍布,暗地里把潍布所开辟的市场据为己有的政策,对于潍县区织业前途,乃是一个致命的打击。潍县,现在正由一个手织业的工业中心,向一个转运布匹的商业中心的路上走"②。

前文指出,潍县土布业的勃兴,主要依靠布庄的周转。史建云据此指出潍县织布区生产关系的最大特点是商业资本对生产的控制。③ 满铁《潍县土布业调查报告书》中也称,战前的潍县土布业,要受线庄的金融支配。④ 然而,自"九一八"事变以后,日人倾销棉纱,操纵市价,布、线庄无力与之周旋,遂多兼营银钱业务。当然,战后各布线庄商人也发生许多变化,金融商的职能逐渐蜕去,正如满铁报告书所称,潍县所存十五家线庄虽能继续营业,但"与战前不同,即不再通过金融关系来支配布庄,间接控制机户的

① 严晦明《山东潍县的乡村棉织业》,《益世报》1937年2月27日。

② 严晦明《山东潍县的乡村棉织业》,《益世报》1937年2月27日。

③ 史建云《浅述20世纪前期的华北棉纺织手工业区》,郑起东、史建云主编《晚清以降的经济与社会》,北京:社会科学文献出版社,2008年,第163页。

④ 彭泽益编《中国近代手工业史资料(1840—1949)》第4卷,北京:中华书局,1962年,第14页。

支配网也逐渐被切断了，它们正在向单纯的棉纱商人没落下去”，而且由于日商直接经营棉纱，“使得它们的营业范围日趋狭隘”，“这样，线庄资本的解体化过程将更加强”。①

随着战争的爆发，“土布业完全陷入绝境”②。由于日本经济封锁以及伴随着棉花缺乏而来的棉纱配给统制的加强，潍县土布业进入了由日资主导下的重新配置过程。“其生产流通都由一系列的巨大纺织资本完全支配起来……机织业的原料棉纱，完全是纺织制品，只要棉纱是由纺织资本支配着，那末，机织业的命运，自然被握在纺织资本手中”③。那些长年处于领导地位并控制着纺织业者的纺织布庄，开始脱离生产过程。潍县最大的机械器具工厂——华丰也变成中日合办，直接或间接支配着织布农户的三大染织工厂，也都变成中日合办，且合办工厂的出资者本身就是青岛的日本纺织业者，从此，以棉纺织加工业为中心的潍县产业便牢固地隶属于日本资本了，原来的织户在日本产业资本的直接支配下，被迫开始了“工资劳动者”的生涯。

三、胶东农村副业勃兴

西方工业的发展表明，工业发展是以传统手工业的破产为前提的，二者终究是一种非此即彼的关系，是不能永远同时并存的。然而，在胶东的某些行业中，常常能看到本是机器工业生产的商

---

① 彭泽益编《中国近代手工业史资料（1840—1949）》第4卷，北京：中华书局，1962年，第14页。

② 彭泽益编《中国近代手工业史资料（1840—1949）》第4卷，北京：中华书局，1962年，第11页。

③ 彭泽益编《中国近代手工业史资料（1840—1949）》第4卷，北京：中华书局，1962年，第4页。

品却多在家庭内部进行生产。农村剩余劳动力从事的手工业，如草辫业、丝蚕业等因而勃兴。一些全无耕地或仅有小块耕地的农家，在贫困中都会紧紧抓住这一谋生手段。1935 年，据对全国 22 个省 952 个县的调查统计，农民家庭仍然无不广泛地经营着各种手工业生产，其中纺织土布者占 23.9%，丝蚕经营者占 10.4%，草麦编织者占 8.5%。[①] 由此可见，从事农村副业的人较多。

（一）草辫业

民国初期，山东以草帽辫业发达者称于世。胶东各县农民，几乎家家都从事草辫的编织。据张相文于宣统年间在山东的旅行记载，胶莱北河、潍河之间，“妇女之作草辫者，坐立皆不释手”[②]，可见其兴盛状况。草帽辫的原料主要是麦秆。“最佳之帽辫，产于潍县以北之沙河。凡赴沙河游历者，除当收获之期外，则到处所见，无非从事于此者”[③]。就产量论，潍县与沙河，“约占山东产额三分之一”[④]。在胶东，因纺纱每天只能赚 20 文钱，而编草帽辫的工钱可以加倍，甚或更多，许多妇女早已改编草帽辫，草帽辫业愈加发达。[⑤] 在官绅提倡及商人的竞购刺激下，草帽辫业成为山东部分

---

① 彭泽益编《中国近代手工业史资料（1840—1949）》第 3 卷，北京：中华书局，1962 年，第 532 页。

② 张相文《齐鲁旅行记》，《东方杂志》第 7 卷第 2 期，行纪，1910 年，第 10 页。

③ 彭泽益编《中国近代手工业史资料（1840—1949）》第 2 卷，北京：中华书局，1962 年，第 405 页。

④ 彭泽益编《中国近代手工业史资料（1840—1949）》第 2 卷，北京：中华书局，1962 年，第 404 页。

⑤ 彭泽益编《中国近代手工业史资料（1840—1949）》第 2 卷，北京：中华书局，1962 年，第 225 页。

地区带有普遍性的手工业。

在机器工业发展的同时,农村副业仍然大有市场。有些副业完全是居家式生产,大有取代机器生产之势。山东各重要城市共有工厂170所,机器生产的工人不及半数,家庭工人占多数。“即如昌邑之编草帽辫工人,每日向工厂领取原料回家,制成物品,缴还厂方,其工人人数,达一〇七〇六人,已占全省工人五分之一”①。

在草帽辫生产发达的地区,常由包买商组织生产,散处乡间的村民从包买商处领取原料,按照包买商提供的商品规格和要求进行生产,编结成辫后领取工资。也有一些出产草帽辫的地区,农民家庭每于秋收之后从事编结草帽辫的手工劳动,成品则由串乡走村的商贩挨户收买,再转卖于设在城镇的草辫庄或草辫行。草辫庄或行将草帽辫整理打包,运往通商口岸城市,经洋行之途径输出国外。草辫的收购和出口往往是通过地主商贾开办的辫庄来实现的。最早设立的辫庄是莱州“中和”号,它雇有200多工人,获利在800万元以上,并在河南的商丘,安徽的亳州,河北的辛集、新庄,山东的平度、昌邑、新河等地设立分庄。受此影响,沙河、珍珠一带的富豪纷纷开办辫庄,比较著名的辫庄有湾头的东昌荣、大张家的恒盛泰、幸台的洪祥义、张家的通聚、西杜家的会昶和恒祥等十多家。②

草辫业采取家庭手工业生产的形式,而且是外向型的,属于面向国际市场的商品生产,并不自用。当时的草辫主要销往美

---

① 《山东省各城市工厂数工人数及工资比率》,《劳工月刊》第1卷第3期,1932年,第93页。

② 李丕茂、蔡耀江《莱州草辫和草艺品琐记》,《莱州文史资料》第4辑,1990年,第162~165页。

国、英国、法国,“草辫都编上号码,外商按号码要货。美国需用细劈草的辫子,三分半至四分宽,每年需八九百箱;英国需粗劈草,五分至六分,后改成花圆和白花圆,每年约需六七百箱;法国也用粗货,每年约四五百箱。出口的箱,每箱装四百八十块辫子,每块辫子六十桄(每桄辫长都是上木匠尺七寸的丁拐)。当时每箱细劈草辫能卖三百七八十两银子(也有小箱,每箱二百四十块辫子,价值也减半)”①。

在草帽辫业生产繁盛的乡村集镇,草帽辫的市场交易蔚然大观。个别地区甚至出现了专业性草帽辫市场,山东掖县的沙河镇就是最为典型的代表。上海、天津、烟台等通商口岸的外贸商人都来此地购买,有时也会通过“辫庄”“辫行”向农家预定。沙河镇及四乡的村民,以草帽辫出口为大宗②,沙河镇每年售卖草辫达 4 万包,价值 500 余万元③,沙河镇的草帽辫生产甚至带动周边地区的经济繁荣,沙河镇及附近村镇成为草帽辫贸易的集散中心。

在掖县,虽然没有机器大工业,在沙河镇附近从事草帽辫贸易的商家收入却不菲。“每年出品约 100 余万把,每把 0.3 元至 0.6 元不等。每逢集镇,相率以编成之辫,赴集求售,天津上海等处商家,时常派人来镇设庄收买”④。仅此一项,就能带来 30 万至 60 万元的资金收入。“一年四季家家户户,男女老少,都掐草辫。

① 曲美诚《草辫忆事》,《掖县文史资料》第 1 辑,1986 年,第 221 页。

② 刘国斌修,刘锦堂纂《四续掖县志》卷 5《自治》。

③ 叶春墀《山东草辫调查记》,《东方杂志》第 8 卷第 2 号,1911 年,第 24 页。

④ 胶济铁路管理局车务处编《胶济铁路经济调查报告 · 掖县》,青岛:文华印刷社,1934 年,第 5 页。

掐草辫是当地群众生活的主要来源之一。一个农户，除了粮食，其他穿用花费，都靠草辫收入。……人们掐辫子的技术很熟练，说着话，摸着黑都照样掐。那时候五吊铜元可买壹百斤小麦。平的细劈草辫，好手，每天能掐一块多辫子，换一吊多铜元（折合二十多斤小麦）”[①]。由于草辫收入比重增加，农民甚至改变了对麦秆的看法。有时为了获得质量更好的麦秆，农民甚至不惜牺牲小麦的产量，比正常收割期提前几天收割。[②]

（二）榨油业

胶东农家广泛种植花生，为榨油业提供了充足的原料。胶东各县均有油坊，榨油业颇为发达。仅即墨全县计，有油坊 338 家，共 608 台榨机，平均每台每日出油约 8 斤，工作时间以每年 200 日推算，每年可产油 100 万斤。[③] 邻近的安邱县，家庭手工业也以榨油业最为兴盛。[④]

栖霞县“居民刻苦耐劳，孜孜于家庭工业之经营，榨花生油胥极发达，年出四百三十万斤，总值四十五万余元”[⑤]。由于距胶济路太远，自县城南至青岛 390 里，至金口 230 里，至胶济路蓝村站

① 曲美诚《草辫忆事》，《掖县文史资料》第 1 辑，1986 年，第219～220 页。

② 从翰香主编《近代冀鲁豫乡村》，北京：中国社会科学出版社，1995 年，第 402 页。

③ 胶济铁路管理局车务处编《胶济铁路经济调查报告 · 即墨县》，青岛：文华印刷社，1934 年，第 7 页。

④ 胶济铁路管理局车务处编《胶济铁路经济调查报告 · 安邱县》，青岛：文华印刷社，1934 年，第 8 页。

⑤ 胶济铁路管理局车务处编《胶济铁路经济调查报告 · 栖霞县》，青岛：文华印刷社，1934 年，第 12 页。

280 里，与之相比，栖霞距烟台较近，东北至烟台仅 150 里，西北至龙口 160 里，栖霞县的重要市镇臧家庄，至烟台仅 70 里，因而栖霞境内一切客货出入，很少经胶济铁路转运。

花生油业为凋敝的农村经济带来了活力。在招远县，“家庭工业如花生油等，较为发达，输出总值年约三百万元”[①]，对农村经济大有裨益。与之相邻的莱阳，“花生油在胶东各县中首屈一指。花生果每斗平均重官秤十四斤，可出花生米九斤，每九斤米能榨油三斤，余六斤为饼。榨油时期，以春秋二季为最盛，打樁每樁纳税十七元，压杆为每年每杆十一元”[②]。

（三）蚕丝业

胶东一地野蚕丝与丝绸业历史悠久，清代王元綖《野蚕录》曾记述：“今之茧绸，以莱为盛，莱之昌邑柳疃集，为丝业荟萃之区，机户如林，商贾骈坒，茧绸之名溢于四远……稗贩络绎不绝于道，镳车之来，十数里衔尾相接。”[③]可见当时柳疃已成为衔接山东与各地经济的重要节点。

蚕丝输出给农村带来了大量资金。仅 1929 年就输出黄丝 794 担，值 682450 海关两；白丝 1554 担，值 746820 海关两；山蚕丝 3947 担，值 3552300 海关两。[④] 随着出口贸易的发展，昌邑柳

---

① 胶济铁路管理局车务处编《胶济铁路经济调查报告 · 招远县》，青岛：文华印刷社，1934 年，第 2 页。

② 胶济铁路管理局车务处编《胶济铁路经济调查报告 · 莱阳县》，青岛：文华印刷社，1934 年，第 7 页。

③ 陈光宗《柳疃丝绸今昔》，《潍坊文史资料选辑》第 6 辑，1990 年，第 235 页。

④ 姚作宾《山东茧》，《检验月刊》1930 年第 3 期，第 34 页。

疃渐渐成长为茧绸、丝绸工业的中心。从事织绸与丝绸贸易的人有10万左右，年出口柞绸60万匹。在县城南北大街两侧出现了绸庄、货栈、炼坊、染坊等绸业产业链。[①] 商业贸易带动了胶东缫丝织绸工业的发展，胶东一带的机房发展到1200余处。丝织业主要集中在栖霞县，其次是烟台，不仅有丝绸厂，而且有数家丝绸代理店。[②] 柳疃丝绸的发展，使柳疃成为中外闻名的丝绸之乡，当时东南亚和欧洲诸国，只知柳疃而不知昌邑，华侨"在国外向家写信，地址只写中国柳疃即能邮寄到家"[③]。享有如此盛誉的柳疃丝绸业引起英商的垄断念头。据载："'昌邑茧绸应美国总统胡佛宣言邀请，参加美国1933年举行的芝加哥百年进步纪念世界博览会展览获奖，载誉而归'。同年烟台的仁德洋行（英商）见柳疃丝绸于世界声誉知名度之大，便妄想垄断柳疃丝绸市场，筹巨资前来柳疃座庄收买。历时月余，柳疃四乡织户及绸庄、丝店，将柞丝绸源源运来上市，有增无减，而仁德洋行的筹款殆尽，英商无奈停收，妄想垄断柳疃丝绸市场的野心即告破产，被时人传为笑柄。"[④]

在临朐，桑蚕饲养之风特别兴盛，居全省之前列。20世纪20年代，临朐旧有桑树120万株，新栽58590株，产茧总额共400余

---

① 陈光宗《柳疃丝绸今昔》，《潍坊文史资料选辑》第6辑，1990年，第234～235页。

② 刘汉儒整理《昌邑人在胶东各地开办的丝房》，《昌邑文史资料》第4辑，1989年，第110页。

③ 陈光宗《柳疃丝绸今昔》，《潍坊文史资料选辑》第6辑，1990年，第236页。

④ 陈光宗《柳疃丝绸今昔》，《潍坊文史资料选辑》第6辑，1990年，第238页。

万斤。[1] 据方志记载，"邑人养蚕其来甚久，种桑之田十亩而七，养蚕之家十室而九，故蚕业之盛为东省诸县之冠。……每岁出口至三千九百余箱"[2]。帝制时代被边缘化的乡村副业变成了农民的主业。蚕茧产量的提高也促进丝织业的发展，据载，自 1916 年后，临朐境内纷立丝厂，鼎盛时期有 200 多家，每家丝厂有工匠五六十人，每人每季得工资洋六七十元。且从事缫丝工作并不妨碍农业生产，所以，乡间少年多趋之若鹜，导致工匠劳务价格随之腾高，"年工约五六十元，月工约十余元，日工最廉，亦须五六角不等，或多在一元以上。一时有人作工者，家业皆蒸蒸日上。而倩人代为耕耘者备感困难矣，所谓劳工神圣，此其时也"[3]。

丝价高涨时，有许多农民是情愿牺牲稼禾，也要去种桑养蚕。在临朐，丝价曾高到 1400 多两银子一箱，合银元 2000 余元。最多的时候，全县曾出产到四五千箱。[4] 仅此一项就给全县带来 800 万元的收入。另据统计，临朐茧丝业，"当其盛时，销路远及法、美等国，光泽虽逊于江浙，而坚韧则过之"，临朐"一县即产五千余箱，占全省总产额之半数"，"当时每箱成本，为沪银一千两，售价可至一千四百余两，故业此者获利甚丰，每年全省出口丝价值二千余万元"。受经济衰颓的影响，国外销路杜绝，日本丝趁机倾销。1932 年临朐县借丝业救济券之力，仅仅出丝一千箱，而"每箱成本须六百两，照五百两售出，仍须亏本，茧价每斤八角，落至三

① 谭家昌、陈德印、程士贵《建国前临朐蚕茧丝概况》，《潍坊文史资料选辑》第 6 辑，1990 年，第 247 页。

② 周钧英修，刘仞千等纂《临朐续志》卷 11《食货略 · 物产》。

③ 周钧英修，刘仞千等纂《临朐续志》卷 15《礼俗略 · 佣佃》。

④ 王文甲《丝价跌落与临朐农村》，《农业周报》第 4 卷第 5 期，1935 年，第 146 ~ 147 页。

角,养蚕者亦相率不养”。[①]

(四)其他

在传统的手纺纱业退出历史舞台后,许多原从事纺纱业的农村妇女大量转向发网业,“制造发网几成为山东家庭之常业,男女儿童,莫不能织,熟练者每日能制十二个,每人每月工金九元至十四元不等。即烟台一隅,业此者约二万人”[②]。也有从事织袜业的,仅此一项,在烟台即有100余家,大部分是贫苦的劳动妇女参加生产。[③]

在高密县境,发网业也颇为发达,据方志载:“发网出品年约八千捆,专恃女工织造,销售烟台。”[④]在牟平县境,发网、花边、绣花业盛于纺织。“谓中外互市,工业上所取得欧美之利益者,舍此几无他物。查此等工厂之设施,星罗棋布,类皆因陋就简,成本易筹,厂内率无多人,全恃约定各村妇女,为之工作;其办法为先分送原料,按期收取成货,工人既免往来之劳,工厂亦省设备之费;其工艺灵敏者,绣花每年可得百元之收入,结网工资虽廉,而幼女亦优为之,每打尚可博铜元十数枚”[⑤]。

传统的家庭手工业发生结构性变化后,机制品慢慢代替手工产品,女人、小孩和老人再也没有固定的家庭“职业”了。有些地方因为和西方接触较早,家庭工人应运而生,“他们(或她们)都是

---

① 彭泽益编《中国近代手工业史资料(1840—1949)》第3卷,北京:中华书局,1962年,第436~437页。

② 《中国之发网》,《中外经济周刊》1923年第3号,第1页。

③ 北鑫《现社会下的烟台妇女》,《大公报》1934年6月24日。

④ 余友林、曹梦九修,王照青纂《高密县志》卷7《实业志》。

⑤ 宋宪章等修,于清泮纂《牟平县志》卷5《政治志二·实业》。

替包工或厂主做工，材料已经预备好了，报酬以件数计算，山东出口公司的包工，把许多头发分配给各农家去做发网，许多的刺绣图案和材料，常常由海口各埠，经包工，商人，或出口商之手，送至农村中，请女人和小孩子们去做，火柴厂的包工，把劈好了的木片和做火柴盒的纸，分散到农村里去做黏糊的工作……以发网而论，包工以每十二打一元二角或一元五角（中国币制）的价格包来，每个发网只有一分左右，其中他自己还要获利少许后，方能支付工人的工资……每个工人一天只能做六个至十个，至多能做十二个。她的工资以铜元计算，大概每天的所得，总是从五分到一角之谱"[①]。

在青岛，因为耕地过少，农产品自给困难，很少有剩余物品来饲养家畜，又限于经济能力难购牛犊，养蜂织布等农村副业均难于企及。"距工厂较近之壮年农暇辄入厂作工以作副业，妇女则代火柴公司粘糊火柴盒，每日一人可糊千个，工资仅四五十枚"[②]。总体上说来，青岛农村缺乏副业，亟需将适当的家庭手工业或畜产副业注入农村，以增进其生产能力。

织花边也是胶东农村妇女的一项副业。花边业在山东纯为妇女手工业，妇女在家庭即可工作。花边庄派人赴各乡村将织花边线布散给工人，一边给予工资，将成品收回。故在招远、栖霞，花边庄往往为一人所经营者，多者不过五六人。在栖霞、招远乡间，每年可收入纯工资总计四十余万元。[③] 烟台不仅是主要的花边生产基地，更是全省的出口市场。此外，栖霞、招远、荣成、海

---

① Dorathy J. Orchard 著，邱勃盼译《中国的人力》，《劳工月刊》第5卷第7期，1936年，第7～8页。

② 沈周荪《青岛之农村》，《棉业特刊》1934年特刊，论著，第49页。

③ 《山东花边业状况》，《兴华》第31卷第48期，1934年，第25页。

阳、威海的花边业也非常发达。1934 年,招远的花边业已经遍及全县广大农村,私营花边庄在最盛时期,全县高达 108 处,民间从业人员有 3 万之多,年产值 300 余万元。①

① 文史委《招远网扣绣花》,《招远文史资料》第 4 辑,1990 年,第 72 页。

小　结

农村经济的困顿使传统农业生产仅能维持低水平的循环。当商业贸易给农村社会带来市场呼声时，典型性的商品作物得以大范围种植起来。农业商品化程度日益加深就成为近代山东农业经济的一项重大变化。黄宗智在研究华北农业经济的发展过程中，认为20世纪最初的三四十年间所经历的商品化程度，至少相当于过去的三个世纪。[①] 然而，这种商品交易却未能走上名实相符的市场化道路。民族资本经济发展的虚幻景象所掩盖的是底层农民的经济困境。并非所有人都能享受到经济近代化的红利，大部分农民基本无力全额负担正常农业生产所必需的种子、化肥和农具。许多农民为了养家糊口，种植能够快速换取金钱的烟草、棉花等作物，事与愿违，农家生活却深陷泥淖，踯躅不前。

商业资本没有带来农村经济的进一步发展。农业在很大程度上还保持着自足的性质，生产物可以基本满足自用。在商品性农业占优势的时候，农民一方面要从市场上购入日用品，另一方面又必须用农产品通过市场交易赚取货币，农民的生活受到寡头市场的左右。一卖一买给了商业资本侵蚀农民的机会。“籽棉一担之价格，常相差一元至五元，普通棉花在收获时，价格较贱，后

① ［美］黄宗智《华北的小农经济与社会变迁》，北京：中华书局，1986年，第124页。

则逐渐高涨，春间价格高昂，而棉农每因经济拮据关系，多随摘随卖，不能待善价而沽”[①]。农民辛苦劳作的成果转瞬成了商人的嫁衣。

与江南商人相比，胶东的商人更多地利用权势掠夺不正当利益。他们不像江南商人资本家那样在获取财富后转施于农村，兴建义庄，办义学，开工厂，没有起到维护社会稳定的作用。特别是那些在饥饿线上的烟农，维持生存的社会资源份额常常被商人过度压榨，在商人降价预买和赊销的双重打击下，不仅未能提升财富总量和经济地位，反而加重了对商人的依附。更有甚者，那些得到下层官员支持的商人，榨取了农民最后一滴脂血。当临朐丝业消沉时，许多流氓士绅趁机发行毫无保证金作后盾的纸票，不到两年，撇下了几十万元的土票落在农民的腰里，最后这些土票完全变成了废纸。[②] 正如沃尔夫所指出的，“商业统辖权可用以维持耕作技术的停滞，保留旧技式生态类型，同时搜括乡民在这些状况下能够产生的租税和利润费用……因此商业统辖权可以存在乡民为主的社会中，控制社会关系——决定剩余的所有权和分配——而不触及生产的根本性质”[③]。这种论述恰恰说明了，在胶东，由于缺乏良性政治保障，任由商业寡头控制的市场化注定会陷入名实不符的困境。

潍县土布生产虽然是在农村中进行的，所用的原料却早已经

---

① 实业部国际贸易局编《中国实业志·山东省》，上海：实业部国际贸易局，1934 年，第 182(戊)页。

② 高启方《几年来临朐农民的生活》，《中国农村》第 3 卷第 3 期，1937 年，第 89 页。

③ [美]沃尔夫著，张恭启译《乡民社会》，台北：巨流图书公司，1983 年，第 73 ~ 74 页。

不是土纱，而是依靠青岛商埠及其他主要都市的洋纱。从生产关系上看，潍县手织业并没有发生本质上的变化，原料、生产工具和制成品都是经过劳动生产者之手的，这里也没有明显的雇佣关系，说明潍县手织业还是处在手工业发展的初级阶段。在这一阶段，潍县织布业带动农村商品经济变动是明显的。土布业的发展，首先得益于足够的销售市场。“土布的主顾都是农民。这说明质地厚重和农民的消费传统也是土布赖以销售的重要条件”[①]。其次归功于附近有足够多的棉纱供应。只有如此，手织业才不至有原料短缺之虞。最后是生产工具的改进。如果产品有了一定销路，原料供应充足，铁机的推广也就使原本从事纺织的农家扩大经营成为可能。

经济作物种植为机器工业提供了充足原料，传统手工业也开始了社会转型，家庭手工业与机器动力工业并存发展。以织布业为例，在机器棉纺业发展的同时，手工织布仍有广大的市场空间。潍县以织布著名，每年出产土布达千万匹，约占全省土布产量的62.9%，销路遍及全国。民国前期从业人员十余万，拥有铁轮机5万台以上。并且出现了专门制造织布机、漂染整理布匹的工厂数十家，形成了织—染—漂相结合的产业链。[②] 土布业轴心区域因而形成。潍县织布业也从自给自足向对外销售转变，传统的纺纱因效率低下逐渐被洋纱取代，但这并不说明农家手工业总量的减少，传统手工织布业与洋纱的结合，使土布业飞速发展，而且远销各地，从而促进农村商品经济的发展。

---

① 严中平《中国棉纺织史稿》，北京：科学出版社，1955年，第269页。

② 实业部国际贸易局编《中国实业志・山东省》，上海：实业部国际贸易局，1934年，第47（辛）页。

在土布的发展中,许多华资布庄受到日资挟制,原料购销仰仗纱号,销售方面依赖土布店。“日商若遇华商不稍就范,即以派人赴产区收买,剥夺华商生计以为要挟”[①]。原本以商业资本为中枢的土布生产,慢慢被工业资本所控制。抗战前的潍县土布业,由各个布线庄控制土布生产的绝大部分,漂染厂直接、间接通过包织关系控制着机坊和机户。当抗日战争全面爆发后,日本资本完全控制胶东棉纺市场的流转市场,土布业所带动的农村社会经济结构嬗变只能戛然而止。

① 《日商操纵津棉花市场》,《中行月刊》第 5 卷第 3 期,1932 年,第 130 页。

第五章 税赋征收与胶东农家生活

作为一个政党政府,南京国民政府的最大利益是试图长期掌握政权并名正言顺地拥有国家税收的权力。即使封建官僚制国家的“明君”也懂得保护百姓的生存空间,而非焚林而猎,避免社会过于动荡。南京国民政府治下胶东地区的税赋征解却是另一番景象。诚如学者指出:“最有效的获取经济利益的手段却不是经济方式,而是经济以外的政治方式。”[①]经过辛苦劳动获得的财富若没有行政权力的支持,最易破产。由于土地是农业生产的主要资料,政府的赋税多以田亩作为苛征对象。赋税如同供养国家政治的“奶牛”。张宗昌督鲁时期,“仅田赋一项,一年就要预征数次,而且一两田赋银子需折合几元钱”[②],弄得民不聊生。

第一节 税赋征收及其弊端

民国时期,胶东地区战争不断,匪患无尽,在这种政治不稳定的地方,有钱有地又有势的人总想在有生之年或在位时积聚巨额

① 刘泽华等《专制权力与中国社会》,长春:吉林文史出版社,1988 年,第 125 页。

② 邵德孚《我所知道的黄石山惨案》,《文史资料选辑》第 2 辑,济南:山东人民出版社,1982 年,第 69 页。

财富。农村社会的包税官就是一例，他们真正的兴趣是“住在都市和出任公职，所以他们把剥削乡民当作致富的捷径，以求在政界和社交圈爬升”①。在税赋征解过程中，许多掌握权力的征税官将政治上的权力与职责当作谋私的工具，这样的税赋征收体系自然不会给农村社会带来福音。

一、政府的租税要求

（一）田赋

关于中国的田赋征收，有学者指出“源源不竭，可保长久征收，没有一样税能够像它那样恒稳”②。前文论及，从政治角度来看，国民政府拥有无可匹敌的行政权，是土地的最高所有者，因而可以利用职责权力对农民进行直接的控制干预。田赋就是农民被约束的直接表现。民国初期，在田赋尚未改革前，所有地丁、漕粮、租课等项，仍沿袭清朝旧例。自南京国民政府定都南京后，1928 年 7 月全国财政会议重新划定了国家收入与地方收入标准，田赋一项划归地方，遂成为地方财政收入的第一来源，一切政费多由此出。③ 田赋在财政中占重要地位。山东省的田赋正附税，1919 年为 8842757 元，到 1931 年则上升至 14957747 元。④ 增幅

① ［美］沃尔夫著，张恭启译《乡民社会》，台北：巨流图书公司，1983 年，第 73 页。

② 罗溥《中国的农村经济与农民》，《北新》第 2 卷第 8 号，1928 年，第 23 页。

③ 中国第二历史档案馆编《国民党政府政治制度档案史料选编》（下），合肥：安徽教育出版社，1994 年，第 207 页。

④ 吴培均《各省市田赋概况》，《地政月刊》第 1 卷第 3 期，1933 年，第 321 页。

达69%。据统计,1931年到1935年度山东省地方预算,若将债款收入除外,则田赋竟占岁入的三分之二。[①]

陈翰笙认为中国每亩田赋,至少占每亩总收入的5%。[②] 瓦格勒在调查山东各县田赋后指出,各县田赋每亩平均缴纳0.71两,较1866年前的普鲁士农民所纳多15倍。[③] 足见中国的田赋之高。

仅看田赋征收的高度,尚不能反映出中国农民的负担,因为当时的诸多税率是年年在急速增加,而田赋预征,成为增加田赋高度的一个重要原因。关于中国田赋的增加率,有学者指出,从康熙五十二年(1713)到光绪二十九年(1903)的190年中,地丁增加了1.28倍,漕粮增加了2.1倍;但是从1912年至1928年,田赋正税的税率增大至1.393倍。[④] 这仅是全国范围的平均数,至于胶东地区,田赋税率增加得更高。

在胶东,莱州市的田赋税率,由1911年的平均每亩征洋0.072元,升至1928年的0.106元,十几年间税率增加了47.2%。[⑤] 即墨县附加税占田赋总额120%以上。[⑥] 附税增高对农村的租佃关系

---

① 万国鼎《中国田赋鸟瞰及其改革前途》,《地政月刊》第4卷第2～3期合刊,1936年,第160页。

② 陈翰笙《中国农民担负的赋税》,《东方杂志》第25卷第19号,1928年,第22页。

③ [德]瓦格勒著,王建新译《中国农书》,上海:商务印书馆,1936年,第721页。

④ [日]天野元之助著,邓伯弼译《中国田赋之考查》,《地政月刊》第2卷第12号,1934年,第2412页。

⑤ 李如汉《中国田赋高度的新估计》,《地政月刊》第1卷第3期,1933年,第332页。

⑥ 张佩国《地权分配·农家经济·村落社区:1900—1945年的山东农村》,济南:齐鲁书社,2000年,第215页。

产生了深远影响。

（二）附捐

捐，从字面上看，应该是乐助的意思，出资多少，或出或不出，主动权在个人，“若用高压手段，强制执行，是之谓‘罚’”[①]。事实上，为了财税“开源”，附捐成了各级政府谋取农民脂膏的代名词，附捐税收，“叠床架屋，名目繁多。大率超过正税一倍或二三倍不等”[②]。有学者评论：“真正病农的重心，并不是在田赋的本身，而是依田赋而附加的附加税。”[③]

张宗昌督鲁，除了对地亩征税，仅苛捐杂税一项至少有十余种，农村更是深受其害。军事特别捐，即地亩捐，每纳银一两附加大洋二元二角；军鞋捐，每纳银一两附加大洋三角；军械捐，每纳银一两附加大洋一元；建筑军营捐，每纳银一两附加大洋一元八角。[④] 由此看来，每纳正银一两，附加额须缴五元三角。更有甚者，发行金库券，强迫商人收用，违者枪毙，第一期印行九十万元，第二期九十万元，第三期二百万元；银号押金，各银号营业均须先有押金，然后方许营业；增加胶济路货捐、房产捐、富捐等。另有一般普遍捐名，如人捐，按人头抽捐；狗捐，每只狗捐大洋五毛，否则枪毙；牛捐，每只出口的牛从前捐四元半，现捐十元半；县知事押金，上县县知事每年押金三万元，中县押金二万元，小县押金一

---

① 天民《良税与恶税》，《检验月刊》1931 年第 15 期，选述，第 2 页。

② 吴培均《各省市田赋概况》，《地政月刊》第 1 卷第 3 期，1933 年，第 322 页。

③ 景祥《中国田赋之怪状及其整理》，《农村经济》第 1 卷第 7 期，1934 年，第 19 页。

④ S 生《张宗昌治下的山东》，《向导》1925 年第 131 期，第 1205 页。

万元。[1] 据统计,张宗昌督鲁三年,仅财政剥削一项就搜刮 3.5 亿元。[2] 征收的丁、漕及特附捐,有账可查者,“按照正额计算,有征至民国廿八年(1939)以上的”[3]。由于其强大的军事横暴力,百姓敢怒不敢言,只好借歌谣予以讥讽:

张宗昌,坐山东,山东百姓受了坑;不怕雨来不怕风,怕的是兵来一扫清!

也要葱,也有蒜,锅里煮的张督办!

也有蒜,也有姜,锅里煮的张宗昌![4]

20 世纪 30 年代,胶东各县农民身上的苛捐杂税有十余种,学者评论为“中外古今独有无偶之苛税。俗语所谓‘数不清天上的繁星,说不尽中国的捐税’”[5]。“按正粮计算的附加捐,那是层出不穷、花样百出。房捐、产销税、公款税、保卫团捐、民团捐、枪捐、修寨捐一总在正税六七倍以上,以前每亩地只拿一元多的,现在要拿出六七元”[6]。临朐县,“每次正收地粮,一两银子十六元,其余额外垫款,杂税苛捐更是无从统计”[7]。再如征兵捐,“省政府要每县派三十人当兵,如果没有人,每人便以百元代替,这样每县又

① S 生《张宗昌治下的山东》,《向导》1925 年第 131 期,第 1205 ~ 1206 页。

② 申仲铭编著《民国会门武装》,北京:中华书局,1984 年,第 163 页。

③ 永乐《张宗昌祸鲁记》(中),《逸经》1936 年第 6 期,第 46 页。

④ 曹芥初等《死虎余腥录》,上海:上海书店出版社,2000 年,第 18 页。

⑤ 童雪天《中国田赋整理问题》,《农村经济》第 2 卷第 10 期,论著,1935 年,第 3 页。

⑥ 《山东省委关于山东形势和党的工作的报告》,《山东革命历史档案资料选编》第 3 辑,济南:山东人民出版社,1981 年,第 113 页。

⑦ 高启方《几年来临朐农民的生活》,《中国农村》第 3 卷第 3 期,1937 年,第 90 页。

可以多剥削三千块钱”①。

附捐税超过田赋正税很多倍。在山东莱阳,1927年田赋每银一两征收正额1.8元,省县附捐0.4元,省教育附捐0.05元,河工附捐0.22元,河工特捐0.66元,军事附捐2元,汽车路附捐0.55元,县教育附捐0.099元,赈济特捐1元,警备捐0.33元,清乡捐0.05元,地方公款0.15元,征收费0.06元,合计每两共征7.369元。②

附捐给农民生活带来深重灾难。1927年,张宗昌借储粮救荒名义一次次地加派捐税,搜刮民脂,第一次正税并征每两银约九元,第二次每两银八元,第三次征收援孙(传芳)捐,每两银五元。③由于各派混战,杂税日益繁重,潍县“从前每年一两银子的赋税,现在每季增加到六元二毛,同时还加上了一元的军事特捐”④。蒙阴县,“在食料缺乏饥饿之际……政府之苛捐杂税随之增加,同时军队来往供给索需,种种侵夺,即缺食而必先缴政府之所征发,因而民生益困”⑤。

招远县长高树峰仅在1928年7月这一个月内就向农民“征收了七次捐税,每月银子十元多钱,一年多就搜刮民财一百六十

① 《山东省委三个月工作报告》,《山东革命历史档案资料选编》第3辑,济南:山东人民出版社,1981年,第52页。

② 李如汉《中国田赋高度的新估计》,《地政月刊》第1卷第3期,1933年,第330页。

③ 《丁君羊关于山东政局及党的工作的报告》,《山东革命历史文件汇集》甲种本第2集,1995年,第275页。

④ 《中共山东省委巡视员关于潍县政治经济情形及党的组织状况的报告》,《山东革命历史文件汇集》甲种本第5集,1995年,第2页。

⑤ 赵继元《蒙阴县农村自卫之进展》,《乡村建设》第3卷第3期,1933年,第14页。

余万元。仅有二亩地的毕郭村李珍一家,每月就得缴纳十多元的捐税。除此之外,其他形式的杂税更是多如牛毛”①。

蒋介石政府建立之初,唯军权至上,导致军费支出猛增,当局一再弥缝,终难解无炊之苦,于是,征税范围越来越广。张宗昌为筹措军饷,实行征收房捐、牲畜捐等。“草房每年征收六角,民房每年一元。而住户所畜养之牲口,驴每头两元,骡马每头七元。又每户须出大车一辆,如无车者,须出款四十元以代之。男子年富力强者,派为民夫,使之从军;女子三十岁以内者均得放足,否则按章罚金,每日三角。其地丁银前已预征三年,今向地主每亩捐洋十元,并令每县知事,于借丁外,再设法交纳年款二十万元,否则撤差。现各县知事因不能筹款,弃职潜逃者甚多”②。

二、征收过程的弊端

为了更“有效”地榨取社会资源,主政者曾对税赋征收予以“整顿”。韩复榘认识到,“受时局影响,骎骎乎农村有破产之虞,商业无振兴之望,茫茫后顾,来轸方遒。非以己饿己溺之心,不足以重培国脉;非藉群策群力以赴,不足以匡济时难”③。在此影响下,为了统一税收,他在烟台龙口废除与中央相冲突的税种,“妨害中央税收之烟叶行,黄酒捐等,复税之肉行,戏捐等,妨害交通之过载行,脚车行,船行,船票捐等各项”,规定自 1934 年 7 月 1

---

① 曹仲敏整理《一九二八年前后招远、栖霞反军阀斗争史料》,《烟台文史资料》第 7 辑,1986 年,第 47 页。

② 《横征暴敛之筹饷法》,《银行月刊》第 6 卷第 2 号,各省财政近讯,1926 年,第 6 页。

③ 《奉省令勖勉僚属及时自效》,《财政旬刊(济南)》第 9 卷第 4 期,1934 年,第 2 页。

日起至1934年12月底止,为废除期限,“奉财政部令将山东烟酒牌照税尽数拨归省地方,作为废除苛捐杂税之抵补”①。

在税赋分担上存在不公现象。政治权力与社会资源的分配关系特别密切,主政者不关心农产品是如何被生产出来的,却关注财富如何被分配。他们不仅要获得法律规定部分,还尽其能事利用职权夺取不当利益。手中的权势愈重,获得私利的机会就愈多。在社会产品的分配过程中执牛耳的中央政府,可以借公共服务的名义征收赋税,那些为维持政治稳定而被豢养的官僚机构,更是借权力之便,趁机消耗掉大部分社会财富。许多地主依靠强权将负担转嫁到农民身上,各级征税官吏更是把榨取最大利益作为目标,将个人的财富榨取硬是压在贫苦大众身上,而不是努力维护社会的公平。归根到底,权力的拥有者堕落成了社会财富和社会产品的消耗者。

(一)转嫁

1928年7月,在全国财政会议上,南京国民政府正式把田赋征收权下放给各省。学者评议道,这是“南京政府对政治现实的一种承认。它意味着,为了报答空泛的政治支持,中国的中央政府放弃对一部分经济的任何财政要求,这一部分经济产生国民收入的65%。也放弃了对一种不公平的田赋制度进行彻底检查的任何尝试”②。在现行的田赋制度下,土地的谎报和官员的腐败,使一些富人逃避公平纳税的义务,结果很大一部分农业税被截

① 《令各县及烟台龙口两公安局废除苛捐杂税自七月二十六日实行并布告周知》,《财政旬刊(济南)》第11卷第1期,1934年,第4页。

② [美]费正清编,杨品泉等译《剑桥中华民国史　1912—1949》上卷,北京:中国社会科学出版社,1994年,第123~124页。

留,不能用于社会公共福利。

田赋的实际负担,存在许多瞒哄,那些土地较多的地主官绅,依靠权势逃避负担,拥有小块土地的自耕农与受雇于地主的佃农,反而是赋税的实际承担者。“豪绅田连阡陌,转不照额交纳,甚至身为官吏,所种地亩,亦多不交粮赋,县长则每多优予宽容,不肯认真催交”[①]。

有学者指出:“中国从来就附属于纯粹东方的暴虐政治,那里国家可算做地租的最高所有者……不存在与土地地租形式相差别的任何捐税。在中国,这种关系似乎不曾崩溃,似乎土地的私有权并不坚固,在土地占有者对农民的关系上,地税主要是与地租一致,地税在经济上与地租有同一的内容。”[②]农村社会的痞氓们利用职权之便将其对国家应尽的义务全部转嫁到普通小农身上。正如恩格斯所说:“它几乎把一切权利赋予一个阶级,另方面却几乎把一切义务推给另一个阶级。”[③]这毫无文明进步可言。结果,普通小民在承担国家税赋的同时还要对强权地主承担劳动义务。生活愈困难,对地主的依附就越严重。

有些地主与官吏相勾结隐匿田地。“北方之黑地,与南方之宕粮,大抵半数以上,均不在官册,可不造报;胥吏则实仍征于粮户,而朋分以自肥;亦有与当地土豪劣绅结托,予以坐食无粮之利,而藉其为声援者。如土豪劣绅握有权势,而胥吏不能不赖以

---

① 作周《最近中国农民负担的田赋》,《地政月刊》第 1 卷第 10 期,1933 年,第 1394 页。

② [匈牙利]马札亚尔著,徐公达译《中国经济大纲》,上海:新生命书局,1933 年,第 22 页。

③ 《马克思恩格斯全集》第 21 卷,北京:人民出版社,1974 年,第 202 页。

庇护，则亦间有受其挟制，不但可不纳粮，甚且瓜分其赃焉。官如察察，必先动之以利，不受诱则继之以挟制；官如梦梦，则任其所为，更可肆无忌惮”[①]。正如有学者指出：“中国的地方官吏，对于精查土地和改订旧赋等事业，常因没有责任的观念，和缺乏施行的能力，且更恐怕由人民的反感而酿成地方的扰乱，所以自古及今，没有顺利进行的。”[②]

虽然山东省府明令“各县清理无粮黑地，遇必要时，得由财政厅派员督催办理”[③]，然而各县大多因循敷衍或置若罔闻，报告给政府的亩数仍是较少的，以避免过多的赋税。关于报到县府的田亩数与实际情况存有差距，有人指出：“这种呈报地亩的权力，是操诸村长及少数绅士之手。因此，与他们接近的农民，就稍为报告少些。……农村领袖的权力与舞弊的情形，于此也可概其一般。”[④]这是很中肯的。况且，在黑地核查过程中的确存在着许多不公，在荣成县，竟“以庙产当作官荒报领，当时官产处未加详查，遽行发给部照”[⑤]，引起领荒纠葛。有时，当局收取钱款后并不发给凭证。在即墨，政府派人员办理无粮黑地时，曾要求不论土地肥瘠，一律按上地每亩收洋6.5元。然而，该县办理无粮黑地，各

---

① 翁之镛《田赋积弊探微》，《地政月刊》第4卷第2~3期合刊，1936年，第236页。

② [日]长野郎著，强我译《中国土地制度的研究》，上海：神州国光社，1932年，第290页。

③ 《各县清理无粮黑地一案拟就派员查催契税之便一并督催以利进行》，《财政旬刊(济南)》第8卷第9期，1933年，第5页。

④ [日]天野元之助著，邓伯弼译《中国田赋之考查》，《地政月刊》第2卷第12期，1934年，第2437页。

⑤ 《荣成县人王国才呈诉领荒纠葛》，《财政旬刊(济南)》第7卷第3期，1933年，第2页。

区缴纳地价,所发临时收据在县府并无存根,庞家岚乡乡长呈报黑地 10 余亩,列入下地,仅此一项就私收花户地价每亩6.5元。[①]

在灾祸面前,政府却没有站在正义一边。“潍县东关,河滩商号,被灾情形,既据查明,复泰和等七十三户,受灾最重,无力营业,所有被灾前后欠缴税款,应准一概豁免以示体恤,其较重较轻之同聚洪、同和成等三百一十五户,此次虽不无损失,但既照常营业,自应以营业亏折论”[②]。为表彰烟台公安局官警,山东民政厅“拟加职员官长薪俸,最多不过一二十元,少仅六七元……增薪总额,共八百三十六元。为数无多,即按增加薪饷案核计。该局预算仍属收溢于支,既不影响库款,亦不牵动预算,拟请准予自本年二月份起,照数增加,以资鼓励”[③]。政府用于抚恤商业的钱款毫无疑问地又转嫁到百姓身上。

与之形成鲜明对比的是,当村民惨遭土匪蹂躏,主政者“以部颁灾歉条例,并无匪灾之规定,碍难照准请求豁免钱粮”[④]。当时农民苦于征税官吏及各种公共团体的无理要求,进行了诸多反抗。早在张宗昌督鲁时,“农民怨恨张氏之气焰可谓已达极点,但是无法反抗,只知诅咒其速死”[⑤]。

---

① 《即墨县庞家岚乡乡长办理黑地舞弊一案　已令县从严议处》,《财政旬刊(济南)》第 11 卷第 10 期,1934 年,第 3 ~ 4 页。

② 《令潍县营业税局为据会呈查明商号复泰和等被灾情形规定分别征免营业税办法仰遵办》,《财政旬刊(济南)》第 8 卷第 6 期,1933 年,第 3 页。

③ 《烟台公安局呈请增加官警薪饷一案拟请准自本年二月份起照数追加以资鼓励》,《财政旬刊(济南)》第 7 卷第 11 期,1933 年,第 4 页。

④ 《益都县惨被匪灾已呈请省政府转函赈务会从优赈济》,《财政旬刊(济南)》第 5 卷第 9 期,1932 年,第 3 页。

⑤ S 生《张宗昌治下的山东》,《向导》1925 年第 131 期,第 1206 页。

（二）舞弊

赋税应该征收多少，规章中有明确规定，然而现实社会并非据此执行。在中央机关和黎民百姓之间存在一批渔利之徒，这些人的恶性膨胀，导致税收日益枯竭，百姓更显羸弱。学者如是描述租税制度："在中国有复杂的封建的阶级组织，有复杂的国家机关。在这里，封建的诸侯，在比他们更优势的封建的势力者底指挥之下，统辖司法与裁判，做着将军，做着'贵族'而行动。且同时，他们是地主，也是租税征收者。"①许多人在收税过程中积累了巨额财富。官吏对于各种财富，都存着觊觎之心。没有行政权力保护的商人极易受到侵夺。正如学者指出的："政府所定的法律，对于商人或钱庄，又是很少保证，因此商人或钱庄的营业的盛衰，恒视官吏之是否贪污为断。"②因而，有人评论："中国，税捐，却是累积资本的最大部分。"③

有学者指出，中国捐税繁重的程度，已经达到了高点，"田赋的附加，竟超过正税二三十倍"④。许多捐税的征收，颇为恣意，各种捐税创设与增缴，不管民众是否同意，种类错综复杂。且征收机关复杂多歧，县公署、警察公署、民团驻军等均可自由征收。这种"猛于虎"的政治在中国日益加重，正如村谣中唱的："衙门前，

① ［日］田中忠夫著，汪馥泉译《中国农业经济资料》，上海：大东书局，1934年，第31～32页。

② ［美］雷麦著，蒋学楷等译《外人在华投资》，北京：商务印书馆，1959年，第25页。

③ 秦含章《中国农业经济问题》，上海：新世纪书局，1931年，第339页。

④ 许涤新《捐税繁重与农村经济之没落》，钱亦石等《中国农村问题》，上海：中华书局，1935年，第44页。

一群狼：差役羔子，合县长；区段庄长齐帮忙，苦害民人太无良！"①

有人指出，当时"中国的官吏，同时是一个税吏……依照中国人的理论，赋税只是一种进贡。他们从来不曾想到人民的纳税，原为政府对人民服务的代价。所以官吏在任的时候，都竭力搜括钱财，以备退休后回乡做个绅士"②。为了抢占税源，各级政府部门之间围绕税款展开争夺。1932 年，烟台公安局擅自提去栖霞县汇存在烟台中国银行的税款。③ 因分赃不均，临朐县田赋股征收书记马瑞田状告前任县长罗毓麒私扣二成纸笔费及从串票费内强行提去大洋 120 元。④

各县征收税款，县长负有全责，倘有亏空，应由县长赔偿。在县长交替之际，前任往往趁机挪用钱粮以自肥。在诸城县，"县长李成绶报告，该县税款向系外征外解，前任交代一万九千余元，仅接征收录事存条，本任征收一万一千余元，亦存征收录事之手，该录事等仍以串插青岛济南汇票强辞支吾，以致悉数亏挪"⑤。在费县，前县长赵某就挪用库款及地方借垫之款，导致县府税款仅剩 860 余两。⑥ 海阳县契税处录事徐钦轩、李一林二人舞弊后潜逃，

---

① 山东省立民众教育馆编《山东歌谣集》第 1 集，济南：山东省立民众教育馆，1930 年，第 345 页。

② ［美］雷麦著，蒋学楷等译《外人在华投资》，北京：商务印书馆，1959 年，第 20 页。

③ 《呈省府烟台公安局提去栖霞县汇存税款系奉电提赈灾民请查案示遵》，《财政旬刊（济南）》第 5 卷第 11 期，1932 年，第 3 页。

④ 《前临朐县长罗毓麒被控不发办公费一案已令现任澈查》，《财政旬刊（济南）》第 8 卷第 9 期，1933 年，第 2 页。

⑤ 《令各县县长为诸城税款因外征外解发生亏挪情弊各县如有此项恶习应从严革除倘敢阳奉阴违定即从严议处不贷》，《财政旬刊（济南）》第 5 卷第 1 期，1932 年，第 3 页。

⑥ 《费县历年民欠钱粮系属未截数之款仍应随粮带征附捐》，《财政旬刊（济南）》第 7 卷第 3 期，1933 年，第 3 页。

海阳县长限令在20日内缉拿归案,除了饬其保人到案,同时"勒令该家属保人等速将徐钦轩等财产拍卖,如数措缴,拨补侵吞税款"[①]。诸城县田赋股录事学徒与田赋征收录事胡耀章、牟宝衡合谋侵蚀公款,结果县府将其祖产文契索去顶账。[②]

士人热衷于仕途,最基本的理由,"是长期的官僚政治,给予了做官的人、准备做官的人,乃至从官场退出的人,以种种社会经济的实利,或种种虽无明文确定但却十分实在的特权。那些实利或特权,从消极意义上说,是保护财产,而从积极意义上说,则是增大财产"[③]。1929年,某县长竟在报上公开议论:"我们做县长至少须出几千块钱,怎得不贪呢?"引来公众的声讨。"高级政治机关的主政人员,还把政治当作营业买卖,当作投资市场,下级官吏那得不贪污呢?下级官吏原是认做官为发财捷径而来的,在皇帝和军阀统治时代且莫说,就在国民政府统治下之各省的官吏,我们在报纸上看到和被监察院提出弹劾的,实在足够惊人了"[④]。

为何官员舞弊没有引起监察部门的重视呢?有学者指出南京国民政府五院制中的考试院与监察院作用并不大。自1928年至1935年间仅有1585人通过政府的考试,只占全国官员总数的1%,大部分的官员还是靠社会背景和出身来取得职位。因小官

---

① 《令海阳县以奉省政府令据该县长呈报录事徐钦轩等舞弊潜逃一案,已饬遵照前令赶速办理,具复核夺》,《财政旬刊(济南)》第11卷第2期,1934年,第5页。

② 《诸城县录事亏挪公款一案已令委前往查办》,《财政旬刊(济南)》第5卷第11期,1932年,第4页。

③ 王亚南《中国官僚政治研究》,北京:商务印书馆,2017年,第111页。

④ 陶镕成《农村经济和土地政策的研究》,《劳工月刊》第1卷第6期,1932年,第63页。

员的薪水较低，贪污成为当时一个很严重的问题。①实际上，这与蒋介石政府一些官员的政治私欲有极大关系。为了快速实现政权平衡过渡，南京国民政府利用党治政府的外衣，大量吸纳北洋政府的旧官僚。在胶东各县，警察"也大多为旧时班役充当，尤以潍县为最，所有行政警察向不发饷，取给民间不问，可知额警之外尚存旧时班役一千二三百名之多"②。

在日照，政府曾用一年两季出榜招标的办法，把各项税收包给各处的地主恶霸流氓，由这些人先按投标指数，一次性把税款交给政府，然后听任他们到指定地区收税。这些投标人唯恐不得标而失掉了发横财的机会，除了对政府官员送礼买账，还故意提高标价顶倒别人。一旦得标，中标人就尽其所能压榨，任意增加税目税率，以至卖豆腐的也得纳二成税。"谁敢说个纳不起就批送政府，轻者监禁罚款，重者倾家荡产，并有生命的危险。他个人就代表了政府，代表了国家的税收标准"。当时日照民间流传着这样一句话："进士及第，不如个税吏，包着四个集，每年置顷地。"③

同样的情形也发生在莱阳。王圻初只开设源顺杂货店、公顺钱铺、源丰衣局，后倚其服兄王埒的权势，与福源等商号包办全县的钱粮，独揽全县的鸦片生意。又援引其同族王景岳为警察局董，作公顺号的爪牙。王景岳原负债累累，充任警察局董后，以一

① 张玉法主编《中国现代史论集》第8辑《十年建国》，台北：联经出版事业公司，1982年，第82页。

② 《视察博山等十二县报告及意见书》，《山东实业公报》第5期，特载，第17页。

③ 刘岑《一九三二年日照暴动始末》，中国科学院山东分院历史研究所编《山东省志资料》第1期，济南：山东人民出版社，1959年，第94～95页。

人兼数差而多得薪金，并包揽词讼，贿通官府，很快便飞黄腾达。于赞扬素无品行，依附于王圻包办全县钱粮，插手词讼。凡讼师讼棍，无不奔走其门，乡民有讼事，但贿嘱于某，无不胜者。[①]

离退人员，也常常干涉田亩税收，甚至竟将官有田地污为黑地，强把官产地价留作乡镇长办公费。平度县前在东海官产处领照地亩，并非查出新地，以无粮黑地缴价，留支乡镇长办公费，系为津贴出力人员之用。[②] 许多税收官员不顾"无论涉及职务与否，不得馈受财物，官吏于所办事件，不得收受外间馈遗"[③]训令，大肆收受礼物。黄县银楼就与税务稽核部门相勾结，1933 年匿报营业额 63113 元。[④]

(三)浮收

征税官吏差役往往借政府的权力实施侵害村民的勾当。他们借苛政这层虎皮，侵蚀之外还要讹诈，正如范成大所言："不辞春养禾，但畏秋输官。奸吏大雀鼠，盗胥众螟蠓。"[⑤]正所谓"大官也是官，小官也是官；不论大小官，都是为俩钱！"[⑥]结果却是国家

---

① 中国史学会济南分会编《山东近代史资料》第 2 分册，济南：山东人民出版社，1958 年，第 9～11 页。

② 《征起官产地价，不得留支乡镇长办公费》，《财政旬刊(济南)》第 11 卷第 11 期，1934 年，第 7 页。

③ 《奉省府令禁止长官收受属下礼物已分别令饬遵照》，《财政旬刊(济南)》第 9 卷第 1 期，1933 年，第 1 页。

④ 《令黄县营业税局恒吉银楼，匿报营业额，应予补税免罚，仰遵办具报》，《财政旬刊(济南)》第 10 卷第 3 期，1934 年，第 4 页。

⑤ (宋)范成大《范石湖集》卷 16《劳畲耕》，北京：中华书局，1962 年，第 218 页。

⑥ 山东省立民众教育馆编《山东歌谣集》第 1 集，济南：山东省立民众教育馆，1930 年，第 124 页。

既收不到实利，人民早已被胥吏敲诈得体无完肤。

在天灾人祸之际落井下石的悍吏尤为可恨。关于税收中的悍吏形象，柳宗元早在《捕蛇者说》一文中曾做了生动描述："悍吏之来吾乡，叫嚣乎东西，隳突乎南北，哗然而骇者，虽鸡狗不得宁焉。"说得很有道理。在胶东也有类似的悍吏。1928 年方永昌占据烟台，强索给养，丁银每两突增至二十六元。悍吏催科，急如星火，"稍涉迟误，即派凶警恶役，赴乡守取，苛罚私刑，民不堪命"①，导致冯家集殴杀警役之变。1928 年 7 月，警役至冯家集一带，催征过急，被乡民殴杀十二役八警。时值方永昌势衰，无暇催征，无奈之下减额缓期。至刘珍年驻烟台时，"重行催征，欲示威以惩后，十月，命何益三率队下乡，焚段家村，俘乡农百余人以归，指定八人枭首，余悉刑囚"。"经此一番威胁，二十万捐款，如数征齐。除方永昌挟走六万外（催征时北乡先缴者），其余全归刘珍年"②。

在莱阳，1933 年 6 月间财政厅及民政厅会勘灾情，补征 1932 年下忙地丁，需要拟定最重次重，分别蠲免补征。莱阳第一、二、四、五等区，共有 680 余村，而原勘只 301 村为最重灾村，应全数蠲免，其余之村仍应在补征例内。然而，莱阳县人姜兆民等认为政府意为"一二四五区全数蠲免，其余一律补征一半"。需补征丁赋者，又不止一村一家，该民等何能独异。最终，县府重新发布补征明文，按照县案，"会勘最重村庄胪列清单，并刷印粮银调查表，令发各区转发各乡镇，按照单开村庄，将完粮户名及银两数目详细填载，具报到县，以凭核对蠲免，手续清晰，至差约等催征，自系向

① 宋宪章等修，于清泮纂《牟平县志》卷 4《政治志一 · 党务》。
② 宋宪章等修，于清泮纂《牟平县志》卷 10《文献志四 · 通纪》。

应行补征之粮户催收,并不能向蠲免之户催收”①。

兵差虽然是由军阀所派征,但兵差搜刮必须借地方官僚豪绅之手方能实现,于是兵差实际上成为官僚豪绅自肥的遮羞布。大部分兵差固然为军阀取去,官僚豪绅却能从中分肥。他们不但在派征兵差的时候额外加摊,并且往往在不派征兵差的时候冒名征派。该派白面 2 斤的,派 2.5 斤;该派谷草 3 斤的,派 6 斤;该派麦 1 两的,派 1 斤等等。这种放纵剥削的方法,正如传统社会中的不抑兼并土地一样,表面上是国家与底层百姓之间的一种竞争,实际上意味着国家放手让权贵们攫取私人财富,扔掉了保护公民权利的那部分义务。这种听之任之的行为,证明了强势集团对国家的影响——他们有时与商人合伙谋取农民财富。“当军粮底额数已经派定,而人民还没有缴纳的时候,他们便和商人商定一个折价,譬如市价每石二十元的,折价定为四十元或五十元,军粮先由商人垫缴,以后人民按照折价缴与商人。这市价和折价的差额,便归他们和商人朋分公吞”②。

由此可见,浮收现象十分严重。有人讲道:“每两附加洋八角,连正税应为每两三元一角,而乡长向花户要三元六角。”③由于许多农民逃亡外地,为了弥补空粮,胶县第四区王召镇乡约庄新泉借备办祭祀用品为名,“私收杀猪费,刮取民膏,养育流氓。……按每杀猪一口,收洋二角”④。很明显,浮收可以为其积攒财富。

---

① 《莱阳县人姜兆民等呈诉粮约藉端浮收情形呈报省府鉴核》,《财政旬刊(济南)》第 11 卷第 10 期,1934 年,第 4 页。

② 王寅生等《中国北部的兵差与农民》,南京:国立中央研究院社会科学研究所,1931 年,第 22 页。

③ 孙晓村《中国田赋的征收》,《中国农村》第 1 卷第 1 期,1934 年,第 24 页。

④ 《呈复省政府查明胶县民姜道三等呈控庄新泉私收杀猪费一案情形请鉴核》,《财政旬刊(济南)》第 9 卷第 8 期,1934 年,第 4 页。

张宗昌据山东时，在各县抓丁要款，日不暇给，地丁收不及，于是各县土劣便创立公民会与支应局，专门替张宗昌向百姓收钱。“每次收款，总得浮收些下腰包。……真有言语即是法律的效力。只用说一句话，有钱的得拿钱，无钱的得卖产，稍有半个不字，指命役兵立时抓到，棍打板槁……片言可下无辜者于狱。他们这样的榨取，不到二年，囊中累累，那个也不下数十百万”[①]。每次农民遭受苛捐之苦时，正是他们发财的“好日子”。放任地主商人对农民的剥削，与其说是大地主对贫雇农的剥削，不如说是有权者对无权者财产的兼并。

官吏除了种种贪污手段，还有一些同样以敛钱为目的而犯更大罪恶、造成农村社会日益黑化的策略，即致力于生产、运输和销售大宗鸦片。张宗昌竟发表“欲求人民息肩，军国足用之长策，惟有于鸦片一案”的训话，导致全省的鸦片抽饷愈加“明朗”。各县在张宗昌的压迫下纷纷设立了分局，不仅提倡吸食，还竭力提倡鸦片种植，更有甚者，鸦片烟种也是由禁烟局派员分送的。禁烟局同时布告各县人民，要是种多少，就报明多少，每亩认上点罚款（15 元～20 元），“任凭你们种多少……如此行下去，人民也富了，兵饷也彀了，外国外省的烟土也就不多来了，那些吗啡白丸……毒品，也渐渐可以销灭了”[②]。1929 年军阀刘珍年霸占胶东，大开鸦片烟馆，借以征收重税，这是他筹兵饷的重要手段之一。[③] 在农村往往出现一些令人啼笑皆非的局面。“各省当局，莫不视包庇

① 陶佛《续谈胶东社会中的畸形》，《社会学杂志》第 3 卷第 8 期，1931 年，第 197 页。

② 中华国民拒毒会编《中国烟祸年鉴》第 2 集，上海：中华国民拒毒会，1928 年，第 9 页。

③ 王亮《半岛烈火》，济南：山东人民出版社，1961 年，第 2～3 页。

鸦片，强迫种烟，为唯一利薮，妄出名目，竞相效尤”[①]。也许，这种以生产土烟来抵制洋烟进入山东的策略在短期内能达到挽回“利权”的目的。然而，政府的这种倾向性政策极似彭慕兰所认为的“自强逻辑”[②]，它不是以全国民众的福祉为依归的，而是有助于政府部门维持其权力。归根到底，政府当局的真正目的在于谋夺民间财富。

第二节　胶东农家经济剖析

虽然学者对于民国时期农民的生活水准是下降还是保持大约相同的水平而争论不休，但是，“认为农民的生活一般说来很贫穷，有时甚至和牲畜一般，却没有什么争论”[③]。早在20世纪30年代，有学者就认为经济作物的种植会带来“经济殖民地化”的危机，会降低农民生活水准，这种说法一度成为当时的主流观点。中华人民共和国成立后学界亦认为“农业愈卷入商品范围，绝大多数的农民生活愈贫困”[④]。在近代商品化热潮的大背景中，考量农民生活是否有盈余，将有助于准确把握农民生活水准的高低。农民收支是反映农民生活是否盈余的重要衡量指标，所以，剖析胶东农民的生活收支，既有助于理解农民生活的困境，也有助于

① 陶镕成《农村经济和土地政策的研究（三）》，《劳工月刊》第1卷第6期，1932年，第67页。

② [美]彭慕兰著，马俊亚译《腹地的构建：华北内地的国家、社会和经济（1853—1937）》，北京：社会科学文献出版社，2005年，第139页。

③ [美]费正清、[美]费维恺著，刘敬坤等译《剑桥中华民国史1912—1949》下卷，北京：中国社会科学出版社，1994年，第187页。

④ 湖北大学政治经济学教研室编《中国近代国民经济史讲义》，北京：高等教育出版社，1958年，第332页。

理解乡村建设运动的现实动因。

一、农户的收支状况

国民政府统治时期,社会各界就有乡村危机的讨论。因农民生活的贫困程度与乡村危机的严重程度密切相关,所以,关于农民生活最低贫困线,学者争论不已。[①] 综合考虑影响农民收入的各种因素,无论是农产品价格上涨的20世纪20年代,还是农产品价格狂跌的30年代前期,农户收入低于150元是不争的事实。倘若划定150元的家庭年收入作为贫人的界线,并据以衡量可得出结论:就全国范围而言,"江苏之乡民有一半多及直隶之乡民有百分之八十均在贫乏界线以下"[②]。而据1937年1月南京国民政府土地委员会公布的山东农民收入调查可知,山东农民收入在150元以下的约占85.7%。[③] 另据1936年的调查,山东省平均每个农民的纯收入只有54.66元,生活消费支出49.21元。[④] 由此可知,

---

① 古楳认为平均每家一年支出需310.09元(见古楳编著《中国农村经济问题》,上海:中华书局,1936年,第160页);汪馥泉则认为是187.8元(汪馥泉《中国农民底"生活线"》,《读书杂志》第2卷第6期,1932年,第4页);李宏略则通过修正各种数据,认为中国农家每年最低生活费需292.21元(李宏略《数字中底农家生活》,《东方杂志》第31卷第7号,1934年,第96页);戴乐仁则认为,农家一年的最低生活费需要150元([英]戴乐仁等著,李锡周编译《中国农村经济实况》,北京:农民运动研究会,1928年,第62页)。

② 冯和法编《中国农村经济资料》上,台北:华世出版社,1978年,第33页。

③ 中国第二历史档案馆编《中华民国史档案资料汇编》第5辑第1编《财政经济7》,南京:江苏古籍出版社,1994年,第34~35页。

④ 国家统计局农村抽样调查总队编《各省、自治区、直辖市农民收入、消费调查研究资料汇编》上册,北京:中国统计出版社,1985年,第266页。

大部分农民的生活处于温饱状态,“一般农户,终岁胼手胝足,欲求一温饱自给而不可得”[①]。

与同一时期的美国农家生活相比较,中国农民生活的贫困程度更令人惊讶。据调查,美国家庭人口平均每家为4.8人,而每年的家庭用费平均每家为1598美元,约合当时中国货币2988元;中国每一农家为5.94人,而全年的用费仅为228.32元,仅为美国的1/16。再看他们的费用分配,也迥然不同。中国农民在衣、食、住、燃料四大项中,共占总费用的83.8%,而美国农民仅73.7%,两者相较,中国农民比美国多占10.1%。[②] 由此可知,整个中国的农家经济与美国的存在很大差距,况且胶东地区的经济辐射程度尚不足以影响整个中国的经济发展,进一步验证了胶东农民整年的忙碌,仅足以填饱肚子而已。

不可否认,农村各阶层的生活程度也有很大差别,这与其所占有的土地份额有很大关联。土地是农民赖以维持生活的主要生产资料,农民收入的多少一般来说要靠土地占有的多寡来衡量。农业社会中土地是最重要的生产资料,农家收入来源中,农产品的收入占十分之七。[③] 有学者估计每亩的平均收入是9.2元[④],那么,依前文所述维持生活最高费用,则必须耕种33亩,即使收入不低于150元,每个农家仍须耕种16亩。对于胶东农民来

---

① 胶济铁路管理局车务处编《胶济铁路经济调查报告·莱阳县》,青岛:文华印刷社,1934年,第2页。

② 冯和法编《中国农村经济资料》上,台北:华世出版社,1978年,第43页。

③ 古楳编著《中国农村经济问题》,上海:中华书局,1936年,第149页。

④ 古楳编著《中国农村经济问题》,上海:中华书局,1936年,第152页。

说,拥有或租种超过 10 亩以上土地就可归为一种理想。

山东土地,经持续开发,自清初以来耕地面积便常居全国各省之冠。据学者研究,维持农民生活的最低亩数是每人 5 亩。山东农民人地比例本已偏低,再加上土地所有权分配不均,大多数小农人均耕地不到 5 亩。土地集中的情形,以商业发达的山东半岛地区尤烈。①

与华北几省相比较,山东各类农户所占土地百分率见下表:

省别	地主	地主兼自耕农	地主兼自耕农兼佃农	地主兼佃农	自耕农	自耕农兼佃农	佃农	佃农兼雇农	雇农	其他
河北	1.89	1.86	0.02	—	71.35	10.95	5.48	—	4.41	4.04
山东	1.46	1.37	0.04	0.01	74.73	10.38	4.61	0.01	2.26	5.13
河南	2.42	2.73	0.16	0.09	64.75	13.06	7.29	0.04	2.54	6.92
山西	0.16	3.14	0.03	—	80.53	4.97	1.99	—	7.39	1.79

资料来源:中国第二历史档案馆编《中华民国史档案资料汇编》第 5 辑第 1 编《财政经济 7》,南京:江苏古籍出版社,1994 年,第 7 页。

由此表可以看出,山东的自耕农占四分之三,却有22.39% 的农户需要租佃土地得以生活。相对于耕地占有率仅为 2.88% 的地主,这些佃农与自耕农的土地收入来源相对单一,如此少的土地自然不能支撑农民最基本的生活。

关于农民的收支情况,据 1934 年土地委员会对山东 18 县农户的调查显示,“收支有余者占 25.09% ,收支相等的占 48.75% ,收支不敷者占 25.36% ”②。从中可看出,全年入不敷出的农户占

① 张玉法《中国现代化的区域研究——山东省(1860—1916)》,台北:“中研院”近代史研究所,1982 年,第 15 ~ 19 页。

② 中国第二历史档案馆编《中华民国史档案资料汇编》第 5 辑第 1 编《财政经济 7》,南京:江苏古籍出版社,1994 年,第 37 页。

到农户总数的四分之一。与前文所述,1937 年调查时 150 元以下的约占 85.7%,二者相较可知农民的收支变化不大。较为发达的青岛农村普通农户有耕地 10 余市亩者,就可以叫做大户,多数则在 5 市亩以下。"普通农地之生产,每市亩年仅 20 元左右,园地则可自 60 元至 150 元,每户每年间的收益,平均仅 70 ~ 80 元左右"①。山东农田耕作,"每亩工费,已至七元四五角之多,而每亩所得精粮,普通不过二百余斤,约斛斗担余。即价值最贵之小麦,每百斤不过三元,其他杂粮,价格尤低,即全数卖出,尚不及成本原额,其衣食之资,婚丧之费,世事应酬之消耗,将何所取给乎?"②单凭农业生产自然不能养家糊口。与 1934 年相比,1935 年时农户不能正常完粮的就由 14% 增长为 19%,不能还债的也由 36% 增长为 42%,未交租的由 24% 升为 27%,典押田地的也由 32% 增至 34%。③ 由此可知,山东农民收支不平衡的状况已经很严重了。

在 20 世纪 30 年代的莱芜农村,王毓铨家有成员 7 人,仅有田地 10 亩(合官亩 40 亩),在缴纳田赋及相关苛捐杂税外,终年辛苦劳作的剩余仍不能自给。④ 在牟平农村,耕地 15 亩的中农家庭,每亩年均收入大约在 10 元,扣除缴纳税捐、肥料、农具及日用品等费用外,即使节俭之家,仍入不敷出。况且"当此百物昂贵之际,类皆左支右绌,自顾不暇"⑤。在胶州,所有的农家开支,"以食

① 《青岛经济年鉴》,青岛市档案馆馆藏档案:B32 - 1 - 426,第 53 页。

② 章有义编《中国近代农业史资料(1927—1937)》第 3 辑,北京:生活·读书·新知三联书店,1957 年,第 713 页。

③ 《民国二十四年全国经济状况变动调查(续)》,《农情报告》第 5 卷第 7 期,1937 年,第 229 页。

④ 王毓铨《山东莱芜县农村实况》,千家驹编《中国农村经济论文集》,上海:上海书店出版店,1990 年,第 523 页。

⑤ 宋宪章等修,于清泮纂《牟平县志》卷 3《地理志三·社会》。

为大宗,大约每年每人需钱三百吊至四百吊。假定以最廉之甘薯计之,每日平均三斤,约值铜元五十枚,每年需铜元一万八千二百五十枚,即钱三百六十五吊……故乡民终岁辛勤所得十之七八用之于食”[①]。可见,农民的生活层次极低,即使是在比较繁庶的胶东沿海,终年所得大部分用以解决温饱,遑论情感上对政府的认同。

马俊亚先生的研究显示:在江南地区,入不敷出的农家不是收入最低的家庭,而是那些中等收入的家庭。收入较低的家庭常常会按比例降低生存资料的消费,而收入较高的家庭则会按比例增加生存资料的购置。[②] 在江南地区,不仅低收入阶层经常借债以维持生产和生活,就是富裕的地主也经常借债。但地主与小农的举债目的颇有差异。富裕阶层用较高价值的物品抵押借债而不出卖土地,借债目的是为了经商、组织生产。因而地主与典当的关系比贫困阶层更加密切。[③] 然而,在胶东地区,由于社会生态的恶化,严重打乱了农村的正常生产秩序,缺少政治保护的小农阶层极易陷入高利贷深渊。

近代以来,胶东山区几乎成了土匪的渊薮,不仅穷乡僻壤有土匪活动,城镇闹市土匪也肆施其虐。伴随着灾荒,胶东社会中的畸形现象——放印子钱开始猖獗。“印子钱”是一种借贷的方法。农民在穷困潦倒时,比如遇荒欠之年,或家中需特别用款又告贷无门时,只好求助于印子钱。“‘印子钱’是一种高利的借贷,

① 叶钟英修,匡超纂《民国增修胶志》卷52《民社志》。

② 马俊亚《混合与发展——江南地区传统社会经济的现代演变(1900—1950)》,北京:社会科学文献出版社,2003年,第315~316页。

③ 马俊亚《混合与发展——江南地区传统社会经济的现代演变(1900—1950)》,北京:社会科学文献出版社,2003年,第233~234页。

作此事的，有的是乡间的小土财主，有的是土豪或‘土混混’。土财主的借贷，多半要有房田契约为抵，他方才借给，以一个月，三个月，半年，一年为期。利息平常五分，六分，七分，八分不等，多半在借钱时先把利息底坐去了。若是届期不还他就卖去你的抵押品”。而土豪、“土混混”的借贷完全是一种欺诈，“他们的债务者多半是赌徒和浪子。借钱的期间最长没有过一个月的，最短的还有不够一天。他们的借法不讲利息，是零借整还”①。

在江苏泰县，曲塘粮行“将豆饼贷放农民，使其畜养猪仔，从事生产。农民既获盈利，又得猪粪肥田；粮行则既得贩卖之利，又可联络情感，使农民将所产之粮食，委托其出售”②。借贷关系比较融洽。但在胶东，高额地租使农户无力进行再生产，而数目繁多的杂税更是压断了农民脆弱的脊梁。莒县甄家沟地主甄安乐通过“利涨准折”（即抵押借款，至期本利无力清偿，债权人抽地换约的俗称）的方式兼并了附近28村234户的耕地2456.56亩，房子18处，荒山10片，园10处，场5处。③ 为了延续生命，农民不得不饮鸩止渴，以借高利贷的方式解燃眉之急，一旦落入高利贷的深渊，就很难自拔。高利贷犹如滚雪球越滚越大，农民世代当牛做马也偿还不清。饥饿的怒火，将社会上的任何秩序焚毁殆尽，毫无人伦观念。这些在社会转型期被抛弃的底层农民，最后成为推翻国民政府统治的重要力量。

---

① 陶佛《胶东社会中的畸形》，《社会学杂志》第3卷第7期，1931年，第180页。

② 逊农《泰县曲塘粮行之调查》，《农行月刊》第3卷第4期，调查，1936年，第36页。

③ 中共山东分局调查研究室《甄家沟反恶霸斗争调查》，《山东革命历史档案资料选编》第16辑，济南：山东人民出版社，1984年，第77页。

二、影响农民收入的因素

(一)土地

农村最基本的劳动是农业生产。土地是农业生产最基本的生产资料。在民国时期,土地是财富的一种象征,在胶东农村,“当地人认为最有价值的是土地,对他们来说,大量的地产和肥沃的农田才是财富的真正标志”①。拥有土地的多寡往往决定村民生活的贫富。正如胶州流传的民谚:“一人一亩,吃糠咽土;一人二亩,才有剩余。”②耕种的土地越多,生活才越有保障。完全丧失土地的佃农生活程度实在是比自耕农与半自耕农的生活为低。据调查,自耕农的费用除去四种生活必需费用(衣、食、住、燃料),用到其他方面的数值要比佃户多3.7%。③

1932年山东农村各类农户生活费用比较表

类别		地主	自耕农	半自耕农	佃农
100亩以上	收入	609	995	893	871
	田地费用	156	413	286	219
	其他费用	295	372	275	224
	缴租额			193	397
	盈亏	+158	+210	+139	+31

① 杨懋春著,张雄等译《一个中国村庄:山东台头》,南京:江苏人民出版社,2001年,第29页。

② 徐本丰口述,陈竞雄整理《“洪茂”的兴衰》,《胶州文史资料》第8辑,1995年,第73页。

③ 冯和法编《中国农村经济资料》上,台北:华世出版社,1978年,第56页。

（续表）

类别		地主	自耕农	半自耕农	佃农
50 亩以上	收入	346	567	536	507
	田地费用	88	226	176	125
	其他费用	213	243	203	166
	缴租额			112	218
	盈亏	+45	+98	+45	-2
不足 50 亩	收入	202	308	311	292
	田地费用	49	117	89	66
	其他费用	154	168	149	124
	缴租额			66	116
	盈亏	-1	+23	+7	-14

资料来源：冯和法编《中国农村经济资料》上，台北：华世出版社，1978年，第230~235页。

由上表可知，就整个山东地区而言，无论是地主还是佃农、自耕农，拥有土地数量越多，收入越多。但是瓦格勒指出，在胶东地区，拥有42亩土地的农民一年最终也仅有48.1两的剩余，而拥有20亩土地的农户，忙碌一年后还要亏欠2两。潍县占地14亩之家，收入158.3两，支出191.05两，亏欠32.75两。[①] 另如山东西部地区，遇到灾荒之年，“妇女小孩，千百成群，手持竹筐，随处挖掘草根，攀折树叶。……随意走入一居民七十户之某村，实地调查。悉该村居民，以野草杂以少许玉米充饥者，占十成之八”[②]。那些失去土地被迫乞讨的农民，生活更是凄苦，要不到饭时，榆树

① ［德］瓦格勒著，王建新译《中国农书》，上海：商务印书馆，1936年，第720、727、732页。

② 《鲁西灾区》，《晨报》1928年4月29日。

皮叶与野草是充饥的不得已的方法，就连生病了，想讨点地瓜干吃都是一种奢想。[①] 父母在教育孩子时，常常将拥有大片土地作为家庭奋斗的目标。[②] 这表明，胶东地区的农民在缺少生活资源的情况下，始终将着眼点放到生存上，至于人的全面发展，只能是奢谈。有学者指出："一个 5 口或 6 口之家仅凭劳动力所能积累和耕种土地的最大限额是 70 亩至 80 亩，若把 20 年算作一代（前后两代所分家产相同），每一代仅凭家庭劳动力所能积累的土地数量至多不过几十亩，要想在一代之内使自己占有的土地数量从几十亩增加到上百亩，是极困难的，除非另做小买卖、放债和雇佣长工。"[③]

（二）副业

马若孟对清末至民国时期冀鲁农村经济做纵向考察后，认为华北土地分配状况没有进一步恶化，农民能够抓住贸易扩展给农村商品性农业生产和手工业带来的历史机遇，调整农作物种植结构及家庭主辅劳动力在耕与织方面的配置，改善生活水平。[④] 然而，农民的耕地面积极小，每年从土地中收获的粮食作物不足以维持一年的生计，只好去从事副业生产——樵采、运输、负贩、木

---

① 燕志俊《苦女翻身记》，山东人民出版社编《山东十年短篇小说选》，济南：山东人民出版社，1959 年，第 6 页。

② 杨懋春著，张雄等译《一个中国村庄：山东台头》，南京：江苏人民出版社，2001 年，第 75 页。

③ ［日］小林一美著，孙晓青等译《近代华北的土地经营与商业运行的特征》，《国外中国近代史研究》第 26 辑，北京：中国社会科学出版社，1994 年。

④ ［美］马若孟著，史建云译《中国农民经济：河北和山东的农业发展，1890—1949》，南京：江苏人民出版社，1999 年。

工、石工、陶作、制鞋、铸镬、打铁等工作,“农村农人与各行手工艺者,实一而二,二而一,几无鸿沟之可分也”[①]。

因为土地使用权的分散,在栖霞,“佃农极微,每户有一亩至四亩之自耕小作农最多。能有十亩地者已成财主,一村不过三五户。……除水果区,蔬菜区,工业区外,其他各处每岁所入往往不能自给,只可出外作工凿石俾补不足”[②]。据统计,“农民每年有四个月是完全不作农业劳动的,一个月是完全务农的,其余的月份随经济范围之大小,其工作日每月由一〇日至一五日”[③]。可见农民有充裕的时间从事副业生产。“所以设使不经营家庭工艺与其他小工业,则一年中四分之三将为失业,而不克得维其生计矣”[④]。

由于地理位置优越,青岛市区的广大农村,“亦有渔业养豚,及林产果产,足以弥补农产收益之不足,故全市之农村经济,赖有副业之调剂,勉称平稳”[⑤]。在烟台某村庄,因近海渔业发达,在抗日战争前几乎家家都从事挑鱼虾贩卖的活动,仅从事推脚力的小车就有 29 辆之多。[⑥]

位于莒县西北 30 里的许村,“附近山陵纵横,人民强悍,曾为五旗会农民暴动之策源地”。东面浮来山出产青石,做建筑用料,

---

① 何廉《我国今日之经济地位》,《纺织周刊》第 5 卷第 4 期,1935 年,第 109 页。

② 沈周荪《青岛之农村》,《棉业特刊》1934 年特刊,论著,第 49 页。

③ [匈牙利]马札亚尔著,陈代青等译《中国农村经济研究》,上海:神州国光社,1934 年,第 399 页。

④ [德]Betz 著,朱子武译《论华北经济》,《钱业月报》第 12 卷第 9 期,丛载,1932 年,第 5 页。

⑤ 《青岛农业之概况》,《中行月刊》第 5 卷第 3 期,1932 年,第 92 页。

⑥ 《一个村的群众工作调查》,山东省档案馆馆藏档案:G24 – 1 – 11 – 3,第 3 页。

每至农闲时节,村民都到此山采石。“他们都是三五家联合在一起,组织一种采石的劳动合作,乡人名为‘山社’。‘山社’组织以户为单位,其数从不超出十户,每户每日所出劳力,非常平均;劳力单位以人为标准,普通每户出一人。采石工具由大家合款购置,亦归大家使用,私人概不得借用;其工具有:(一)药,每斤三角,平均用一星期;(二)铁锤二个,三·四元;(三)铁梢一个,五元;(四)铁铲二个,二·五元;共值十一元二角。山石变卖成钱,按人数平均分配,山石每百斤售价一元。这是这一带农民的重要副业。他们在年成不好时,或因苛捐杂税入不敷出时,就完全以此来补偿他们的损失”①。在柘山农村,靠山吃山的情况也最常见。据杨瑞仁老人回忆,当时杨家有 8 口人,仅种一亩半地(当地亩较官亩大),为了补贴家庭收入,其父不得不在磨山河打石头挣钱买粮食。②

此外,胶东“青年妇女的起居,多半是早起晚睡,冬夜往往深夜还操缝纫之作。在人口少的家庭青年妇女事役较少,所有机会代人缝纫以敛钱……近几年来,多有织发网花边者,赁银虽少,但积至一年亦有近百元者。在生活极艰难的家庭,青年妇女亦有雇为使女者,代人烹调缝纫或洗衣。……妇女……多有于春间养蚕作茧者,但只限于有桑树之地……一春的工夫,可赚一元至二元”③。

---

① 李鼐《山东莒县西北乡的许村》,《新中华》第 2 卷第 14 期,1934 年,第 85 ~ 86 页。

② 张广杰于 2012 年 1 月 26 日于山东安丘市柘山镇对杨瑞仁老人(1926 年生)的访问。

③ 玄默《鲁东农村中妇女生活的状况》,《社会学杂志》第 4 卷第 5 期,1931 年,第 100 ~ 101 页。

由此观之,从事副业是农民谋生的一条门路。据 1933 年对胶济铁路沿线的县市的统计,农业产值户均 110.7 元,手工业产值户均 20.6 元,总计 131.3 元,手工业产值占总收入的 15.7%。[①] 对于耕地不足的胶东地区的农民来说,"正业的损失,不足轻重,副业有一毛病,便成全民生的严重问题"[②]。很遗憾,在胶东地区,虽然副业收入能在事实上增加农民收入,提高农民生活水平,但是人们对那些拥有一定技艺的手工业者缺少必要的尊重,村民的工作意向永远倾向于农田耕作。[③] 这与江南地区的手工业者(如土布生产者)完全不同,他们可以通过增加劳动力的投入来提高自己的收益。即使那些土地较少、但副业人手多的家庭在农村中同样具有较好的经济地位。[④]

(三)人力与畜力

据南开大学对天津手艺工人的调查,职业收入占总收入 97.8%,而家主之收入占全家收入 86.7%。一旦家主失业或患疾病,收入停止,全家之生活势必赖赈济与借债。而收入愈高的家庭,"其他家人之收入亦渐较重要,此乃因收入愈高之家庭人口亦相对增加,家主收入虽增未能使一家之生活丰裕,而必使家庭中其他成员谋生以补全家收入之不足,是以人口与家庭生活享受,

① 从翰香主编《近代冀鲁豫乡村》,北京:中国社会科学出版社,1995 年,第 450 ~ 452 页。

② 《益都的蚕桑》,《乡村建设旬刊》第 2 卷第 2 期,1932 年,第 29 页。

③ 杨懋春著,张雄等译《一个中国村庄:山东台头》,南京:江苏人民出版社,2001 年,第 28 页。

④ 马俊亚《混合与发展——江南地区传统社会经济的现代演变(1900—1950)》,北京:社会科学文献出版社,2003 年,第 307 页。

有密切之关系”①。职是之故,家庭劳动的多寡与健康程度均能影响农家生活。在胶东,村民一般是在确保家庭正常劳动力需求前提下,才会考虑从事其他职业的,子承父业的农村男子占多数,农村职业流动并不多见。

尽管社会上不可避免地出现一些因分家而使家庭土地面积减少的事实,但是普通农民仍旧坚守着“儿子越多意味着家庭收入越多,收入越多就使家庭能买到更多的土地”②信条。父母仍然期望获得多子带来的幸福,倘若有两个儿子,父母希望儿子长大后,一个当雇工,另一个当泥瓦匠,儿子们将不仅挣到自己的生活费,而且每年可以给家庭增加大约50美元的收入。在两三年后,父母就能用他们的积蓄再买一亩甚至更多的土地。③ 据统计,自耕农每一家庭的成年男子为4.37人,半自耕农是4.57人,这说明了半自耕农有多余的劳动力,所以,农民之所以愿为半自耕农是为了利用多余的劳力,多余的劳力得到调剂后,生活水平自然就会提高。④

在胶东,虽然有新式农具开始推广应用,农政机构也有农业改良举措,但是,“大部农民以生产力量不足,或觉困难,均存维持现状,苟安一时之思,而少数知识分子,又趋向仕途,集于都市,对农业漠不关心”⑤。20世纪30年代在莱阳县调查得知,“农民耕

① 彭泽益编《中国近代手工业史资料(1840—1949)》第3卷,北京:中华书局,1962年,第596页。

② [美]马若孟著,史建云译《中国农民经济:河北和山东的农业发展,1890—1949》,南京:江苏人民出版社,1999年,第181页。

③ 杨懋春著,张雄等译《一个中国村庄:山东台头》,南京:江苏人民出版社,2001年,第85页。

④ 冯和法编《中国农村经济资料》上,台北:华世出版社,1978年,第58页。

⑤ 李起元修,王连儒纂《民国长清县志》卷5《食货志上·实业》。

种方法,墨守旧章,新式农具及肥料,鲜有利用者,欲求生产之进步,戛戛乎难矣!"[①]

畜力多寡也是影响农家收入的重要因素。据调查,山东农村平均每头牲畜要负担31.64亩耕地。[②] 由此可见,家畜是家庭生活中的重要组成部分。有时它们还能影响农家子弟的婚姻大事,两家决定婚事时,女方家庭常常去打听男方家是否养了牛,如果有,有多大。[③] 然而,耕牛并不是每个农户都能拥有的。在胶东地区,"如果有一头牛,已是中等以上的人家"[④]。耕牛的使用,"大率为田多富户,各田少无牛之户,皆恃人力锄掘,亦有用提前耕地或稍迟耕地等方法"[⑤]。

在中国,农户对于耕牛有着特殊感情,"以致他可能感到失去牛比失去年幼的孩子更糟,因为失去这种动物会危及整个家庭的生计。杀牛会受到所有人的谴责。尽管没有法律或社会习俗禁止职业性宰牛,但谁也瞧不起干这一行的人。人们相信没有人能在这个行当中发财,屠夫的灵魂在阴间会受到永远的折磨"。在胶东台头村,农民不会把牛直接卖给屠夫,即便屠夫愿意出更高的价钱。农民会非常认真地为牛寻找一个更好的买主,如同为他

① 胶济铁路管理委员会车务处编《胶济铁路经济调查报告汇编》总编上,1934年,转引自庄维民《近代山东农业科技的推广及其评价》,《近代史研究》1993年第2期。

② 王贵宸、陆学艺主编《农村经济典型调查——陵县经济发展的回顾与展望》,北京:社会科学文献出版社,1989年,第4页。

③ 杨懋春著,张雄等译《一个中国村庄:山东台头》,南京:江苏人民出版社,2001年,第51页。

④ 罗克典《中国农村经济概论》,上海:民智书局,1934年,第140页。

⑤ 《胶澳全区之农业概况》,《中外经济周刊》1927年第214号,第8页。

的女儿寻找一个好丈夫一样。[1] 农村中每每有善男信女从屠场经过,“偶然碰着屠户正在宰杀牲口,他们会立刻掩闭眼睛或把二手反背在背后,听说这样便可以将来在冥王前认为无罪”[2]。同时,耕牛质量的优劣也反映家庭社会地位的高低。“看一看拴在门前树上的牛的大小,人们就能够估计出这个家庭有多少亩土地,在村庄里属于哪一等级。因此,一头大而且喂养得很好的牛总会使主人非常骄傲,为了让所有人都看到,他们把牛拴在门前或人们闲谈和聚会的地方”[3]。

受灾荒影响,原本小康之家秋禾无收,生活艰难,为糊口变卖产业,当地产断绝买卖后,也开始贱卖耕牛。“谁想不但没有肯出原价三分之一者,即什一之数亦无有也”[4]。如此贱价出卖耕牛,为日本人趁火打劫提供了机会,“日人则乘机于高密,日照,青岛一带,收买活牛,运往日本”[5]。

三、农户的负担

1927 年之后的 10 年间南京国民政府创建了上层阶级的体制,反对彻底改变普通农民生活的思想。[6] 区公所设立后,窃取乡村基层行政机构统治权的地主,以此为合法外衣,纷纷自利,“使

① 杨懋春著,张雄等译《一个中国村庄:山东台头》,南京:江苏人民出版社,2001 年,第 49 页。

② 罗克典《中国农村经济概论》,上海:民智书局,1934 年,第 159 页。

③ 杨懋春著,张雄等译《一个中国村庄:山东台头》,南京:江苏人民出版社,2001 年,第 50 页。

④ 《鲁灾目击谈》,《大公报》1928 年 3 月 13 日。

⑤ 《难民万里逃荒卖儿女充作路费》,《晨报》1928 年 2 月 20 日。

⑥ [美]费正清著,张理京译《美国与中国》,北京:世界知识出版社,1999 年,第 219 页。

当事人更无法抵抗”[①]。有学者评论，这些土地占有者，“向人民绞取租税几乎是唯一的任务，好似政府是房东，而人民是房客一样。官吏务必巧妙的完成绞取的目的”[②]。当基层官员获得政府明认或默许的更多征税权力时，也就有了攫取超过职责范围的经济利益的机会。

随着国民政府步步深入地推行新政，特别是厘金税裁撤以后，许多经费由依靠厘金税转而依托田赋税收，地方政府开始任意摊派、勒索。山东烟台每亩地丁由 1928 年的每两 3 元，增至 1931 年的 36 元，增长 12 倍。[③] 所以有学者评论：“在中国与其说赋税是公家财政的基本，毋宁说它是公开掠夺的代名。”[④]而“课税成为官僚阶级经营私利的工具，所以他们对于自己的收入加了相当的考虑”[⑤]。他们往往以政府的权力为依托，“合法”地进行经济剥削，民众就陷入“财已竭而敛不休，人已穷而赋愈急”的饥寒交迫境地。

在正税之外的预征等更让农民陷于水深火热之境。山东诸城 1929 年已经征 1930 年的田赋了，预征达一年之久。[⑥] 传统中

---

① 龚鸾《潘家店——鲁西农村中小镇店的典型》，《乡村建设》第 6 卷第 1 期，1936 年，第 15 页。

② ［日］长野朗著，朱家清译《中国社会组织》，上海：光明书局，1931 年，第 220 页。

③ 马乘风《最近中国农村经济诸实相之暴露》，《中国经济》第 1 卷第 1 期，1933 年，第 7 页。

④ 汪熙、杨小佛主编《陈翰笙文集》，上海：复旦大学出版社，1985 年，第 5 页。

⑤ ［日］长野郎著，强我译《中国土地制度的研究》，上海：神州国光社，1932 年，第 290 页。

⑥ 章有义编《中国近代农业史资料（1927—1937）》第 3 辑，北京：生活·读书·新知三联书店，1957 年，第 41 页。

国农村没有西欧那样权威性的“习惯法”来规范和限制地主和封建统治者的盘剥，对于那些“交不起捐税的，不是封门，就是捉人。大河东村九十多户，卖儿鬻女的就有五户”①。吏治的好坏与赋役负担的轻重关系极大。到 1928 年秋，山东省农民原来每年每月银子担负的正税 4 元，附加税 4 元，突增到正税 20 余元，附税已预征到 3 年以上。这种露骨地直接掠夺越来越严重。当时招远县长高树峰，在 1928 年 7 月这一个月内，就向农民征收 7 次捐税，“每月银子十元多钱，一年多就搜刮民膏一百六十余万元。仅有二亩地的毕郭村李珍一家，每月就得缴纳十多元的捐税。除此以外，其他形式的杂税更是多如牛毛”②。

有时，兵差附加税的征收完全不考虑农民的交税能力。连年战争，兵连祸结，“战壕多系农田，而军队无纪律，亦以在农村为最甚，战祸之影响于农民者既如此。而兵役可分为钱役与人役。军队多驻郊外，兵士给养，大半系就所驻农村摊派，或借用，至于农民之有无此种力量，则为军队所不问。人役则尤为民害，军队行动，强拉民夫，而被拉之民夫，十九皆系农人。乡村农民，或被迫而自杀，或为强力拉去，使其家族无法生活，有时正在农时，因被拉而农人之一年生计遂绝，其为害于农，殆为最烈”③。1932 年，在刘珍年驻区，“每丁银一两，加征九元，一年征至四次，军需特捐每两加征至三十四元。大县索洋面三十万袋，谷五百万斤，煤十

---

① 费正锋整理《松椒大刀会》，《烟台文史资料》第 4 辑，1985 年，第 113 页。

② 曹仲敏整理《一九二八年前后招远、栖霞反军阀斗争史料》，《烟台文史资料》第 7 辑，1986 年，第 46 ~ 47 页。

③ 谭志清《农村破产与社会危机》，《工商学志》第 8 卷第 1 期，1936 年，第 45 页。

万吨,中县,小县以此类推,在二十年份各县被征至五百二十六万六千九百余元之多,其他各旅团营部就地征发之款,还没计算在内”①。

为了生存,贫农不得不租佃地主土地,“深深的陷在债务的网罗中,所有营业的全部设备,都非自己所有,于是须付出较多的农产物作为地租”②。

农民出售农产品,是为了急需获得现金收入缴纳租税。据20世纪30年代统计,中国农民的农产物至少有一半以上是以预卖的方法出售③,因而受到商业资本和高利贷资本的双重剥削。“在这种交换条件下农民经济的恶化,是个确定不移的事实”④。货币地租是农民经济商品化的有力中轴,商业的发展及一般生产的扩大,正好反映出农民的贫困与生产的低落。⑤ 与富裕地主相比,贫困农民遭到商业冲突时损失更严重。“1934年潍县富裕农民施肥的烟田,因豆饼高利贷而受到的损失,每亩只有0.41元。中等农民受到同类的损失,每亩平均为0.71元,而贫穷农民每亩必须牺牲1.63元”⑥。商品作物价格与粮食作物之间存在着偏差,许多村民丧失更多的生活资本。1934年,“花生每百斤仅能卖到三元多

---

① 罗克典《中国农村经济概论》,上海:民智书局,1934年,第261页。

② 章有义编《中国近代农业史资料(1912—1927)》第2辑,北京:生活·读书·新知三联书店,1957年,第123页。

③ 冯和法《中国农产物的原始市场——产地贸易关系的分析》,《中国农村》第1卷第3期,1934年,第22页。

④ 吴承明《中国资本主义与国内市场》,北京:中国社会科学出版社,1985年,第296页。

⑤ [匈牙利]马札亚尔著,陈代青等译《中国农村经济研究》,上海:神州国光社,1934年,第284~285页。

⑥ 陈翰笙著,陈绛译《帝国主义工业资本与中国农民》,上海:复旦大学出版社,1984年,第73页。

钱(过去卖六七元)。柞蚕每千只能得一元多(过去四元多)”①。同期物价腾贵,“米每斗要二元多,豆子要一元八九,麦子二元三四”。在这样的情况下,许多中农、贫民被迫出售土地走上了无产者道路,“每亩可卖二三十元(过去每亩要卖七八十元)”②。

一切的苛捐杂税既是军阀所征派,也是官僚豪绅们藉以自肥的幌子。除了征派时额外加摊,往往在没有摊派任务的时候也冒名征派,广大农民深受其苦。总之,政治事态恶化,军阀混战,普及全省,“一般农民强壮者流为土匪、士兵,或流亡口北,弱者转死沟壑,早已不能安生”③。

第三节　农家日常生活

如前文所述,农民的生存环境与各级官员是否借权自肥有密切关联。普通小农的生活不能完全按照自己的意愿规划设计,而是完全系于握有权力的官绅手中。受社会环境的影响,许多征税陋弊重创农民的日常生活。

1936 年,朱其华对全国 4 亿人口进行经济状况的统计与划分。以经济状况为准则,全国人口可分为以下五类:能够保持奢华生活的占 1.3%,生活基本无虞的占 5.0%,勉强度日但不免贫穷的占 18.7%,达不到温饱时常陷于饥寒交迫状态的占 62.5%,

① 《胶东特委书记常子健关于胶东情况的综合报告》,《山东革命历史档案资料选编》第 3 辑,济南:山东人民出版社,1981 年,第 259 页。

② 《胶东特委书记常子健关于胶东情况的综合报告》,《山东革命历史档案资料选编》第 3 辑,济南:山东人民出版社,1981 年,第 260 页。

③ 《中共山东省委关于目前斗争形势及加强省委领导问题给中央的报告》,《山东革命历史文件汇集》甲种本第 5 集,1995 年,第 129 页。

完全丧失生存能力的占12.5%。[1] 由此可以看出,全国五类人口中,前两类人口衣食无忧,仅占人口的6.3%,而其余三类都处于贫困线以下,竟占人口的93.7%。他们当中绝大多数又是农户,且很多农户早已处于饥饿与死亡的边缘。有学者认为,江南农家的消费结构中,尽管各阶层收入有很大差异,但用于食物、燃料与衣服的消费比重表现出惊人的相似。由于有一定的受教育机会,农民的发展程度也较高。[2] 然而,在胶东地区,农民衣食住用的发展层次很低。

一、食料

关于村民的粮食供给量,北方农村中有句俗话:大口小口,每月三斗。有学者认为三斗的数量是较准确的,"如果在城市,应打八五折。农村每人月吃三斗,每年便吃三石六斗,城市每年只吃三石零六升便够"[3]。据方志载,胶东"乡民之衣、食、住三事,大都取自给自足主义,食粮、蔬菜当然取给于自艺之园圃耕作,即制衣之布、建屋之砖(或土坯)、取火之柴、系物之绳亦多……不假外求。稍裕之家则油酒酱酢大都自制,故阖村妇孺恒有工作,终岁积蓄不至外流,惟其生活较为单简,故需求易于取给"[4]。

南京国民政府前期,农村的作物分为两类:一是粮类,即米、麦、高粱、豆类、玉蜀黍等;二是菜类,以萝卜为主。一般来讲,富

---

① 朱其华《中国农村经济的透视》,上海:中国研究书店,1936年,第3~4页。

② 马俊亚《混合与发展——江南地区传统社会经济的现代演变(1900—1950)》,北京:社会科学文献出版社,2003年,第320~321页。

③ 罗克典《中国农村经济概论》,上海:民智书局,1934年,第319页。

④ 赵琪修,袁荣叟等纂《胶澳志》卷3《民社志·生活》。

裕农家也只有在春耕与秋收的农忙时节，才有机会吃上米麦这些细粮，农闲时节则多是吃豆类、蜀黍等粗粮。至于贫穷农户，细粮跟他们大多是绝缘的，粗粮在有些时候都可能是奢侈品，青黄不接之际，只能辅以田间野菜，除非生病，否则整年都不可能品尝到富有营养的食材。在胶东地区，即使在农耕的繁忙时节，农民也多以甘薯为主食。“成人男子冬季一日消费生甘薯四斤，五日才喝一回小米粥，农耕期每天要吃二斤甘薯干，其他用高粱米和小米粥补充，农忙期两天才吃一回面食”①。

在农村的经济生活中，生产与消费自然居于首要地位。在即墨，地瓜种植最多，农民“日常的饮食，多是喝白水，吃地瓜与咸菜而已，这是极普遍的生活。全县内至少是有过半数的农民，有半年的时间，是过这种生活，所以这县里种地瓜的农家甚多，几乎家家都有，一年内全县农地所生产的总数计之，地瓜足占百分之四十有余”②。在青岛，“人多地少，地瓜产量颇大，勉足自给……平均每户仅二亩有奇，一户以五口计算，每人尚不及五分。欲以五分地之出产供给一人全年之食用，势非增加其产量不可。种植地瓜平均每亩可产二千五百斤至三千斤之数，若种小麦不过仅收三百余斤，为求全年食粮勉足自给起见，农民率皆种植地瓜”③。据调查，“平常八口之家有田十亩，约种四亩甘薯即能维持生活”④。

---

① 《青岛近郊に於ける农村实态调查报告——青岛特别市李村区西韩哥庄》，第126页，转引自王建革《传统社会末期华北的生态与社会》，北京：生活·读书·新知三联书店，2009年，第216页。

② 王文甲《即墨县农民生活概况》，《农业周报》第4卷第20期，1935年，第690页。

③ 沈周荪《青岛之农村》，《棉业特刊》1934年特刊，论著，第44页。

④ 胶济铁路管理局车务处编《胶济铁路经济调查报告·即墨县》，青岛：文华印刷社，1934年，第3页。

倘若农民抚养子女五人，会十分辛苦。“六口人靠七分地根本难以维生，无奈又租了地主家二亩耕种。一年收成除交租外，所剩寥寥无几，一家人只能勉强维持着‘半年糠菜半年粮’的清贫生活”[①]。

在青岛李村，“乡民之食事，冬季朝、夕两餐，春、夏、秋则朝、午、夕三餐，通年食物以甘薯（俗称地瓜）为主……杂以粟、豆、高粱、小麦。冬春食甘薯居多，夏秋食粟居多，是为主食品；自制之腌萝卜、白菜……是为副食品。至于道家者流以麦粉制为馒头，杂以鱼肉，此非上流社会，不得享食，寻常人家仅嫁娶宴会时用之，不以供常食也。贫民则以甘薯之蔓晒干磨粉制为团子，以供常食”[②]。青岛农村所食地瓜，“仅用清水煮熟，不另加糖或油盐，亦不佐以蔬菜，其有地较多者，虽兼种小麦黄豆等谷，而每年产出之麦及高粱，皆自行用磨制面，备享客之用，所产黄豆，亦专备售卖或携赴镇市换物”[③]。由于人们多吃甘薯来充饥，域外人常常称胶东农民为“吃甘薯的人”，村民也以此为耻。只有到了农忙时节，食物消费才丰富些。蒸小米或小米面点替代了甘薯片。[④]

在胶东地区，一般人民生活极其简单，“稍富有者，则多以高粱及谷类为佐食品。非富有者，绝不敢以麦类为日常之需”[⑤]。

---

① 周遵仑口述，毛宗兴整理《我的一家》，《即墨文史资料》第7辑，1991年，第40页。

② 赵琪修，袁荣叟等纂《胶澳志》卷3《民社志·生活》。

③ 《胶澳全区之农业概况》，《中外经济周刊》1927年第214号，第9页。

④ 杨懋春著，张雄等译《一个中国村庄：山东台头》，南京：江苏人民出版社，2001年，第34～37页。

⑤ 胶济铁路管理局车务处编《胶济铁路经济调查报告·胶州》，青岛：文华印刷社，1934年，第2页。

"至若杭米白面,虽上户不过于年节婚丧时偶一食之,贫户更无望矣"[①]。这与江南农民的食物形成鲜明对比。据钱穆回忆,"先父饮食素清简,率常以鲫鱼汤、银鱼鸡蛋、面筋塞肉、熏鱼、瘦肉丸、虾仁等数味为止。……先父在外得佳肴,归告先母,必能依所言调制"[②]。在吴江县开弦弓村,除了几个寡妇,很少有素食主义者,虽然农民平时不经常享用肉食,但是农忙时节,饭食非常丰盛,鱼、肉都是常见之物。[③] 江南农村饮食中含有大量的动物脂肪,热量较高,属于富裕的农民生活。胶东农村的农夫只能过着温饱或半温饱的生活。

在胶东,进餐时间一般早晚各一次。在青岛,"本省籍之商家住户每日二餐,早餐十点,晚餐四点;外省籍每日三餐,各从其故乡之习惯。食品物价亦与津沪相仿,惟鱼虾供给较丰,而蔬菜则种类较少……衣服则北人朴素南人奢华"[④]。从食料的营养成分来看,南方的生活水平明显高于北方。农民平时最主要的副食就是新鲜蔬菜或咸菜,农家食盐的使用量要比城市多,城市居民有酱油等调味品,而农家只能依靠食盐来调味。学者指出,20 世纪 20 年代,"普通人家,非逢佳节,多不见肉,寻常油脂亦少用。贫民终年不知肉味者,亦有之。小康之家,亦不过半月或一月,乃尝肉一次。富有者虽以肉为常食品,而每餐所用之量不多"[⑤]。乡民肉

---

① 宋宪章等修,于清泮纂《牟平县志》卷 3《地理志三·社会》。

② [美]邓尔麟著,蓝桦译《钱穆与七房桥世界》,北京:社会科学文献出版社,1998 年,第 110 页。

③ 费孝通《江村经济:中国农民的生活》,北京:商务印书馆,2001 年,第 118 页。

④ 赵琪修,袁荣叟等纂《胶澳志》卷 3《民社志·生活》。

⑤ 董时进《食料与人口》,上海:商务印书馆,1929 年,第 58 页。

食甚少,“惟每逢霖雨之后,有贺雨之典礼,少长咸集,相聚称庆,沽酒杀猪,共为欢饮,藉贺雨以互相慰乐”①。能吃到肉制品的农家,社会地位自然很高。在胶东的台头村,按照食物消费情况,可把农民大致分为四等。“最低一等以甘薯为主要食粮,往上一等是甘薯和小米结合,第三等主要吃小米和小麦,最高一等主要吃小麦。在蔬菜上市时,四个等级的人都消费大量的蔬菜。前两个等级的人很少吃肉制品,后两个等级的人也只是偶尔吃肉”②。

面粉厂的建立拉动了对小麦的需求。小麦在人们饮食结构中的比例有所提高,上流社会“以麦粉制为馒头,杂以鱼肉”③。在胶县,“稍富有者,则多以高粱及谷类为佐食品。非富有者,绝不敢以麦类为日常之需”④。

有事实表明,胶东社会两极分化严重,地主所有制的程度(27.5%的耕地出租)和地瓜的产量均高于山东其他地区,而地瓜一般是赤贫者的食物。⑤ 富人和城里人吃得丰盛(一般都饮酒)。他们住瓦房,穿质料讲究的衣服。在莒南县三个区的地主生活方面挥霍甚巨,佣人众多。1937 年“资仁堂”佣人有 37 个;1943 年“居业堂”一家仅掌柜的即有 8 人;“贞信堂”一户只有两口人,管

---

① 赵琪修,袁荣叟等纂《胶澳志》卷 3《民社志 · 生活》。

② 杨懋春著,张雄等译《一个中国村庄:山东台头》,南京:江苏人民出版社,2001 年,第 34 页。

③ 赵琪修,袁荣叟等纂《胶澳志》卷 3《民社志 · 生活》。

④ 胶济铁路管理局车务处编《胶济铁路经济调查报告 · 胶州》,青岛:文华印刷社,1934 年,第 2 页。

⑤ 关于山东农业地区,孙敬之指出,20 世纪中叶胶东半岛生产的地瓜占全省的 41.8%,见孙敬之主编《华北经济地理》,北京:科学出版社,1957 年,第 134 ~ 135 页。

事的伺候的就有六七个。[①] 许多贫民胼手胝足劳累一年,却连最起码的温饱都不能满足,只好"望梅止渴",有如高密民谣所言:"人家过年,咱过年,人家吃肉咱不馋! 有朝有日过好了,天天十五月月年!"[②]

二、衣着

据调查,"乡民终岁辛勤,所得十之七八用之于食,衣服所费不过一二成,居住则更占少数"[③]。胶东地区莱阳县地处偏隅,不是交通要区,居民崇尚节俭,勤于耕织,"故即仕宦之家罢官归里,亦多置田产以贻子孙。是故问县人民之富,率举地以对,地之出有限,而力劬不劳则无获,人民以其获之薄而艰也,故用之啬,非必天性势使然也"[④]。

民国初年,胶东一带村民的衣着通常自给自足,很少购买。以男靴为例,由于用料不同价格差距极大,用粗布做的男靴自一吊二百文至一吊六百文,然而用洋缎做的需一吊八百文[⑤],靴鞋大都由农家妇女自制。在台头村,有时把农村妇女会不会做鞋作为衡量其是否勤劳的标准之一。[⑥]

---

① 华东军政委员会土地改革委员会编《山东省、华东各大中城市郊区农村调查》,1952 年,第 39 页。

② 山东省立民众教育馆编《山东歌谣集》第 2 集,济南:山东省立民众教育馆,1933 年,第 7 页。

③ 赵琪修,袁荣叟等纂《胶澳志》卷 3《民社志 · 生活》。

④ 王丕煦等纂,梁秉锟等修《莱阳县志》卷二之六《政治志 · 实业 · 民生状况》。

⑤ 当时银元一元换钱二吊五百文,今则换七八吊。参见赵琪修,袁荣叟等纂《胶澳志》卷 3《民社志 · 生活》。

⑥ 杨懋春著,张雄等译《一个中国村庄:山东台头》,南京:江苏人民出版社,2001 年,第 44 页。

在潍县土布风靡之际,胶东农民"所用制衣之布,以潍县所产之宽号白布蓝布黑布为多,所有各种衣服之缝制,皆由各家妇女自任之"[①]。同时,无论男女,衣服的颜色均比较单一,"大都布衣,蓝色无花,至于绸缎之类,仅富家女子出嫁时服之耳。……成衣大都由家庭妇女自为缝纫,不假手于外人。大约成人所着之单长衫(俗称大褂),须作三日,单短衫(小褂)二日,单裤一日,夹者各增半日,绸棉袄三日半。……盖其缝纫极细密,不务华美,而以坚牢耐久为主"[②]。后来,洋纱逐渐取代土纱,特别是青岛日纱通过价格战及仿制潍县土布的手段,抢夺了潍县土布市场。在文登,学者估计日货最少占 80%,以前农家还有纺织声,现在到处只见洋布洋线,以前尚有农民着土布短袜,现在则只见线袜充斥市面。[③] 结果,洋纱渐渐成为新的制衣原料。在益都,"当地农民事织者不多,原料尽系外来棉纱"[④]。"衣服用窄面土布与宽面大布,俱系洋纱织成。手纺纱布极少,几不可见"[⑤]。

当然,一个人的穿着打扮往往是其社会地位高低的重要表现。在昌邑,"二八月看富汉,夹袄长布衫;夹袄小布衫大,露出一道白边。棉布袜子,千层底鞋,裤脚是勒着带子,腰里缠着扎包"[⑥]。这

---

① 《胶澳全区之农业概况》,《中外经济周刊》1927 年第 214 号,第 8 页。

② 赵琪修,袁荣叟等纂《胶澳志》卷 3《民社志·生活》。

③ 隋德民《山东文登县农村市场概况调查》,千家驹编《中国农村经济论文集》,上海:上海书店出版社,1990 年,第 363 ~ 364 页。

④ 胶济铁路管理局车务处编《胶济铁路经济调查报告·益都县》,青岛:文华印刷社,1934 年,第 11 页。

⑤ 胶济铁路管理局车务处编《胶济铁路经济调查报告·益都县》,青岛:文华印刷社,1934 年,第 2 页。

⑥ 佟继汉《山东昌邑是我家》,《昌邑文史资料》第 9 辑,1999 年,第 64 页。

是20世纪30年代昌邑富人的典型装扮，穿夹袄、长布衫俨然是时髦的象征。当然，胶东一带城乡差异比较明显。城镇趋于奢华，而乡村依旧简朴，农民的生活状况没有多大改观。如潍县县城及市镇一带商民，“渐有奢华之倾向。食必麦粉肉类，衣则舶来洋布、哔叽、麻葛绸缎者，亦不乏其人”①。城市居民则“以长服为多数，乡镇村居民以短服为多数，妇女多服旧式衣裳，惟一般新式者穿长袍长裙等，多系本地粗布”②。

随着货物品种的改变，不同种类的衣服所用原料也不同，昌乐“自古以礼服为重，多用丝织品。近时制服多用棉织品，且限用国货。惟燕居之服，尚不一律，大致以棉布为主，间有用丝织品、毛织品者，亦最寥寥。妇女嫁衣，日趋华丽，自人造丝织品输入，价廉色美，用者渐多”③。在安邱县，“洋布在境内畅销，奢华之风日盛”④。平日生活，则多重吃不重穿。胶东地区谚语有云：“待要吃饭，诸安二县。”虽仅小康之农，但衣着则极为简单，除非学生或教书先生及富有之家，无论冬夏，惟有粗布短打，入冬但在棉袄之外，另束扎腰一条，以保持体温。所以“本县若凭衣着估量人，常失之正确，因其人虽一身粗布短打，家业却常在中产以上，县人不务外表之性格，即此可见一端”⑤。

然而，到了民国时期，胶东地区的衣饰开始由俭入奢，“乡间

① 胶济铁路管理局车务处编《胶济铁路经济调查报告·潍县》，青岛：文华印刷社，1934年，第2页。

② 常之英修，刘祖干纂《潍县志稿》卷14《民社志·风俗》。

③ 王金岳修，赵文琴等纂《昌乐县续志》卷9《风俗志》。

④ 胶济铁路管理局车务处编《胶济铁路经济调查报告·安邱县》，青岛：文华印刷社，1934年，第8页。

⑤ 李江秋《安丘述略》，台北：铭华印刷公司，1976年，第76页。

尚能力守俭朴古风，而市区则年来踵事增华，迥非昔比”①。在莱阳县，“男子洋服革履，红毛衣，茄紫裤者或不多见。剪发女子，衣及脐，袖齐肘，裤齐膝，盖袜长过膝，高跟皮鞋。时风所尚日益侈矣”②。可见，胶东社会在保持艰苦朴素作风的同时，慢慢地发生了变化。

三、住房

胶东地方志载，房屋建筑的费用非常高昂，每建草房一间需花费50吊钱，每建瓦房一间则需80至120吊钱。为了减少劳务支出，农民建造新房多是亲力亲为，或与邻里互帮互助。每当上梁之日，邻里竞为工作，成为乡间美谈。③ 村民所住之屋，“虽悉草房，多甚坚固，四围墙壁，皆用一半砖石筑成，自外面视之，或似砖石墙，其里层皆系半截泥坯所砌，并涂以泥草。各村无建屋专匠，各农夫皆解造屋，凡有修造房屋者，皆请邻人之闲隙者相助，不给工资，仅供较佳饮食。各家所覆屋草，皆不漏水，只需间年修补一次，全换新草之期，须十年以后。各村间公共行路，皆系土路，亦尚宽平；大村镇之街路，如沧口街、四方街、李村街等，皆石筑马路；各村之长途汽车道，亦为马路，悉甚平坦”④。

从青岛市区到李村，出了东镇，一路经过东吴家村、保儿村、河西村等，就能看到纯农村式的面貌了。“这些小村庄看样都很

① 赵琪修，袁荣叟等纂《胶澳志》卷3《民社志·生活》。

② 王丕煦等纂，梁秉锟等修《莱阳县志》卷三之二《人事志·礼俗·其他习惯》。

③ 赵琪修，袁荣叟等纂《胶澳志》卷3《民社志·生活》。

④ 《胶澳全区之农业概况》，《中外经济周刊》1927年第214号，第9页。

穷僻,过去以土地硗薄,生产低落,自从青岛开关后,有一些到市内作事,或工厂作工,当然可以有一点相当的收入,然而房舍建筑,和生活方面,都不见比内地高明,庄里街巷都很窄狭,房子差不多都是茅草屋,碎石墙面,用砖的不过占少数罢了"①。

房屋既反映了一个家庭的经济地位,也是衡量这个家庭社会地位的一个非常准确的指标。在胶东台头村,房屋大致分为三等,"最富裕人家的房屋是用石头、窑砖、石灰、优质木材和盖顶材料建成的。……收入一般的人家的房屋除了使用的材料较差外,建造方法与富裕人家相似。他们的石头磨得不那么好,砖头用得少,屋顶结构没有那么结实,木头可能有些弯曲。穷人家的房屋用的材料差,房子小,形状也不规则,仅是小棚屋。造房时很少用石头,窑砖和石灰几乎不用,木材仅是未经修整的弯曲的小松树枝。墙用土坯、晒干的砖或高粱秆砌成,屋顶上盖着薄薄的一层茅草,不能遮风挡雨"②。

住房的样式和布局上,追求美观、新颖的倾向日益增长,这些变化主要集中在大中城市。在青岛,"市内公廨住房,多系新式建筑。洋服店西餐馆,栉比林立,房租每间平均在十元上下,各项物价亦较津沪为高"③。

在南京国民政府时期,胶东农村的住房格局并未发生大的变化。

① 《乡村风光素描》,《青岛时报》1936 年 2 月 18 日。

② 杨懋春著,张雄等译《一个中国村庄:山东台头》,南京:江苏人民出版社,2001 年,第 40 页。

③ 胶济铁路管理局车务处编《胶济铁路经济调查报告·青岛市》,青岛:文华印刷社,1934 年,第 6 页。

四、陋习

由于缠足、蓄发等习俗与西方截然不同，在历史上的许多年里，欧洲人“都认为中国人是世界上最荒谬最奇特的民族；他们的剃发、蓄辫、斜眼睛、奇装异服以及女人的毁形的脚，长期供给了那些制造滑稽的漫画家以题材”①。近代以降，中国的社会习俗发生重大变化。特别是民国时期，在政府以及绅商学等社会各界的努力下，胶东地区的缠足陋习得到了改善，放足、不缠足的“天足”观念逐渐为世人所接受。方志中有这样的描述：“‘脚大踏得江山稳，脚小惹得骨头轻。’此嗤妇女缠足务求其小之恶俗，不惟有伤肢体，且举止失于端重，亦非福相。”②但是这种摒弃传统陋习的活动在广大农村中并未顺利开展。在胶州，“至今幼女尚事缠足，壮男犹存发辫”③。

然而，因为缺乏督导机制，农村社会中仍存在诸多伤风败俗的恶习。“渔民性格，类多富有冒险性。因网渔收入较丰，又乏教育绳以规矩，故生活多属放荡；且捕渔时间，常三数月始能回家一次，席不暇温，又将外出，故其辛苦收入，半消耗于嫖赌吃喝之中”④。潍县原来的殡葬仪式花费极高，“花十万八万的在巨绅阶级中如吃家常便饭，中下阶级艳美这种社会史上的光荣，也来效法……虽倾家荡产，还自以为把钱‘花在刀印上’呢！现在已经不然了，一是怕土匪架，一是怕官府征，暴匪与苛政，真有改良社会

① ［英］呤唎著，王维周译《太平天国革命亲历记》，上海：上海古籍出版社，1985 年，第 51 页。

② 刘国斌修，刘锦堂纂《四续掖县志》卷 2《风俗》。

③ 赵琪修，袁荣叟等纂《胶澳志》卷 3《民社志 · 风俗》。

④ 《青岛之渔业》，《农业周报》第 2 卷第 37 期，1933 年，第 569 页。

的‘德行’！”①

时至民国，农村中甚至还保留蓄奴、童养媳习俗。“富裕之家，偶有养婢女者，盖系契买贫家幼女以为洒扫之用，迨至扶养成人，于二十岁上，即为择配，并索取身价数百元，以偿抚养之费，亦有视同养女，备装陪嫁者，然非通例也”②。

---

① 《潍县的社会现象》，《时时周报》第2卷第24期，1931年，第377页。

② 《李村区风俗调查》，《乡村建设月刊》第1卷第6期，调查报告，1934年，第83页。

小　结

通过上述讨论，可以看出在南京国民政府统治前期，政治不修，大量的农民挣扎在死亡线上。借助对社会资源的掌控，政治强权者完全凌驾于底层农民之上，后者在社会财富的再分配中逐渐被边缘化。主政者没有贯彻实施“民为邦本”的政治理念，反而在聚敛财富的道路上狂奔。农民生活条件的改善并不是当政者所关心的中心议题，当政者当然不是普通民众的“守护神”。农民不仅没有获得近代中国经济转型中的优惠，相反却承担了极富与赤贫对立的治安成本。农民辛苦所得经营财富由于缺乏可靠保障，极易遭到褫夺。这再次说明，以权力依附为主导的社会资源分配，对胶东农村社会的破坏性极为严重。

在租税系统中，新兴的所得税无疑是最具良性的税种。“盖向为国家财源命脉之关税、盐税、统税，均属转嫁性质，其负担加于中下阶级者较重；而所得税则为公平与普遍之直接税，且富于弹力，尤足以应付非常时期财政之需要”。只是征收制度及税率的规定，出现诸多弊端。“最令人失望者，即对……薪给报酬所得，起税点太低，月入三十元即须起征。此与我国政府所标榜之民生主义的社会政策，至不相合；更违背政府提高国民生计之精神”①。以三十

① 《穷也不在乎这一角五分？——所得税之苛细处》，《都市与农村》1937 年第 23 期，第 6 页。

元作为超税基点，无疑认定了三十元就是超过最低生活费之数额，有失公允。这进一步说明，国民政府的税赋征解，不仅在源头制度上存在弊病，在政策执行过程中也有诸多舞弊。

有学者写道："国家施行保护和培养商人活动的政策旨在保护农业社会秩序。"[①]这一说法并不严谨。政府的租税政策制定既没有考量农村社会发展的实情，也没有倾听、征询底层民众的真实呼声，反而一味谋求，这只会加剧社会的不公。正如学者评论道，所谓良恶，亦不过程度问题而已。计税之最良者，莫过于奢侈品税。因为此种税，只出在富人身上，穷苦者不与焉。税之最恶者莫过于盐税，因为每人每日食盐之量，贫富均等。富人每日所食之盐，不见得比码头上之苦力为多，只有较少，但是彼等对于盐税之义务，是平均担负。天下不公平之事，孰有甚于此者，谓之曰恶。[②]

当然，那些身居公私之间的税务人员，掌握着公共权力和征税权，他们就作为管理机器而凌驾于社会之上，由于掌控岗位权力的私心愈加膨胀，慢慢引起底层民众的厌恶。"从前人们对于氏族制度的机关的那种自由的、自愿的尊敬，即使他们（官吏）能够获得，也不能使他们满足了；他们作为同社会相异化的力量的代表，必须用特别的法律来取得尊敬，凭借这种法律，他们享有了特殊神圣和不可侵犯的地位"[③]。这进一步说明，如果不是身居要职，没有岗位特权，专制国家的官与吏就没有地位。世人对税

---

① Susan Mann, *Local Merchants and the Chinese Bureaucracy*, 1750 - 1950, Stanford: Stanford University Press, 1987, p. 20.

② 天民《良税与恶税》，《检验月刊》1931 年第 15 期，撰述，第 1 页。

③ [德]恩格斯《家庭、私有制和国家的起源》，《马克思恩格斯选集》第 4 卷，北京：人民出版社，1995 年，第 172 页。

务官员的“敬畏”,源于其岗位的职责特权。习惯了被人“尊敬”的官与吏,却将这种“尊敬”当作所以然。殊不知,当这种习惯再次被打破时,高居之上的官就永无翻身日。“文明国家的一个最微不足道的警察,都拥有比氏族社会的全部机构加在一起还要大的‘权威’;但是文明时代最有势力的王公和最伟大的国家要人或统帅,也可能要羡慕最平凡的氏族酋长所享有的,不是用强迫手段获得的,无可争辩的尊敬”①。因为,后者是站在社会之中,而前者却不得不企图成为一种处于社会之外和社会之上的东西。如果没有职责特权,税务管理者所受到的“尊敬”就站不住脚。

在征收赋税过程中,存在着诸多弊病,这加重了农民负担。加速农村经济破产更有力的“魔鬼助手”,当属驻军强迫村民种植鸦片的闹剧。此举不仅缩小了农村的农田种植面积,而且削弱了劳动力,那些放烟债、索烟款等猛如虎的税政,更是加重了农民的贫困,引起农村社会的剧烈动荡,影响村民的社会认同心理。正如学者写道:“当局苛捐杂税……割据自私,不能自治;又何望于人民有组织能服从;其实人民蛰居乡林,理乱不知,安分过活,比当局之徒支配人不自反省者强得多。”②

总之,胶东农民的生存困境,并非取决于农家自身是否勤劳。贫穷不是贫穷者的错。“毫不相干的个人之间的互相的和全面的依赖,构成他们的社会联系。……每个个人行使支配别人的活动或支配社会财富的权力,就在于他是交换价值或货币的所有者。

① [德]恩格斯《家庭、私有制和国家的起源》,《马克思恩格斯选集》第4卷,北京:人民出版社,1995年,第172页。

② 刘清洙《章邱县第八区民众学校进行概况(续)》,《乡村建设旬刊》第3卷第3期,1933年,第20页。

他在衣袋里装着自己的社会权力和自己同社会的联系”①。这揭示了影响胶东农民生活是否贫困的要素中,政治特权与人身依附等超经济力量占有极其重要地位。由于社会环境恶化,不合理的权力结构导致胶东农村社会发展面临双重困境:农村社会在满足己需的同时不得不面临更大权势力量的空间挤压。在农村社会中,诸多副业生产影响农家收入,政府若加以提倡并给予政策性保护,农民的生活水平必定得到提高。由于赋税繁重,许多村民入不敷出,有时还陷入债务漩涡。能够维持温饱生活已属不易,根本没有余财用于扩大化再生产,所以农民的发展程度相对较低。

① [德]马克思《政治经济学批判》,《马克思恩格斯全集》第 46 卷(上),北京:人民出版社,1979 年,第 103 页。

余　论

一

关于贫穷,因各人的生活程度高低和收入的多少不同而有不同的解释。对于督军来说,每年须赚几十万元才能维持正常的开销。相较之下,权力较小的下层军官每年若只有几千元的收入,那就是穷人。照此推理,“店铺的伙计,做小生意的和中小学校的教习,那一类人每年的收入,平均大约四五百元。他们看了那做苦工的,每年只赚一二百元的,又是穷人了”[①]。我们对贫穷不能简单地用主观眼光来定义。民国时期的贫穷是一个社会问题,而非个人问题。

有学者指出,农业生态系统出现的危机趋向,在一定意义上说,是由土地超载的人口压力所致。[②] 换句话说,中国的贫穷是人口过度导致的弊病。山东是人口密度较高的区域,每年“闯关东”的人口非常多。移民现象可认为是农业生产不能容纳更多的劳动力。这仅看到了表面原因,人口多仅是导致贫穷的先天判断,

① 陶孟和《贫穷与人口问题》,《新青年》第 7 卷第 4 号,1920 年,第 1 页。

② 张佩国《地权分配 · 农家经济 · 村落社区:1900—1945 年的山东农村》,济南:齐鲁书社,2000 年,第 50 页。

事实上，“那横征暴敛的政府，嚣张跋扈的军人，蝇营狗苟的政客，敲剥朘削的财主，在那里肆无忌惮的吸取小民的膏血。收入分配的不均平，一方有月入几万元的军人政客，一方有月入六七元的车夫小贩。全国的物产，产业，向来虽然没有发展，还算是小民公有之物，现在竟渐渐的都集中于少数人之手”①。所以说，农民的贫穷与人口的关系小，与政治及经济的关系大。

孙中山在其政权建设思想中有着一系列鲜明的民权思想，他指出，“一国之内，人民的一切幸福都是以政治为依归的。国家最大的问题就是政治，如果政治不良，在国家里头无论什么问题都不能解决”②。政治不良，农民的一切幸福均无从谈起。

山东全省的地质是冲积层，土壤与河北、河南及皖北等地同属黄土区域的黄土层。黄土是比较肥沃的土质，中国古代文明即发祥于此。在自然水源方面，山东省内可说是水道颇多，除了黄河、运河纵横交错，境内北面有马颊河、小清河等，东有胶莱河、潍河等，南有沂、沭诸水，中有汶、泗等川。自然水源被充分利用于农业灌溉，须借助人工水利系统的建设，而这种水利建设又非各个小农能独立完成的。除了自然的水源，黄土对于水分的需要还可仰给于另一种天然水源——雨水。然而，气候的变化，实际上也是“人和”的结果，即依靠森林的栽培。若山东省政治发展有序，在自然环境上不失为一个很好的农业区域。事实上恰相反，在南京国民政府时期，“山东是最受着残酷的榨取的一省。而且历次的南北战争，山东又是必经的用武之地。在兵匪及长期榨取

① 陶孟和《贫穷与人口问题》，《新青年》第7卷第4号，1920年，第16页。

② 中国第二历史档案馆编《国民党政府政治制度档案史料选编》（下），合肥：安徽教育出版社，1994年，第782页。

中的山东,不但是一切的农业建设谈不到,就是原来的堤防,也多被破坏,自然生长的仅有的森林,也多被采伐以尽"①。

民国以后,专制政府虽已被推翻,而军阀及一般恶势力的剥削,依然没有退出历史舞台,加以帝国主义的经济侵略,无不给农村生活以猛烈打击。"二十年来,国内战争频仍,人民负担綦重。饷糈粮秣之征集,无非人民千力万气之农作物。死亡枕籍之士卒,无非强迫抓获之农家子弟,以致战区内之农民,十室九空,流离失所"②。胶东地区被走马灯似的各种军事力量所控制,依靠暴力手段反抗现行社会秩序却给乡村社会生活带来无尽苦难与动荡。由于盗匪威胁加剧,许多地方权贵纷纷自卫,所筹备防匪组织,岂料竟异化为不同的私人营利组织和个人进行权力角逐的中心地。出身低微但野心勃勃的年轻人在抗匪初期也许能与在机构中任职的官僚地主走到同一起跑线上。由于权力失衡,导致许多防匪共同体的领导权被权贵攫取,地方社会的权力结构随之发生相应变化。无论是政局纷乱还是暴力独尊的威权自恣,都深深影响着农村社会,正如学者所评论道:"当今政局,一切轨物,皆自上坏之;若痈疽之自上溃浸下。换言之,官僚政客,大都贪污者多;甚或包庇娼赌,享了官钱;即有洁身自好者出头查禁杜绝,差幸不陷于冤抑;往往当局含糊了事;卒致惹下仇人,徒卖傻力。"③

缺乏必要的社会保障机制,导致社会财富分配不均,许多人

① 徐慕韩《山东省的农村经济概况》,《国际贸易导报》第8卷第8号,1936年,第71~72页。

② 何划艇《农村生活问题的检讨》,《农村》第3卷第3期,1936年,第51页。

③ 刘清洙《章邱县第八区民众学校进行概况(续)》,《乡村建设旬刊》第3卷第3期,1933年,第20页。

辛苦劳动甚至连应有的分配份额也被夺走,权力拥有者则不费多少辛劳就能拥有巨额财富。正如学者所指出:“只要当了官、有了权,财富便可不期而至,仕途是获取资财的最主要的途径。因而,谁要想发财致富,最有效的办法就是设法步入官僚的行列。”①所以说,民国时期的贫困问题皆归因于“国家无上轨道之政治所致”②。胶东地区的盐业经济也算发达,产量也多,却没能给社会进步提供经济支持。借助其经济势力,盐商们以“报效”的方式实现自己的政治参与,挟持国家实行了有利于自己的经济政策。他们对盐工的境遇或漠然置之,或用各种方式将贫富分化的状况合理化。那些辛苦操劳的盐工竟被谑称为盐猴,毫无生存尊严。

在如此严重的天灾人祸交替侵蚀下,农村社会变得破瓦残垣,凄凉满目,农民缺少最基本的生活资料,不得不离村逃亡。中央研究院报告山东难民流亡时就指出:“层出不穷的天灾人祸,使得大多数人民都陷于破产的境地。粮食的缺乏,逼着一般的灾民连种籽和耕畜一齐吃尽。草根树皮都变成了他们维持生活的资料,有的竟取滑石磨粉充饥。他们要想得着一线苟延残喘的生机,只有东奔西窜的流亡。比较地广人稀的东北,因此成了大批难民的尾闾。”③山东农民,本以朴实、耐劳、强悍著称于世,他们没有特殊的欲望,只求风调雨顺,用一身的辛苦汗水,去寻求一种布

① 刘泽华等《专制权力与中国社会》,长春:吉林文史出版社,1988 年,第 122 页。

② 陈真编《中国近代工业史资料》第 4 辑《中国工业的特点、资本、结构和工业中各行业概况》,北京:生活 · 读书 · 新知三联书店,1961 年,第 213 页。

③ 徐慕韩《山东省的农村经济概况》,《国际贸易导报》第 8 卷第 8 号,1936 年,第 72 页。

衣粗食的太平生活。然而,这种最低限度的要求也难以实现。“他们白天要设法逃避官厅及土豪劣绅们的种种勒索,夜间又要拿着刀枪去防御土匪的攻扰,在这样的惊涛骇浪之中,千辛万苦的得着一点收成,经不得一次的捐税,便弄得精光,二次三次以至于多次,便绝对无法应付,良懦一点的,就是宛转哀号,万万叫不转土豪劣绅及胥吏们已死的慈悲心肠,终结还是桄榜啷当,恰好做他们吓诈良民的榜样。强项一点的,便率性逃往他方求食,或混迹绿林,别辟生活的途径”①。无法生存的贫民格外增多,无恶不作的土豪势焰愈来愈大。如此辗转相因,就造成满眼乞丐、到处盗匪。

有人说:“在权力私有的政治条件下,占有权力即占有利益,分享权力或接近权力也能得到利益。”②许多官员日渐窳劣,往往将个人的政治前途建立在广大农民的痛苦之上,职责之便成了谋取个人私利的主要工具。农民仅有的生活物资被掳掠一空。农村社会整体水平的提高迟滞了。原来的政治体制已不能发挥维持社会秩序的作用。在广大农村社会,受军阀战争的影响,许多“农村精英”也纷纷组建武装团体,借武力以自大。为求自保,那些原本为抗匪、抗暴而产生的农民组织异化为权贵们的斗争工具,成为他们接近上层政治权力的垫脚石。权贵们借权自谋,没有建立起一种有效促进社会发展的制度规则,导致地方组织失灵。很明显,这与中央政府所倡导的基层政权建设相悖逆。正如学者所指出的,旧的选官制度被废除后,国民党新建立的选官制

① 军事委员会总政治部编《山东军事政治经济状况》,军事委员会总政治部,1927 年,第 7 页。

② 葛荃《权力宰制理性:士人、传统政治文化与中国社会》,天津:南开大学出版社,2003 年,第 64 页。

度又未能彻底地深入基层，没有把乡村社会的精英纳入政府中来。而南京国民政府不同于传统社会官治的新政权，号称“以党治国”。实际上党权根本没有触动既有的社会和政治权力结构，国民党党员对政治资源的有限控制，说明国民党只是建立了一个相对弱势的党治国家秩序。[①] 结果，迭生的混乱加重社会治理的成本。南京国民政府建立后，试图确立在农村社会的政治威信，提倡所谓的新生活运动，然而这些措施的出台是以维护现有统治为出发点的。军阀按照军事力量强弱来分享地方行政权，与广大农民发生直接关系的县级统治者们，竟出身草莽。刘珍年霸占胶东时，所占区域内的县长一职多由其独立任命，官员毫无考评一说，用人的行政权没有合理标准，唯以敛财多寡为要。贪赃枉法之辈与军权拥有者结为利益“良友”，涂炭生灵。正如学者所指出：“乡村新势力，所以不能开出，实为两种恶势力所挟压：一、强暴棍徒。二、恶劣领袖。一之为甚！若相依为用，斫丧愈甚！生机益绝！惟见一般强暴者，逐日吃喝嫖赌，横行无忌，生活畅快！有才智者少无把握，鲜不由歆羡而从效之。生活失其准绳，箕帚诟谇，恬不为怪；少数洁身自好者，亦惟若风烛闪烁之光耳。”[②]各级手握征税权的胥吏舞弊行为成为农村社会不安定的因素。最恶劣的是，各级官员层层浮收，中饱私囊，带来极恶劣的影响，正如学者提出的“政权内卷化”一样，那些地方豪强们纷纷自为，将国家权威推向失控的边缘。凡此种种，使打着民主建国旗号的南京国民政府在民众心中的合法性大打折扣。

---

① 王奇生《党政关系：国民党党治在地方层级的运作（1927—1937）》，《中国社会科学》2001 年第 3 期。

② 刘清洙《章邱县第八区民众学校进行概况（完）》，《乡村建设旬刊》第 3 卷第 5 期，1933 年，第 15 页。

权贵对土匪的招抚给了那些试图“造反”者一种很好的激励，导致胶东地区匪徒丛生。啸聚山林的土匪们在走上暴力反抗主政者的道路时，不仅把此前他们所受的凄苦忘得一干二净，而且以更残酷的剥削手段敲诈其他平民。许多刀会、民团等组织在抵御土匪和防御官兵骚扰的过程中常常祸害地方上的黎民百姓，侵害了那些守法农民的切身利益。所以说，通过暴力反抗压迫所带来的“公平”远远不能抵消它给社会发展带来的阵痛。在暴力盛行的胶东地区，许多生存资源的再分配有失规范，集体性的暴力冲突在所难免。

总之，村民的发展经常面临着维持己需与他需平衡的矛盾，也会遭遇维持这项平衡所面临的各种压力。村民既要防御旱涝等自然灾害，同时必须与地力不足或土壤侵蚀抗争。更重要的是，来自社会上的压力往往给村民致命一击。面临社会危机，由于强权地主拥有接近上层政治的资本，使得危机压力偏倚不均。农村社会出现阶层分化，有的人走上了依靠暴力抢夺资源的道路。强权地主往往将村民视为劳力与物品的主要来源，借剥削村民以增加自己的权力。普遍的贫穷迫使村民将生产的收入大部分用于维持生活。结果，贫穷使得维生比投资社会再生产更重要，滞缓社会的发展。正如学者所指出：“到了 30 年代末，农民所特有的不满很可能最终导致一场广泛的反叛。……发展成为一种潜在的威胁力量……国民政府的表现和它在行政管理上持续已久的低效率，它重视城市而牺牲农村，它企图让农村落后的社会经济秩序永久存在下去的决定，这些都预示着农民生活不可能得到改善。”①我们有理由相信，日渐被南京国民政府忽视的广大

① ［美］易劳逸著，陈谦平等译《1927—1937 年国民党统治下的中国流产的革命》，北京：中国青年出版社，1992 年，第 334 页。

农村就是一个名副其实的易爆火药桶，一旦失控就会吞噬整个国家政权。

二

有学者指出："现代化本身是一种'悲剧'，它给人类增加福祉的每一个行动，总是要以毁灭那些最有人间温情的东西为代价，其中最重要的是对淳朴乡村的毁灭。"[①]"国民党的政纲上，有'改良农村组织，增进农民生活'的明文规定。然而日复一日，农民的眼睛也望穿了，脖子也伸酸了，到头来还不免为一场空梦"，政府的许诺只是标语上的口惠而已，对于关乎国本的农村问题，似乎完全忽略了，财政支出以军事为主，此举为中国政府的盲症。[②] 盲症是进行农村改革的最大障碍。无论解决任何一种问题，第一步须要观察清楚，然后才是解决办法的实施。

关于农民的阶级属性，马克思给了最经典的回答："广大群众，便是由一些同名数简单相加形成的，好像一袋马铃薯是由袋中的一个个马铃薯所集成的那样。……而各个小农彼此间只存在地域的联系，他们利益的同一性并不使他们彼此间形成共同关系，形成全国性的联系，形成政治组织，就这一点而言，他们又不是一个阶级。因此，他们不能以自己的名义来保护自己的阶级利益……他们不能代表自己，一定要别人来代表他们。他们的代表一定要同时是他们的主宰，是高高站在他们上面的权威，是不受

① 王学典《20世纪中国史学评论》，济南：山东人民出版社，2002年，第319页。

② 《中国人的盲症》，《农村月刊》1930年第14期，短评，第1~2页。

限制的政府权力,这种权力保护他们不受其他阶级侵犯,并从上面赐给他们雨水和阳光。"①农民的抗争不是一个阶级对另一个阶级的斗争。失控的暴力冲突只会加剧社会的不稳定。

我们看农民利益的代表,不仅要有量的代表者,更要有质的代表者。

有人指出:"在革命的进程中,代表农民的觉悟知识份子,原来就不是代表其本身的利益而革命,而他们在客观的物质条件上实在也没有革命必要的要求,所以一遇革命之失败,他们很容易灰心。又因为大多数的知识份子,其物质的享乐欲比一般较高,其领袖欲比一般都强;他们革命的动机,不是由于同情心,而是欲求更进一步的利用农民作牺牲品,来达到他们更高度的物质享乐,所以遇着革命的胜利,他们便争权夺利,做升官发财的钩当,把从前口上所代表的都忘却抛弃了。这些都是农民最大的损失和教训。真正的农民代表者,到底非农民自身不可,因为真正痛悉农民甘苦的,只有农民,真正为农民来作事的,还是得靠农民。无论质的方面或量的方面,只有农民才配作农民的代表者。"②

韩复榘每年都要举行两三次巡视活动,对外宣称是考察民情,维持社会公正,实际却是纵容手下人员大捞横财。"一到外县,各局随员到各下级厅局去考问政绩,即以受贿多少,而批评其办事好坏,每局纳贿少则三五百,多则一千以上"③。"经常有人引

---

① [德]马克思《路易·波拿巴的雾月十八日》,《马克思恩格斯选集》第1卷,北京:人民出版社,1995年,第677~678页。

② 梦九《谁是农民的代表者?》,《农村月刊》1930年第14期,论述,第11~12页。

③ 《山东省委关于山东形势和党的工作的报告》,《山东革命历史档案资料选编》第3辑,济南:山东人民出版社,1981年,第114页。

用卢梭这样一句话:‘最强者并非永远能保持其主人的地位,除非他将力量化为正义,将服从化为责任。’在一个具有任何程度复杂性的社会里,各集团的相对力量是变化的,但若要使该社会成为一个共同体的话,每一个集团的权力就是通过政治机构来行使的。这些机构能柔和、缓解并重新调整这种权力,从而使某一种起支配作用的社会势力与共同体中的其它社会势力相适应”①。

当然,社会进步不仅是一种简简单单的社会经济转型过程,也是各种权力相互影响的复杂过程。有人指出:“中国人都愿受正直之士的统治。凡百事情,只要目的合于正义,官吏——或者用现代的名辞来说,政府——就有干涉权。换言之,正直的官吏其地位的重要远在法律之上。……但同时反抗权却是一个永远不会忘记的学说。即使在军事独裁之下,官吏的行为也要受到牵制。中国官吏行为过去所受的限制,不在于商人或地主可以申诉的宪法条文,而在于人民的抵抗力。”②虽然,普通农民也进行了反抗斗争,“并没有反映农村人口中最贫困阶层的要求。……这些抗税风潮并不指向使现行秩序,甚至传统征税形式成为问题。确切地说,这些风潮力图通过保护现有权利甚至个人或地方社区的特权来维护它们”③。在斗争过后,平民依旧没有得到公正合理的对待,相反,暴力冲突增加了社会安定的治理成本。

有学者指出:“民国时期,近代以前封建势力的瓦解和贫困在

① [美]亨廷顿著,王冠华、刘为等译《变化社会中的政治秩序》,北京:生活·读书·新知三联书店,1989年,第9页。

② [美]雷麦著,蒋学楷等译《外人在华投资》,北京:商务印书馆,1959年,第21页。

③ [美]费正清、[美]费维恺编,刘敬坤等译《剑桥中华民国史1912—1949》下卷,北京:中国社会科学出版社,1994年,第323~324页。

加剧,把一切都世俗化并以金钱来衡量一切的倾向也在加剧。"[①]这一观点并不全面。由于当时中国政治形势的不稳定,"无论开办工厂或经营企业,都必须和中央或者地方的政权有联系,或者接受它们的保护,否则就将遭到极大的困难……如果不具备这个前提条件,就经受不起地方政权的苛敛诛求,就根本不能存在"[②]。没有官员背景的商人,往往成为搜刮的对象。倚仗贸易及金融等发达起来的商人,"往往不是他们企业所在的那个城市的当地人,没有当地地主所有的社会威势。他们并不被官僚阶级的士人所重视,他们对付官吏需索的防御也较少"[③]。"农人养生救死之不暇,所谓改善农业者,不过小资产阶级之风凉话而已"[④]。

当然,胶东农村社会的经济转型中,也有许多值得后人借鉴的地方。

西方学者写道,随着现代化趋势的进展,人们对现代式银行的信任加强了,而且对于运用银行存款比使用硬币和纸币更为方便的认识加深了,从而导致银行的存款额增加。[⑤] 这一说法并不适用于胶东地区。在胶东,由于势富权贵操纵新式银行机构的借贷,许多现代银行业的基层网点并没有在农村地区全面普及,传

---

① [日]小林一美著,孙晓青等译《近代华北的土地经营与商业运行的特征》,《国外中国近代史研究》第 26 辑,北京:中国社会科学出版社,1994 年,第 180 页。

② 陈真、姚洛编《中国近代工业史资料》第 1 辑《民族资本创办和经营的工业》,北京:生活·读书·新知三联书店,1957 年,第 302 页。

③ [美]雷麦著,蒋学楷等译《外人在华投资》,北京:商务印书馆,1959 年,第 23 页。

④ 陈登元《中国土地制度》,上海:商务印书馆,1932 年,第 350 页。

⑤ [美]阿瑟·恩·杨格著,陈泽宪等译《一九二七至一九三七年中国财政经济情况》,北京:中国社会科学出版社,1981 年,第 303 页。

统商号的某些业务对解决农民贫困却有极大帮助。在海阳县内，农民金融大半仰赖各市镇钱铺，借贷利率，普通为年息二分。[①] 在1929 年至 1937 年的胶州东乡马戈庄一带颇有名气的洪茂商号就是其中一例。洪茂商号发行的“乡票”，在本地周围市场上流通，不受限制，到商号可以兑换国家发行的货币。由于洪茂商号发行的“乡票”信誉好，流通广，以至胶东地区火车站买车票都可以使用。同时开设“银行”，收集群众中的闲散资金，群众的存款利率为 10%。小麻湾村和周围村的群众都知道“洪茂”讲信誉，利息高，所以愿把款存在“洪茂”。农民将卖粮钱、卖猪钱，许多女子甚至将积攒的体己钱纷纷存入洪茂商号，既可增加利息又防盗，而“洪茂”也借此得到了资金，可谓双方有利。[②]

随着外向型手工业的发展，农村妇女的优势得以发挥，妇女参加生产，并成为新兴行业的主力。妇女的劳动增加了家庭收入，其家庭地位也随之得到一定程度的提高。如果政治修明，河清海晏，社会生态环境良好，顺应时代潮流发展起来的农家手工业定会给农村社会带来繁荣富庶，被世人所诟病的萑符泽也能衍化成一个物阜民康的桃花源。

总而言之，胶东农民的生存困境源于权力失控的大环境。在中国社会的近代转型中，农民的经济观念与行为不再单纯受制于农业生产。传统的粮食作物生产不能维持日常生活，种植新经济作物又存在较大的风险。国民政府若没有从法治层面对强势商业资本集团进行制约，农民极易陷入与商业垄断资本直接对立的

---

① 胶济铁路管理局车务处编《胶济铁路经济调查报告 · 海阳县》，青岛：文华印刷社，1934 年，第 2 页。

② 徐本丰口述，陈竞雄整理《“洪茂”的兴衰》，《胶州文史资料》第 8 辑，1995 年，第 74 页。

境地。然而,国民政府强力推行保甲制让政府在抽取地方资源方面收效甚大,却为地方权贵提供了权力膨胀空间。弃农为匪虽在道德之外,这种异化的农民群体却容易吸纳现行权力结构的反对者。无序的政治私欲与非法的暴力冲突给合法农民的社会选择制造了双重压力。农民群体内部的社会距离就变成不可逾越的鸿沟,致使农村社会结构"失常",这种"失常"加重了社会危机。从官僚资本的形成过程来看,南京国民政府从未有真正解决农村生活困境的决心。最终,被边缘化的农民群体在民主革命浪潮中逐步成为推翻南京国民政府的重要力量。

参考文献

中文部分

(一)档案

山东省档案馆馆藏未刊档案：全宗号 G24、J1、J102、J112、J138。

青岛市档案馆馆藏未刊档案：全宗号 A3、A39、B21。

财政部财政科学研究所、中国第二历史档案馆编《国民政府财政金融税收档案史料(1927—1937)》,北京：中国财政经济出版社,1997 年。

济南市档案馆编《勿忘国耻：济南“五三”惨案档案文献选辑》,济南：济南出版社,2003 年。

江凤兰编《国民政府时期的盐政史料》,台北：“国史馆”,1993 年。

青岛市档案馆编《帝国主义与胶海关》,北京：档案出版社,1986 年。

山东省档案馆编《山东革命历史文件汇集》甲种本第 1、2、7 集。

山东省档案馆、山东社会科学院历史研究所编《山东革命历史档案资料选编》第 3 辑，济南：山东人民出版社，1981 年。

山东省档案馆、山东社会科学院历史研究所编《山东革命历史档案资料选编》第 22 辑，济南：山东人民出版社，1986 年。

中国第二历史档案馆编《中华民国史档案资料汇编》第 5 辑第 1 编《财政经济 7》，南京：江苏古籍出版社，1994 年。

中国第二历史档案馆编《国民党政府政治制度档案史料选编》（下），合肥：安徽教育出版社，1994 年。

中国第二历史档案馆编《冯玉祥日记》，南京：江苏古籍出版社，1992 年。

《中共中央文件选集》第 5 册，北京：中共中央党校出版社，1990 年。

（二）志书

（清）李天骘修，（清）岳赓廷纂《荣成县志》，道光廿年（1840）刊本。

（清）李祖年修，（清）于霖逢纂《光绪文登县志》，1933 年铅印本。

（清）张同声修，（清）李图等纂《道光重修胶州志》，道光廿五年（1845）刊本。

《民国山东通志》编辑委员会编《民国山东通志》第 1、4 册，台北：山东文献杂志社，2002 年。

常之英修，刘祖干纂《潍县志稿》，1941 年铅印本。

丁世平等修，尚庆翰等纂《续平度县志》，1936 年铅印本。

胶州市志编纂委员会编《胶州市志》，北京：新华出版社，1992 年。

李起元修，王连儒纂《民国长清县志》，1935 年铅印本。

林传甲《大中华山东地理志》,1920年。

林修竹编《山东各县乡土调查录》,山东省长公署教育科,1920年。

刘国斌修,刘锦堂纂《四续掖县志》,1935年铅印本。

山东省盐务局编著《山东省盐业志》,济南:齐鲁书社,1992年。

王金岳修,赵文琴等纂《昌乐县续志》,1934年铅印本。

王丕煦等纂,梁秉锟等修《莱阳县志》,1935年铅印本。

烟台市商业局史志办公室编《烟台市商业志》,1987年。

杨大金编《现代中国实业志》,上海:商务印书馆,1938年。

宋宪章等修,于清泮纂《牟平县志》,1936年铅印本。

余友林、曹梦九修,王照青纂《高密县志》,1935年铅印本。

张志熙修,刘靖宇纂《东平县志》,1936年铅印本。

赵琪修,袁荣叟等纂《胶澳志》,1928年铅印本。

叶钟英修,匡超纂《民国增修胶志》,1931年铅印本。

周钧英修,刘仞千等纂《临朐续志》,1935年铅印本。

庄陔兰撰《重修莒志》,莒县新成印务局1936年铅印本。

(三)资料及资料集

财政部财政年鉴编纂处编《财政年鉴》,上海:商务印书馆,1935年。

财政部盐务署编《盐务年鉴》,上海:中华书局,1930年。

陈伯庄《平汉沿线农村经济调查》,上海:交通大学研究所,1936年。

陈真、姚洛编《中国近代工业史资料》第1辑《民族资本创办和经营的工业》,北京:生活·读书·新知三联书店,1957年。

陈真等编《中国近代工业史资料》第2辑《帝国主义对中国工矿事业的侵略和垄断》，北京：生活·读书·新知三联书店，1958年。

陈真编《中国近代工业史资料》第4辑《中国工业的特点、资本、结构和工业中各行业概况》，北京：生活·读书·新知三联书店，1961年。

冯和法编《中国农村经济论》，上海：黎明书局，1934年。

冯和法编《中国农村经济资料》，台北：华世出版社，1978年。

冯和法编《中国农村经济资料续编》，台北：华世出版社，1978年。

国家税务总局编《中华民国工商税收史：地方税卷》，北京：中国财政经济出版社，1999年。

国家统计局农村抽样调查总队编《各省、自治区、直辖市农民收入、消费调查研究资料汇编》，北京：中国统计出版社，1985年。

国民政府主计处统计局编《中国土地问题之统计分析》，南京：正中书局，1941年。

华东军政委员会土地改革委员会编《山东省、华东各大中城市郊区农村调查》，1952年。

华东军政委员会土地改革委员会编《地主罪恶种种》，1952年。

胶济铁路管理局车务处编《胶济铁路经济调查报告》，青岛：文华印刷社，1934年。

金城银行总经理处天津调查分部编《山东棉业调查报告》，1935年。

李文治编《中国近代农业史资料（1840—1911）》第1辑，北京：生活·读书·新知三联书店，1957年。

南开大学经济研究所经济史研究室编《中国近代盐务史资料选辑》第2卷,天津:南开大学出版社,1991年。

彭明主编《中国现代史资料选辑》第4册,北京:中国人民大学出版社,1989年。

彭泽益编《中国近代手工业史资料》第2、3、4卷,北京:中华书局,1962年。

千家驹编《中国农村经济论文集》,上海:上海书店出版社,1990年。

荣孟源主编《中国国民党历次代表大会及中央全会资料》,北京:光明日报出版社,1985年。

山东省立民众教育馆编《山东歌谣集》第1集,济南:山东省立民众教育馆,1930年。

山东省立民众教育馆编《山东歌谣集》第2集,济南:山东省立民众教育馆,1933年。

山东省立民众教育馆编《山东庙会调查》第1集,济南:山东省立民众教育馆,1933年。

山东师范大学历史系中国近代史研究室选编《清实录山东史料选》,济南:齐鲁书社,1984年。

上海社会科学院经济研究所编《英美烟公司在华企业资料汇编》,北京:中华书局,1983年。

实业部国际贸易局编《中国实业志·山东省》,上海:实业部国际贸易局,1934年。

中共山东省委农村工作部农业合作化史编写办公室编《抗日战争时期山东滨海区农村经济调查》,1989年。

王清彬等编《第一次中国劳动年鉴》,北平:北平社会调查部,1928年。

席裕福、沈师徐辑《皇朝政典类纂》,沈云龙主编《近代中国史料丛刊续编》第 88 辑,台北:文海出版社,1982 年。

许道夫编《中国近代农业生产及贸易统计资料》,上海:上海人民出版社,1983 年。

严中平等编《中国近代经济史统计资料选辑》,北京:科学出版社,1955 年。

财政部盐务署盐务稽核总所编《中国盐政实录·山东省》,1933 年。

盐政杂志社编《五中全会议决通过限期实施新盐法案及各方评论》,1935 年。

章有义编《中国近代农业史资料》第 2、3 辑,北京:生活·读书·新知三联书店,1957 年。

中国经济情报社编《中国经济论文集》第 2 集,上海:生活书店,1935 年。

中国科学院山东分院历史研究所编《山东省志资料》第 1 期,济南:山东人民出版社,1961 年。

山东省地方史志编纂委员会编《山东史志资料》第 2 辑,济南:山东人民出版社,1984 年。

张育曾、刘敬之编《山东政俗视察记》,济南:山东印刷局,1934 年。

中国史学会济南分会编《山东近代史资料》第 2 分册,济南:山东人民出版社,1958 年。

中国文化建设协会编《抗战前十年之中国》,台北:龙田出版社,1948 年。

中华国民拒毒会编《中国烟祸年鉴》,上海:中华国民拒毒会,1928 年。

中山大学历史系孙中山研究室等编《孙中山全集》第 9 卷,北京:中华书局,1986 年。

(四)著作

[德]瓦格勒著,王建新译《中国农书》,上海:商务印书馆,1936 年。

[德]余凯思著,孙立新译《在“模范殖民地”胶州湾的统治与抵抗:1897—1914 年中国与德国的相互作用》,济南:山东大学出版社,2005 年。

[法]卢梭著,李平沤译《论人与人之间不平等的起因和基础》,北京:商务印书馆,2007 年。

[法]魏丕信著,徐建青译《18 世纪中国的官僚制度与荒政》,南京:江苏人民出版社,2003 年。

[美]阿瑟 · 恩 · 杨格著,陈泽宪等译《一九二七至一九三七年中国财政经济情况》,北京:中国社会科学出版社,1981 年。

[美]鲍德威著,张汉等译《中国的城市变迁:1890—1949 年山东济南的政治与发展》,北京:北京大学出版社,2010 年。

[美]卜凯著,张履鸾译《中国农家经济》,上海:商务印书馆,1937 年。

[美]明恩溥著,午晴、唐军译《中国乡村生活》,北京:时事出版社,1998 年。

[美]埃德加 · 斯诺编,文洁若译《活的中国》,长沙:湖南人民出版社,1983 年。

[美]费正清编,杨品泉等译《剑桥中华民国史　1912—1949》上卷,北京:中国社会科学出版社,1994 年。

[美]费正清、[美]费维恺编,刘敬坤等译《剑桥中华民国史

1912—1949》下卷，北京：中国社会科学出版社，1994 年。

[美]费正清著，张理京译《美国与中国》，北京：世界知识出版社，1999 年。

[美]亨廷顿著，王冠华、刘为等译《变化社会中的政治秩序》，北京：生活·读书·新知三联书店，1989 年。

[美]黄宗智《华北的小农经济与社会变迁》，北京：中华书局，1986 年。

[美]卡尔·A. 魏特夫著，徐式谷等译《东方专制主义——对于极权力量的比较研究》，北京：中国社会科学出版社，1989 年。

[美]李怀印著，岁有生、王士皓译《华北村治——晚清和民国时期的国家与乡村》，北京：中华书局，2008 年。

[美]雷麦著，蒋学楷等译《外人在华投资》，北京：商务印书馆，1959 年。

[美]林达·约翰逊主编，成一农译《帝国晚期的江南城市》，上海：上海人民出版社，2005 年。

[美]马罗立著，吴鹏飞译《饥荒的中国》，上海：民智书局，1929 年。

[美]马若孟著，史建云译《中国农民经济：河北和山东的农民发展，1890—1949》，南京：江苏人民出版社，1999 年。

[美]裴宜理著，池子华、刘平译《华北的叛乱者与革命者 1845—1945》，北京：商务印书馆，2007 年。

[美]彭慕兰著，马俊亚译《腹地的构建：华北内地的国家、社会和经济（1853—1937）》，北京：社会科学文献出版社，2005 年。

[美]德·希·珀金斯著，宋海文等译《中国农业的发展：1368—1968》，上海：上海译文出版社，1984 年。

[美]施坚雅主编，叶光庭等译《中华帝国晚期的城市》，北

京:中华书局,2000 年。

[美]斯科特著,程立显等译《农民的道义经济学:东南亚的反叛与生存》,南京:译林出版社,2001 年。

[美]沃尔夫著,张恭启译《乡民社会》,台北:巨流图书公司,1983 年。

[美]易劳逸著,陈谦平等译《1927—1937 年国民党统治下的中国流产的革命》,北京:中国青年出版社,1992 年。

[美]约翰·拜伦、[美]罗伯特·帕克著,顾兆敏等译《康生传》,北京:中国社会科学出版社,1998 年。

[美]周锡瑞著,张俊义、王栋译《义和团运动的起源》,南京:江苏人民出版社,1998 年。

[日]内山雅生著,李恩民、邢丽荃译《二十世纪华北农村社会经济研究》,北京:中国社会科学出版社,2001 年。

[日]田中忠夫著,汪馥泉译《中国农业经济资料》,上海:大东书局,1934 年。

[日]长野郎著,强我译《中国土地制度的研究》,上海:神州国光社,1932 年。

[日]长野朗著,朱家清译《中国社会组织》,上海:光明书局,1931 年。

[匈牙利]马札亚尔著,徐公达译《中国经济大纲》,上海:新生命书局,1933 年。

[匈牙利]马札亚尔著,陈代青等译《中国农村经济研究》,上海:神州国光社,1934 年。

[英]贝思飞著,徐有威等译《民国时期的土匪》,上海:上海人民出版社,1992 年。

[英]霍布斯著,黎思复、黎廷弼译《利维坦》,北京:商务印书

馆,1985 年。

[英]戴乐仁著,李锡周编译《中国农村经济实况》,北京:农民运动研究会,1928 年。

[英]霍布斯鲍姆著,李立玮、谷晓静译《匪徒:秩序化生活的异类》,北京:中国友谊出版公司,2001 年。

[英]霍布斯鲍姆著,马俊亚、郭英剑译《史学家:历史神话的终结者》,上海:上海人民出版社,2002。

[英]呤唎著,王维周译《太平天国革命亲历记》,上海:上海古籍出版社,1985 年。

《马克思恩格斯全集》第 25 卷,北京:人民出版社,1974 年。

《马克思恩格斯全集》第 26 卷(下),北京:人民出版社,1975 年。

《马克思恩格斯选集》,北京:人民出版社,1995 年。

(宋)范成大《范石湖集》,北京:中华书局,1962 年。

(清)顾炎武著,(清)黄汝成集释《日知录集释》(外七种),上海:上海古籍出版社,1985 年。

(清)郭嵩焘《郭嵩焘日记》第 1 卷,长沙:湖南人民出版社,1981 年。

(清)蒲松龄《聊斋志异》,长沙:岳麓书社,1988 年。

(清)王庆云《石渠余纪》,北京:北京古籍出版社,1985 年。

(清)徐珂编纂《清稗类钞》第 39 册,上海:商务印书馆,1928 年。

安作璋主编《山东通史·现代卷》,济南:山东人民出版社,1994 年。

曹芥初等《死虎余腥录》,上海:上海书店出版社,2000 年。

曾凡英主编《盐文化研究论丛》第 3 辑,成都:巴蜀书社,

2009 年。

陈登元《中国土地制度》,上海:商务印书馆,1932 年。

陈翰笙《四个时代的我 · 陈翰笙回忆录》,北京:中国文史出版社,2012 年。

陈翰笙等编《解放前的中国农村》第 1 辑,北京:中国展望出版社,1985 年。

陈翰笙等编《解放前的中国农村》第 2 辑,北京:中国展望出版社,1987 年。

陈翰笙著,陈绛译《帝国主义工业资本与中国农民》,上海:复旦大学出版社,1984 年。

陈翰笙著,冯峰译《解放前的地主与农民——华南农村危机研究》,北京:中国社会科学出版社,1984 年。

陈红民主编《中华民国史新论:经济 · 社会 · 思想文化卷》,北京:生活 · 读书 · 新知三联书店,2003 年。

陈吉元、陈家骥、杨勋主编《中国农村社会经济变迁(1949—1989)》,太原:山西经济出版社,1993 年。

陈省方、周倬编《中国盐务改革史》,盐务缉私督察人员训练班发行,1935 年。

陈正谟编著《各省农工雇佣习惯及需供状况》,南京:中山文化教育馆,1935 年。

从翰香主编《近代冀鲁豫乡村》,北京:中国社会科学出版社,1995 年。

邓云特《中国救荒史》,上海:上海书店,1984 年。

丁长清主编《民国盐务史稿》,北京:人民出版社,1990 年。

董时进《食料与人口》,上海:商务印书馆,1929 年。

费孝通《费孝通文集》,北京:群言出版社,1999 年。

费孝通《乡土中国》,北京:生活·读书·新知三联书店,2013年。

冯德英《苦菜花》,沈阳:春风文艺出版社,2003年。

葛荃《权力宰制理性:士人、传统政治文化与中国社会》,天津:南开大学出版社,2003年。

龚书铎总主编,朱汉国主编《中国社会通史》(民国卷),太原:山西教育出版社,1996年。

古楳编著《中国农村经济问题》,上海:中华书局,1936年。

郭德宏《中国近现代农民土地问题研究》,青岛:青岛出版社,1993年。

国立山东大学化学社编《科学的山东》,青岛:国立山东大学化学社,1935年。

何西亚编《中国盗匪问题之研究》,上海:泰东图书局,1925年。

胡汶本等编著《帝国主义与青岛港》,济南:山东人民出版社,1983年。

湖北大学政治经济学教研室编《中国近代国民经济史讲义》,北京:高等教育出版社,1958年。

纪丽真《明清山东盐业研究》,济南:齐鲁书社,2009年。

冀朝鼎著,朱诗鳌译《中国历史上的基本经济区与水利事业的发展》,北京:中国社会科学出版社,1981年。

蒋静一编著《中国盐政问题》,南京:正中书局,1936年。

金德群《民国时期农村土地问题》,北京:红旗出版社,1994年。

军事委员会总政治部编《山东军事政治经济状况》,1927年。

李建昌《官僚资本与盐业》,北京:生活·读书·新知三联书店,1963 年。

李江秋《安丘述略》,台北:铭华印刷公司,1976 年。

李景汉编著《定县社会概况调查》,上海:上海人民出版社,2005 年。

李庆华《鲁西地区的灾荒、变乱与地方应对(1855—1937)》,济南:齐鲁书社,2008 年。

李长莉、左玉河主编《近代中国的城市与乡村》,北京:社会科学文献出版社,2006 年。

林书华等编著《牟氏庄园兴衰史》,烟台:山东省出版总社烟台分社,1989 年。

林振翰编《中国盐政纪要》,上海:商务印书馆,1930 年。

刘大可《民国山东财政史》,北京:中华书局,1998 年。

刘俊文主编,栾成显、南炳文译《日本学者研究中国史论著选译》第 6 卷,北京:中华书局,1993 年。

刘泽华等《专制权力与中国社会》,长春:吉林文史出版社,1988 年。

路遇《清代和民国山东移民东北史略》,上海:上海社会科学院出版社,1987 年。

罗克典《中国农村经济概论》,上海:民智书局,1934 年。

罗仑、景甦《清代山东经营地主经济研究》,济南:齐鲁书社,1985 年。

吕伟俊《张宗昌》,济南:山东人民出版社,1980 年。

吕伟俊主编《民国山东史》,济南:山东人民出版社,1995 年。

马俊亚《被牺牲的"局部":淮北社会生态变迁研究(1680—1949)》,北京:北京大学出版社,2011 年。

马俊亚《混合与发展——江南地区传统社会经济的现代演变

(1900—1950)》,北京:社会科学文献出版社,2003 年。

潘乃谷、马戎主编《社区研究与社会发展——纪念费孝通教授学术活动 60 周年文集》(上),天津:天津人民出版社,1996 年。

潘同生编著《中国经济诗今释》,北京:中国财政经济出版社,2000 年。

彭南生《中间经济:传统与现代之间的中国近代手工业(1840—1936)》,北京:高等教育出版社,2002 年。

彭泽益、王仁远主编《中国盐业史国际学术讨论会论文集》,成都:四川人民出版社,1991 年。

彭泽益主编《中国社会经济变迁》,北京:中国财政经济出版社,1990 年。

钱亦石等《中国农村问题》,上海:中华书局,1935 年。

乔志强主编《近代华北农村社会变迁》,北京:人民出版社,1998 年。

山东人民出版社编《山东十年短篇小说选》,济南:山东人民出版社,1959 年。

山东省农业区划委员会办公室编《山东省综合农业区划》,济南:山东科学技术出版社,1982 年。

申仲铭编著《民国会门武装》,北京:中华书局,1984 年。

苏辽《民国匪祸录》,南京:江苏古籍出版社,1991 年。

孙怀仁《中国财政之病态及其批判》,上海:生活书店,1937 年。

孙敬之主编《华北经济地理》,北京:科学出版社,1957 年。

唐致卿《近代山东农村社会经济研究》,北京:人民出版社,2004 年。

田秋野、周维亮编著《中华盐业史》,台北:商务印书馆,

1979 年。

汪熙、杨小佛主编《陈翰笙文集》,上海:复旦大学出版社,1985 年。

王贵宸、陆学艺主编《农村经济典型调查——陵县经济发展的回顾与展望》,北京:社会科学文献出版社,1989 年。

王海波《东北移民问题》,上海:中华书局,1932 年。

王建革《传统社会末期华北的生态与社会》,北京:生活 · 读书 · 新知三联书店,2009 年。

王亮《半岛烈火》,济南:山东人民出版社,1961 年。

王林主编《山东近代灾荒史》,济南:齐鲁书社,2004 年。

王先明《变动时代的乡绅——乡绅与乡村社会结构变迁(1901—1945)》,北京:人民出版社,2009 年。

王翔《中国近代手工业的经济学考察》,北京:中国经济出版社,2002 年。

王印焕《1911—1937 年冀鲁豫农民离村问题研究》,北京:中国社会出版社,2004 年。

王寅生等《中国北部的兵差与农民》,南京:国立中央研究院社会科学研究所,1931 年。

王玉茹《近代中国价格结构研究》,西安:陕西人民出版社,1997 年。

王玉茹《近代中国物价、工资和生活水平研究》,上海:上海财经大学出版社,2007 年。

王毓铨《莱芜集》,北京:中华书局,1983 年。

汪荣祖编校《萧公权卷》,石家庄:河北教育出版社,1999 年。

吴承明《中国资本主义与国内市场》,北京:中国社会科学出版社,1985 年。

吴松弟主编《中国百年经济拼图:港口城市及其腹地与中国现代化》,济南:山东画报出版社,2006 年。

夏明方《民国时期自然灾害与乡村社会》,北京:中华书局,2000 年。

小田《江南乡镇社会的近代转型》,北京:中国商业出版社,1997 年。

徐畅《二十世纪二三十年代华中地区农村金融研究》,济南:齐鲁书社,2005 年。

许檀《明清时期山东商品经济的发展》,北京:中国社会科学出版社,1998 年。

薛暮桥《旧中国的农村经济》,北京:农业出版社,1980 年。

严昌洪主编《经济发展与社会变迁国际学术研讨会论文集》,武汉:华中师范大学出版社,2002 年。

严中平《中国棉纺织史稿》,北京:科学出版社,1955 年。

杨懋春著,张雄等译《一个中国村庄:山东台头》,南京:江苏人民出版社,2001 年。

杨荫溥《民国财政史》,北京:中国财政经济出版社,1985 年。

叶显恩主编《清代区域社会经济研究》(上册),北京:中华书局,1992 年。

余英时《士与中国文化》,上海:上海人民出版社,1987 年。

常建华主编《中国社会历史评论》第 11 卷,天津:天津古籍出版社,2010 年。

张利民等《近代环渤海地区经济与社会研究》,天津:天津社会科学院出版社,2003 年。

张佩国《地权分配·农家经济·村落社区:1900—1945 年的山东农村》,济南:齐鲁书社,2000 年。

张玉法《中国现代化的区域研究——山东省(1860—1916)》,台北:"中研院"近代史研究所,1982 年。

张玉法主编《中国现代史论集》第 8 辑,台北:联经出版事业公司,1982 年。

张振之《目前中国社会的病态》,上海:民智书局,1929 年。

赵冈《历史上的土地制度与地权分配》,北京:中国农业出版社,2003 年。

郑起东、史建云主编《晚清以降的经济与社会》,北京:社会科学文献出版社,2008 年。

郑庆平、岳琛编著《中国近代农业经济史概论》,北京:中国人民大学出版社,1987 年。

中国农村经济研究会编《中国土地问题和商业高利贷》,上海:黎明书局,1937 年。

中国社会科学院近代史研究所《国外中国近代史研究》编辑部编《国外中国近代史研究》第 21 辑,北京:中国社会科学出版社,1992 年。

中国社会科学院近代史研究所《国外中国近代史研究》编辑部编《国外中国近代史研究》第 26 辑,北京:中国社会科学出版社,1994 年。

周飞舟《制度变迁和农村工业化:包买制在清末民初手工业发展中的历史角色》,北京:中国社会科学出版社,2006 年。

朱其华《中国农村经济的透视》,上海:中国研究书店,1936 年。

朱新繁《中国农村经济关系及其特质》,上海:新生命书局,1930 年。

庄维民《近代山东市场经济的变迁》,北京:中华书局,

2000年。

（五）报纸、期刊

《晨报》《大公报》《青岛时报》《申报》《益世报》《中央日报》《北新》《财政公报》《村治月刊》《地政月刊》《东方杂志》《都市与乡村》《读书杂志》《纺织时报》《纺织周刊》《工商半月刊》《工商学志》《国际贸易导报》《检验月刊》《江苏月报》《解放》《经建通讯》《科学时报》《劳工月刊》《棉业特刊》《民间》《内政统计季刊》《农报》《农村》《农村经济》《农村月刊》《农情报告》《农商公报》《农业周报》《钱业月报》《青岛工商季刊》《财政旬刊(济南)》《山东民众教育月刊》《山东省建设半月刊》《山东实业公报》《山东盐务月刊》《社会经济月报》《社会学杂志》《时代公论》《时时周报》《时事年刊》《实业部月刊》《实业统计》《谈盐丛报》《铁道公报》《乡村建设》《乡村建设旬刊》《乡村建设月刊》《向导》《新青年》《新生命》《新阵地》《新中华》《兴华》《盐务公报》《盐政汇览》《盐政杂志》《银行周报》《政治经济学报》《中国经济》《中国农村》《中国农民》《中国青年》《中行月刊》《中华法学杂志》《中外经济周刊》

（六）论文

曹幸穗《论旧中国苏南土地占有关系的演变及其推动力》，《中国社会经济史研究》1990年第4期。

慈鸿飞《二十世纪前期华北地区的农村商品市场与资本市场》，《中国社会科学》1998年第1期。

邓大才《超越村庄的四种范式：方法论视角——以施坚雅、弗里德曼、黄宗智、杜赞奇为例》，《社会科学研究》2010年第2期。

江沛《民国时期华北农村社会结构的变迁》,《南开学报》1998年第4期。

雷颐《文化与权力——〈文化、权力与国家〉一书读后》,《近代史研究》1993年第6期。

李怀印《中国乡村治理之传统型式:河北省获鹿县之实例》,[美]黄宗智主编《中国乡村研究》第1辑,北京:商务印书馆,2003年。

刘大可《民国时期的山东盐税》,《盐业史研究》1989年第3期;《民国时期山东盐业生产概况》,《盐业史研究》1990年第3期;《民国时期山东盐业运销概述》,《盐业史研究》1991年第2期。

刘克祥《20世纪30年代地权集中趋势及其特点——30年代土地问题研究之二》,《中国经济史研究》2001年第3期。

刘克祥《20世纪30年代土地阶级分配状况的整体考察和数量估计——20世纪30年代土地问题研究之三》,《中国经济史研究》2002年第1期。

马鸿谟《近代中国城乡经济改组初探》,丁日初主编《近代中国》第2辑,上海:上海社会科学院出版社,1991年。

马俊亚《从沃土到瘠壤:淮北经济史几个基本问题的再审视》,《清华大学学报》(哲学社会科学版)2011年第1期。

马俊亚《从武松到盗跖:近代淮北地区的暴力崇拜》,《清华大学学报》(哲学社会科学版)2009年第4期。

马俊亚《近代淮北地主的势力与影响——以徐淮海圩寨为中心的考察》,《历史研究》2010年第1期。

倪玉平《"激励的悖论"——试论清代的盐业缉私》,《盐业史研究》2006年第4期。

曲春梅《近代胶东商人与地方社会研究》,山东大学博士学位论文,2009 年。

史建云《近代华北平原自耕农初探》,《中国经济史研究》1994 年第 1 期。

史志宏《20 世纪三四十年代华北平原农村的土地分配及其变化——以河北省清苑县 4 村为例》,《中国经济史研究》2002 年第 3 期。

宋志东《近代山东盐务行政管理机构的演变》,《盐业史研究》2006 年第 3 期。

王建革《近代华北的农业生态与社会变迁——兼论黄宗智“过密化”理论的不成立》,《中国农史》1999 年第 1 期。

王奇生《党政关系:国民党党治在地方层级的运作(1927—1937)》,《中国社会科学》2001 年第 3 期。

吴毅《理想抑或常态:农地配置探索的世纪之摆——理解 20 世纪中国农地制度变迁史的一个视角》,《社会学研究》2009 年第 3 期。

夏明方《发展的幻象——近代华北农村农户收入状况与农民生活水平辨析》,《近代史研究》2002 年第 2 期。

熊亚平、任云兰《铁路与沿线地区城乡经济关系的重构——以 1888—1937 年间的石家庄、郑州、天津为例》,《安徽史学》2009 年第 3 期。

杨焕鹏《试论近代山东土匪、政府与农民之生存博弈》,《中国农史》2010 年第 2 期。

张静《近代乡村商人阶层的崛起及其社会经济影响——以潍县帮商人为例》,《中国农史》2006 年第 1 期。

张佩国《传统中国乡村社会的财产边界》,《东方论坛》2002

年第1期。

张佩国《近代山东农业技术体系的社会生态学考察》,《中国农史》1999年第4期。

张玉法《山东的农政与农业(1916—1937)》,《近代中国农村经济史论文集》,台北:“中研院”近代史研究所,1989年。

章有义《本世纪二三十年代我国地权分配的再估计》,《中国社会经济史研究》1988年第2期。

章有义《中国农业资本主义萌芽史料问题琐议》,《中国经济史研究》1987年第4期。

中共莒南县委办公室编《大店“庄阎王”罪恶史》,《文史哲》1965年第4期。

庄维民《近代山东行栈资本的发展及其影响》,《近代史研究》2000年第5期。

庄维民《近代山东农业科技的推广及其评价》,《近代史研究》1993年第2期。

(七)文史资料

中国人民政治协商会议全国委员会文史资料研究委员会编《文史资料选辑》第37辑,北京:文史资料出版社,1980年。

中国人民政治协商会议全国委员会文史资料研究委员会编《文史资料选辑》第47辑,北京:文史资料出版社,1981年。

中国人民政治协商会议山东省安丘县委员会编《安丘文史资料》第3辑,1986年。

中国人民政治协商会议山东省昌邑县委员会文史资料研究委员会编《昌邑文史资料》第4辑,1989年。

中国人民政治协商会议山东省昌邑市委员会文史资料研究

委员会编《昌邑文史资料》第7辑,1994年。

中国人民政治协商会议山东省昌邑市委员会文史资料研究委员会编《昌邑文史资料》第9辑,1999年。

政协费县文史资料研究委员会编《费县文史资料》第2辑,1987年。

桓台县政协文史资料委员会编《桓台工商经济专辑》,1990年。

青岛市黄岛区政协文史资料委员会编《黄岛文史资料》第1辑,1989年。

中国人民政治协商会议即墨市委员会文史资料研究委员会编《即墨文史资料》第7辑,1991年。

政协胶南县文史资料研究委员会编《胶南文史资料》第1辑,1987年。

中国人民政治协商会议山东省胶州市委员会文史资料研究委员会编《胶州文史资料》第3辑,1988年。

中国人民政治协商会议山东省胶州市委员会文史资料委员会编《胶州文史资料》第5辑,1990年。

中国人民政治协商会议山东省胶州市委员会文史资料委员会编《胶州文史资料》第8辑,1995年。

中国人民政治协商会议山东省胶州市委员会文史资料委员会编《胶州文史资料》第9辑,1996年。

中国人民政治协商会议山东省胶州市委员会文史资料委员会办公室编《胶州文史资料》第16辑,2003年。

政协莒县委员会编《莒县文史资料》第2辑,1984年。

政协莒县委员会编《莒县文史资料》第7辑,1991年。

政协莒县委员会编《莒县文史资料》第8辑,1995年。

政协莒县委员会编《莒县文史资料》第12辑,2003年。

中国人民政治协商会议山东省莱阳市委员会文史委员会编《莱阳文史资料》第1辑,1986年。

政协莱阳市委员会文史委员会编《莱阳文史资料》第4辑,1992年。

中国人民政治协商会议山东省莱州市委员会文史资料研究委员会编《莱州文史资料》第3辑,1989年。

中国人民政治协商会议莱州市委员会文史资料委员会编《莱州文史资料》第4辑,1990年。

牟平县政协文史资料委员会编《牟平县文史资料选编》第1辑,1985年。

蓬莱县政协文史委员会编《蓬莱文史资料》第2辑,1986年。

政协平度县文史资料研究委员会编《平度文史资料》第2辑,1986年。

中国人民政治协商会议山东省青岛市委员会文史资料研究委员会编《青岛文史资料选辑》第1辑,1981年。

中国人民政治协商会议青岛市委员会文史资料研究委员会编《青岛文史资料》第6辑,1984年。

中国人民政治协商会议青岛市委员会文史资料研究委员会编《青岛文史资料》第7辑,1986年。

中国人民政治协商会议青岛市委员会文史资料研究委员会编《青岛文史资料》第9辑,1992年。

中国人民政治协商会议山东省委员会文史资料研究委员会编《文史资料选辑》第2辑,济南:山东人民出版社,1982年。

中国人民政治协商会议山东省委员会文史资料研究委员会编《文史资料选辑》第3辑,济南:山东人民出版社,1982年。

中国人民政治协商会议山东省委员会文史资料研究委员会编《文史资料选辑》第10辑,济南:山东人民出版社,1981年。

中国人民政治协商会议山东省委员会文史资料研究委员会编《文史资料选辑》第14辑,济南:山东人民出版社,1983年。

中国人民政治协商会议山东省委员会文史资料研究委员会编《文史资料选辑》第15辑,济南:山东人民出版社,1983年。

中国人民政治协商会议山东省委员会文史资料研究委员会编《文史资料选辑》第16辑,济南:山东人民出版社,1985年。

中国人民政治协商会议山东省委员会文史资料研究委员会编《文史资料选辑》第18辑,济南:山东人民出版社,1985年。

中国人民政治协商会议山东省委员会文史资料委员会编《山东文史资料选辑》第30辑,济南:山东人民出版社,1991年。

中国人民政治协商会议潍坊市潍城区委员会文史资料委员会编《潍城文史资料》第9辑,1994年。

政协山东省潍坊市潍城区委员会学宣文史委员会编《潍城文史资料》第18辑,2002年。

中国人民政治协商会议山东省潍坊市委员会文史资料研究委员会编《潍坊文史资料选辑》第4辑,1988年。

中国人民政治协商会议山东省潍坊市委员会文史资料研究委员会编《潍坊文史资料选辑》第5辑,1989年。

中国人民政治协商会议山东省潍坊市委员会文史资料研究委员会编《潍坊文史资料选辑》第6辑,1990年。

烟台市政协文史资料研究委员会编《烟台市文史资料》第2辑,1983年。

中国人民政治协商会议烟台市委员会文史资料研究委员会编《烟台文史资料》第3辑,1984年。

中国人民政治协商会议烟台市委员会文史资料研究委员会编《烟台文史资料》第4辑,1985年。

中国人民政治协商会议烟台市委员会文史资料研究委员会编《烟台文史资料》第7辑,1986年。

掖县政协文史资料研究委员会编《掖县文史资料》第1辑,1986年。

沂水县政协文史研究委员会编《沂水县文史资料》第1辑,1985年。

招远县政协文史资料征集研究委员会编《招远文史资料》第3辑,1987年。

中国人民政治协商会议山东省招远县委员会文史资料委员会编《招远文史资料》第4辑,1990年。

政协山东省诸城市委员会文史资料委员会编《诸城文史资料》第11辑,1990年。

(八)调查资料

张广杰于2012年1月24—25日于山东安丘市柘山镇对郭京济老人(1934年生)的访问。

张广杰于2012年1月26日于山东安丘市柘山镇对杨瑞仁老人(1926年生)的访问。

张广杰于2012年1月27日于山东安丘市柘山镇对王庆邦(1947年生)的访问。

英文部分

Charles Robert Roll, Jr. , *The Distribution of Rural Incomes in China: A Comparison of the* 1930*s and* 1950*s*, New York: Garland Publishing. INC, 1980.

Esson M. Gale, "Public Administration of Salt in China: A Historical Survey", *The Annals of the American Academy of Political and Social Science*, No. 1, 1930.

Hsiao Kung - chuan, *Rural China: Imperial Control in the Nineteenth Century*, Seattle: University of Washington Press, 1960.

Joseph Earle Spencer, "Salt in China", *Geographical Review*, No. 3, 1935.

Karl A. Wittfogel, *Agriculture: A Key to the Understanding of Chinese Society, Past and Present*, Canberra: Australian National University Press, 1970.

Susan Mann, *Local Merchants and the Chinese Bureaucracy*, 1750 - 1950, Stanford: Stanford University Press, 1987.

Paul K. T. Sih, ed, *The Strenuous Decade: ——China's Nation - Building Efforts*, 1927 - 1937, Jamaica, N. Y.: St. John's University Press, 1970.

R. H. Tawney, *Land and Labour in China*, London: George Allen & Unwin Ltd, 1932.

Sidney D. Gamble, *North China Villages: Social, Political and Economic Activities before* 1933, Berkeley and Los Angeles: University of California Press, 1963.

Yip, Hon-ming, Merchant Capital, the Small Peasant Economy, and Foreign Capitalism: The Case of Weixian, 1900s - 1937, PH. D. University of California, Los Angeles, 1988.

后 记

本书是在我的博士学位论文基础上,吸收答辩委员会各位专家的意见后修订而成。

回首多年的学习生活,心中感慨万千。我深知此书稿的完成,不单单是我一个人努力的结果,它凝聚了许多师友的教导与心血。

感谢我的博士生导师马俊亚先生,马先生帮助我在学术道路上走得更远。这部书稿最终顺利地完成,首先得益于马老师为我指引明路。马老师治学严谨,待人真诚,一再强调做学问要老实,不能拿学术生命当儿戏。他的言传身教潜移默化地影响着我。在我刚入学时,马老师要求我们两周汇报一下学习情况。因我感觉无问题与他交流,受到了老师的严厉批评。马老师告诉我要多读书,带着问题去读,学习才能进步。他的话,我谨记在心中。马老师宽容地对待我的浅陋学识,以鼓励为主,很少说重话批评学生。在递交给他的文章中我误将“謇”字写成“骞”,如此不认真的态度,真是辜负了老师的殷殷教导之心、拳拳爱护之情。想想三年的博士阶段学习历程,实感未能给师门增添荣誉,却占用了老师许多科研时间。记得曾递交一篇习文,当时马老师在台湾访学,为了使论文尽量完善,多次与老师通过电子邮件交流,老师先后逐字句修改了四次。只因自己慧根短浅,纵然勤学用功,仍未达马老师要求之万一,心中很是惭愧。在我将博士学位论文初稿交到老师手中时,由于误字太多,语言不畅,老师读后,不厌其烦地当面指出个中问题,并对如何校稿、文字润色给予具体指导。谢谢您,马老师!您是我求学治学的榜样。

感谢我的硕士生导师韦恒先生,是韦老师把我领入经济史研究领域。韦老师教学之外还身兼行政职务,在繁忙的工作之余,毫不松懈地给予我指导与帮助,不断鞭策我前行。在我攻读博士学位期间,他仍时刻关心我的学业并给予无私的帮助。

感谢李良玉教授、李玉教授在我的博士学位论文开题报告中提出的诸多建议。

感谢苏州大学朱从兵教授、山东大学赵兴胜教授为本书提出的修改意见。

感谢参加本人博士学位论文答辩委员会的各位老师:南京师范大学慈鸿飞教授,江苏社会科学院潘清研究员,南京大学申晓云教授、李玉教授、陈仲丹教授。对于各位老师的谆谆教诲,我将铭记心中。

感谢南京大学历史系崔之清教授、陈谦平教授、张海林教授、张生教授等,各位教授在中国近现代史的不同研究领域成就斐然,他们为博士生开设的课程开阔了我的学术视野。

感谢南京林业大学荆世杰博士、青岛理工大学陈国庆博士在生活中给予我的无私帮助。荆老师是我的大学老师,来宁读书适逢荆老师调往“南林”工作,相遇他乡,倍感亲切。感谢青岛档案馆周兆利处长、山东省档案馆赵林处长在我查阅档案中提供的帮助。

感谢我攻读博士学位期间的同学龙观华、刘霆、朱继光、祝小楠、佟德元、车志慧等,感谢中国第二历史档案馆蔡燕馆员、《苏州

大学学报》编辑部康敬奎老师在我写作论文期间提供的帮助。感谢同门李建中、王春林、方前移、刘振华、曾磊磊、于静、陈蕊、胡吉伟、魏兆和、王荣华、闻云峰、包蕾、王兴飞、邓晓娇、王东亮、胡诗文、徐萌萌、王毅林等,师门情谊难能可贵,无论是学问切磋还是集体郊游,都为紧张的学习生活增添了许多乐趣。

感谢青岛农业大学马克思主义学院领导的关心与支持,感谢青岛农业大学科技处领导的帮扶,感谢青岛农业大学历史教研室各位同仁的关心与爱护。感谢齐鲁书社刘强先生对出版本书的支持!

感谢所有提携、关心我进步的师长、亲朋、好友,你们的支持让我的求学道路变得温暖。

最后,感谢我的父母、岳父母,他们虽未在学术上给我指点,却一直默默地支持我的学业,寓教于行。没有他们的理解和支持,我是断然不能顺利完成学业的。看着他们渐渐变老的身影,愧疚之情溢于言表。谁言寸草心,报得三春晖。我将尽最大努力去报答他们。感谢我的妻子和懂事的儿子:你们的支持与鼓励,是本书稿得以修订出版的坚强后盾。

学无止境,纵有各位师长的指教,拙作仍有许多问题没有及时解决,一则是自己的学识水平所限,二则是自己所掌握的史料不够全面,希望以后能有机会进一步补充完善,也希望拙作得到学界方家的批评与指正,帮助我在学术探索的道路上再上一层楼!书中谬误,概由本人负责。

张广杰　拜识

2018 年 5 月于青岛农业大学

大学学报》编辑部康敬奎老师在我写作论文期间提供的帮助。感谢同门李建中、王春林、方前移、刘振华、曾磊磊、于静、陈蕊、胡吉伟、魏兆和、王荣华、闻云峰、包蕾、王兴飞、邓晓娇、王东亮、胡诗文、徐萌萌、王毅林等,师门情谊难能可贵,无论是学问切磋还是集体郊游,都为紧张的学习生活增添了许多乐趣。

感谢青岛农业大学马克思主义学院领导的关心与支持,感谢青岛农业大学科技处领导的帮扶,感谢青岛农业大学历史教研室各位同仁的关心与爱护。感谢齐鲁书社刘强先生对出版本书的支持!

感谢所有提携、关心我进步的师长、亲朋、好友,你们的支持让我的求学道路变得温暖。

最后,感谢我的父母、岳父母,他们虽未在学术上给我指点,却一直默默地支持我的学业,寓教于行。没有他们的理解和支持,我是断然不能顺利完成学业的。看着他们渐渐变老的身影,愧疚之情溢于言表。谁言寸草心,报得三春晖。我将尽最大努力去报答他们。感谢我的妻子和懂事的儿子:你们的支持与鼓励,是本书稿得以修订出版的坚强后盾。

学无止境,纵有各位师长的指教,拙作仍有许多问题没有及时解决,一则是自己的学识水平所限,二则是自己所掌握的史料不够全面,希望以后能有机会进一步补充完善,也希望拙作得到学界方家的批评与指正,帮助我在学术探索的道路上再上一层楼! 书中谬误,概由本人负责。

张广杰　拜识

2018 年 5 月于青岛农业大学

图书在版编目（CIP）数据

国民政府前期胶东农民生存困境问题研究/张广杰著. --济南：齐鲁书社，2018.12

ISBN 978-7-5333-4068-1

Ⅰ.①国… Ⅱ.①张… Ⅲ.①农民-生活状况-研究-烟台-民国 Ⅳ.①D422.7

中国版本图书馆 CIP 数据核字(2018)第 298827 号

国民政府前期胶东农民生存困境问题研究

张广杰 著

主管单位	山东出版传媒股份有限公司
出版发行	齊魯書社
社　　址	济南市英雄山路 189 号
邮　　编	250002
网　　址	www.qlss.com.cn
电子邮箱	qilupress@126.com
营销中心	(0531)82098521　82098519
印　　刷	山东新华印务有限责任公司
开　　本	880mm×1230mm　1/32
印　　张	13.5
插　　页	2
字　　数	390 千
版　　次	2018 年 12 月第 1 版
印　　次	2018 年 12 月第 1 次印刷
标准书号	ISBN 978-7-5333-4068-1
印　　数	1—500
定　　价	**49.00** 元